ÉTIENNE DE FLACOURT

OU

LES ORIGINES DE LA COLONISATION FRANÇAISE

A

MADAGASCAR

1648-1661

PAR

ARTHUR MALOTET

ANCIEN ÉLÈVE DE LA FACULTÉ DES LETTRES DE PARIS
PROFESSEUR D'HISTOIRE AU LYCÉE DE VALENCIENNES

PARIS

ERNEST LEROUX, ÉDITEUR

28, RUE BONAPARTE, 28

1898

ÉTIENNE DE FLACOURT

OU

LES ORIGINES DE LA COLONISATION FRANCAISE

A MADAGASCAR

1648-1661

ANGERS, IMP. DE A. BURDIN, 4, RUE GARNIER.

STEPHANVS DE FLACOVRT BISET
INDIARVM ORIENT. COLON. GALLL. PRÆFECTVS.

*Natus Avrelius. Deuixit Peregrinus in Occeano, Anno Salutis 1660.
Die decima Junii, Aetatis suæ 53.*

*Per mare, per terram perque auras Astra secutus,
Elatus mediis ignibus Astra tenet.*

P. DU VERGIER.

Ce portrait a été fait par un jeune artiste de 15 ans, fils du savant et illustre Miche Corneille. Il a fort heureusement réussi à représenter l'extérieur de Flacourt.

ÉTIENNE DE FLACOURT

ou

LES ORIGINES DE LA COLONISATION FRANÇAISE

A

MADAGASCAR

1648-1661

PAR

ARTHUR MALOTET

ANCIEN ÉLÈVE DE LA FACULTÉ DES LETTRES DE PARIS
PROFESSEUR D'HISTOIRE AU LYCÉE DE VALENCIENNES

PARIS
ERNEST LEROUX, ÉDITEUR
28, RUE BONAPARTE, 28

1898

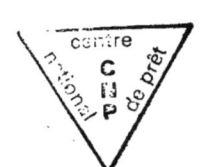

A

Monsieur A. GRANDIDIER

MEMBRE DE L'INSTITUT

HOMMAGE DE RESPECTUEUSE GRATITUDE

AVANT-PROPOS

Il n'est peut-être rien de plus intéressant, de plus utile pour l'avenir des entreprises coloniales que l'histoire des premières années d'une colonie fondée en un temps où l'on agissait, sinon sans esprit de système, du moins sans plan préconçu.

C'est le désir de tirer parti d'une de ces leçons de notre passé colonial, qui a inspiré ce travail sur les origines de notre colonie de Madagascar et sur le premier gouverneur qui ait laissé un nom célèbre dans nos annales, Étienne de Flacourt.

La vie et le rôle de l'ancien gouverneur de Fort-Dauphin n'ont pas été jusqu'ici l'objet d'une étude attentive. Sans doute les nombreux auteurs qui ont écrit l'histoire des diverses tentatives de la France pour s'implanter dans la grande île de l'océan Indien, en ont parlé incidemment, les uns pour le louer sans réserve, les autres pour le blâmer avec une sévérité excessive ; mais la plupart de ceux qui ont porté un jugement sur son gouvernement l'ont apprécié isolément, abstraction faite de ses précurseurs et de la situation qu'ils lui avaient laissée. C'est cette lacune regrettable que nous nous sommes efforcé de remplir. De là l'importance que cette Introduction a prise à nos yeux. Elle était, à vrai dire, la base de notre étude. C'est elle qui devait éclairer les rapports de Flacourt avec les indigènes, et nous mieux faire pénétrer, si l'on peut ainsi parler, dans l'état d'âme du chef de la colonie et des gens avec lesquels il allait entrer en relations.

Force nous a donc été de ne point ménager les recherches en vue de faire connaître les actes bons ou mauvais des Européens qui l'avaient précédé à Madagascar, de compulser un grand nombre de relations françaises ou étrangères, parues aux xvie et xviie siècles. D'autre part, beaucoup de documents de cette époque, restés pendant longtemps inédits, avaient été publiés par l'Académie des sciences et la Société de géographie de Lisbonne. Il eût été imprudent de négliger des sources aussi précieuses. Une lecture assidue nous y a fait découvrir des événements d'une haute portée, dont les conséquences devaient se manifester pendant la première moitié du xviie siècle et principalement sous l'administration de l'homme qui est l'objet de ce travail.

Nous avons été moins heureux dans les recherches que nous avons entreprises pour faire connaître l'origine et l'organisation de la Compagnie qui a envoyé Flacourt à Madagascar. Une pièce jusqu'alors ignorée, que nous avons eu la bonne fortune de trouver aux Manuscrits de la Bibliothèque Nationale, nous a toutefois permis d'indiquer le nom, sinon de tous les sociétaires de cette Compagnie, du moins du plus grand nombre.

Mais il ne suffisait pas de remonter aux origines de la

colonisation à Madagascar ; une étude sur Flacourt devait aussi apporter quelque lumière sur le milieu où il allait se rendre. C'est pourquoi nous avons essayé de présenter, en nous inspirant de son ouvrage, des relations du temps et de récents travaux sur l'ethnographie de ce vaste pays, un tableau de Madagascar au milieu du XVIIe siècle.

Il n'importait pas moins, pour bien pénétrer dans l'intelligence de ses actes, de connaître l'homme, son origine, ses antécédents, son caractère, sa tournure d'esprit, ses moyens d'action.

Or, jusqu'à ces derniers temps, la généalogie de l'ancien gouverneur était encore obscure ou fausse.

C'est seulement tout récemment qu'une étude documentée et consciencieuse, publiée par l'*Armorial français*, est venue dissiper certaines erreurs qu'avaient répétées imprudemment bon nombre de revues et de journaux. Nous n'avons pas hésité à y puiser largement pour établir l'origine de Flacourt.

Mais, à notre grand regret, il nous a été plus difficile de mettre en lumière la vie qu'il a menée en France avant son départ ponr Fort-Dauphin. Les papiers de famille qui sont entre les mains de ses descendants et les archives de sa ville natale ainsi que celles des villes où il a séjourné après son retour de la grande île, ne contiennent, du moins à notre connaissance, aucun renseignement sur ce point. Une brochure du temps dont les assertions paraissent souvent contestables et les publications de Flacourt lui-même sont à peu près les seuls documents que nous possédions.

On ne sera donc point surpris que nous n'ayons pu, sur ses antécédents, apporter une abondante moisson de renseignements nouveaux. Quant à la physionomie morale de l'ancien chef de la colonie et à ses moyens d'action, faute d'autres documents, pouvait-on mieux s'en faire une idée que par la suite de sa vie et ses propres écrits?

Le chapitre de cette étude, qui devait particulièrement être l'objet de notre attention et de nos efforts, était sans contredit celui qui a trait à l'administration de Flacourt. L'ancien gouverneur a pris soin, il est vrai, d'en raconter les principaux incidents dans la relation que contient son ouvrage, mais cette relation est remplie de détails qui sont présentés le plus souvent d'une manière confuse; parfois même les faits les plus importants n'y sont point mis en lumière.

Élaguer les détails inutiles, montrer l'enchaînement des événements, leurs causes et leurs conséquences, mettre en relief les principaux personnages et leur rôle, tel était le premier devoir qui nous incombait.

Ce n'était pas pour nous d'une moins stricte obligation de tenir compte des qualités morales de l'auteur, de sa sincérité, de son impartialité. Avait-il voulu se disculper auprès de ses contemporains en racontant les événements sous un jour qui lui était favorable? Avait-il passé sous silence des faits qui pouvaient lui attirer le blâme des associés de la Compagnie de l'Orient? Autant de questions qu'il était nécessaire de se poser. A qui devions-nous avoir recours pour les résoudre, sinon à ses auxiliaires et principalement à son compagnon, le P. Nacquart? Les lettres de ce missionnaire et sa *Relation*, publiées dès l'année 1866 par les Prêtres de la Mission, ont été en effet le meilleur commentaire qui pût nous éclairer sur certains points obscurs du gouvernement de Flacourt.

Ces mêmes lettres, auxquelles il faut ajouter une brochure insérée dans la première édition de l'ouvrage de Flacourt et un factum de la Bibliothèque Nationale, nous ont fourni la matière de deux autres chapitres. Le premier est tout entier consacré au séjour de l'ancien gouverneur en France depuis son retour de Madagascar, et aux destinées de la Compagnie dont il avait été directeur ; le second traite des résultats de son gouvernement et de son œuvre colonisatrice.

Mais en donnant comme titre à ce travail *Les origines de la colonisation française à Madagascar*, pouvions-nous nous désintéresser de l'historien de Madagascar, de l'homme qui avait contribué à l'accroissement de nos connaissances sur cette île lointaine ? Pouvions-nous laisser de côté tous les résultats qu'il avait acquis à la science, résultats qui jusqu'ici n'étaient encore que vaguement connus ? Si l'on s'est accordé en effet jusqu'à nos jours à reconnaître la valeur de l'*Histoire de l'isle de Madagascar*, personne, que nous sachions, n'a encore encore entrepris d'étude critique, d'étude véritablement scientifique sur cet ouvrage, sur la part d'originalité et d'exactitude qui doit lui être attribuée. On ne pouvait d'ailleurs déterminer la part d'originalité sans s'être informé des données fournies sur la grande terre par les auteurs de l'époque précédente, soit au point de vue géographique, soit au point de vue ethnographique.

Aussi bien avons-nous employé tous nos efforts à présenter dès le début de notre étude un état consciencieux, sinon tout à fait complet, des connaissances que l'on avait en Europe sur Madagascar avant le départ de Flacourt. Quant à la recherche de la part d'exactitude, rendue presque impossible jusqu'à ces trente dernières années par l'ignorance où l'on se trouvait de tout ce qui regarde le pays et l'origine des habitants, elle nous a été facilitée par les récentes explorations et surtout par les admirables travaux de M. A. Grandidier, le savant qui, de l'aveu de tous, a le plus contribué à l'accroissement de nos connaissances sur Madagascar.

Ce travail se termine par l'étude du plan de colonisation que Flacourt a placé à la fin de son livre, et qui en est comme le couronnement. C'est en nous appuyant autant sur les idées de ses contemporains que sur l'exposé de son administration et ses propres écrits, que nous avons pu expliquer ses vues sur la colonisation de ce pays d'outre-mer et montrer dans quelle mesure elles lui sont personnelles. Pour y parvenir, nous avons consulté, outre les remarquables publications de notre époque sur la colonisation en général et sur la colonisation de Madagascar, un grand nombre de documents inédits, destinés à nous éclairer sur les idées des contemporains de Flacourt en matière coloniale.

Enfin nous avons pensé que notre étude serait de peu de portée, si nous négligions de déterminer la place que doit occuper l'ancien gouverneur de Fort-Dauphin dans l'histoire coloniale. C'est pourquoi nous nous sommes attaché à rechercher quel rang devait lui être accordé, non seulement parmi les différents colonisateurs ou explorateurs de la grande île, parmi ceux qui ont accru nos connaissances sur ce pays ou indiqué les moyens d'en tirer parti, mais encore parmi les colonisateurs, les explorateurs des autres contrées du globe, et les auteurs des nombreuses relations qui ont été publiées jusqu'au xixe siècle.

Telle est la méthode que nous avons suivie pour la composition de ce livre, telles sont les recherches auxquelles nous nous sommes livré. Puisse-t-on, au moment où la récente expédition de Madagascar donne un intérêt tout particulier à tout ce qui touche à l'histoire de nos tentatives pour coloniser ce pays, trouver dans notre essai quelque part de nouveauté et de vérité sur la vie d'un homme qui, pour avoir commis des fautes regrettables, ne s'en est pas moins montré par ses actes et ses écrits un des plus ardents partisans de la domination française dans l'île que nous venons de conquérir[1] !

[1]. Qu'il me soit permis de remercier ici tous ceux qui se sont intéressés à mon travail, et m'ont soutenu de leurs conseils ou de leurs lumières, en particulier, MM. A. Grandidier, M. Dubois, H. Froidevaux, G. Marcel.

BIBLIOGRAPHIE

I. — Imprimés.

Lopez de Castanheda, *Historia do descobrimento e conquista da India por los Portuguezes*; 1ᵉʳ livre, traduit en français par Nicolas Grouchy, Paris, 1553.

Ramusio, *Primo volume e seconda editione delle navigationi e viaggi*, Venise, 1554.

Léon l'Africain, *De l'Afrique*, traduction française par Jean Temporal, 4 vol., 1556.

Ortelius, *Atlas, Theatrum orbis terrarum*, 1571.

Fr. de Belleforest, *Cosmographie universelle*, 1575.

Thevet, *Cosmographie universelle*, 1575.

João de Barreira, *Commentarios do Afonso Alboquerque*, Lisboa, 1576.

Mellin de Saint-Gelais, *Voyages aventureux d'Alphonse Saintongeois*, Rouen, 1578.

Osorius, *De rebus Emmanuelis regis Lusitaniæ*, Coloniæ Agrippiniæ, 1586; traduction française, *Histoire du Portugal*, par Simon Goulard, 1591.

Diarium nauticum itineris Batavorum in Indiam orientalem, Arnhemi, anno 1598; in-4.

Hakluyt, *The principal Navigations, Voyages, Traffiques, and Discoveries of the English Nation*, 3 vol. in-fol., 1599-1600, vol. II, 2ᵉ partie, et édit. Markham, London, 1877: *Lancaster's Voyages to the East Indies*.

Fr. Martin de Vitré, *Description du voyage fait aux Indes orientales par les François de 1601 à 1603*, 1604.

Lindschot, *Premier livre de l'histoire de la navigation aux Indes orientales par les Hollandais, et des choses à eux advenues*, **1606**, Amsterdam, in-fol. avec fig. et cartes.

Pyrard de Laval, *Voyage des Français aux Indes orientales*, **1615**.

G. Mercator, *Atlas*, éd. 1628, et éd. 1630. Hondius.

Maffei, *Historiarum indicarum Libri XVI*, Lyon, 1637.

Begin ende Voortgang Vande vereenigde Neederlantsche, Geoctroyeerde Oost-Indische Compagnie 't Eerste Deel, 2 vol. in-4, avec fig. et cartes, Biblioth. Nat., M. 10326, Inventaire (rarissime). Tome I, IIe partie.

Boothby, *Description of the most famous island of Madagascar or Saint-Lawrence in Asia, near in to East-India, and proposal for an english plantation there*, 1646. — Relation réimprimée dans la *Collection of Voyages and Travels*, dite *Collection d'Osborne*, 1745, in-4.

Hammond, *Paradox proving that the inhabitants of the isle called Madagascar or Saint-Lawrence are the happiest people in the world*, 1646, réimprimée dans l'*Harleian Miscellany*, London, Xe édition.

Powle Waldegrave, *An answer to M. Boothby's Book of the Description of Madagascar*, London, 1649, in-4 (British Museum).

Morizot, *Relations véritables et curieuses de l'isle Madagascar : Voyage de Fr. Cauche*, 1651. Paris.

E. de Flacourt, *Histoire de l'île Madagascar*, édit. 1658, contenant une brochure intitulée : *Cause pour laquelle les intéressés n'ont pas fait de grands profits à Madagascar*, et édit. 1661. Paris.

Brochure sans nom d'auteur et incomplète : *Éloge de feu M. de Flacourt*, directeur général de la Compagnie française d'Orient et commandant pour Sa Majesté très-chrétienne, en l'isle de Madagascar et îles adjacentes, auteur de l'histoire de ces mêmes îles, Biblioth. Nation., L^{27}n 7600, 1661.

Wicquefort, *Les voyages du chevalier Thomas Herbert en Afrique, Asie et principalement en Perse et dans l'Hindoustan*, traduit de l'anglais, 1663.

Charpentier, *Relation de l'établissement de la Compagnie françoise pour le commerce des Indes orientales*, Paris, 1666, et *Discours d'un fidèle sujet du Roy*, MDCLXIV.

Wicquefort, *Voyage aux États de Perse et aux Indes orientales*, traduit d'Olearius, 1666.

Marmol, *L'Afrique*, traduction Perrot d'Ablancourt, 3 vol. in-4, 1667.

Valentyn, *Oud en Nieuw Oost-Indien of Nederlands Mogentheild aldaar*, 1724-26, 5 parties en 9 vol. in-fol., Dordrecht.

Recueil de voyages qui ont servi à l'établissement et aux progrès de la Compagnie des Indes orientales formée dans les Provinces unies, Rouen, 1725.

Savary des Bruslons, *Dictionnaire du Commerce*, 1726.

Du Fresne de Francheville, *Histoire de la Compagnie des Indes*, Paris, 1746, in-4.

De Brosses, *Histoire des navigations aux Terres Australes*, 1756, 2 vol. in-4.

João de Barros, *Da Asia, Decada segunda, Parte primeira*, Lisboa 1777.

De Froberville, *Bull. de la Société de géogr. de Paris*, XI vol., 2e série, 1839.

Annales maritimes et coloniales : Mémoire sur la province d'Anossi, par Albrand, mai 1847.

Mémoires de la Congrégation de la Mission, 1866, publiés, mais non en vente.

Publications de l'Académie des Sciences de Lisbonne, *Collecção de monumentos ineditos para a historia das conquistas dos Portuguezes, em Africa, Asia, e America*. — Les 4 premiers volumes consacrés à la *Chronique* de Gaspar Correa, *Lendas da India*, t. III, 1re partie : *Documentos remettidos da India ou Livros dos Moncoes publicados da Academia real das Sciencias de Lisboa*, t. III, IV et VIII ; *Monumentos para a Historia das conquistas dos Portuguezes*, Lisboa, 1858, t. I, 1re série, *Da Asia*.

Pedro Resende, *Os Portuguezes em Africa, Asia*, 1877.

Boletim da Sociedade de geographia de Lisboa, 1887, 7e série, no 5 : *Relação inedita do Padre Luiz Mariano*.

A. Grandidier, *Bulletin de la Société géogr. de Paris : Notice sur les côtes sud et sud-ouest de Madagascar*, octobre et décembre 1867 ; *Revue scientifique*, mai 1872, et *Bulletin de la Société de géogr. de Paris*, juillet 1872 ; *Rapport à l'Institut*, 25 octobre 1886 ; *Mémoires de la Société philomathique : Notes sur les Vazimba*, 1888 ; *Histoire physique, naturelle et politique de Madagascar* en cours de publication, Hachette; *Histoire de la géographie de Madagascar*, éd. 1892, texte et atlas, Imprimerie nationale.

Deschamps, *Histoire de la question coloniale*, Paris, 1892 et *Revue de géographie*, juin et novembre 1885.

P. Oliver, *Madagascar an historical and descriptive account of the Island, and its former dependencies*, 2 vol. in-8, avec cartes et planches, Londres, 1886, Macmillan, et Paris, Challamel.

Leroy-Beaulieu, *De la colonisation chez les peuples modernes*, 4° édit., 1891, Paris.

G. Ferrand, *Les musulmans à Madagascar*, 2 fasc., 1891 et 1893, Leroux.

Bonassieux, *Les grandes Compagnies de commerce*.

Annales de géographie : *Explorations Douliot et Gautier*, octobre 1891, avril 1892, octobre 1892, janvier 1893, octobre 1893, juillet 1894.

Tour du Monde, juin et déc. 1894 : *Voyage du Dr Catat à Madagacar*.

L'Armorial français, juin 1895, n° 98 : Étude de M. d'Audeville sur Étienne de Flacourt et sa famille.

II. — Manuscrits et factums.

Archives nationales : Arrêts du Conseil du Roi, Conseil des Finances E, 167 B; Relation du P. Nacquart, 5 février 1650, M 214, n° 3.

Archives du Ministère des Affaires étrangères : Indes orientales; Asie, Mémoires et documents, n°^{s} 2 et 3; Amérique, t. IV.

Archives coloniales : Correspondance générale de Madagascar, Mémoire présenté par le duc de La Meilleraye au Conseil du Roi, année 1663.

Dépôt des cartes et plans de la Marine, années 1788 et 1789, vol. 84.

Bibliothèque Nationale : fonds fr. Mélanges historiques, 10209; collection de factums, Défense pour Marie de Cossé par l'avocat Lordelot, Thoisy, 89.

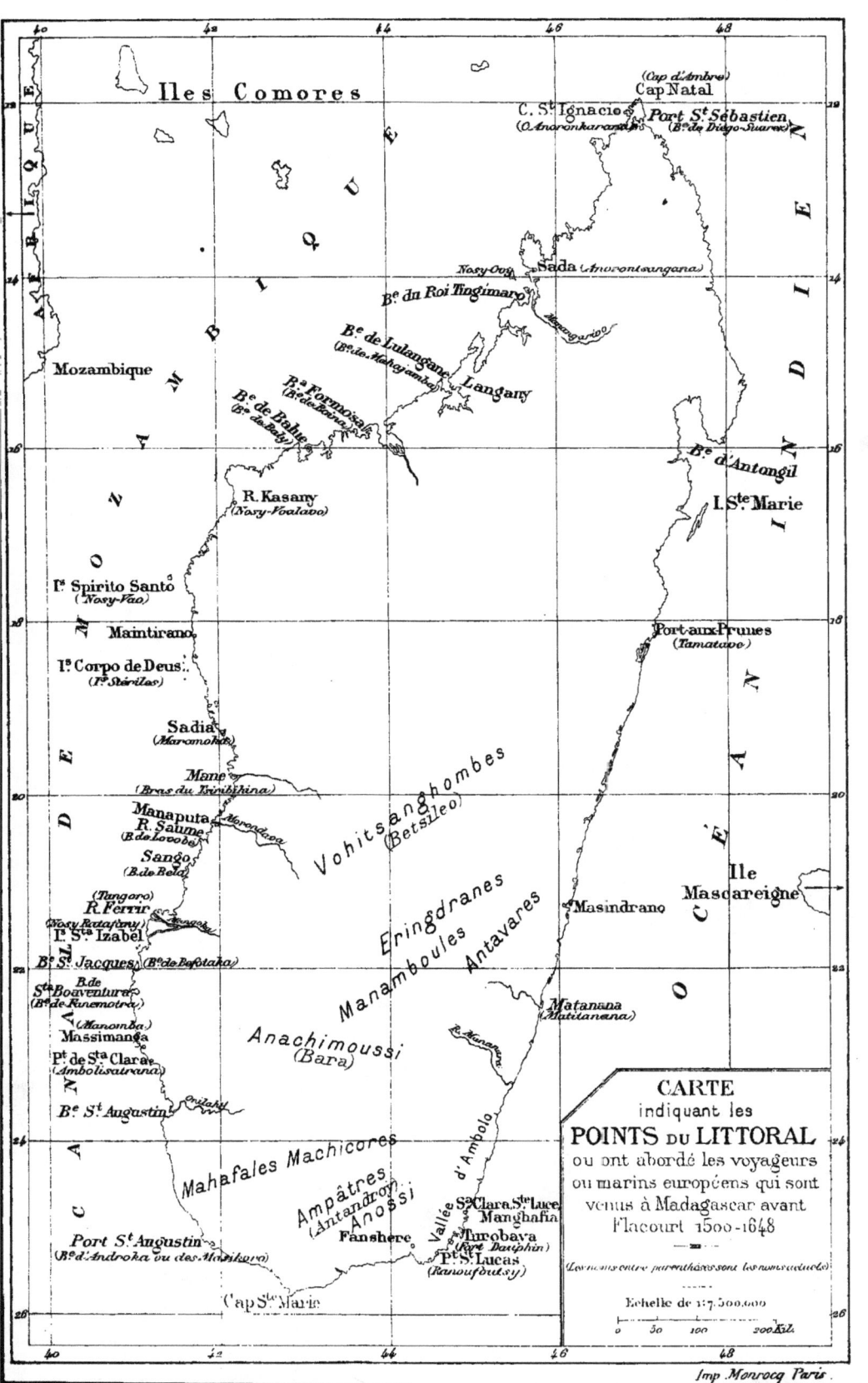

INTRODUCTION

LES PRÉCURSEURS DE FLACOURT

I. **Premières immigrations**. — Colonies africaines, juives, chinoises, malaises, arabes à Madagascar.
II. **Premières relations des Européens avec les indigènes**. — Les explorations portugaises et la traite des esclaves au xvɪᵉ siècle; les essais de prosélytisme et les relations commerciales des Portugais avec les Malgaches au commencement du xvɪɪᵉ siècle. — Passage de quelques navigateurs hollandais et anglais à Madagascar; tentative de colonisation de Powle Waldegrave vers l'année 1644.
III. **Premières relations des Français avec les indigènes**. — Les aventuriers et les entreprises individuelles. — Tentative de colonisation officielle en 1642 : La Compagnie de l'Orient et Pronis. — Étienne de Flacourt est désigné pour remplacer Pronis à Fort-Dauphin.

I

On s'accorde généralement à reconnaître qu'aux peuplades de race indonésienne qui, dès une époque très reculée, avaient été portées par les flots vers la grande île de l'océan Indien et l'avaient occupée, sont venues se joindre plus tard des colonies de races diverses, africaines et asiatiques. Longtemps avant l'ère chrétienne, Madagascar dut recevoir de nombreux immigrants noirs, entre autres des tribus nègres de Bantous ou de Cafres de Mozambique. A une époque non moins lointaine, cette île semble avoir été aussi fréquentée par des Juifs et des Chinois dont les navires allaient faire du trafic jusque sur la côte de Sofala. Les premiers s'établirent propablement dans l'île Sainte-Marie et la partie de la côte qui lui est opposée, peut-être même plus au sud, dans le pays d'Isaka. Quant aux Chinois, qui avaient abordé à quelques ports du sud et du sud-ouest, il est vraisemblable qu'ils y fondèrent des comptoirs[1].

Après la venue de ces Juifs et de ces Chinois, un temps très long s'écoula pendant lequel aucune immigration importante ne se produisit. Puis vers le ixe ou le xe siècle, des Malais vinrent s'établir au sud-est de l'île. Ils furent bientôt refoulés par les peuplades qui occupaient déjà cette contrée, et furent contraints de se réfugier dans le massif central. Là, ils rencontrèrent une tribu indonésienne, les Vazimbas, avec lesquels ils ne tardèrent pas à entrer en lutte[2].

C'est à peu près à la même époque (ixe ou xe siècle) qu'il faut placer la première immigration des Arabes dans la

---

1. Voir A. Grandidier, *Revue scientifique*, 11 mai 1872 : *Un voyage scientifique à Madagascar*, p. 1077 et 1085 ; *Mémoire de l'Institut*, 25 octobre 1886 : *Madagascar et ses habitants*, p. 9 et suiv. ; *Histoire de la géographie de Madagascar*, 1892, p. 103, 17, 170 a ; *Bulletin de la Société de géog. de Paris*, avril 1872, p. 379 et 380 ; *Revue des sciences pures et appliquées*, 30 janvier 1893 ; de Quatrefages, *Introduction à l'étude des races humaines*, p. 396 ; Max Leclerc, *Les peuplades de Madagascar*, p. 6-22. M. Gabriel Ferrand prétend qu'il n'y a pas eu d'immigration juive à Madagascar. Les prétendues pratiques israélites que l'on a cru retrouver dans l'île, ne seraient, d'après lui, autre chose que des pratiques musulmanes (*Les musulmans à Madagascar*, 1re partie, p. 11). Mais on peut lui répondre que les prétendues pratiques musulmanes sont probablement dérivées du judaïsme.

Il faut ajouter que M. A. Grandidier a remarqué à Madagascar des usages très particuliers d'une origine indienne probable (*Revue scientif.*, mai 1872, p. 1086, texte et note 4).

Pour M. Max Leclerc, il n'y aurait rien d'impossible à ce que les sectes bouddhistes de Ceylan, remarquables par leur prosélytisme, aient envoyé des missionnaires à Madagascar. « Il est de fait, dit-il, qu'au milieu de la confusion in-xtricable des superstitions et des croyances religieuses de l'île, on rencoutre des traces fort nettes de panthéisme et même de la croyance à la métempsycose » (*Les peuplades de Madagascar*, loc. cit., p. 59).

2. Voir A. Grandidier, *Mémoire de l'Institut*, p. 18 ; Max Leclerc, *loc. cit.*, p 28 et suiv. Les traditions hovas nous ont conservé le souvenir des guerres que les Vazimbas ont eu à soutenir avec les immigrants d'origine malaise et qui se sont terminées vers 1600 (A. Grandidier, *Mémoires de la Soc. philomathique*, 1888, p. 157).

grande île. A la suite d'une révolte, qui avait éclaté en Arabie, les Emozaidij ou sectateurs de Zeyd, arrière-petit-fils du gendre de Mahomet, Ali, durent s'enfuir[1]. « Je crois, dit M. Grandidier, que c'est une branche de ces Emozaidij (Echya-Zeyd) qui s'est réfugiée à Madagascar et y a fondé au xe siècle la colonie arabe dont on trouve les traces sur la côte sud-est, celle des Zafy-Raminia (Zafy-Ra-Emin ou Zafy-Ra-Emineh) et des Anakara »[2]. Ces nouveaux venus durent soutenir une lutte acharnée contre une tribu indigène qui habitait ce pays et vraisemblablement pillait ses voisins.

La légende rapporte qu'ils les vainquirent à Antanifotsy, village de la côte orientale[3].

Quelques siècles après, probablement au ixe siècle, les Zafy-Kasimambo, musulmans de la côte orientale d'Afrique qui trafiquaient sur la côte nord-ouest de l'île, longèrent les côtes et arrivèrent jusqu'à Matatane, sur la côte sud-est. Ils y étaient venus sans doute pour y faire du commerce, mais aussi pour instruire les indigènes dans la religion de Mahomet et s'établir dans cette contrée. Mais les Zafferaminia qui l'occupaient depuis longtemps ne voulurent point se laisser déposséder par ces nouveaux immigrants, et tentèrent de les soumettre à leur autorité. De là une lutte où ils furent vaincus et en grande partie massacrés. Ceux qui survécurent à cette défaite durent quitter le pays et se réfugier de différents côtés. Les uns, les Antambahoaka, se retirèrent vers le nord, les autres, les Antanosy, vers le sud. Il semble cependant que leurs femmes et leurs enfants furent épargnés et reçurent des terres propres à la culture, ainsi que des prairies pour y élever du bétail. Quoi qu'il en soit, les nouveaux possesseurs du sol s'y multiplièrent et y tinrent de nombreuses écoles où ils enseignaient à lire et à écrire les caractères arabes[4]. Ainsi la seconde immi-

1. A. Grandidier, *Histoire de la géographie*, loc. cit., p. 26, note 5.
2. Id., *ibid*, p. 27, note a.
3. A. Grandidier, *Hist. de la géographie*, loc. cit., p. 98, note 21 ; 99, note 24 ; 105, note a.
4. A. Grandidier, *Bull. Soc. de géogr. Paris*, 1er trimestre 1886 : *Lescanaux et les lagunes de la côte orientale à Madagascar*, p. 89 ; Max Leclerc, loc. cit., p. 37-46.

gration des Arabes paraît avoir été entreprise dans des vues de prosélytisme. C'est en cela qu'elle se distingue de la première qui fut, au contraire, un événement purement fortuit[1].

II

Les Asiatiques et les Africains avaient vu depuis longtemps la grande île, alors que les Européens en ignoraient l'existence. Les anciens, Grecs et Romains, avaient, il est vrai, connu sous le nom de Menuthias une île qui semble bien être notre Madagascar[2]; mais ils ne l'avaient jamais visitée. Au XIIIe siècle le voyageur vénitien Marco Polo avait aussi parlé d'une île qu'il désignait sous le nom de « Madeigascar » et dont il vantait les richesses[3]. Mais ses récits passaient pour fabuleux ; de plus au moyen âge on voyageait peu. Il n'est donc pas étonnant qu'à une époque où le cap de Bonne-Espérance

---

1. Les auteurs anciens qui se sont particulièrement occupés de la côte orientale de l'île s'accordent presque tous pour placer à Matatane (Matitanana) les colonies arabes auxquelles donnèrent naissance les colonies musulmanes (voir G. Ferrand, *Les musulmans à Madagascar*, 1re partie, p. 57). « Les chefs du pays d'Ambolo, dit le Dr Catat, ont conservé presque intactes une foule de coutumes arabes, réminiscences curieuses d'invasions musulmanes sur la côte orientale, leur pays d'origine » (*Tour du monde*, 22 déc. 1894 : *Voyage à Madagascar*, p. 386). D'après M. Max Leclerc, vers la même époque (XVe siècle) où M. A. Grandidier place la seconde immigration arabe à la côte sud-est, il y en eut une autre à la côte nord-ouest (*loc. cit.*, p. 39 et 40). Mentionnons aussi l'opinion de M. Gabriel Ferrand (*Les musulmans à Madagascar*, 2e partie, p. 64 et 65), d'après laquelle les Zafy-Kasimambo ne seraient pas venus de la Mecque et n'auraient pas une origine arabe.

Selon le P. de la Vaissière, des relations commerciales auraient existé dès une époque fort reculée entre les Persans et les Malgaches. MM. Guillain et Delagrange ont, de leur côté, recueilli des traditions qui leur ont fait croire à une importante immigration des Persans sur la côte nord-ouest de la grande île. Ils auraient fondé au commencement du XVIe siècle divers établissements à Nossi-Comba, Mahajamba, Boueni, baie de Bombetok et baie de Bali (Max Leclerc, *loc. cit.*, p. 47, texte et note 2).

2. A. Grandidier, *Histoire de la géographie*, loc. cit., éd. 1892, p. 1-11.

3. M. A. Grandidier nous paraît avoir démontré d'une façon irréfutable que la description de Marco Polo s'applique à Mogdicho et non à l'île que nous nommons Madagascar (*Hist. de la géogr.*, 1892, p. 24-32). M. G. Ferrand croit cependant que le Madeigascar de Marco Polo désignait véritablement la grande île africaine (*Les musulmans à Madagascar*, 2e partie, p. 83-91).

n'était pas encore doublé, aucun navigateur n'ait cru nécessaire d'aller vérifier ses assertions.

La première nouvelle authentique de l'existence de Madagascar fut apportée en Europe sous le règne de Jean II de Portugal, le 7 mai 1487. Ce roi avait, dès l'année 1486, chargé deux hommes versés dans la langue arabe, Pierre de Covilham et Alphonse Paiva, de prendre des renseignements sur l'Abyssinie et la route de l'Inde. Munis de lettres pour le Prêtre Jean, ils s'embarquèrent pour l'Égypte. Du Caire ils se rendirent par la mer Rouge à Aden où ils se séparèrent. Covilham se dirigea vers l'Inde et Paiva vers Souakim en Abyssinie. Mais auparavant ils avaient désigné le Caire comme lieu de leur futur rendez-vous. Après avoir séjourné quelque temps à Cananor et à Goa, Covilham partit pour Sofala, port de la côte orientale d'Afrique. C'est dans cette ville qu'il recueillit quelques renseignements sur l'île Saint-Laurent, que les Arabes nommaient l'île de la Lune. Il entendit parler des ressources de ce pays en clous de girofle, cannelle et gingembre. Il résolut de ne pas s'aventurer plus loin avant que les précieuses informations qu'il possédait, fussent connues de ses compatriotes. Dans ce dessein, il revint en Égypte où il rencontra des envoyés du roi Jean qui lui apprirent la mort de son compagnon.

Il remit à l'un d'eux qui retournait en Portugal des lettres pour le roi. Ces lettres rapportaient entre autre choses que les navigateurs qui descendraient la côte de Guinée étaient assurés d'atteindre l'extrémité du continent, et que s'ils continuaient la route vers le sud, ils arriveraient à l'Océan de l'est d'où le meilleur moyen à prendre pour aller aux Indes serait de demander le chemin qui menait à Sofala et à l'île de la Lune. C'est ainsi que Jean II eut des renseignements précis sur la navigation dans l'océan Indien et l'existence de Madagascar[1].

---

1. Castanheda, *Histoire des Indes*, trad. Grouchy, MDLIII, p. 3; Major, *The life of Prince Henry the Navigator* cité par Oliver : *Madagascar*, t. 1, p. 5 et suiv.

Son successeur, Emmanuel, résolut d'achever l'œuvre si noblement commencée. On avait des renseignements sur la route à suivre pour aller aux Indes et sur la côte orientale d'Afrique, depuis l'Égypte jusqu'à Madagascar. Il ne restait plus qu'à s'aventurer sur la route indiquée et à reconnaître le sud-est de l'Afrique, c'est-à-dire la faible partie du continent qui s'étend depuis la hauteur de Madagascar jusqu'au cap de Bonne-Espérance. Le roi confia cette mission à un marin expérimenté et brave, Vasco de Gama. On sait comment l'intrépide navigateur parvint à doubler le cap de Bonne-Espérance. Sa flotte passa non loin de Madagascar, sans la voir (1497). Deux ans plus tard un autre navigateur portugais, Pedro Alvarez Cabral, passait dans ces parages et n'était pas plus heureux que Gama. Parti du Brésil pour les Indes orientales, il eut à subir près du Cap une violente tempête. Les navires qui composaient sa flotte furent séparés les uns des autres. Le vaisseau de Cabral doubla le cap sans que l'équipage s'en aperçût. Cependant le pilote reconnut aussitôt sa route et longea la côte orientale d'Afrique. Le vaisseau de Cabral fut ensuite rejoint par ceux qui s'en étaient écartés. Un seul manquait ; c'était le navire commandé par Diogo Diaz. C'est à ce marin que le hasard réservait la gloire de voir le premier la grande île africaine[1].

Ne sachant où il allait, Diogo Diaz ne s'approcha pas du continent africain, ainsi qu'il aurait dû le faire. Il fut poussé de l'autre côté de Madagascar, c'est-à-dire vers la côte orientale qu'il crut être la côte de Mozambique. Il la longea avec soin et arriva à la pointe septentrionale de l'île. Là, il tourna vers l'ouest ; un vent favorable le porta sur la côte occidentale. Il reconnut alors qu'il avait côtoyé une île et qu'il s'était égaré. Comme il avait vu cette île le jour de la fête de la Saint-Laurent, il lui donna le nom de ce saint (1500).

---

1. Castanheda, qui a raconté les vicissitudes de la flotte de Cabral n'a point mentionné la découverte de Diogo Diaz. Il s'est contenté de dire, après avoir parlé de la dispersion des navires : « et Diogo Diaz s'en alla seul d'un autre côté à la miséricorde de Dieu » (*loc. cit.*, p. 76 et suiv.).

En continuant sa route, il arriva à un port bien abrité contre les vents où il rencontra des indigènes qui lui apportèrent des poules, des ignames et des fruits et auxquels il fit distribuer en échange, des couteaux, des haches et des grains de corail. La mort de plusieurs hommes de son équipage le décida à partir pour Mozambique où il apprit à son capitaine général Pedro Alvarez Cabral ce qu'il venait de découvrir. La nouvelle de cette découverte fut apportée par ce dernier à Lisbonne vers le milieu de l'année suivante [1]. Cette nouvelle ne semble pas toutefois avoir eu un grand retentissement en Portugal. On était alors très préoccupé d'exploiter les richesses de l'Inde dont la route par mer venait d'être connue. Aussi, malgré l'heureuse situation de l'île sur le chemin des contrées riches en épices, et sa réputation de fertilité, aucune expédition ne fut décidée tout d'abord pour aller explorer le pays.

Les premiers navires qui y abordèrent y furent poussés par la tempête. Le 10 août 1506, Ruy Pereira Coutinho, capitaine d'un des navires de la flotte de Tristan da Cunha qui se rendait aux Indes, fut contraint par le mauvais temps de jeter l'ancre dans un port de la côte occidentale auquel il donna le nom de Bahia Formosa [2]. Dès son entrée dans le port, Ruy

---

1. *Monumentos para a Historia das conquistas dos Portuguezes.* Lisboa, 1858 : *Pedro Alvarez Cabral, anno 1500,* t. I, 1re série. *Historia da Asia,* p. 152 et suiv. ; A. Grandidier, *Hist. de la géogr.,* éd. 1892, p. 38.

Depuis le XVIe siècle jusqu'à nos jours, la plupart des auteurs avaient prétendu que l'honneur de cette découverte devait revenir à Tristan da Cunha qui aurait vu l'île le premier en 1506 et lui aurait donné le nom de Saint-Laurent. M. A. Grandidier a le premier rectifié cette erreur. Il assure (*Histoire de la géographie de Madagascar,* édit. 1892, p. 36 et 38) que la découverte de l'île et la dénomination de Saint-Laurent doivent être attribuées à Diogo Diaz, marin portugais, qui avait accompagné le capitaine Pedro Alvarez Cabral dans son voyage aux Indes. Nous avons adopté et repris cette opinion.

2. Bahia Formosa n'est autre chose que la baie de Boina sur la côte occidentale. C'est Ruy Pereira qui lui aurait donné le premier ce nom (10 août 1506) (voir A. Grandidier, *Hist. de la géog.,* édit., 1892 : Tableaux, p. 121). D'après João de Barreira (*Commentarios do Grande Afonso Alboquerque, capitam geram que foy das Indias orientaes, em tempo do muito poderoso Rey dom Manuel, a primeiro deste nome.* Lisboa, 1570, p. 17) ; et Barros, *Da Asia, Decada segunda,* Parte primeira, anno MDCCLXXVII, fol. 6 et 391, Ruy Pereira aurait abordé à Matatane et c'est de là qu'il aurait ramené ces deux indigènes. Nous n'avons pas adopté cette version qui nous paraît inexacte. C'est à Bahia Formosa qu'avait d'abord atterri ce navigateur, et c'est là qu'il avait

Pereira vit venir une barque où se trouvaient dix-huit indigènes Ceux-ci consentirent à monter à bord du navire et ne manifestèrent pas la moindre crainte. Comme quelques-uns portaient des bracelets d'argent, on leur demanda où ils s'étaient procuré ce métal. Ils firent comprendre par signes qu'il se trouvait en abondance du côté de Matatane. Ils assurèrent aussi que ce pays produisait quantité de clous de girofle et du gingembre. Après avoir obtenu ces renseignements, le capitaine mit à la voile pour Mozambique. Il emmenait avec lui deux indigènes dont la présence devait prouver à Tristan da Cunha qu'il avait abordé à Madagascar.

Arrivé dans cette ville, Ruy Pereira raconta à Tristan da Cunha ce qu'il avait appris sur les ressources de la grande île. Pour montrer sa véracité, il prit comme interprète un Maure nommé Bogima qui connaissait bien ce pays et confirma ses renseignements. L'amiral s'apprêtait alors à partir pour l'Inde. Malheureusement le temps n'était guère favorable à la navigation. Cette circonstance et les rapports merveilleux que venait de lui faire le capitaine sur Madagascar contribuèrent à modifier ses projets. Il lui parut qu'un pays où l'on trouvait des clous de girofle et du gingembre devait produire d'autres épices. Si le fait était prouvé, n'aurait-on pas découvert par là même une autre Inde? En tout cas, pensait-il, quand bien même on ne parviendrait pas à y trouver d'autres plantes que celles qu'avait indiquées Ruy Pereira, on aurait toujours l'avantage d'envoyer en Portugal des navires chargés de ces produits. Il est probable aussi qu'il espérait s'y procurer des esclaves. On sait en effet que, dès cette époque, les Portugais faisaient la traite des nègres sur la côte d'Afrique, et que le Brésil devint bientôt un des principaux débouchés de ce honteux trafic.

Quoi qu'il en soit, da Cunha communiqua ses intentions aux capitaines de la flotte et à son collègue Albuquerque. La

---

obtenu des renseignements sur le pays de Matatane. Osorius parle de Bahia Formosa et non de Matatane, fol. 144 : *De rebus Emmanuelis regis Lusitaniæ*, Coloniæ Agrippiniæ, anno MDLXXVI.

plupart des capitaines furent de son avis. Mais Albuquerque, qui craignait de perdre le temps propice à la navigation, déclara au contraire qu'il fallait hâter le plus possible le départ pour les Indes. Le voyage à Madagascar fut néanmoins décidé. L'amiral partit en compagnie d'Albuquerque, des capitaines Manuel Telles, Antonio de Campo, Job Queimado, Ruy Pereira, Joao Gomez d'Abreu, Tristan Alvarez, Francisco de Tanara et du Maure Bogima.

Le premier mouillage qu'ils aperçurent sur la côte occidentale fut une anse située en face de Mozambique, et à laquelle le fils aîné de l'amiral, Nuno da Cunha, donna le nom de Dona Maria da Cunha[1]. Le temps n'étant pas assez sûr pour poursuivre la route jusqu'au pays de Matatane, on jeta l'ancre en cet endroit (8 décembre 1506).

L'amiral envoya à terre les capitaines Job Queimado et Antonio de Campo, accompagnés de Bogima. Leur mission consistait à tâcher d'attirer à la côte les indigènes des environs. Ils n'en eurent pas la peine. Ceux-ci vinrent en grand nombre à leur rencontre, et s'entretinrent avec Bogima comme s'ils l'eussent connu depuis longtemps. Après leur avoir appris le motif de l'arrivée de l'amiral dans leur pays, le Maure leur demanda de le conduire à leur chef. Mais à peine eut-il quitté ses compagnons, qu'il fut roué de coups par les indigènes. Ils l'auraient mis à mort sans l'arrivée des Portugais, qui tirèrent sur eux quelques coups de mousquet. Tristan da Cunha voulut se venger des naturels et leur infliger un châtiment exemplaire. Mais ceux-ci, prévoyant sans doute le sort qui leur était réservé, se retirèrent prudemment dans les bois des alentours et ne lui en fournirent pas l'occasion.

Le jour suivant, l'amiral quitta ces parages et s'en alla trois

---

1. Nuno da Cunha lui aurait donné ce nom par amour pour cette dame, fille de Martin Silveira, alcade major de Terma. Dona Maria était reçue chez la reine où Nuno da Cunha l'aima et l'épousa (Barros, *Dec. II*, liv. II, fol. 8, 1777). D'après M. A. Grandidier, ce golfe serait la baie de Boina (*Hist. de la géog.*, éd. 1892 : Tableaux, p. 121). D'autres l'ont appelé la baie de la Conception, parce qu'on l'a découverte le 8 décembre 1506, jour où l'Église célèbre cette fête (Barros, *ibid.*, et A Grandidier, *ibid.*).

lieues plus loin. Là les Portugais s'emparèrent d'un chef de village qui les conduisit dans une île située au milieu de la baie de Lulangane[1]. Sur l'ordre de Tristan da Cunha, cinq cents personnes, en majeure partie des femmes et des enfants, et vingt hommes au nombre desquels se trouvait le chef indigène, furent emmenées captives. Plus de deux cents de ces malheureux se noyèrent pendant la traversée de l'île à la terre ferme. Les pirogues trop chargées avaient sombré. D'autres furent massacrés en voulant opposer de la résistance. Le lendemain on vit arriver un grand nombre de pirogues. Elles amenaient près de six cents indigènes qui venaient offrir leur vie pour sauver celles de leurs femmes et de leurs enfants.

L'amiral consentit à rendre la liberté à ceux qu'il s'était d'abord proposé d'emmener comme esclaves.

Pour prix de cette faveur, il exigea des indigènes qu'ils lui amenassent des vivres et du bétail. Ils devaient en outre lui apporter des renseignements sur le pays et l'origine des habitants.

Trop heureux de retrouver ce qu'ils avaient de plus cher, ceux-ci retournèrent à leur village et revinrent peu de temps après avec une quantité de provisions. Aux questions de l'amiral, ils répondirent en assurant que le pays produisait un peu de gingembre, mais ils déclarèrent qu'ils ignoraient s'il y avait dans l'île du girofle et de l'argent. Tout ce qu'ils avaient appris, c'est que de l'autre côté de l'île, au sud, vers Matatane, les habitants portaient des bracelets en argent. Quant à l'origine des naturels, elle ne leur était guère mieux connue. Ils les regardaient comme des Cafres, ajoutant qu'on trouvait seulement sur la côte quelques villages maures. Da Cunha se montra peu satisfait de ces renseignements. Persuadé que ces gens lui avaient caché la vérité par jalousie des Portugais, il donna le lendemain même le signal du départ pour le village

---

1. Cette baie serait la baie de Mahajamba, et la rivière Lulangane, celle de Sofia (Codine, *Mémoire géographique sur la mer des Indes*, p. 128). Le village de Lulangane serait celui qu'on désigne aujourd'hui sous le nom de Langany (A. Grandidier, *Hist. de la géog.*, éd. 1892, p. 124).

de Sada[1]. De là, il se dirigea vers le nord, et arriva le 25 décembre 1506 à la pointe septentrionale de l'île à laquelle il donna le nom de cap Natal[2] pour l'avoir découvert le jour de Noël. Des vents contraires l'empêchèrent de doubler ce cap et le déterminèrent à modifier son plan de voyage.

On convint qu'Alphonse Albuquerque retournerait à Mozambique pour s'occuper des préparatifs du voyage aux Indes. Quant à Tristan da Cunha, il s'en irait avec les autres navires commandés par Francisco de Tonara, Ruy Pereira, Joao Gomez d'Abreu, vers le pays de Matatane, pour s'assurer si, comme on leur avait dit, l'on pouvait y trouver du girofle, du gingembre et de l'argent. Mais la tempête vint déjouer ces nouveaux projets. Le vaisseau de l'amiral dut retourner à Mozambique où il parvint non sans difficulté. Le navire de Ruy Pereira, qui le précédait, sombra dans la tourmente. Le capitaine périt. Le maître du navire, le pilote et treize hommes de l'équipage réussirent seuls à se sauver. Dans d'autres parages, Joao Gomez d'Abreu n'eut pas un meilleur sort. Il parvint, il est vrai, à doubler le cap Natal, et jeta l'ancre dans le port de Matatane où il fut bien accueilli par les indigènes. Mais une violente tempête s'étant élevée pendant qu'il était sur la terre ferme, son navire prit le large, et on ne le revit plus. Ce capitaine mourut de désespoir à la pensée de ne plus retourner dans sa patrie. Ses compagnons se confièrent à une barque qui devait les ramener à Mozambique et furent assez heureux pour rencontrer un autre navire portugais qui les y conduisit[3].

Les dangers que Tristan da Cunha venait de courir sur les côtes de l'île Saint-Laurent, et probablement aussi le désir de satisfaire aux instructions du roi en continuant sa route vers

---

1. Aujourd'hui Anorontsangana (Grandidier, *Histoire de la géographie*, éd. 1892, p. 38, note 2).

2. Aujourd'hui cap d'Ambre (*ibid.*, p. 83).

3. Joao de Barreira, *Commentarios do grande Afonso Dalboquerque capitam geram qui foy das Indias orientaes, em tempo do muito poderoso Rey dom Manuel*, Lisboa, 1576, p. 17 et suiv.; Osorius, *De rebus Emmanuelis regis Lusitaniæ*, Coloniæ Agrippinæ, anno MDLXXVI, fol. 144-146; Barros, *Da Asia, Decana segunda*, Parte primeira, anno MDCCLXXVII, fol. 6-17 et fol. 391; G. Correa, *Lendas da India*, t. I, parte II, p. 662-666.

les Indes, l'empêchèrent de poursuivre l'exploration de la grande terre. Mais, bien qu'à vrai dire il n'eût rapporté autre chose de cette exploration qu'une plus ample connaissance des pays, il voulut en faire connaître le résultat au roi de Portugal. Dès son retour à Mozambique, il donna l'ordre à un de ses capitaines, Antonio de Saldanha, de partir pour Lisbonne. Le capitaine s'y rendit muni des échantillons qui devaient prouver au roi l'existence de l'argent dans l'île, et accompagné de quelques indigènes qui devaient apporter d'autres renseignements sur ses ressources. Le roi Emmanuel fut enthousiasmé à la nouvelle de cette découverte. Il se montra disposé à entreprendre une autre expédition à Madagascar (août 1507). Antonio de Saldanha le pria de lui confier cette expédition. Mais le roi ne voulut pas y consentir. Éclairé par le Bolonais Ludovic Varthema sur les richesses de l'Extrême-Orient, sachant que le détroit de Malacca offrait un passage rapide du golfe de Bengale aux Moluques, pays des épices, il avait décidé qu'un de ses officiers les plus habiles, et les plus expérimentés, Lopez de Siqueyra, irait reconnaître la situation de Malacca et tenterait de se mettre en relations avec les habitants[1]. Il profita de l'occasion pour éviter la dépense de deux flottes et chargea Siqueyra d'explorer en passant Madagascar. Le capitaine avait l'ordre de mieux reconnaître la côte orientale de l'île, et de rechercher si elle produisait les plantes et contenait les métaux précieux que Tristan de Cunha avait déclaré s'y trouver. Au cas où les renseignements de l'amiral seraient exacts, il devait charger ses navires de ces produits; dans le cas contraire, quitter ces parages pour s'en aller à Malacca.

Lopez de Siqueyra partit de Lisbonne l'année suivante (8 avril 1508). En route, il rencontra un autre capitaine portugais Duarto de Lemos, en compagnie duquel il gagna l'île Saint-Laurent. Le 10 août 1508, il pénétrait dans le port de Turubaya[2]. Le chef du pays, nommé Diamom, vint les voir,

---

1. *L'Univers pittoresque: Portugal*, p. 182; Schefer, *Le Discours de la navigation de Jean et Raoul Parmentier*, Paris, 1883, p. xv et suiv. de l'Introduction; *Histoire générale*, par Lavisse et Rambaud, t. IV, p. 889 et 890.

2. Aujourd'hui Fort-Dauphin (v. A. Grandidier, *loc. cit.*, p. 108).

avec beaucoup d'indigènes. Mais il ne put donner aucune réponse aux questions qu'ils lui posèrent. Il ignorait si le pays produisait du girofle, du gingembre, ou renfermait de l'argent. En revanche, il leur apporta quantité de provisions de bouche. De là Siqueyra se rendit à Matatane où il espérait se procurer, d'après ses informations, du gingembre et du girofle. Mais il n'y trouva rien de plus qu'un excellent accueil que lui firent les indigènes. Seulement, il apprit en cet endroit que le girofle qu'on y avait vu avait été apporté par la tempête en même temps qu'un jonc de l'île de Java, et s'était ensuite répandu dans la contrée, ce qui avait fait croire à Tristan da Cunha qu'il venait naturellement en abondance dans l'île. Il courut ensuite le long de la côte pour tâcher de découvrir quelque port où il pourrait obtenir des renseignements sur les richesses du pays. Il parvint ainsi à une baie qu'il appela Saint-Sébastien, pour l'avoir reconnue le 20 janvier 1509, jour de la fête de ce saint[1]. Ayant redescendu la côte, il passa de nouveau à Matatane, et le 12 août 1509 il pénétra dans une autre baie à laquelle il donna le nom de Santa-Clara en l'honneur de la sainte de ce jour[2]. De là, n'ayant point trouvé les épices et l'argent qu'il cherchait, Lopez de Sequeyra reprit la route des Indes[3], et peu de temps après, Malacca tombait au pouvoir des Portugais (1511).

Depuis l'exploration de Siqueyra jusqu'au commencement du XVIIe siècle, les Portugais ne paraissent plus avoir été envoyés à Madagascar, ni par les rois de Portugal, ni par les rois d'Espagne, en vue d'explorer le pays et de s'y livrer au trafic[4].

1. Diego Suarez.
2. Sainte-Luce.
3. Barros, *Da Asia, Decada segunda, Parte primeira*, éd. 1777, p. 391-395; G. Correa, *Lendas da India*, t. I, parte II, p. 971; Pedro Resende, *Os Portuguezes em Africa, Asia*, etc. 1877, t. I, p. 83; Schefer, *Le Discours*, etc., loc. cit., Introduction, p. xv; Voir pour les dates, A. Grandidier, *Hist. de la géog.*, éd. 1892, p. 83-210 : Tableaux.
4. Nous ne pensons pas qu'il faille accorder un grand crédit au récit de quelques historiens qui mentionnent encore quelque autres expéditions dues au roi Emmanuel, entre autres celles de Joao Serrao, et de Sébastien de Sousa de Elvas. S'il fallait les croire, en 1510 le roi de Portugal aurait envoyé aux Indes trois flottilles qui comptaient quatorze navires. L'une de ces flot-

On s'en explique facilement les raisons. L'Inde et les îles des Épices étaient devenues le centre du négoce des Portugais. C'est vers le Cathay et le Zipangou réputés pour leurs richesses, c'est vers Goa, un des grands marchés de la côte de l'Inde, qu'Albuquerque avait enlevé aux musulmans, que furent désormais dirigés les regards de ces intrépides navigateurs. Ajoutez à cela que les rois de Portugal se résolurent à ne pas abandonner les droits que Cabral leur avait créés au Brésil où ils envoyèrent des déportés et des colons. Dès lors Madagascar, dont les richesses étaient encore peu connues ou paraissaient douteuses, fut délaissée pour ces contrées dont on avait pu apprécier les immenses ressources. Ce fut le plus souvent pour avoir des nouvelles de quelques navires perdus sur les côtes, que les marins portugais s'y arrêtèrent. Un an après la perte des navires de Manuel de Lacerda et d'Alexis d'Abreu (1527), Nuno da Cunha, fils de l'amiral Tristan da Cunha, vint mouiller dans une baie de la côte occidentale qu'il nomma baie Saint-Jacques (1528)[1]. Quelques années plus tard (1530) Duarte de Fonseca et son frère Diogo abordèrent à l'île Saint-Laurent pour y rechercher des naufragés. Ils visitèrent dans ce but un grand nombre de mouillages ainsi que l'embouchure des principaux fleuves. Duarte de Fonseca se noya en explorant la côte méridionale.

Cependant, tout en recherchant les gens des navires disparus, quelques capitaines se préoccupaient de faire du butin.

---

tilles commandée par Joao Serrao devait se rendre au pays de Matatane et de Turubaya. Le capitaine avait l'ordre de conclure des traités de paix et de faire des conventions commerciales avec les chefs de ces deux pays. Serrao serait entré dans le port d'Antipera d'où il se serait dirigé vers les îles de Santa-Clara. Il aurait pénétré dans la rivière de Monaibo et touché à quelques mouillages de l'île, pour prendre la route de l'Inde.

Une dizaine d'années après cette exploration, en 1521, le roi aurait fait de nouveau partir trois navires commandés par Sébastien de Sousa de Elvas. Ce capitaine avait l'ordre de se rendre à Matatane pour y construire un fort. Mais il n'aurait pu mettre ce projet à exécution à cause de la tempête. Voir Osorius, *loc. cit.*, fol. 202 et Pedro Resende, *loc. cit.*, t. II, p. 197, et t. I, p. 96.

Plusieurs auteurs portugais et M. A. Grandidier n'ont point fait mention de ces explorations, à notre connaissance du moins.

1. Baie de Befotaka.

C'est ainsi qu'en 1543, Diogo Soarez envoyé par le gouverneur Martin Afonso de Sousa à la recherche de son père, atterrit à la baie de Duria[1], et remporta du pays beaucoup d'argent et d'esclaves. C'est probablement pour avoir commis de pareils actes de violences qu'un certain nombre de marins portugais venus à l'anse de Ranoufoutsy[2] furent massacrés par les indigènes (1548)[3]. Ceux qui échappèrent à la mort se réfugièrent dans une maison de pierre qu'ils avaient construite et s'y défendirent courageusement contre les naturels auxquels ils firent payer cher cette légitime vengeance par de fréquentes incursions dans les environs où ils brûlaient des villages et rançonnaient les habitants. Tandis que ces tristes événements se passaient dans la province d'Anossi, un autre massacre, où quatre-vingts Portugais trouvèrent la mort, avait lieu dans le pays de Matatane.

Ces massacres éloignèrent sans doute les navigateurs de Madagascar, car depuis ce temps les relations ne mentionnent le passage d'aucun marin dans ces parages si ce n'est celui de Balthazar Lobo de Souza à la baie de Boina, sur la côte occidentale. Jusqu'au commencement du XVIIe siècle, époque qui fut marquée par l'arrivée de traitants portugais à Maintirano[4], aucun débarquement important ne semble s'être effectué à Madagascar. C'est que dans l'intervalle le Portugal était passé sous la domination de l'Espagne, alors surtout préoccupée d'exploiter l'Amérique. Cette puissance était tellement infatuée de ses possessions sur le Nouveau-Continent, qu'elle n'avait cure des acquisitions que l'annexion du Portugal lui avait procurées en Orient. Rien d'étonnant par suite que Madagascar, située sur le chemin des îles aux Épices et moins riche que ces îles, ait été négligée par les

---

1. Rivière Sofia et baie de Mahajamba.
2. Côte sud du pays d'Anossi.
3. D'après Flacourt, les indigènes les auraient massacrés pour s'emparer de l'or qu'ils possédaient (éd. 1661, p. 13 et 32).
Voir aussi pour tous ces détails G. Correa, *Lendas da India*, t. III, 1re partie, p. 182, 309 et 385; t. IV, p. 275; Oliver, *Madagascar*, vol. I, p. 7.
4. A. Grandidier, *Hist. de a géog.*, ouvrage cité, p. 213.

nouveaux possesseurs des colonies ou comptoirs portugais.

Cependant, sous l'influence de l'ordre des Jésuites, la catholique Espagne avait poursuivi sa propagande religieuse à travers le monde. Les prédications de saint François Xavier, digne émule d'Ignace de Loyola, avaient fait de nombreux prosélytes au Japon et dans l'Inde. Le Portugal était entré aussi dans la même voie. Dès l'année 1560, l'Inquisition était introduite à Goa, le centre des possessions asiatiques des Portugais. Conquérir des âmes, convertir des indigènes, tel est le but principal que le roi d'Espagne, Philippe III, avait assigné à ses dévoués serviteurs dans ses possessions ou les pays avec lesquels il entretenait des relations. Madagascar, voisine de l'Inde, de Goa où dominaient les disciples d'Ignace de Loyola, ne devait pas rester en dehors de la zone d'influence où s'exerçait leur zèle. Joignez à cela que l'océan Indien, le chemin des Épices, était par excellence au xviie siècle le champ de la lutte commerciale des Européens. Les Portugais, qui prétendaient se réserver tout le trafic des Indes à l'exclusion de toute autre nation, avaient probablement compris l'importance de la situation de cette île où ils pouvaient créer des comptoirs et construire des forts capables de lutter contre la concurrence chaque jour plus active que leur faisaient les Hollandais et les Anglais. Toutes ces raisons, sans parler de la curiosité, du désir qui sollicitait alors les esprits, d'obtenir plus de renseignements sur cette terre lointaine, et de l'émotion qu'avait causée dans l'Inde tout entière la perte de plusieurs navires portugais dans ces parages, déterminèrent le roi d'Espagne, Philippe III, à y envoyer une nouvelle expédition (1613).

Le vice-roi de l'Inde, dom Jérôme d'Azevedo, reçut l'ordre d'armer à cet effet une caravelle. Ce prince, qui s'efforçait de servir la cause de la chrétienté, obéit à l'ordre du roi et fit préparer la caravelle *Notre-Dame de l'Espérance*. Une expédition d'une si haute importance fut confiée à Paulo Rodriguez da Costa, capitaine expérimenté. Deux Pères de la Compagnie de Jésus devaient l'accompagner : le P. Pedro Freire, directeur de la mission, et le P. Luiz Mariano, homme fort instruit dans les sciences mathématiques. Ces deux missionnaires étaient chargés de pourvoir aux besoins spirituels des Portugais et des indigènes. Le capitaine avait l'ordre de se rendre d'abord à Mozambique pour y prendre un pilote qui savait parler la langue de l'île, puis de mettre à la voile pour Madagascar. On lui recommanda d'employer tous ses efforts à tâcher de découvrir des Portugais sauvés du naufrage, ou leurs descendants et de se rendre compte s'il convenait d'en laisser quelques-uns dans le pays pour y introduire l'Évangile. Il devait s'efforcer aussi de connaître les royaumes de cette île, savoir quel peuple l'habitait, observer ses coutumes, son genre de vie, rechercher tout ce qu'elle produisait, vivres, plantes, etc., pour en avoir une connaissance complète. Par suite, il devait visiter et sonder tous les mouillages, toutes les embouchures des fleuves, tous les abris qui se trouveraient sur le littoral oriental et occidental, noter leur situation et leur forme, étudier la direction des vents, explorer les rivières et en tracer un itinéraire très détaillé, de telle sorte que l'on pût consigner toutes ces observations sur les cartes et de manière à permettre aux navigateurs portugais de les mettre à profit. A cet effet le vice-roi donna au capitaine une petite barque qui devait suivre la caravelle à Mozambique et y prendre des provisions pour deux ans.

La flottille portugaise quitta Goa le 27 janvier 1613. Elle atterrit à Mozambique le 1er avril de la même année, et le 15 du même mois, elle mouillait dans la baie de Mazalagemnova[1].

La première chose que fit le capitaine, fut de se rendre auprès du chef de ce pays, nommé Samamo. Il lui offrit différents cadeaux afin de pouvoir s'attirer ses bonnes grâces et débarquer librement. Après cette première entrevue, il retourna à son navire. Mais trois jours après il descendit de nouveau à terre, accompagné cette fois des deux Pères et de douze soldats armés de mousquets. Le chef vint les recevoir avec tous les

---

1. Baie de Boina (A. Grandidier, *loc. cit.*, p. 124).

notables du pays et une foule d'indigènes. Les Portugais ne purent obtenir de lui aucun renseignement sur ceux de leurs compatriotes que l'on disait perdus dans cette île. Mais il consentit à conclure avec eux un traité d'alliance offensive et défensive. Par ce traité Samamo ne devait nouer aucune relation avec les Hollandais et les Anglais, tant qu'ils n'auraient pas fait la paix avec le Portugal. Toute faveur et toute liberté de trafic étaient accordées à chaque navire ou embarcation portugaise qui mouillerait dans les ports du pays. Le capitaine était même autorisé à établir une factorerie à Mazalagem-nova. Quant aux Pères, ils pourraient venir y ouvrir des églises et christianiser ceux qui le désireraient. De son côté, le capitaine s'engageait à traiter avec la même bienveillance les embarcations de Samamo qui viendraient dans les ports où les Portugais se seraient établis. Il devait en outre fournir au chef indigène les secours d'hommes nécessaires dans les guerres qu'il aurait à soutenir contre ses ennemis. Ce traité fut conclu à la satisfaction générale.

Après avoir séjourné une dizaine de jours dans le port de Mazalagem, Paulo Rodriguez da Costa prit la route du sud. Il passa successivement à la baie de Balue[1], à la rivière Kasany[2] où il conclut avec le chef du pays Sampilha un traité semblable à celui de Samamo. Il reconnut les îles Corpo de Deus[3] et Espirito Sancto[4], et le 15 juin il aborda au village de Sadia[5]. Les Portugais y reçurent encore un excellent accueil. Capitapa, seigneur de ce village, consentit non seulement à conclure des traités d'alliance avec ses hôtes, mais à leur confier son fils Loquexa, afin que par son autorité il facilitât leur accès auprès des autres chefs de l'île. Les missionnaires parvinrent même par l'enseignement, la douceur et la persuasion à convertir le père et le fils au christianisme.

1. Baly.
2. Sambaovelona.
3. Iles stériles.
4. Nosy-Vao.
5. Maromoka ou Antamotamo.

Le surlendemain, ils découvrirent les rivières de Mané[1] et de Manaputa[2]. C'est dans ce dernier endroit qu'ils obtinrent les premières nouvelles sur leurs compatriotes. Ils aperçurent ensuite la rivière Saume[3], la baie de Sango[4], la rivière Ferrir[5], les îles Santa-Izabel[6], le port Saint-Félix[7], la baie S. Boaventura[8]. Le 19 juillet, ils arrivaient au village de Massimanga[9].

Ils reçurent de Diamasuto, chef de ce village, des provisions de bouche et toutes sortes de témoignages d'amitié. Mais ce qui ne leur fut pas moins agréable, ce furent les renseignements exacts et précis que leur donna une vieille femme sur ceux qu'ils recherchaient[10]. Ce premier résultat les encouragea à poursuivre leurs investigations. Après quelques jours de navigation ils pénétrèrent dans l'anse de Santa-Clara[11]. Là ils retrouvèrent Diamasuto qui était venu à leur rencontre avec cinq cents indigènes et leur fit le même accueil qu'aupa-

1. Bras sud du Tsiribihina.
2. Morondava.
3. Anakabatomena.
4. Baie de Belo.
5. Fangoro ou bouche du Mangoka.
6. Nosy-Ratafany.
7. Baie de Befotaka.
8. Baie de Fanemotra.
9. Bouche de Manombo. — Pour les lieux où ont abordé les Portugais, et pour l'identification des noms, consulter l'*Histoire de la géographie* de M. A. Grandidier, éd. 1892, p. 211-216 et p. 108-136. Nous n'avons pu trouver le nom auquel correspond aujourd'hui exactement la dénomination de Sadia. — Le P. Luiz Mariano a attribué le nom de Santa-Izabel à toutes les îles qui sont semées le long de la côte entre les baies de Morombé et de Fanemotra, dont il a compté sept principales (A. Grandidier, *Hist. de la géog.*, éd. 1892, p. 114, note 1).
10. Au moment même où ils manifestaient leur joie d'apprendre ces nouvelles, ils furent alarmés par une escapade du fils de Capitapa. Le prince s'enfuit dans une barque avec des nègres. Il fut repris presque aussitôt. Il craignait d'être mis à mort, mais le capitaine lui pardonna quand il sut que c'était l'ennui de la navigation et la crainte de nouveaux dangers à courir sur mer qui l'avaient poussé à s'échapper de ses mains. Le jeune homme promit d'être plus confiant et plus docile et il tint parole (*Exploraçao Portugueza de Madagascar em 1613, Relaçao inedita do Padre Luiz Mariano, Boletim da Sociedade de geographia de Lisboa*, 1887, p. 326 et suiv.).
11. Les Portugais apprirent en 1613, à Santa-Clara (Ambolisatrana), que les Anglais fréquentaient ces parages. Ils virent sur des arbres les inscriptions suivantes datées du 19 juillet : *Cristophorus Neoportus anglus capitaneus*,

ravant. Le chef indigène se montra particulièrement bienveillant pour les Pères et embrassa spontanément la croix.

Le 18 août, les Portugais reprirent la route du sud. Ils découvrirent une belle baie nommée par les gens du pays Ungelai[1]. Le chef de cette contrée, qui s'était rendu à la côte avec une grande confiance et sans armes, confirma au capitaine l'exactitude des renseignements qu'il tenait de la vieille femme de Massimanga. Il lui en donna d'autres très détaillés sur les ressources de l'île, et comme les chefs dont nous avons déjà parlé, il permit aux Portugais de venir se fixer dans son royaume, d'y bâtir des églises, d'y enseigner la religion chrétienne et d'y baptiser tous ceux qui en exprimeraient le désir.

De là Paulo Rodriguez da Costa se rendit au port Saint-Augustin[2] (24 août), où il apprit du chef Diamasinali qu'il y avait des Portugais dans une contrée située à cinq ou six jours de bon vent.

Ce ne fut cependant qu'après quarante jours de navigation très pénible qu'ils trouvèrent ceux qu'ils cherchaient depuis si longtemps. Ils apprirent en effet des habitants du port Saint-Lucas[3] qu'ils étaient de race blanche, chrétiens et portugais. La croix de fer blanc qu'ils portaient au cou et une colonne sur laquelle était gravée l'inscription suivante :

REX PORTUGALENSIS ⇒ S 1505

attestaient d'ailleurs leur origine[4].

---

et *Dominus Robertus Se he Erleins comes legatus Regis Persarum* (Luiz Mariano, *loc. cit.*, pp. 329, 330).

1. Bord sud de la rivière Onilahy.
2. Baie d'Androka.
3. Ranofotsy.
4. C'est probablement cette colonne que Flacourt trouvera dans l'îlot des Portugais (province d'Anossi) et sur laquelle il lira l'inscription :

REX PORTVGALE. N. S
1545

La date 1505 indiquée par le P. Luiz Mariano est inexacte. On doit admettre celle de 1545. (Voir gravure, Flacourt, édit. 1658, p. 340.)

Le capitaine conclut un traité d'alliance avec leur chef Randumana, tandis que ses gens faisaient des échanges avec les indigènes. Il engagea aussi avec Bruto Chambanga, roi de tout le pays d'Anossi[1], des négociations qui aboutirent à la conclusion d'un traité semblable à ceux dont nous avons déjà indiqué les clauses. Le roi consentit même à ce que son fils héritier, Ramach, s'embarquât pour Goa sur le navire du capitaine, afin d'aller voir le vice-roi et observer les usages et les coutumes des Portugais, à la condition toutefois que ceux-ci le ramèneraient au pays natal.

Deux missionnaires et quatre Portugais devaient rester en otage dans l'île de Santa-Cruz peu éloignée de Saint-Lucas, pendant le séjour de l'enfant à Goa. Puis le roi signa un acte de donation de l'île de Santa-Cruz aux Pères qui pourraient y édifier une église et y chercher leur subsistance.

Bruto Chambanga et son fils jurèrent solennellement d'exécuter leurs engagements. De leur côté, les indigènes montrèrent de véritables dispositions à embrasser le christianisme. D'après le Père Luiz Mariano, ils demandaient eux-mêmes qu'on leur apprît à faire le signe de la croix. Le chef Randumana importunait le capitaine pour qu'il le fît baptiser ainsi que toute la famille.

L'exploration fut ensuite continuée vers l'île de Santa-Cruz. Là on construisit une église et une maison en bois pour les Pères. Le fakir du lieu leur demanda des renseignements sur les archanges Michel et Gabriel. Les Pères lui parlèrent du Créateur des anges et de la croix et lui persuadèrent de leur confier son fils pour qu'ils lui enseignassent leur langue et la loi de Dieu.

Enfin on se prépara au départ. Le capitaine remit au roi Bruto Chambanga ceux qu'il avait promis de lui laisser en gage et lui rappela sa promesse. Mais le roi ne voulut pas

---

1. Bruto Chambanga nous paraît être le *Dian Tsiamban*, roi d'Anossi, dont parle Flacourt, et *Anria-Serivae Dian Ramach* dont il a raconté lui-même l'aventure (voir *Hist. de l'île de Madagascar*, éd. 1658, p. 33 et 46).

tenir sa parole. Il déclara à Paulo Rodriguez da Costa qu'il ne pouvait consentir à lui abandonner son fils.

Promesses, présents, rien ne put triompher de sa résistance. Le capitaine, voyant qu'il ne pouvait lui arracher son consentement, recourut à la ruse. Il profita d'un moment où le roi était venu le voir et où régnait une certaine agitation sur le rivage, pour ordonner à un des hommes de son équipage de s'emparer de l'enfant. Le jeune Andrian Ramach fut pris et emmené dans une barque. Bien que sans armes, le roi n'écoutant que son amour paternel, se précipita vers l'embarcation pour la retenir au moment où elle quittait le rivage. Mais le maître du bateau le contraignit de lâcher prise en le frappant de son épée. Qnant aux indigènes qui étaient accourus au secours de leur chef, armés de leurs sagaies, les Portugais les effrayèrent et les mirent en fuite par des décharges de mousqueterie. L'enfant put ainsi être transporté jusqu'au navire.

N'ayant plus rien à faire dans cette contrée, le capitaine se dirigea vers Mozambique par la route du sud. En chemin, il déposa près de Sadia[1] le prince D. Jérôme Loquexa qu'on lui avait confié, et le 17 février 1614 il arriva au port. Sur ces entrefaites, deux navires portugais vinrent faire escale à Mozambique. Comme ils allaient dans l'Inde, Paulo Rodriguez da Costa jugea à propos d'en profiter pour envoyer le jeune Andrian Ramach au vice-roi. Il le confia au Père Pedro Freire et le recommanda au capitaine de l'un de ces navires. Le départ eut lieu le samedi saint.

La disette qui régnait à Mozambique provoqua peu de temps après une nouvelle expédition à l'île Saint-Laurent (26 avril 1614). Cette fois encore, le P. Luiz Mariano accompagna Paulo Rodriguez da Costa. Après avoir abordé à Mazalagem pour y prendre des nouvelles de D. Jérôme Loquexa, et vu les quatre îles de Sada[2], ils jetèrent l'ancre dans la baie de Tingi-

---

1. Maromoka, ou Antomotamo.
2. Nosy-Ovy.
Le P. Luiz Mariano appelle Sada non seulement Nosy-Ovy, mais les quatre îles qui ferment à l'ouest les baies de Rafaralahy, Radama et Ramanetaka (A. Grandidier, *loc. cit.*, p 126, note 1).

maro[1], chef du pays de Sada. Le capitaine qui savait le chef riche et bien approvisionné se proposait de conclure avec lui des traités d'alliance. Malheureusement Tingimaro, qui avait massacré quelques années auparavant un capitaine anglais et les gens de son équipage, craignait d'avoir affaire à des Anglais venus pour venger leurs compatriotes. Pour dissiper ses craintes, Paulo Rodriguez da Costa lui envoya le maître du navire et un Père avec lesquels il s'était déjà entretenu deux fois. Ceux-ci obtinrent de lui tout ce qu'ils demandèrent, grâce à l'intermédiaire d'un chef indigène, ami de Tingimaro.

Les Portugais sortirent de cette baie le 6 juillet, emmenant avec eux, ainsi que le leur avait recommandé le vice-roi, beaucoup d'esclaves et de provisions. Ils doublèrent les pointes de Santo-Ignacio et de Santo-Aleixo[2] et voyant le vent favorable pour se rendre dans l'Inde ils se dirigèrent vers Goa où ils arrivèrent le 16 octobre 1614. Andrian Ramach y était déjà ainsi que le P. Freire. Le vice-roi, qui avait prodigué à l'enfant les témoignages d'affection, le fit baptiser et confirmer sous le nom de dom André. Puis, lorsque le prince fut bien instruit des vérités de la religion chrétienne et qu'on put fonder sur lui les plus belles espérances pour la propagation de cette religion parmi ses sujets, il résolut de le renvoyer dans sa patrie. C'est le capitaine Pero de Almeida Cabral, gentilhomme de grand mérite, qu'il chargea de cette mission.

Cabral partit au mois de février 1616 avec Joao Cardoso de Pina comme second. Sur le même navire s'étaient embarqués deux Pères Jésuites qui se rendaient au pays de Sadia : les Pères Antonio de Azevedo et Luiz Mariano.

Au lieu de passer aux îles Cerné et Mascareigne, et d'aborder au port de Sainte-Luce, ainsi qu'il en avait reçu l'ordre, le capitaine se dirigea vers le port de Saint-Lucas. A la nouvelle de l'arrivée d'un navire portugais, Bruto Chambanga envoya sa femme à bord pour s'informer si son fils était parmi

---

1. Confluent de l'Andranomalaza avec le Manongarivo.
2. Cap Anoronkarana et probablement pointe Rantamia.

les passagers et demander qu'on voulût bien l'amener à terre.

Touché des larmes et des supplications de la pauvre mère, Cabral ramena lui-même dom André à son père. Ce dernier ressentit une telle joie de revoir son fils qu'il se montra fort empressé à être agréable au capitaine. Encouragé par une telle attitude, celui-ci lui demanda un autre de ses fils pour l'emmener à Goa. Le roi se borna à lui répondre que celui qui lui restait était encore trop jeune pour être embarqué. Mais il consentit à conclure avec le capitaine un traité de paix et d'alliance, par lequel il s'engageait à recevoir les Pères dans son royaume et à leur accorder tous les secours, toutes les faveurs nécessaires pour prêcher l'Évangile, baptiser et rendre chrétiens tous ceux qui le demanderaient. Le capitaine principal envoya ensuite son second Joao Cardoso de Pina à la côte occidentale de l'île avec l'ordre d'entrer en relations avec les chefs qui dominaient sur cette côte, et de transporter les deux Pères de la Compagnie de Jésus (les PP. d'Azevedo et Luiz Mariano) au pays de Sadia. L'arrivée de Pina et des deux missionnaires fut fort bien accueillie par le chef et les habitants de cette contrée.

Peu de temps après Pero Almeida de Cabral partait pour Goa où il amenait à son tour un parent du roi Bruto Chambanga. Comme le prince Andrian Ramach, le jeune homme devint chrétien et fut élevé par les Pères. Il eut pour parrain le vice-roi Dom Jérôme d'Azevedo et s'appela lui-même Dom Jérôme.

Au mois de février de l'année suivante (1617), le vice-roi chargea le capitaine Manuel Freire de Andrade de ramener dom Jérôme dans sa patrie. Le capitaine avait l'ordre d'aborder à Porto-Novo[1] et de ne point laisser débarquer le prince, avant que son père ne fût venu le réclamer et avant de s'assurer que tout était tranquille à terre. Ces précautions prises, il enverrait dom Jérôme au roi d'Anossi sous la garde d'un Père et de deux Portugais. Il lui était en outre recommandé

---

1. Port situé entre ceux de Saint-Lucas et de Sainte-Luce.

de se rendre à Sadia afin d'y prendre des nouvelles des deux missionnaires qui s'y trouvaient depuis quelque temps [1] et de voir s'il était facile de recruter des jeunes gens de noble famille pour le séminaire de Goa.

Les Portugais jetèrent l'ancre dans un port situé entre celui de Porto-Novo et Saint-Lucas, auquel ils donnèrent le nom de Saint-François-Xavier. Avant de débarquer, le capitaine commanda de tirer quelques coups de canon pour attirer à la côte les indigènes. N'ayant rencontré personne, ils levèrent l'ancre pour Saint-Lucas.

En arrivant dans ce port, Andrade tenta comme précédemment d'éveiller l'attention des indigènes par quelques coups de canon. Puis il envoya à terre un nègre avec l'ordre de prendre des nouvelles des Pères Manuel de Almeida et Custodia da Costa, venus quelque temps auparavant dans le pays. Le nègre était en outre porteur de lettres et de présents pour le roi d'Anossi. Il trouva les missionnaires très-malades et découragés. Les Pères vinrent s'entretenir avec le capitaine et lui déclarèrent qu'ils ne voulaient plus demeurer dans l'île, ajoutant que d'ailleurs ils n'étaient plus en état d'exercer leur ministère. Andrade les supplia de la part du roi et du vice-roi de ne pas renoncer à leur mission. En vain assura-t-il qu'on leur apportait du secours et qu'on leur en enverrait tous les ans, les deux missionnaires persistèrent dans leur refus et quittèrent leurs cases. Quant à Bruto Chambanga, il répondit aux cadeaux par d'autres cadeaux ; il envoya au capitaine des bœufs, des poules, du lait et des esclaves, mais il ne voulut jamais consentir à se rendre auprès de lui, ni à laisser venir son fils Andrian Ramach.

Cette prudence s'expliquait non seulement par les événements qu'avait provoqués l'enlèvement de son fils, mais encore par des événements survenus tout récemment.

Un Cinghalais qui était captif des Pères et converti au christianisme avait renié sa foi. Il s'en était allé trouver le roi

---

1. C'étaient les Pères Antonio de Azevedo et Luiz Mariano.

Bruto Chambanga, et lui avait conseillé de se défier des Portugais qui, à l'entendre, avaient l'intention de lui ravir son royaume. Il s'était même engagé, s'il consentait à lui accorder sa confiance, à le débarrasser de tous ses ennemis. Excités par ce traître, plus de mille indigènes munis de frondes et de pierres dissimulées dans leurs pagnes s'étaient rassemblés. Sous prétexte de faire quelques échanges avec les Portugais, ils étaient entrés en relations avec eux, s'étaient querellés avec le Père Manuel de Almeida, l'avaient souffleté, et en même temps tous avaient fait usage de leurs frondes. Le capitaine avait été atteint. Il s'en était suivi une lutte entre les naturels et trente marins qui occupaient un petit fort construit sur le flanc de la montagne, lutte qui s'était terminée bientôt par la fuite des agresseurs.

Manuel Freire, ayant appris cette trahison, s'avança vers l'endroit où les indigènes s'étaient retirés, prêt à en tirer une vengeance exemplaire. Il donna l'ordre à vingt hommes armés de mousquets d'aller se mettre en embuscade dans un bois situé sur l'autre flanc de la montagne. Sept ou huit indigènes furent tués. Le capitaine ordonna de les pendre aux arbres afin de montrer aux naturels quel profit ils avaient recueilli de leur perfidie. Les Portugais ravagèrent et brûlèrent ensuite les environs où ils ne rencontrèrent que très peu de résistance. Dès lors toute bonne relation cessa avec les habitants de cette contrée.

Persuadé qu'il n'y avait plus rien à faire dans ces parages, Manuel Freire de Andrade se décida à partir. Il emmena avec lui Andria Mussa, frère du roi Bruto Chambanga, dont il s'était emparé par force, et dom Jérôme, son neveu, qu'il n'avait pas voulu laisser dans le pays, comme le lui avait recommandé le vice-roi, au cas où les indigènes les accueilleraient mal. Il passa au port de Santa-Cruz où il retrouva des traces du séjour des Portugais et se dirigea vers Mozambique en côtoyant le littoral de l'ouest. Chemin faisant, il aborda à Sadia et envoya prendre des nouvelles des Pères Antonio de Azevedo et Luiz Mariano. Les missionnaires vinrent peu de temps après du rivage et déclarèrent qu'ils étaient résolus à ne plus rester dans l'île. En vain le capitaine les pria-t-il de ne point abandonner leur poste et d'obéir aux ordres du vice-roi, ils voulurent s'embarquer avec lui pour Mozambique [1].

Depuis cette époque, il ne paraît s'être fait aucun débarquement, aucune exploration portugaise sur les côtes de Madagascar. Les navigateurs ou les marchands qui se rendaient aux Indes ont peut-être continué à fréquenter l'île ; mais s'ils y vinrent, ce fut seulement pour s'y ravitailler et non pour y faire du trafic ou du prosélytisme. L'île est dès lors définitivement délaissée pour l'Inde où les Portugais espéraient trouver plus de richesses, et peut-être aussi plus de sécurité.

Si parmi les Européens, les Portugais sont les premiers venus à Madagascar, ils ne sont pas les seuls qui y abordèrent. Les Hollandais, les Anglais et les Français touchèrent presque à la même époque à la grande île.

---

1. *Exploraçao portugueza de Madagascar em 1613. Relaçao inedita do padre Luiz Mariano* (*Boletim da Sociedade de geographia de Lisboa*, 1887, 7ᵉ série. n° 5, pp. 313-315, et 319-354; *Documentos remettidos da India ou Livros das Monçoes publicados da Academia real das Sciencias de Lisboa*, t. III, pp. 399-404, t. VIII, p. 336 ; t. VI, 1ʳᵉ série, *Historia da Asia, Decada XIII*, parte I, p. 177 et suiv.; parte II, *Decada XIII*, pp. 481-486 et pp. 677-683.

D'après la *Relation* de Goa les Pères n'auraient pu opérer aucune conversion dans cette île « à cause des empêchements qui s'y rencontrèrent ». Ces termes ont donné lieu à deux interprétations. Pour le P. Cordaro, la véritable cause de l'insuccès des missionnaires serait leur peu de zèle. Le P. Provincial les aurait rappelés secrètement à cause de leur peu de courage. Ils auraient eux-mêmes donné au vice-roi des Indes Jérôme d'Avezedo le conseil d'abandonner un pays où leur mission avait amené si peu de résultats. Mais celui-ci n'accepta pas les raisons qu'ils alléguèrent. Le P. de la Vaissière semble croire au contraire qu'une persécution avait éclaté dans l'île et qu'un des pères, Jean Garcès, en aurait été vers l'année 1616 l'une des principales victimes. Comme le montre notre récit, ces deux hypothèses sont inexactes. Les missionnaires ont probablement quitté leur poste parce qu'ils s'y voyaient abandonnés, et que le succès ne répondait pas à leur espérances. De plus, le P. Mariano ne se trouvait pas à l'endroit (Fort-Dauphin) que l'on suppose. Quant au zèle des deux missionnaires qui vinrent habiter dans cette contrée, nous ne pensons pas qu'il doive être mis en suspicion. Les traces de leur enseignement que l'on a retrouvées plus tard dans le sud de l'île, prouvent qu'ils apportaient le plus grand soin et les plus grands efforts dans l'exercice de leur ministère (P. La Vaissière, *Histoire de Madagascar*, p. 2 et suiv.; Lettre du P. Nacquart à saint Vincent de Paul, 5 février 1650, Archives Nationales, M 214, n° 3, f. 15).

C'est seulement à partir de la fin du xviᵉ siècle que la présence des Hollandais est signalée dans l'océan Indien. Jusque-là ils n'avaient été que les intermédiaires entre les Portugais et les différents peuples de l'Europe. Ils allaient chercher à Lisbonne les épices et les produits de l'Orient qui devaient approvisionner les principaux marchés du continent. « L'annexion du Portugal par Philippe II, en 1580, leur ferma cette rade dont ils étaient les courtiers privilégiés et vraiment comme les maîtres. Les colonies espagnoles de l'Atlantique, les pays à or leur étaient interdits. Il fallut passer des opérations de cabotage européen, non pas à la piraterie, mais aux tentatives de longs voyages et de conquêtes, aller chercher sur place en Orient les denrées aux dépens des monopoles déjà établis »[1].

Mais les Portugais exerçaient une étroite surveillance sur la route du Cap qui menait aux pays des Épices, et traitaient comme pirates ceux qu'ils surprenaient dans les mers où ils dominaient. Les Hollandais essayèrent de les en expulser. N'ayant pu y parvenir, ils employèrent leurs efforts, comme les Anglais leur en avaient déjà donné l'exemple à découvrir une route vers la Chine par le nord. Mais leurs navires furent arrêtés par les glaces de la Nouvelle-Zemble et du détroit de Vaïgatz. Cet insuccès toutefois ne les découragea pas. Ils se préparaient à une nouvelle expédition, quand ils apprirent qu'un de leurs compatriotes, prisonnier de guerre à Lisbonne, Cornélis de Houtman, avait recueilli des renseignements précis sur le commerce de l'Orient, dans les voyages qu'il avait faits aux Indes avec les Portugais. Comprenant tout l'intérêt qu'ils avaient à s'assurer le concours d'un tel guide, des négociants d'Amsterdam payèrent sa rançon. Ils formèrent une société sous le titre de Compagnie des pays lointains ou Compagnie Van Verne et confièrent à Houtman le commandement de quatre bâtiments qui devaient se rendre à Java par le cap de Bonne-Espérance, avec l'ordre de conclure des traités de

---

1. M. Dubois, *Systèmes coloniaux et peuples colonisateurs*, Paris, 1895, p. 75.

commerce avec les Indiens, mais particulièrement dans les lieux où les Portugais ne s'étaient pas encore établis[1].

C'est pendant ce voyage que Houtman relâcha à Madagascar tant pour s'y procurer des vivres que pour refaire les gens indisposés par une longue navigation. Le 10 octobre 1595, le navire *Le Maurice* jetait l'ancre dans la baie Saint-Augustin. Les Hollandais furent mal accueillis par les indigènes dès leur arrivée dans ce pays. Ceux-ci, sous prétexte d'aller leur offrir des bestiaux, dépouillèrent de tout ce qu'ils possédaient les malades que l'on avait débarqués. Ils leur jetèrent même des pierres qui les blessèrent. Plusieurs Hollandais ne durent leur salut qu'à leurs mosquets. Pour se prémunir contre de nouvelles agressions, Houtman fit construire un petit fort à l'aide de branches entrelacées. Il y plaça les malades et préposa à sa garde les hommes valides. Ses gens usèrent ensuite de représailles. Ils entreprirent plusieurs expéditions dans le voisinage, enlevant les bœufs, les moutons et tout ce qu'ils rencontraient. Ils s'emparèrent même de quelques indigènes. L'un d'eux fut tué d'un coup de mousquet en voulant résister. Deux enfants furent pris et emmenés sur le navire *La Hollande*. Les naturels se vengèrent en attirant leurs ennemis dans un guet-à-pens où fut assassiné le pilote Nicolas Janson. Cette fois encore les mousquets en eurent raison.

Non contents de les repousser dans les bois des alentours, les Hollandais voulurent châtier cette nouvelle agression. Quarante-huit d'entre eux partirent dès l'aube, afin de suprendre leurs ennemis; mais ceux-ci pour la plupart prirent la fuite à leur approche. Un seul tomba entre leurs mains. Il fut fusillé à l'endroit même où le pilote Nicolas Janson avait été tué. Toute relation d'amitié avec les indigènes étant devenue dès lors impossible, Houtman mit à la voile pour Java (13 déc. 1595).

---

1. Wicquefort, *Voyages aux États de Perse et aux Indes orientales*, traduit d'Olearius, 1666, t. II, p. 644 et suiv.; Savary des Bruslons, *Dictionnaire du Commerce*, MDCCXXVI, t. I, p. 1380; Vidal-Lablache, *La Terre*, p. 259 et 268; Octave Noel, *Histoire du commerce du monde*, t. II, p. 153.

Par malheur, les vents lui furent contraires. Comme une partie de l'équipage était encore malade, l'amiral se réfugia à l'île Sainte-Marie (11 janvier 1596). Il put y trouver des vivres et même d'autres denrées telles que de la canne à sucre et du gingembre. Mais il lui fut impossible de se procurer de l'eau. C'est ce qui le décida à se rendre à la baie d'Antongil (25 janvier). Les Hollandais n'eurent d'abord qu'à se louer de l'attitude des indigènes. Ceux-ci vinrent les voir avec leur chef. Ils leur firent toutes sortes de démonstrations d'amitié et leur apportèrent quantité de provisions qu'ils échangèrent contre des grains de corail de vil prix. Toutefois ces bonnes relations ne furent pas de longue durée. Quelques jours après, pendant une violente tempête, les naturels s'emparèrent de quelques barques qui avaient été détachées des navires et les brisèrent pour en arracher les clous. Les gens de Houtman s'étant mis à la recherche de leurs barques, ils s'efforcèrent de les empêcher d'atterrir en les menaçant de leurs sagaies et en leur jetant des pierres. On leur répondit par des décharges de mousqueterie : six de ces malheureux tombèrent mortellement atteints. Les autres prirent la fuite, ainsi que les habitants du village voisin qui se réfugièrent dans les bois, après avoir mis le feu à leurs cases. Les Hollandais pillèrent le village et emmenèrent prisonniers cinq indigènes qui étaient venus leur vendre des citrons, ainsi que leur chef. Ce dernier recouvra cependant sa liberté en faisant apporter des vivres comme rançon. Voyant qu'il ne pouvait se livrer à aucun trafic dans ce pays, et qu'il lui était difficile de se ravitailler à cause de l'hostilité des habitants, Houtman se décida à lever l'ancre (10 février 1596)[1].

Trois ans plus tard (2 mai 1599), les deux vaisseaux, *Les*

---

1. *Diarium nauticum itineris Batavorum in Indiam orientalem cursuum, tractuum variorumque eventuum qui ipsis contigerunt, diligenter descriptum.* Arnhemi, anno 1598, fol. 3-9; Lindschot, *Premier livre de la navigation aux Indes orientales*, 1606, p. 6 et suiv.; Valentyn, *Oud en nieuw Ost-Indien of Nederlands Mogentheild*, 1re partie, p. 173; *Begin ende Voortgang Vande vereenigde Neederlandtsche, Geoctroyerde Oost-Indische Compagnie 't Eerste Deel*, 1646, t. II, 2º partie, fol. 8-15.

Provinces-Unies et *Les Pays-Bas,* commandés par Paul Van Caerden, venaient encore mouiller à la baie d'Antongil pour s'y approvisionner d'eau et de vivres. Le 24 octobre de cette même année (1599) l'amiral Étienne Van der Hagen jetait l'ancre dans une baie de la côte méridionale que nous croyons être celle de Sainte-Luce[1]. Mais n'ayant pu découvrir de l'eau douce dans le voisinage, et la rade lui paraissant mauvaise il se dirigea vers la baie d'Antongil où il espérait s'approvisionner en même temps d'eau et de riz. Il n'y trouva ni vivres ni habitants. Les indigènes qui n'avaient pas oublié les actes de violence des Portugais s'étaient enfuis dans leurs montagnes à la nouvelle de l'arrivée des blancs, après avoir mis le feu à leurs cases et emmené avec leurs femmes et leurs enfants tout ce qu'ils avaient de plus précieux. En vain leur envoya-t-on deux hommes sans armes, en vain les Hollandais leur jetèrent-ils de la verroterie leur promettant qu'on ne leur ferait aucun mal, ils ne voulurent pas sortir de leur retraite. Deux d'entre eux cependant osèrent s'approcher, et assurèrent aux Hollandais que leurs mousquets étaient seuls la cause de la fuite de leurs compagnons. Déçu dans ses espérances, l'amiral quitta (21 décembre 1599) une contrée où il était si difficile de se munir de vivres et continua sa route vers Sumatra.

Pendant longtemps encore Madagascar servit d'escale aux navires qui se rendaient aux Indes. Le P. Luiz Mariano nous apprend dans sa *Relation* que vers 1613 les Hollandais venaient relâcher à Manghafia (Sainte-Luce)[2]. En 1619, Guillaume Is Brantz Bontekou abordait de son côté à l'île Sainte-Marie en allant aux Indes, et jetait l'ancre dans la baie Sainte-Luce à son retour[3]. S'il faut l'en croire, il aurait été bien

---

1. La relation parle de la baie du Soleil. Comme nous ne connaissons aucune baie de ce nom sur cette côte, nous avons pensé qu'il s'agissait de la baie Sainte-Luce, située au sud-est, et où les Hollandais relâchaient ordinairement.
2. Luiz Mariano, *loc. cit.*, p. 335.
3. De Constantin, *Recueil de voyages qui ont servi à l'établissement et aux progrès de la Compagnie des Indes orientales des Provinces-Unies,* Rouen, 1725, t. III, p. 155 et 356; t. VIII, p. 239-248, p. 396 et suiv.; Valentyn, *loc. cit.*,

accueilli par les indigènes pendant son court séjour dans ces deux pays et aurait même réussi à faire la traite. Mais aucun des navigateurs qui vinrent aborder à la grande île ne semble avoir eu le dessein d'y fonder un établissement commercial.

Ce n'était pour eux qu'une étape de leurs longs et périlleux voyages[1].

Quelques années seulement après le passage de Houtmann, les Anglais abordaient à Madagascar. Dès l'année 1599, le navigateur John Davis relâchait à la baie de Saint-Augustin pour s'y ravitailler. Mais jusqu'à l'année 1601, ils étaient venus avec les Hollandais. C'est seulement depuis cette époque qu'ils y vinrent pour leur propre compte, ou plutôt pour le compte de la Compagnie anglaise des Indes orientales qui dans les dernières années du règne d'Élisabeth s'était constituée à l'imitation de la Compagnie hollandaise Van Verne. Dès l'année 1599, la princesse avait accordé des lettres patentes et une charte aux marchands de Londres qui s'étaient associés pour cette entreprise. En 1600, la société fut complètement organisée. De bonne heure cette compagnie dirigea ses efforts vers l'Inde d'où elle se proposait de chasser les Portugais qui possédaient alors sur les deux côtes une longue chaîne de comptoirs florissants. Elle y envoya une flotte de quatre vaisseaux sous le commandement de James Lancastre. Le célèbre John Davis qui avait déjà accompli ce voyage lui fut donné pour premier pilote. On partit de Torbay le 18 avril 1601. Arrivé dans l'océan Indien, James Lancastre, voyant la ma-

---

1re partie, p. 178 et suiv., *Documentos remettidos da India*, loc. cit., t. III, p. 401.

Il s'agit probablement encore de la baie Sainte-Luce, bien que la Relation mentionne la baie Saint-Louis. Il n'existe pas, à notre connaissance, de baie portant cette désignation.

1. D'après Flacourt, les Hollandais auraient fondé à Antongil une habitation. Ils y venaient acheter du riz et des esclaves et faisaient de fréquentes incursions dans l'île voisine de Sainte-Marie et emmenaient comme esclaves tous les indigènes qu'ils rencontraient, ce qui avait beaucoup dépeuplé l'île. Parmi les douze qui composaient la petite colonie plusieurs moururent de la fièvre dans ce lieu malsain. Les autres furent massacrés par les indigènes dans les querelles desquels ils étaient intervenus et qu'avaient irrités leur perfidie et leur cruauté (éd. 1661, p. 27 et 28, et éd. 1658, p. 302).

jeure partie de son équipage atteinte du scorbut et n'ayant pu, par suite des vents contraires, gagner l'île Rodrigue, comme il se le proposait, se dirigea vers la baie d'Antongil où il espérait trouver des citrons. En passant, il aborda (17 décembre 1601) à l'île Sainte-Marie et fit provision de ces fruits pour ses malades. Mais l'incertitude du temps et le peu de ressources qu'offrait cette île le déterminèrent à se rendre immédiatement à la baie d'Antongil. Il y arriva huit jours après. Les habitants montrèrent tout d'abord une grande hésitation à vendre des vivres aux Anglais et, quand ils y consentirent, il fut très difficile de les amener à un marché loyal[1].

Cette baie fut fréquentée dans la suite par beaucoup de navigateurs qui allaient aux Indes. Il suffira de citer parmi tant d'autres, W. Keeling (1608), Henri Midleton (1610), Boothby, Hammond (1630), le capitaine Willes, Mandelslo (1639)[2].

Ce dernier qui était allemand de naissance, mais semble avoir voyagé pour le compte des Anglais, s'avança même sur la rivière qui se jette dans la baie de Saint-Augustin, afin de découvrir le pays et de s'y livrer à la traite. Il parvint à faire quelques échanges avec les naturels et conclut un traité d'alliance défensive avec quelques chefs du voisinage, entre autres, Andrian Machicore et Andrian Panolahé[3].

Tous ces navigateurs paraissent s'être uniquement préoccupés d'entretenir des relations commerciales avec les habitants et s'être inspirés des idées de Sir Thomas Roe qui, envoyé en 1613 comme ambassadeur au Grand Mogol par la première Compagnie des Indes orientales, avait déclaré à son retour que « des guerres et du commerce ne peuvent aller ensemble »[4].

---

1. Hakluyt, *The Principal Navigations : Voyages, Traffiques and Discoveries of the English Nation*, 1599-1600, vol. II, 2ᵉ partie, p. 104 et suivantes et édit. Markham, C.B.F.R.S., London, MDCCCLXXVII; *Lancaster's Voyages to the East Indies*, p. 66, 112, 160 et suiv.; Savary des Bruslons, *Dict. du Comm.*, loc. cit., t. I, p. 1386; A. Grandidier, *Hist. de la géogr.*, éd. 1892, p. 121 : Tableaux.

2. Citons encore les marins W. Finch et Richard Rowles (1608) et le Dʳ Henri Gouch (v. A. Grandidier, *Hist. de la géogr.*, éd. 1892, p. 211).

3. Vicquefort, *Voyage aux États de Perse et aux Indes orientales*, traduit d'Olearius, MDCCXXVII, p. 649-663.

4. Cf. Leroy-Beaulieu, *De la colonisation chez les peuples modernes*, Paris 4ᵉ éd., 1891, p. 45 et 46.

Les relations ne signalent en effet aucun acte de violence de leur part.

L'impression qu'ils rapportèrent en Angleterre sur la grande île africaine fut bonne, si l'on en juge par le récit enthousiaste que Boothby publia quelques années après son retour [1]. C'est même probablement sous l'influence de ce récit et de l'esprit de colonisation qu'avaient fait naître de l'autre côté du détroit les troubles religieux et politiques, que beaucoup d'Anglais partirent pour Madagascar au printemps de l'année 1644.

Cette même année, un marchand, Powle Waldegrave, débarqua dans la baie de Saint-Augustin avec cent quarante colons venus dans l'espoir d'y fonder un établissement. Ils y furent mal reçus par les habitants. Au témoignage de ce marchand, ceux-ci essayèrent de les attirer par petits groupes dans l'intérieur des terres afin de les massacrer. A plusieurs reprises, des Anglais furent victimes de la perfidie et des paroles mensongères des indigènes. D'autres succombèrent aux privations, à la maladie, aux souffrances de toute sorte. Powle Waldegrave, qui avait couché sur le sol pendant plus de trente nuits et exploré le pays en tous sens, dut quitter ce pays insalubre où il avait contracté le flux de sang. Sur cent quarante colons qui étaient venus dans ces parages, il n'en revint que douze en Angleterre [2].

III

Les Français ne furent pas les derniers à fréquenter Madagascar. Dès le commencement du XVIe siècle, par conséquent,

---

1. *Description of the most famous island of Madagascar*, 1646.
2. Powle Waldegrave, *An answer to M. Boothby's Book of the Description of Madagascar*, London, 1649, in-4 : Préface et chap. III, XIV, XVII. (Cet ouvrage très rare, se trouve au British Museum.)

C'est sans doute de ces Anglais que Flacourt veut parler lorsqu'il nous apprend que vers l'année 1644 un certain nombre d'habitants de la Grande-Bretagne vinrent s'établir à la baie de Saint-Augustin et s'installèrent dans un fort du voisinage qui avait été délaissé, sans vouloir intervenir dans les querelles des indigènes (éd. 1661, p. 43 et 260).

longtemps avant les Hollandais et les Anglais, ils avaient marché sur les traces des Portugais et pris la route des Indes. Deux marins dieppois, les frères Jean et Raoul Parmentier, qui se rendaient à Sumatra, relâchèrent, le 25 juillet 1529, dans le petit port de Maromoka, sur la côte occidentale. Les gens de l'équipage s'emparèrent de deux indigènes qu'ils emmenèrent au navire et qu'ils renvoyèrent avec quelques cadeaux. Les naturels vinrent à leur tour leur apporter des vivres. Mais quelques jours après, sous prétexte de leur montrer du gingembre et des mines d'or ou d'argent, ils attirèrent dans un bois les matelots, Vasse, Jacques l'Écossais et Bréant, et les tuèrent à coup de sagaies. Le lendemain, les compagnons de Parmentier retournèrent à l'endroit où leurs camarades avaient été assassinés, afin de s'assurer si, comme les indigènes l'avaient dit aux gens de l'équipage, il y avait là des ressources ignorées. A leur vue, les naturels accoururent et les menacèrent de leurs sagaies. Les Français tirèrent sur eux quelques coups d'arquebuse qui en blessèrent plusieurs. Mais alors les indigènes arrivèrent en foule, et les frères Parmentier se hâtèrent de s'éloigner d'une contrée aussi inhospitalière (30 juillet). Le 1er août, en continuant leur voyage d'exploration, ils aperçurent des îles qu'ils appelèrent îles de Crainte à cause des craintes qu'elles leur inspirèrent[1].

Depuis cette époque jusqu'au commencement du xviie siècle, aucun navigateur, à l'exception de Jean Alfonse le Saintongeois qui aborda en 1543 à la baie de Boina, ne semble avoir passé à Madagascar. Le 19 février 1602, deux navires envoyés par une société bretonne aux Indes orientales pour disputer aux Portugais et aux Hollandais les richesses de ces pays lointains, pénétrèrent dans la baie de Saint-Augustin. L'un, *Le*

1. De là le nom de Port de la Trahison donné au port où avaient abordé les Français. — Les îles de Crainte reçurent plusieurs noms spéciaux : l'île Majeure, l'Enchaînée, l'Utile, la Boquillone, l'île Saint-Pierre, l'Andouille, l'Advanturée (voir *Parmentier*, éd. Schefer, ouvrage cité, p. 39, et A. Grandidier, *Hist. de la géogr.*, p. 117). D'après Schefer (*loc. cit.*, p. 39, note 1), ces îles de Crainte sont situées au sud du banc Pracel ou banc Parcelar. Elles sont petites, basses, et couvertes de broussailles. On les connaît aujourd'hui sous le nom d'îles Dalrymple, Hosburg, Beaufort, Flinders, Woody et Smyths.

Corbin, était commandé par Pyrard de Laval, l'autre, *Le Croissant*, avait à bord Jean de Vitré. Les Français commencèrent par construire un fort dans le voisinage pour se protéger contre les surprises des habitants[1]. Puis ils essayèrent d'entrer en relations avec eux. Ceux-ci se montrèrent d'abord fort effarouchés et s'enfuirent. Les compagnons de Pyrard finirent cependant par triompher de leurs appréhensions et firent avec eux quelques échanges. Malheureusement le climat malsain de ce pays enleva en trois jours quarante Français; Pyrard s'empressa de quitter une contrée aussi insalubre.

Dix-huit ans plus tard, le 22 mai 1620, le général français Beaulieu jetait l'ancre dans la même baie. Pendant son séjour, il fit la traite avec les indigènes, dont il reçut un excellent accueil. Il emporta du pays et des habitants une impression très favorable[2].

La baie de Saint-Augustin semble avoir été ensuite délaissée par les Français, ainsi que toute la côte occidentale. C'est le plus souvent la côte sud-est qui reçut leur visite. Au mois de juillet 1638, un navire dieppois, commandé par le capitaine Alonze Goubert, venait jeter l'ancre dans la baie de Sainte-Luce. Ce marchand s'était proposé de se livrer au négoce dans la mer Rouge et de fonder un comptoir à l'île de France. Mais, ayant trouvé cette île déjà occupée par les Hollandais, il se dirigea vers Madagascar d'où il espérait extraire de l'argent. Sur le même navire se trouvaient plusieurs Normands parmi lesquels un marchand de Rouen, François Cauche. Dès son arrivée dans l'île, Cauche sut gagner l'amitié des indigènes et en particulier d'Andrian Ramach, qui devenu roi de la province d'A-

---

1. C'est ce fort que les Anglais avaient occupé en 1645 et que les Français retrouvèrent plus tard dans le même état (Pyrard, *loc. cit.*, p. 20; Morizot, *loc. cit.*, p. 22; Flacourt, éd. 1661, p. 261).

2. *Le discours de la navigation de Jean et Raoul Parmentier*, édition Schefer, Paris, 1883, in-8, p. 32-39; *Voyage de Pyrard aux Indes orientales*, 1615, p. 21 et suiv.; Fr. Martin de Vitré; *Description du voyage fait aux Indes orientales par les Français, de 1601 à 1603*, MDCIV, p. 20 et suiv. (ouvrage rarissime); Thevenot, *Relation de voyages curieux*, MDCXCVI, t. 1, 1ʳᵉ et 2ᵉ parties; *Voyage du général Beaulieu aux Indes orientales*, p. 15 et suiv.; A. Grandidier, *Hist. de la géogr.*, éd. 1892, p. 117 et 118 et p. 213.

nossi, vint le visiter escorté de quatre cents Malgaches. « Ce roi, dit Cauche, avoit le teint un peu enfumé, mais plus blanc que ne le sont les Castillans. Il portoit une petite braie de calson de coton, raié de soie du païs... Ses épaules estoient couvertes d'un manteau carré, de mesme estoffe, qui lui servoit de tunique sans manches, ceinte par le milieu descendant plus bas que la ceinture, portant une chaîne de coral fin en escharpe. Ses cheveux estoient longs et arrondis par le dessous, au lieu que ceux des Nègres qui l'accompagnoient estoient troussés par le dessus avec des filets de coton en façon d'une bourguignotte. Il estoit d'une taille fort haute, bien proportionné en tous ses membres, le visage hardi, sans barbe, la langue et les dents de même que tous ceux de sa suite, noires comme jays et luisant. Il tenoit en main une espèce de pertuisane ayant le fer long d'un pied et demi [1]. »

A la nouvelle de l'arrivée du chef indigène, le capitaine Goubert alla à sa rencontre avec vingt hommes armés. L'entrevue eut lieu dans un village peu éloigné de Sainte-Luce. Des paroles courtoises furent échangées de part et d'autre. Andrian Ramach déclara au capitaine « qu'il estoit le bienvenu avec les siens, pourveu qu'ils ne fissent aucun bruit en ses États, qu'il les assisteroit de tout ce qu'il auroit ». Il les invita même à venir le voir dans sa résidence, au village de Fanshere [2]. Les Français se rendirent quelques jours après à l'invitation et reçurent un excellent accueil du roi et de son gendre Andrian Tserong, qui, suivant l'expression de Cauche, leur offrit son logis « avec un visage ouvert et grande démonstration d'amitié » [3]. On se sépara, non sans s'être offert mutuellement quelques cadeaux. Cette entrevue fut suivie du départ pour la France du capitaine Goubert et d'un certain

---

1. Morizot, *Relations curieuses de l'isle de Madagascar*, voyage de *Fr. Cauche*, 1651. Paris, p. 10 et 11.
2. Le village de Fanshere est situé sur la côte sud (pays d'Anosy) à la latitude de 25° 2′ 40″ et par 44° 34′ longitude (v. Grandidier, *Hist. de la géogr.*, éd. 1892 : Premier tableau, p. 103).
3. Morizot, *Voyage de Fr. Cauche*, 1651, ouvrage cité : Préface et p. 15 et suiv.

nombre de ses compagnons[1]. Les autres, notamment François Cauche, demeurèrent dans l'île ; ils ne songèrent qu'à s'enrichir et à préparer un ample chargement de cire, cuirs et autres produits. Le marchand rouennais entreprit toutefois quelques excursions dans la région pour connaître ses ressources et les mœurs des habitants. C'est ainsi qu'il alla de Sainte-Luce, où il avait fondé l'habitation de Saint-Pierre, à la vallée d'Ambolo (1639) ; de Matitanana au Mananara, et du Mananara à Fort-Dauphin (1642)[2].

Mais l'entreprise de Fr. Cauche, comme celles des Français et des autres Européens qui l'avaient précédé, n'avait pour but que de servir les intérêts particuliers. Aucun gouvernement, aucun roi de France, n'avait encore envoyé à Madagascar des représentants chargés d'en prendre officiellement possession[3]. C'est au gouvernement de Richelieu qu'était réservé l'honneur d'y planter le drapeau de la France.

Dès le commencement du xviie siècle, les Français avaient vu avec admiration et envie les profits que les Hollandais avaient retirés de leur association pour l'exploitation du commerce des Indes orientales. Déjà portés à la centralisation, ils avaient pensé que la meilleure voie à prendre pour réussir dans leurs grandes entreprises commerciales, était de fonder, à l'imitation de leurs voisins, de grandes compagnies à monopole[4].

Une première compagnie obtint du roi Henri VI (1604) le privilège exclusif de commercer aux Indes pendant quinze ans et de faire entrer en franchise dans le port de Brest les marchan-

---

1. Goubert avait dissipé les marchandises qu'il avait apportées de Dieppe. Il craignit de ne pouvoir restituer aux marchands l'argent qu'il leur avait emprunté à la grosse aventure (depuis 60 jusqu'à 80 pour 100), avec les produits de l'île chargés sur son navire. Pour se tirer d'embarras, il simula un naufrage en coulant à fond son navire et partit sur une simple barque pour Dieppe (voir Flacourt, éd. 1661, p. 205 ; Du Fresne de Francheville, *Histoire de la Compagnie des Indes*, 1738, p. 17).

2. Flacourt, 1661, p. 147 et 205 ; A. Grandidier, *Hist. de la géog.*, p. 107, 276, 217, 225.

3. Pauliat, *La Nouvelle Revue*, mai juin 1884 : *Madagascar*, p. 524.

4. Leroy-Beaulieu, *De la colonisation chez les peuples modernes*, p. 144 et suiv.

dises qu'elle rapporterait de ses deux premiers voyages. Le roi s'engageait en outre à fournir aux associés deux canons par vaisseau et les autorisait à s'approvisionner en Hollande des munitions nécessaires, à y construire les bâtiments dont elle aurait besoin et même à en tirer les marins qui lui seraient indispensables. Le 29 juin 1604, le principal organisateur de cette société, Girard de Roy, qui avait déjà voyagé dans la mer des Indes, reçut des lettres de commission, avec le titre de capitaine général de la flotte des Indes orientales. Ordre lui était donné de partir le plus tôt possible pour les Indes. Cette première compagnie ne profita pas des faveurs et des privilèges qui lui étaient accordés. L'accord régnait parmi les associés, et les ressources financières ne leur faisaient pas défaut ; « mais, dit Bonassieux, il était alors impossible de trouver en Europe en dehors de la Hollande le moyen d'équiper une flotte à destination des Indes[1]. »

Cependant Rezimont, un des marins dieppois que l'inaction de la Compagnie avait rendus audacieux et qui avaient déjà visité les Indes orientales, avait formé dès l'année 1635 une compagnie sans monopole. Cette compagnie envoya aux Indes un vaisseau qui revint en France chargé des produits de ces contrées lointaines. Ce premier succès encouragea Rezimont à continuer son entreprise. Il s'associa le capitaine Rigault, et entreprit avec lui quelques voyages avantageux. Rigault devint l'âme de cette association. Comprenant tout le profit que l'on pouvait retirer de l'exploitation des Indes orientales et spécialement de Madagascar, il sollicita de Richelieu la concession de la grande île et des îles adjacentes. Or à cette époque la marine royale n'était pas assez forte pour protéger les navires français contre les pirateries et les violences de leurs rivaux portugais, anglais et hollandais. Le cardinal pensa que la possession de Madagascar était indispensable à la France pour assurer la sécurité de son trafic dans l'océan Indien. Il saisit avec empressement l'occasion qui s'offrait à

---

1. *Les grandes Compagnies de commerce*, p. 253 et suiv.

lui de donner une station aux vaisseaux français qui iraient aux Indes et de favoriser ainsi le développement de notre commerce [1].

Des lettres patentes datées du 29 janvier 1642 et signées du roi Louis XIII concédèrent à Rigault « Madagascar et les îles adjacentes pour y ériger des colonies et en prendre possession au nom de Sa Majesté très chrétienne », avec le privilège exclusif de s'y livrer au commerce pendant dix ans. Voici le texte de l'arrêt du Conseil du Roi qui accordait ce privilège : « Sur la requête présentée au Roi en son Conseil par le sieur Rigault, l'un des capitaines entretenus pour le service de Sa Majesté en la marine, et ses associés, tendant à ce qu'il plaise Sa Majesté approuver et ratifier la concession à eux donnée par M. le cardinal de Richelieu, pair de France, grand-maître, chef et surintendant général de la navigation et commerce de France, portant pouvoir et permission d'envoyer en l'île de Madagascar, anciennement île Saint-Laurent, et autres îles adjacentes et côtes de Mozambique, tel nombre de vaisseaux armés en guerre et marchandises que bon leur semblera, avec les hommes qu'ils jugeront nécessaires pour habiter aux pays, s'ils voient que besoin soit pour la conservation de leurs navires et biens, et y faire le commerce et trafic durant le temps de dix années, sans qu'aucuns autres que le sieur Rigault et ses associés puissent faire habitations, traites, trafic et commerce, ni en tirer aucunes marchandises, pendant ledit temps, pour apporter en ce royaume par quelques personnes, nation et conditions que ce soit, si ce n'est de leur consentement par écrit, à peine de confiscation des vaisseaux et marchandises au profit dudit sieur Rigault et de ses associés et autres choses à plein contenues en icelles » [2].

1. Savary des Bruslons, *Dictionnaire du Commerce*, loc. cit., t. I, p. 1338 ; Bonassieux, *Les grandes Compagnies de commerce*, p. 258.
2. Archives nationales, Arrêts du Conseil du Roi, Conseil des Finances E 167 B ; Flacourt, éd. 1661, p. 203 et 204.
Cette concession fut de nouveau confirmée par une lettre du roi, du 20 septembre 1643 (Arch. Ministère des Affaires étrangères, Indes orientales, Asie, Mémoires et documents, n° 2, fol. 8. — Flacourt, éd, 1658, p. 194). —

On mit à cette faveur plusieurs conditions. A l'obligation imposée aux associés de prendre possession de Madagascar au nom du roi, on avait ajouté celle d'y faire passer des gens d'Église pour administrer les sacrements aux Français qui seraient envoyés dans l'île et instruire les naturels des vérités de la religion catholique[1].

La Compagnie fut désignée sous le nom de Compagnie d'Orient, des côtes orientales d'Afrique ou de Madagascar; mais en réalité cette société n'était autre chose qu'une nouvelle Compagnie des Indes Orientales et son commerce s'étendra jusqu'à Surate, ainsi qu'aux autres ports du littoral de cette partie de l'Inde[2]. Elle était composée de vingt-quatre parts, « tellement, dit Charpentier, que celui qui y entrait pour une part fournissait la vingt-quatrième partie de la dépense, et, si quelqu'un y prenait deux parts, il devait founir à proportion »[3]. Le nombre de ses membres ne paraît pas avoir été considérable. Elle fut formée « par quelques particuliers en petit nombre »[4], parmi lesquels on remarquait, non seulement des négociants, mais encore des hommes qui occupaient de hautes fonctions dans la marine, dans la finance et le Parlement. C'étaient Rezimont, Rigault, le capitaine Le Bourg, le surintendant Fouquet, de Loynes, secrétaire général de la marine, Le Vasseur, conseiller au Parlement de Paris, de Creil, trésorier de France à Limoges, d'Aligre, trésorier des menus, Berruyer, Caset, de Bausse, parent d'Étienne de Flacourt, deux bourgeois de Paris, Antoine Desmartins et Hilaire Gillot, et peut-être Étienne de Flacourt lui-même[5].

Dépôt des cartes et plans de la Marine, Manuscrits, vol. 84, pièce 9, années 1788 et 1789 : « Il y a lieu de croire que la première concession du 29 janvier 1642, n'était que pour dix ans ».

1. Flacourt, éd. 1658, brochure, p. 3.
2. Savary des Bruslons, *Dictionnaire du Commerce*, t. I, p. 338; Bonassieux, *Les grandes Compagnies de commerce*, p. 258-259.
3. *Relation de l'établissement de la Compagnie des Indes orientales*, 1666, p. 27.
4. *Ibid.* et Savary des Bruslons, *loc. cit.*, p. 1338.
5. Manuscrits de la Bibl. Nat., f. fr. 10209, fol. 71. Fouquet déclare lui-même (*Défenses*, t. VIII, p. 52) qu'il est dénommé dans l'acte de société signé des associés de la compagnie, acte contenu dans un cahier qui formait la pre-

Les associés se montrèrent très empressés à jouir de cette concession. Les directeurs de la Compagnie, renseignés sur les ressources de Madagascar par un de leurs commis, nommé Pronis, résolurent de l'y envoyer à bref délai comme gouverneur. Ils lui confièrent le commandement des Français, la direction de leur commerce et la mission d'y fonder la première colonie[1]. Pronis ne semble pas pourtant avoir réuni les qualités nécessaires à un administrateur et à un fondateur de colonie. D'après M. Pauliat, « c'était un individu brutal, sans jugement, et sans la moindre envergure d'esprit, n'ayant souci que de s'enrichir, fût-ce aux dépens de la Compagnie dont il avait à défendre les intérêts »[2]. Mais il avait une certaine expérience des affaires commerciales[3], et c'était là une qualité suffisante pour la Compagnie qui se préoccupait de ses intérêts, de trafic et de lucre plutôt que de colonisation réelle et durable. Pour la même raison, on ne doit point s'étonner qu'il ait été choisi pour chef de la colonie, quoiqu'il fût protestant[4].

Un mois à peine après la signature du privilège, mars 1642, Pronis s'embarquait pour Madagascar sur le vaisseau *le Saint-Louis* commandé par le capitaine Cocquet. Les associés lui avaient donné comme seuls auxiliaires : Leroy, commis de

mière des 120 pièces qu'il a produites au cours de son procès. Malgré de nombreuses recherches dans les bibliothèques et les archives de Paris, nous n'avons pu retrouver cet important document. Nous le regrettons, car il nous aurait permis de faire connaître d'une manière complète et certaine tous les membres de cette compagnie ; nous avons pu toutefois, à l'aide de l'acte constitutif d'une autre société fondée en 1656 que nous avons découvert à la Bibliothèque nationale (f. fr. 10209), indiquer la plupart de ces membres. Voir aussi : Flacourt, *Hist. de Madagascar*, éd. 1661, p. 401 et 406 : brochure, *Éloge de Flacourt*, *loc. cit.* — Nous n'ajoutons pas beaucoup de crédit à l'opinion de M. Guet, qui range le duc de La Meilleraye parmi les associés de la Compagnie de l'Orient (*Origines de la colonisation à Bourbon et à Madagascar*, p. 45).

1. Charpentier, *Relation de l'établissement de la Compagnie des Indes orientales*, p. 27 et suiv.
2. *La Nouvelle Revue*, mai-juin 1884, p. 525 et 526.
3. P. Nacquart, *Mémoires de la Congrégation de la Mission*, t. IX, p. 107.
4. On sait en effet qu'à cette époque les statuts des Compagnies excluaient les protestants des colonies (voir Deschamps, *Revue de géographie*, novembre 1885, p. 375 : *La question coloniale au temps de Richelieu et de Mazarin*).

la Compagnie; Foucquembourg, autre commis, et douze Français. Il est à remarquer qu'on ne leur avait adjoint aucun prêtre, aucun religieux catholique et que la plupart des compagnons de Pronis appartenaient, comme leur chef, à la religion réformée. C'était, à vrai dire, une colonie protestante qui partait pour Madagascar [1].

Ces futurs colons avaient reçu des associés des instructions pour acheter dans l'île une grande quantité de cuirs et de cire « et pour s'establir insensiblement et prendre connoissance du païs » [2]. Quant à Pronis, il ne paraît avoir eu aucune vue personnelle, avant son départ, sur la colonisation du pays où l'envoyait la Compagnie.

Au mois de septembre 1642, le *Saint-Louis* arrivait en vue de la grande île. Après avoir pris possession au nom du roi des îles Mascareigne [3], Diégo Roïs, Sainte-Marie et de la baie d'Antongil, Pronis explora quelques points de la côte [4]. Il choisit comme siège de la colonie qu'il se proposait de fonder le port de Manghafia, situé sur la côte sud-est. Peu de temps après, le chef de la colonie s'en alla avec quelques hommes trouver le roi du pays à Fanshere pour lui demander l'autorisation de construire un fort en cet endroit, « ce qu'ils obtinrent facilement, dit Fr. Cauche, cela ne mettant point en peine Andrian Ramach qui savoit leur petit nombre dans lequel estoient plusieurs malades » [5].

Informé de l'arrivée de Pronis à Fanshere, Cauche s'y rendit. C'est dans cette entrevue que le chef de la colonie, qui désirait sans doute tirer parti d'un homme déjà renseigné sur les ressources de la contrée et les mœurs des habitants, voulut lui persuader de quitter son habitation de Manhale pour Manghafia. Mais le marchand rouennais, qui était fortement attaché à ses intérêts, n'accepta pas l'offre qui lui était

---

1. Nacquart, *Relation, Mémoires de la Mission*, t. IX, p. 107.
2. Flacourt, 1658, brochure, p. 3.
3. Flacourt, éd. 1658, p. 194.
4. Probablement Mananjara (Masindrano, Matitana) (voir A. Grandidier, *Hist. de la géog.*, 1892, ouvr. cité, p. 210).
5. Morizot, *loc. cit.*, p. 88 et suiv.

faite. Toutefois ils tombèrent d'accord sur la question du trafic. Il fut décidé que Cauche aurait un délai de six mois pour débiter sa marchandise. Ce délai expiré, il ne pourrait plus faire la traite, sinon pour sa nourriture et son entretien[1].

Pendant que le capitaine Cocquet cherchait de l'ébène au pays de Matatane et dans le pays d'Anossi, un autre navire de la Compagnie commandé par Gilles Rezimont pénétrait dans la baie de Sainte-Luce (mai 1643). Ce navire n'amenait, il est vrai, aucun missionnaire ; mais il était armé de vingt-deux pièces de canon et chargé de toutes sortes d'outils pour bâtir et pour cultiver la terre. De plus, ce qui n'était pas moins appréciable pour la colonie naissante exposée aux agressions des naturels, on en vit débarquer soixante-dix hommes de renfort. Ils venaient dans l'île « afin de s'y fortifier et faire une bonne habitation »[2]. A la nouvelle de l'arrivée d'un certain nombre de colons, Cauche s'en alla trouver le capitaine du navire. Rezimont, qui était intéressé pour une certaine part dans les affaires de la Compagnie, s'informa auprès du marchand rouennais du commerce qu'il était possible d'entreprendre dans le pays. Il l'envoya même à Matatane pour y chercher de l'ébène et y faire la traite.

De retour de son voyage à Matatane, Cauche se vit de nouveau en butte aux soupçons du chef de la colonie qui l'accusa d'exercer une influence néfaste sur les naturels et de les exciter à ne plus apporter de vivres ou de marchandises. Pronis lui reprochait amèrement d'avoir profité de ses difficultés et de la maladie de ses gens pour se livrer à des entreprises qui menaçaient d'une ruine totale tout le trafic du pays. Dans son irritation, il lui ordonna ainsi qu'à tous ses compagnons de s'abstenir à l'avenir de tout négoce, sous peine de voir ses marchandises confisquées au profit de la Compagnie[3].

Sur ces entrefaites, le navire du capitaine Cocquet vint

---

1. Morizot, *Voyage de Fr. Cauche*, préface.
2. Flacourt, édit., 1658, brochure, p. 3.
3. Morizot, préface et p. 82.

s'échouer à l'anse des Galions, chargé d'ébène, de gomme, de cuirs et de munitions. Au lieu de remettre ces munitions aux colons, les officiers et les matelots les vendirent aux habitants. C'était leur fournir des armes contre les Français, au moment même où ceux-ci couraient de sérieux dangers.

En effet, mécontent de voir des étrangers sur son territoire, craignant sans doute de voir leur autorité se substituer à la sienne, Andrian Ramach souleva ses sujets contre ceux qui venaient s'emparer de leurs bœufs et ravager leurs récoltes. Comme les Français étaient pour la plupart munis d'armes à feu et étaient devenus plus nombreux, il conçut le dessein de les détruire en détail. Par ses ordres, six des colons envoyés par Pronis à Matatane pour y fonder une colonie, et qui s'étaient aventurés au nord de ce pays pour l'explorer et y acheter du riz, furent massacrés. Au même moment six matelots de Rezimont qui chargeaient de l'ébène dans le pays des Antavares, éprouvaient le même sort. Rezimont partit pour la France au mois de janvier 1644, son navire chargé d'ébène, mais peu garni de cuirs et de cire, car, d'après Flacourt, les naturels avaient mangé la chair des bêtes avec le cuir, et le miel avec la cire[1].

Au reste, les Français étaient aux prises avec des difficultés plus inquiétantes que celles qui naissaient des habitudes des indigènes. Pronis, en effet, avait été mal inspiré dans le choix qu'il avait fait de Manghafia pour y fonder un établissement. Le climat malsain de cet endroit avait causé de grands ravages parmi les Français. Presque tous avaient été atteints par la fièvre. La moitié avait succombé en moins de deux mois. Pronis s'empressa de chercher un lieu plus salubre. Il jeta les yeux sur la péninsule de Tholangare, située un peu plus au sud et construisit au fond d'une bonne anse un abri retranché qui reçut le nom de Fort-Dauphin. Le choix était heureux. Il est difficile, en effet, de rencontrer dans ces parages un port mieux abrité et une contrée plus saine. Cette nouvelle résidence ne

---

1. Flacourt, éd. 1658, p. 3 et suiv.; éd. 1661, p. 205 et 263.

réunissait pas toutefois toutes les conditions désirables. Fort-Dauphin n'était pas riche en bétail, ni productif en riz. Le ravitaillement de la colonie devint difficile. On dut aller chercher au loin les approvisionnements nécessaires, ou même guerroyer pour prendre du bétail. Néanmoins la famine était sans cesse à craindre dans ce pays éloigné dont on connaissait à peine les ressources.

Dans de telles conditions, une administration prudente et économe s'imposait. Malheureusement celle de Pronis fut déplorable. Les colons avaient, au prix de grandes fatigues, et après avoir couru de grands dangers, amassé les vivres nécessaires à la subsistance du Fort ; le chef de la colonie poussa la faiblesse jusqu'à nourrir avec ces vivres les parents de sa femme. « Pronis, dit Flacourt, avoit pris à femme la fille de Dian Marval, grand du pays de la race des Zaferahimina laquelle s'appeloit Dian Ravellon Manor, et pour cet effet, faisoit bien de la despense, d'autant qu'il nourrissoit toute la parenté ; le riz que la barque apportoit du pays de Manghabé estoit bientôt dissipé par son mauvais soin et de ceux à qui il donnoit charge du magasin qui en disposoient aussi de leur coté ; ainsi, faute d'un bon ordre, les François estoient le plus souvent tantot sans ris et ne mangeoient que de la viande, tantôt sans viande et ne mangeoient que du ris[1]. » Et l'historien de Madagascar va jusqu'à attribuer à ce gaspillage les malheurs qui ne tardèrent pas à fondre sur la jeune colonie. Quelque sévère que puisse paraître ce jugement, il n'en est pas moins certain que des provisions de tout genre furent gaspillées en peu de temps et, comme l'a fait remarquer M. Gabriel Marcel, si Pronis n'a pas dilapidé lui-même les deniers de la Compagnie, il les a du moins laissé dilapider[2]. De là le légitime mécontentement de ses subordonnés. En vain, son lieutenant Foucquembourg entreprenait-il de nombreux voyages pour aller chercher du bétail, en vain parcourait-il le pays des Machicores, des Ampâtres, des Mahafales, des Manamboules

---

1. Flacourt, édit. 1658, p. 3 ; édit. 1661, p. 207.
2. *Revue scientifique*, avril 1883 : *Nos droits sur Madagascar*, p. 430.

et des Anachimoussi, il y avait toujours disette de vivres au Fort.

Le chef de la colonie ne se bornait pas à accroître les souffrances de ses subordonnés par le désordre de son administration; il les irritait encore par des paroles imprudentes ou méprisantes. Dans ses entrevues avec les chefs indigènes qu'il voyait entourés d'esclaves, il disait, en parlant des gens de la colonie, « mes esclaves »[1]. Que ce fût avec l'intention de traiter d'égal à égal avec les indigènes ou par mépris affecté et par orgueil, il n'est pas moins vrai que de tels propos n'étaient pas de nature à lui concilier l'affection des colons. Ceux-ci en étaient d'autant plus irrités que Pronis leur faisait exercer en ce pays les métiers de portefaix et d'esclaves, tandis qu'ils voyaient au fort beaucoup de nègres qui n'étaient assujettis à aucun travail. Il n'y avait pas jusqu'à son titre de huguenot qui n'attirât à Pronis les soupçons et les récriminations de ses subordonnés. Ceux-ci se plaignaient amèrement d'être troublés dans leur chapelle par les prêches qu'il faisait à ses coreligionnaires.

Telle était la situation du gouverneur de Fort-Dauphin lorsque arriva (septembre 1644) un nouveau navire de la Compagnie. C'était le *Royal* de Dieppe, commandé par Lormeil. Ce navire amenait un renfort de quatre-vingt-dix Français, « pour demeurer dans l'île et y planter du tabac » au compte de la Compagnie. Les nouveaux venus apprirent des colons des nouvelles alarmantes : l'île avait été ravagée par une tempête et il en était résulté une si grande famine dans la province d'Anossi que la moitié des hommes étaient morts de faim; faute de riz et de racines, les naturels avaient dû manger la plus grande partie de leur bétail, et il leur en restait peu, car beaucoup de bêtes avaient péri dans la tourmente. Les Français subirent naturellement les conséquences de ce désastre, comme les indigènes. L'année 1645 fut une année de pertes pour la Compagnie. On avait fait peu de cuirs et récolté peu

---

[1]. Flacourt, éd. 1661, p. 209.

de miel, les indigènes ayant mangé la peau de leurs bestiaux avec la chair et la cire des ruches avec le miel. Aussi les colons endurèrent-ils toutes sortes de privations et trouvèrent-ils difficilement des vivres[1].

On ne négligea pas toutefois l'exploration de l'île. Elle fut même poussée fort avant dans l'intérieur, et l'on commençait à espérer que l'on pourrait quelque jour retirer de l'île de grands avantages[2]. Quant au capitaine Lormeil, qui était âgé de soixante-dix ans et craignait de s'égarer le long de la côte, il demeura sept mois en rade de Fort-Dauphin. Sa seule préoccupation fut de faire rechercher l'ébène dans les bois des environs, dans le pays des Matatanes et des Antavares. Il partit au mois de janvier 1646 avec une grande quantité d'ébène, de cuirs et de cire. Foucquembourg, qui ne laissait pas sans doute d'être inquiet pour l'avenir de la colonie naissante, profita de ce départ pour retourner en France[3]. Pronis resta seul. Il lui fut de jour en jour plus difficile de maintenir son autorité. Les nouveaux colons étaient venus dans l'île avec quelques illusions. Elles avaient été bientôt déçues. Ils n'avaient pas été mieux traités que les anciens ; on les avait fait travailler sans relâche, et les vivres manquaient parce que Pronis continuait à les gaspiller avec les indigènes. Aussi étaient-ils aigris contre celui qui était la cause de toutes leurs privations, de toutes leurs souffrances

Désappointés, ils unirent leurs plaintes à celles de leurs camarades. Ils supplièrent Pronis de ménager les vivres. Celui-ci ne tint aucun compte de leurs plaintes et de leurs requêtes. Cette indifférence ne fit qu'exaspérer les mutins. Ils se saisi-

1. Flacourt, éd. 1658, brochure, p. 4.
2. Flacourt, éd. 1658, p. 4 de la brochure.
3. Flacourt, éd. 1661, p. 209.
Foucquembourg débarqua à Saint-Malo en mai 1646. De cette ville il vint à Paris pour rendre compte de son voyage aux associés. Mais en traversant la forêt de Dreux, il fut assassiné par son compagnon de voyage qui le croyait chargé d'or et lui enleva tous ses papiers, perte à laquelle la Compagnie fut surtout sensible (Flacourt, édit. 1658, p. 200 et suiv.). Ces papiers pouvaient aussi offrir un certain intérêt pour l'histoire de notre colonisation.

rent de sa personne et le mirent aux fers (15 février 1646). Afin de ne point laisser péricliter les affaires de la Compagnie, ils confièrent le commandement de la colonie au lieutenant Leroy. En même temps, ils poursuivirent l'œuvre commencée par l'ancien chef. Ils envoyèrent des Français au loin pour reconnaître le pays et y faire la traite[1]. Quant à Pronis, il subit une dure captivité pendant six mois. Il ne dut sa liberté qu'à l'arrivée d'un nouveau navire commandé par Roger Le Bourg qui amenait quarante-trois hommes de renfort. Les factieux avaient déclaré au capitaine qu'ils ne voulaient plus être commandés par Pronis, et lui avaient livré le prisonnier, à condition qu'il le ramènerait en France. Mais Pronis parvint à gagner Le Bourg. Celui-ci lui promit de le rétablir « moyennant qu'il lui fît trouver son compte »[2]. Pronis fut rétabli en effet dans ses anciennes fonctions. A cette nouvelle, les colons accoururent au Fort, menaçant et reprochant à Le Bourg d'avoir violé son serment. Pour les apaiser, ce dernier, d'accord avec Pronis, leur proposa d'aller sous la conduite de Leroy acheter du bétail et faire du trafic dans le pays des Mahafales. C'était une proie offerte à leur cupidité des vivres en perspective. Une trentaine acceptèrent la proposition ; vingt-sept autres sous la conduite de Bouguier furent envoyés au pays des Antavares pour y chercher de l'ébène et autres produits. Le chef de la colonie profita du départ des principaux rebelles pour ramener à sa cause le reste des Français. C'est grâce à cette ruse qu'il parvint à rester maître de la situation[3].

Cependant l'irritation des colons n'était pas encore calmée. Trois mois après (octobre 1646), les Français revenaient avec du bétail, mais plus exaspérés que jamais, et décidés à ne plus obéir à leur ancien chef. Les rebelles se retranchèrent sur une colline située non loin de Fort-Dauphin. Cette fois Pronis marcha contre eux avec l'intention de les combattre. Le lieutenant Leroy usa de son influence auprès des Français

---

1. Flacourt, éd. 1658, brochure, p. 5.
2. Id., éd. 1661, p. 216.
3. Flacourt, éd 1658 ; *Relation*, p. 203 et suiv., brochure, p. 5.

pour leur persuader de se soumettre. Ceux-ci y consentirent sur la promesse d'une amnistie générale. Mais à peine furent-ils arrivés au Fort, que Pronis arrêta douze des principaux meneurs « auxquels, dit Flacourt, il fit raser barbe et cheveux, leur fit faire amende honorable, nuds en chemise, la corde au col, et la torche au poing, et les exila en l'île Mascareigne [1]. »

C'est le capitaine Le Bourg qui fut chargé de conduire ces malheureux à leur lieu d'exil, en même temps qu'il s'en irait chercher du riz et de l'ébène au pays des Antavares.

Le Bourg débarqua à Port-aux-Prunes et envoya les exilés à Mascareigne où ils arrivèrent à la fin de janvier. La barque qui les avait portés sombra à son retour à Port-aux-Prunes (février 1647). Les matelots qui la montaient, revinrent par terre au Fort-Dauphin, après avoir vu sur leur route un immense lac, passé plus de soixante rivières et franchi une distance de plus de cent quarante lieues. Quant au capitaine, il était rentré à Fort-Dauphin avec son navire chargé de riz; il avait remis ce riz à Pronis et, peu de temps après, il mettait à la voile pour la France avec un fort chargement de cire, de cuirs et d'ébène [2].

Pronis se montra désormais très dur à l'égard de ses subordonnés. Sans cesse menacés de la disette, ceux-ci étaient de leur côté toujours mécontents de ses dilapidations. Cette situation leur parut tellement intolérable qu'ils désertèrent au nombre de vingt-deux sous la conduite de Leroy qui, en butte aux soupçons et à la haine de Pronis, craignait à tout instant d'être mis aux fers. Ils se dirigèrent vers la baie de Saint-Augustin où ils espéraient trouver quelque navire anglais pour les ramener en France.

D'autres déserteurs, le garde-magasin du chef de la colonie, le garde du Fort et même la sentinelle rejoignirent Leroy la nuit suivante avec armes et bagages. Le nombre des Français qui demeurèrent à Fort-Dauphin se trouva ainsi réduit à soixante-douze.

1. Flacourt, éd. 1661, p. 217.
2. Id., édit. 1658, br., p. 7 et suiv.; édit. 1661, p. 215 et suiv.

Ce n'est pas seulement par sa détestable administration que Pronis compromit les intérêts de la Compagnie et le succès de l'entreprise, ce fut encore par sa maladresse à l'égard des indigènes. Ce chef, qui avait provoqué l'indocilité des colons en sacrifiant leurs intérêts, leur vie même, au désir de maintenir ses bonnes relations avec les parents de sa concubine, devait tout au moins, en bonne politique, s'efforcer de conserver cette alliance. Pronis aima mieux s'aliéner les sympathies des naturels que déplaire au capitaine Le Bourg, comme il avait préféré affamer les colons plutôt que de mécontenter les parents de Dian Ravel. Nous avons vu que la protection accordée par le capitaine au chef de la colonie devenu le prisonnier des colons, n'était pas purement gratuite. Pronis se laissa entraîner par Le Bourg (qui y trouva sans doute son compte) dans une nouvelle faute, la plus grave peut-être qu'il ait commise. A l'instigation du capitaine, il fit enlever et vendre comme esclaves à un gouverneur hollandais de l'île Maurice soixante-treize Malgaches, tant hommes que femmes et enfants, qui étaient venus pour le troc à Fort-Dauphin (1646). Cet acte odieux et perfide, qui rappelle celui de Tristan da Cunha à Lulangane, eut en effet de déplorables conséquences. Il devait porter au plus haut degré l'exaspération des indigènes contre les Français. Andrian Ramach, qui se souvenait de la perfidie des Portugais à l'égard de ses parents, et qui en avait été lui-même victime, comprit qu'il ne devait pas plus se fier aux Français que son père ne s'était fié aux Portugais. Les Malgaches firent dès lors retomber la faute du chef sur tous les colons. Depuis cet événement, il ne vint aucun indigène au Fort, tant qu'il y eut un navire mouillé dans l'anse, et les affaires de la Compagnie reçurent de ce chef un grave préjudice[1]. Quelque temps après, Pronis commettait une nouvelle faute. Ayant appris qu'un chef indigène, nommé Razo et frère naturel du roi d'Anossi, était dans les bonnes grâces d'Andrian Ravel, il résolut de s'en défaire en l'attirant dans un guet-

---

[1]. Flacourt, éd. 1658, brochure, p. 6 et suiv.; éd. 1661, p. 209 et suiv.

apens. Razo fut laissé pour mort, bien qu'il ne fût que blessé. Cette nouvelle perfidie ne fit qu'accroître l'excitation d'Andrian Ramach, frère de la victime. De concert avec les autres chefs, il médita la destruction de tous les Français, comme ses ancêtres avaient médité celle des Portugais. Afin de mieux réussir dans leurs projets, ils attendirent le départ de Le Bourg, et aussitôt que le *Saint-Laurent* eut mis à la voile pour la France, ils suscitèrent alors Razo, guéri de ses blessures. Celui-ci, qui ne songeait que la vengeance, réunit une troupe d'indigènes qui devaient massacrer impitoyablement tous les Français écartés du Fort. Sa première victime fut un colon, nommé Alain, qui s'en était allé seul chercher de l'ambre au bord de la mer. A cette nouvelle, Pronis, déjà mécontent de savoir que sa victime lui avait échappé, menaça Andrian Ramach de lui faire la guerre, s'il ne lui livrait la tête de son frère.

Après quelque hésitation, le roi d'Anossi, qui craignait de voir son pays ravagé et ruiné, obéit aux injonctions du chef des Français. Au milieu de l'année 1647, la tête de Razo fut envoyée à Pronis qui ordonna de l'exposer au bout d'une pique. Point n'est besoin d'ajouter qu'une telle cruauté eut pour résultat d'exciter encore la haine des indigènes pour les Français. Comme ceux-ci se servaient d'armes qui assuraient leur victoire dans la lutte, ils eurent de nouveau recours à la ruse. Ils résolurent dès lors de les surprendre et de les détruire par petits détachements. C'est ainsi que peu de temps après (août 1647), Bouguier était massacré avec cinq Français à huit lieues de son habitation, dans le pays des Antavares. Les survivants retournèrent à Fort-Dauphin dans une chaloupe, abandonnant soixante tonneaux d'ébène que Bouguier avait soigneusement amassée[1].

Ces attaques multipliées obligeaient les Français à être constamment en armes. Ils ne pouvaient se livrer à la culture de la terre. Les vivres manquaient toujours au Fort. Pronis pro-

---

1. Flacourt, éd. 1658, brochure, p. 6 et 7 ; éd. 1661, p. 224 et suiv.

posa alors à ceux qui étaient restés, d'aller chercher du bétail au pays des Eringdranes. On décida que quarante-cinq Français partiraient sous la conduite du lieutenant Angeleaume. Ce voyage s'effectua dans d'heureuses conditions. Les grands du pays accueillirent favorablement les colons. Ils leur promirent mille têtes de bétail, s'ils consentaient à les soutenir dans une guerre contre les habitants des Vohitsanghombes, leurs ennemis jurés. Ce que les Français s'empressèrent d'accepter.

Mais après le départ de ce fort détachement, Pronis se trouva réduit à un petit nombre. Il n'avait plus avec lui que vingt-huit hommes. De plus, il se voyait menacé et affamé par Andrian Ramach et les autres grands. Il se tira de cette difficulté par la ruse. Pour obtenir des vivres, il déclara aux chefs indigènes qu'il s'embarquerait avec tous les Français sur le premier navire qui viendrait à Madagascar. A cette nouvelle, une grande joie éclata parmi les indigènes. Les approvisionnements affluèrent et les colons purent acheter tout ce qu'ils voulurent.

Mais presque aussitôt Andrian Ramach apprenait que des Français étaient revenus au Fort avec beaucoup de bétail : c'étaient les quarante-cinq colons partis en guerre contre les habitants des Vohitsanghombes. Il comprit qu'il avait été trompé par Pronis et résolut de s'en venger en le faisant massacrer ainsi que tous ses compagnons.

Andrian Tsissei, beau-frère d'Andrian Ravel, reçut l'ordre de partir pour Fort-Dauphin avec trois cents indigènes armés de sagaies. Il prétexterait qu'il venait rendre hommage à Pronis, et au moment où le gouverneur ne serait point sur ses gardes, ses gens se précipiteraient sur lui et son entourage. Pronis fut averti du complot par la nourrice d'Andrian Ravel. Il prit ses précautions en conséquence. Il ordonna de mettre les Français du Fort sous les armes et de pointer une pièce de canon devant sa case. Andrian Tsissei arriva au Fort. Pronis l'accueillit fort hospitalièrement, mais il lui déclara qu'il connaissait bien ses intentions à son égard. Stupéfait, le chef indigène avoua tout. Le chef de la colonie lui pardonna et lui fit faire bonne chère durant trois jours. Andrian Tsissei s'en retourna « en lui protestant que jamais il n'entreprendrait rien contre lui » (novembre 1648).

L'attitude conciliante que Pronis venait de montrer en cette circonstance ne devait pas cependant le sauver d'une disgrâce. La Compagnie de l'Orient avait été informée par Le Bourg des désordres qui étaient survenus dans la colonie sous son administration. Elle avait compris qu'il était nécessaire d'y porter remède sans retard, si elle voulait éviter la ruine totale de l'établissement dont elle avait jeté les fondements, et lui avait désigné un successeur. Ce successeur était Étienne de Flacourt[1].

Comme on a pu le voir dans le cours de ce récit, les premiers peuples qui vinrent s'établir dans la grande île n'y sont pas venus, le plus souvent, pour la coloniser. Juifs, Chinois, Nègres africains, Malais, Arabes y ont abordé à la suite de quelque révolution qui avait éclaté dans leur pays d'origine, ou poussés par la tempête, par l'esprit d'aventure et l'avidité mercantile. Seuls les Arabes, au xv° siècle, paraissent y avoir été amenés par le désir d'y faire du prosélytisme.

Il en fut à peu près de même des premiers Européens qui visitèrent Madagascar, et notamment des Portugais. Toute pensée de conquête, d'initiation agricole, industrielle, commerciale, morale et religieuse, semble avoir été, à l'origine, absente de leurs desseins. Parmi les intrépides navigateurs qui abordèrent à ces rivages ou qui y furent envoyés par les rois de Portugal, il n'y en eut pas un qui se proposât de prendre possession de cette île située sur le chemin des Indes, d'en mettre le sol en culture, de mettre en œuvre les produits du sol ou du sous-sol, d'entretenir de véritables relations commerciales avec les habitants et peut-être même de les convertir au catholicisme.

Ce qui les y portait, c'était l'espoir d'y trouver des produits rares et recherchés en Occident, tels que l'or et les épices, et surtout d'y faire la traite des esclaves. C'est pour satisfaire

---

1. Flacourt, éd. 1658, brochure, p. 7 et suiv.

leur cupidité, qu'ils en sondèrent les principaux ports, en reconnurent le littoral, fouillèrent dans les entrailles de la terre, et interrogèrent les habitants sur les ressources du pays. C'est dans ce but qu'ils fondèrent, non des établissements te rritoriaux destinés à être peuplés par la métropole, mais des comptoirs qui pourraient en favoriser et assurer l'exploitation.

On a vu à quelles violences, enlèvements de femmes et d'enfants, pillages, décharges de mousqueterie et d'artillerie, massacres, les avait portés cette soif de butin, et les tristes représailles qui en résultèrent. Sans doute ceux qui vinrent dans la suite comprirent la nécessité d'user de procédés moins violents, et se proposèrent un but plus noble. Ils ne furent pas seulement poussés vers la grande île par l'avidité mercantile, mais encore par l'intention d'en convertir les habitants à la religion qu'ils pratiquaient eux-mêmes. Malheureusement un prosélytisme effréné les entraîna souvent dans des fautes non moins regrettables que celles de leurs prédécesseurs et dont les conséquences retomberont sur les Français.

Les Hollandais, qui abordèrent à Madagascar longtemps après les Portugais, n'eurent pas pour but comme ces derniers d'exploiter les richesses du pays et de convertir les habitants au christianisme, mais de s'y ravitailler. Cette île située sur le chemin des îles aux épices était pour eux une escale, mais non un comptoir ou un de lieu de propagande religieuse. S'ils ont tenté en passant d'y faire du trafic, ils n'y ont amené toutefois aucun missionnaire. Quant aux relations qu'ils entretinrent avec les indigènes, elles ne sont guère plus que celles des Portugais à l'honneur d'un peuple civilisé [1].

A l'instar des Hollandais, les Anglais considérèrent la grande île comme une escale où leurs vaisseaux pouvaient s'approvisionner ou s'abriter sur la route des Indes. Mais, à la différence de leurs voisins du continent, on ne peut leur re-

---

1. D'après Wicquefort (*loc. cit.*, éd. 1666, t. II, p. 547), le dessein des Hollandais en abordant à Madagascar était d'y chercher des vivres pour le soulagement de leurs malades.

procher aucun acte de violence. Plus pratiques, ils songèrent même à y fonder une véritable colonie.

Jusqu'à l'année 1642, on ne découvre chez les Français aucune intention arrêtée de coloniser la grande île. On n'en doit pas moins constater qu'à partir de cette date le gouvernement encourage les tentatives des particuliers dans la mer des Indes et à Madagascar par la création d'une Compagnie à monopole. Malheureusement, la Compagnie ne fut pas heureuse dans le choix du premier administrateur qu'elle envoya dans cette contrée lointaine. Si Pronis a eu la gloire de prendre officiellement possession de certains points de la côte orientale; si, le premier des Européens, il a poussé l'exploration assez loin dans l'intérieur des terres; si enfin sa tâche était rendue délicate par les tristes souvenirs qu'avaient laissés dans la province d'Anossi les Portugais, il ne s'en est pas moins attiré l'inimitié des colons par ses dilapidations et aliéné pour longtemps les sympathies des chefs indigènes par des actes d'une insigne maladresse et dignes d'un véritable forban.

LIVRE I

LE MILIEU

Nous connaissons maintenant l'œuvre des précurseurs de Flacourt à Madagascar. Il convient, avant de raconter les événements dont son gouvernement sera l'occasion, et d'étudier son œuvre colonisatrice et son œuvre, si l'on peut ainsi parler, scientifique, de replacer l'homme dans son milieu.

Nous rechercherons d'abord quelle était la situation politique, sociale et morale de l'île au moment même où le nouveau chef de la colonie allait s'y rendre. Négliger cette précaution, ce serait s'exposer à présenter son gouvernement sous un faux jour, à exagérer ou à laisser dans l'ombre ses mérites ou ses fautes, puisqu'on ne mettrait point en lumière les circonstances favorables ou défavorables à sa tâche.

De même il importe, si l'on ne veut encourir le reproche d'avoir augmenté ou diminué gratuitement la part d'originalité du vieil historien de Madagascar, de ne point apprécier son ouvrage en faisant table rase de tout ce qui a été écrit et publié avant lui sur le pays et ses habitants.

CHAPITRE PREMIER

La situation à Madagascar avant le départ de Flacourt.

Diversité de races. — Organisation sociale. — Les luttes intestines. — Manière de faire la guerre propre aux Malgaches. — Organisation de la justice. — Religion et superstitions. — Caractère des habitants et leurs sentiments à l'égard des étrangers. — Simplicité de leurs mœurs. — Appréciation générale.

Vers le milieu du xviie siècle, comme aujourd'hui d'ailleurs, l'île de Madagascar était habitée par un certain nombre de peuplades de races diverses qui s'étaient plus ou moins mélangées dans le cours des âges. Les unes appartenaient à la race nègre africaine, les autres aux races sémitique, malaise, indonésienne. C'est cette dernière qui formait la base de la population malgache.

Elle comprenait des peuplades à la face cuivrée et aplatie, au nez épaté, à la chevelure touffue et globuleuse. Ces Indonésiens occupaient alors différentes contrées de l'est et du centre. Ils avaient pour voisins les Malais, qui se distinguaient d'eux par leur teint jaune, leurs pommettes saillantes, leurs yeux bridés et allongés, leurs cheveux longs et lisses. Si les Indonésiens l'emportaient par le nombre, les Malais par contre étaient les plus puissants, car ils venaient de triompher de leurs rivaux et d'obtenir la suprématie sur toute la région centrale.

Sur la côte occidentale on voyait des gens à la peau couleur de jais, aux cheveux courts et crépus, qui rappelaient les Cafres de Mozambique et n'étaient autre chose que des Nègres africains. Sur la côte orientale, au contraire, s'étaient établis des Blancs, les Juifs et les Arabes. Les premiers constituaient la majeure partie de la population de l'île Sainte-Marie, des pays d'Antongil et d'Isaka; les autres dominaient dans le pays de Matatane. Enfin dans la région australe, on remarquait différentes peuplades, telles que les Antanosses, ou habitants du pays d'Anossi, les Ampâtres, les Mahafales, les Machicores, etc., chez lesquelles le sang africain ou arabe s'était plus ou moins allié au sang indonésien, et dont il est difficile de déterminer l'origine [1].

Toutes ces populations, par suite de la prédominance de la race indonésienne et de la suprématie qu'elle avait exercée dans l'île depuis fort longtemps, présentaient de grandes ressemblances dans leur organisation sociale, dans leurs mœurs, leurs coutumes, leur religion. Mais à cette époque, comme aujourd'hui, Madagascar ne formait pas un corps de nation. L'île n'offrait aucune unité politique. On y comptait un grand nombre de petits États, de villages, de familles soumises à un chef qui était ordinairement le père ou l'un de ses fils. La réunion de plusieurs familles constituait la tribu. Chaque tribu était cantonnée dans les limites étroites de son territoire, de telle sorte que l'on voyait dans l'île un nombre considérable de tribus indépendantes les unes des autres. « Les innombrables tribus ou plutôt familles qui composaient cette population, dit M. Grandidier, et que ne réunissait aucun lien politique, ni commercial, vivaient dans un isolement absolu et ne se connaissaient point les unes les autres [2]. » Parmi ces tribus se trouvait alors celle des Vazimba, d'origine indonésienne. Elle occupait les pays connus aujourd'hui sous les noms d'Imerina et de Menabé, c'est-à-dire le centre et une partie de l'ouest. Les Vazimba n'étaient pas, au reste, les seuls habitants de l'ouest; on y rencontrait encore

---

1. Luiz Mariano, *Bolet. Soc. Geog. de Lisboa*, ouvrage cité, p. 318-329; Flacourt, 1661, p. 6-17; A. Grandidier, *Mémoire de l'Institut*, p. 9 et suiv.

2. Voir A. Grandidier, *Hist de la géog.*, 1892, p. 323; *Revue des Sciences pures et appliquées*, 30 janvier 1895 : *Les Hovas*, p. 49.

les Vezo, les Mikehana, les Sandangoatsy, les Antanandro[1].

Ces différentes tribus se subdivisaient elles-mêmes en plusieurs castes. La tribu des Vazimba comprenait la caste des Hovas, chefs des hommes libres de race indonésienne, nom qui s'appliquait probablement à tous les chefs des autres tribus malgaches qui avaient la même origine[2]. La caste la plus connue et la plus puissante était celle des Andriana, nobles qui descendaient des immigrants malais et qui par la force et par la ruse avaient acquis la suprématie sur leur tribu[3]. Quels étaient alors les Andriana qui dominaient dans les nombreux petits territoires ou États de la grande île? C'est ce qu'il est difficile de dire avec précision. L'insuffisance des documents du temps ne nous permet pas d'en donner une liste complète. Nous ignorons les noms des chefs qui gouvernaient alors les pays des Antavares, des Ampâtres, de Caremboule, de Siveh, d'Ivoron, de Conchaa, de Laefouti, d'Hazon, d'Itole, d'Andouvouche, des Eringdranes, d'Alfissach, des Vohitsanghombes, de Saca, des Antsianakes. On connaît toutefois les chefs d'un certain nombre de contrées, notamment de celles du sud et de l'est. Parmi eux se trouvaient : Andrian Ramach, véritable roi de la province d'Anossi; Andrian Panolahé, qui exerçait son autorité sur les Meanamboulois ; Andrian Manhelle, chef des Mahafales; Raberto, qui occupait la vallée d'Amboule; Andrian Boulle, maître de tout le pays compris entre Manatengha et Itapère; Andrian Raval et Andrian Mananghe, chefs des Machicores; Ratsilia, chef des Anachimoussi ; Raniassa, seigneur de l'île Sainte-Marie[4].

Un territoire était souvent gouverné par plusieurs chefs. Toutefois il y avait dans chaque territoire un chef dont le

---

1. A. Grandidier, *Mémoires de la Société philomathique*, année 1888, p. 157.
2. D'après le même auteur, les Hovas actuels seraient les descendants de ces hommes libres. Ils ne devraient pas être regardés comme un peuple, mais comme une caste (*Hist. de la géog.*, 1892, p. 170 a, et *Revue des Sciences pures et appliquées*, op. cit., p. 50).
3. La caste actuelle des Andriana que l'on trouve dans l'Imerina est composée des descendants des Malais (voir Grandidier, *Hist. de la géog.*, ibid.; *Revue des Sciences pures et appliquées*, ibid.).
4. Flacourt, *Histoire de Madagascar*, 1661, p. 3 et suiv.

pouvoir l'emportait sur celui des autres et qui était en quelque sorte un petit roi.

Sous son autorité étaient placés les maîtres de villages et à son service étaient attachés un grand nombre d'Andevos ou esclaves de tout ordre et de toute provenance [1].

Ce chef possédait toutes sortes de privilèges : sans parler du droit de vie et de mort qu'il avait sur ses sujets ou ses esclaves, il pouvait couper la gorge aux bêtes dans les sacrifices, percevoir des tributs, rendre la justice, imposer des amendes, etc. Il usait de toutes sortes de moyens pour accroître ses ressources. Un maître de village venait-il à mourir, les héritiers lui remettaient une partie de l'héritage. Dans une expédition, ceux qui l'avaient abandonné pour se ranger du côté de son adversaire, devaient lui payer une amende, s'il remportait la victoire. Non seulement il s'emparait des meilleures terres qu'il ensemençait de riz ou plantait des légumes, mais il prélevait sur les naturels la cinquième partie de leur récolte en riz et en racines. Par de tels procédés il les contraignait d'avoir recours à ses magasins, en général bien approvisionnés, et en les appauvrissant il les maintenait dans une plus étroite sujétion. C'est aux maîtres de villages qu'il confiait le soin de veiller sur ses intérêts et de faire exécuter ses ordres. Ils étaient chargés de percevoir les tributs, de contrôler l'exécution des corvées, de faire cultiver les champs de riz et construire les cases, de convoquer les indigènes aux assemblées ou *kabars*, et aux expéditions, d'organiser les fêtes, etc.

Quant aux Andevos ou esclaves, il ne leur était point permis de quitter leur maître. Ils n'avaient le droit de se mettre sous la protection d'autres chefs qu'en temps de famine, et lorsqu'on leur refusait les vivres nécessaires à leur

---

1. Une partie des Andevos actuels est formée par ceux des Vazimba qui, après avoir vécu côte à côte avec les immigrants malais, ont fini par être soumis à leur autorité dans la seconde moitié du xvie siècle, par Andrian Manelo, par son petit-fils Ralambo et par son petit-fils Andrian Jaka (A. Grandidier, *Revue des Sciences pures et appliquées*, janvier 1895, p. 50).

subsistance. En général ils étaient assez maltraités, mangeant les restes de leur maître et n'étant jamais tolérés à sa table. Cependant leur sort était plus doux dans le pays d'Antongil. Là, ils étaient plutôt regardés comme les enfants de la maison que comme de véritables esclaves [1].

Les nobles, les Andriana ou descendants des Malais, étaient donc les maîtres de la plus grande partie de l'île avant l'arrivée de Flacourt, et exerçaient dans chaque petit territoire une autorité le plus souvent incontestée.

Mais la cupidité et la jalousie provoquaient fréquemment des luttes entre des chefs voisins. Il y avait aussi des rivalités de tribu à tribu, de peuplade à peuplade. Sous prétexte de vieilles querelles qu'ils n'oubliaient jamais et qui se renouvelaient de père en fils, les Malgaches entreprenaient souvent des expéditions pour se ravir leurs femmes, leurs enfants, leurs proches parents, leurs esclaves; pour piller les villages et s'emparer du bétail. L'état de guerre régnait depuis longtemps chez les habitants du sud de l'île. Les populations du nord-est, de la contrée qui s'étend de la baie d'Antongil à Tamatave, se montraient sans doute moins belliqueuses. Les meurtres, les violences, les massacres y étaient plus rares. Cependant les Vohitsanghombes étaient les ennemis jurés des Eringdranes, et les habitants du pays d'Antongil vivaient en mauvaise intelligence avec leurs voisins de l'île Sainte-Marie [2].

Dans leurs luttes les indigènes avaient pour armes défensives la sagaie, sorte de longue lance de fer bien tranchante, et des javelots qu'ils lançaient de loin sur leurs ennemis; un bouclier de peau, appelé rondache, constituait leur seule arme défensive. Ces armes variaient d'ailleurs avec les pays. Près d'Antongil, les sagaies atteignaient la moitié de la longueur des piques françaises, et la rondache était une fois plus grande que dans les contrées du sud. Bien que l'arme le plus généra-

---

1. Luiz Mariano, *op. cit.*, p. 317; Flacourt, 1661, Avant-Propos et p. 4-48, 102, 103, 111; Nacquart, *Mémoires de la Mission*, t. IX, p. 59-72 et p. 88.
2. Luiz Mariano, *loc. cit.*, p. 317; Flacourt, 1661, p. 9-44; Nacquart, *Mémoires de la Mission*, t. IX. p. 60.

lement en usage fût la sagaie, on rencontrait vers la rivière de Manangourou une tribu de quatre à cinq cents hommes qui se servaient d'arcs et de flèches. Les armes européennes n'étaient pas complètement inconnues des indigènes. Certains chefs avaient en effet reçu quelques mousquets des Arabes de Mélinde et des Hollandais. Mais la plupart des Malgaches, surtout ceux des baies de Saint-Augustin et d'Antongil, manifestaient une grande frayeur des armes à feu, dont ils ignoraient le maniement. Un seul mousquet suffisait à en mettre une centaine en fuite. En revanche, ils maniaient la sagaie et le javelot avec beaucoup de dextérité. Les habitants de Manghafia et ceux de la côte orientale se disputaient le terrain pied à pied, combattant avec une seule sagaie, parant les coups avec leur rondache, attendant l'ennemi d'un air résolu. Les habitants de Manamboule se battaient de loin et de près, se montraient très audacieux, fort vaillants et passaient pour les plus redoutables. Les mieux armés et les plus hardis étaient ceux du sud de l'île, les Ampâtres, les Mahafales, les Machicores, les Anachimoussi [1].

Dans ce pays montueux et boisé où les chemins n'existaient qu'à l'état de sentiers, les naturels ne connaissaient, à vrai dire, qu'une sorte de guerre, la guerre de surprises et d'escarmouches. Bien loin d'assigner un jour de combat à leurs ennemis, ils usaient de ruse. Fréquemment, ils envoyaient dans le pays des espions qui avaient pour mission de reconnaître la situation du village qu'ils se proposaient d'envahir et l'endroit où les habitants avaient caché leur bétail.

Dès qu'on avait obtenu ces renseignements, les chefs rassemblaient leurs gens secrètement. Puis ils marchaient toute la nuit à travers les bois, en suivant des chemins détournés, et tâchaient de surprendre leurs ennemis au point du

---

1. *Diarium nauticum*, ouvrage cité, fol. 4 et 9; Pyrard, *ouvrage cité*, p. 26; Luiz Mariano, *loc. cit.*, p. 317; Hammond, *Parodox prowing that the inhabitants of the isle called Madagascar or S*t*-Laurence are the happiest people in the world*, 1646, réimprimé dans l'*Harleian Miscellany*, London, 10e édition, t. I, p. 261 et suiv.; Morizot, *ouvrage cité*, p. 11 et 12; Flacourt, 1661, p. 96 et suiv.

jour, au moment où ils n'étaient point sur leurs gardes. Ils attaquaient alors le village après l'avoir cerné de tous côtés. Les grands marchaient à la tête de leurs hommes. Mais les Malgaches ignoraient l'art de combattre en bataille rangée; ils n'observaient aucun ordre. Leur seule tactique consistait à pousser des cris effroyables, à faire mille gambades et grimaces à la face de leurs adversaires, à leur dire toutes sortes d'injures, à proférer toutes espèces de menaces pour les épouvanter, à leur jeter des *ody*, sorte de talismans, de morceaux de bois entourés de chiffons et enduits de graisse ou d'huile, dans lesquels ils mettaient toute leur confiance.

Ils espéraient, à l'aide de ces sorts, causer à leurs ennemis quantité de calamités, leur enlever le courage de se défendre, leur apporter des maladies et toutes sortes de désavantages qui amèneraient leur défaite. S'ils étaient vainqueurs, ils pénétraient dans le village où ils massacraient les femmes, les vieillards et même les enfants. Ils faisaient périr aussi les enfants du chef qu'ils avaient combattu, dans la crainte que ses descendants ne pussent un jour se venger sur les leurs. Leur fureur apaisée, ils emmenaient comme esclaves tous ceux qu'ils rencontraient, enlevaient les bœufs et mettaient le feu aux cases. Il n'en était pas ainsi toutefois, si par hasard le chef qui était attaqué avait le temps nécessaire pour rassembler ses hommes et s'il était courageux. Il n'était pas rare alors de le voir se précipiter sur ses agresseurs et en faire un grand carnage. Comme les Malgaches ne prenaient pas la précaution d'emporter des provisions de guerre pour une longue durée, ils étaient bientôt contraints par la faim de battre en retraite.

Si, au contraire, le chef attaqué se sentait trop faible ou n'était plus décidé à continuer la lutte, il envoyait chez son ennemi quelques hommes, choisis ordinairement parmi les plus prudents, qui devaient lui offrir des présents et demander la paix.

Pour se prémunir contre de telles surprises, les naturels prenaient soin le plus souvent d'entourer leurs villages de gros pieux qui les rendaient d'un accès plus difficile. C'est ce que faisaient les Ampâtres, les habitants de Matatane, de Manamboule, etc. D'autres peuples, tels que les Antanosses, les Machicores, les Mahafales, ne construisaient à dessein aucune clôture, de manière à pouvoir s'enfuir plus facilement et échapper à leurs agresseurs¹. Comme on le voit, les Malgaches n'étaient encore que des peuplades primitives dans leur organisation sociale, dans leur armement, dans leur manière de faire la guerre.

On ne s'étonnera donc point qu'un tel peuple ne fût pas pourvu de lois écrites. Comme chez les Indonésiens, c'était la coutume propre à chaque pays qui avait force de loi. Elle devait être observée scupuleusement et réglait chaque acte important de la vie. S'agissait-il de fonder une ville, de construire une maison, de faire une expédition, etc., on devait s'en rapporter à la coutume. Le chef lui-même était obligé de s'y conformer et il lui était formellement interdit de la modifier. S'il commandait à ses sujets quelque chose de contraire à la coutume, ceux-ci avaient le droit de lui refuser l'obéissance, sous le seul prétexte qu'il dérogeait à la coutume de leurs ancêtres². Le principal rôle dans l'administration de la justice lui appartenait ; il jugeait les différends lui-même, ou bien il les faisait juger par quelqu'un de ses proches. Ses sentences étaient prononcées verbalement et sans appel. Ceux qui étaient convaincus de crime par quelques témoins recevaient

---

1. Flacourt, 1661, *ouvrage cité*, p. 94, et suiv.
2. Il en est de même aujourd'hui encore dans les îles de la Sonde, ce qui prouve une fois de plus que la plus grande partie de la population malgache est venue de ces contrées.

Les naturels de Sumatra sont gouvernés dans leurs querelles par des coutumes très anciennes transmises par les ancêtres. Les chefs qui prononcent des décisions ne disent pas « si veut la loi », mais « telle est la coutume » (Marsden, *History of Sumatra*, 1811, p. 217).

A Sumatra, le peuple ne reconnaît pas aux chefs le droit d'instituer les lois qu'ils jugent à propos, ni d'abolir ou d'altérer les anciens usages auxquels il tient avec une fidélité jalouse (Raffles, *History of Sumatra*, p. 217).

Chez les Javanais, le seul frein qui s'impose à la volonté du chef du gouvernement est la coutume du pays et le respect que ses sujets ont pour son caractère (Raffles, *History of Java*, I, p. 274).

immédiatement leur châtiment. Les peines variaient suivant les délits : on avait perdu l'ancienne habitude de mutiler les coupables ; on les fustigeait ou les incarcérait pour des fautes peu graves ; en cas contraire, on les faisait périr à coups de sagaie ou bien on les jetait à la mer. Le vol était puni aussi sévèrement que l'adultère, ce qui laisse penser qu'il était très fréquent dans l'île à cette époque. Au surplus, les peines variaient aussi avec la qualité du délinquant; le pauvre était puni de l'esclavage ou de la mort, le riche, au contraire, n'était condamné le plus souvent qu'à une simple amende. Un indigène qui appartenait à la caste des nobles n'était jamais passible de la peine capitale, même quand il s'était rendu coupable de parricide [1].

Si les Malgaches n'avaient pas de lois écrites, en revanche ils avaient une religion. De même que la race indonésienne constituait le fond de la population, de même la religion de cette race formait la base des croyances et des pratiques religieuses de la majorité des habitants. Comme les Indonésiens, ils croyaient à l'existence d'un Dieu créateur et tout-puissant ; comme eux ils adressaient des prières à des divinités d'un ordre inférieur, à des génies. Comme les Indonésiens, ils professaient une grande vénération pour leurs ancêtres [2], aux mânes desquels ils offraient des sacrifices et qu'ils suppliaient d'intercéder pour eux auprès des mauvais génies. Pleins de confiance dans les sortilèges et les talismans, ils ressemblaient encore aux Indonésiens en ce qu'ils n'adoraient aucune idole et n'élevaient ni temples, ni autels.

Quelle que fût la ressemblance générale que l'on pouvait constater entre les croyances et les pratiques religieuses de la majeure partie des indigènes, il était néanmoins possible

---

1. Cf. Luiz Mariano, *op. cit.*, p. 317; Flacourt, 1661, *ouvr. cité*, p. 103 et suiv.; Nacquart, *Mémoires de la Mission*, t. IX, p. 69 et 70.

2. C'est à tort, à notre avis, que M. Max Leclerc fait venir de la Chine le culte des ancêtres si profondément enraciné parmi les tribus malgaches (*ouvrage cité*, p. 36). Il est plus naturel d'en rechercher l'origine chez les Indonésiens.

de découvrir certaines différences entre les croyances et les pratiques de quelques peuplades.

Ces différences provenaient des innovations apportées dans la religion par plusieurs colonies sémitiques. L'influence juive s'était surtout fait sentir dans l'île Sainte-Marie, dans les contrées voisines qui s'étendent depuis Tamatave jusqu'à la baie d'Antongil et sur la côte sud-est [1]. Dans ces contrées les habitants croyaient à un seul Dieu, maître de toutes choses, mais ils ne connaissaient ni Mahomet, ni ses califes. Ils regardaient ses sectateurs comme des hommes sans loi et refusaient de contracter alliance avec eux. Circoncis pour la plupart, ils célébraient le jour du sabbat le samedi et non le vendredi comme les Arabes. Les noms d'Abraham, d'Isaac, de Jacob, Joseph, Moïse, David s'étaient seuls perpétués parmi eux; ils ignoraient les autres prophètes et Jésus-Christ. Ils ne pratiquaient ni la prière, ni le jeûne, et se bornaient à offrir à Dieu des sacrifices de coqs, de chèvres et de taureaux.

Sur la côte sud-est, à l'influence juive s'était ajoutée l'influence arabe. On y retrouvait, il est vrai, les mêmes croyances et les mêmes pratiques religieuses que chez les habitants de l'île Sainte-Marie, mais sur ces croyances, sur ces pratiques, il s'en était greffé d'autres, introduites par les Arabes venus dans l'île à différentes époques. A la différence des peuplades du nord-est, les habitants du sud-est connaissaient Jésus-Christ qu'ils appelaient Rahissa. Ils admettaient que Jésus était né de la Vierge Marie et de Dieu, et que la Vierge avait enfanté sans douleur et sans perdre sa virginité. Ils savaient qu'il avait été mis en croix par les Juifs et croyaient que Dieu n'avait point permis qu'il mourût, en substituant à son corps celui d'un malfaiteur, mais ils ne voyaient en lui qu'un grand prophète. Certaines traditions

---

1. Nous lisons dans la *Description de l'Afrique*, par Dapper, 1686, p. 48 : « Les habitants de l'île Sainte-Marie (Nosy-Ibrahim) n'ont jamais voulu faire d'alliance avec les chrétiens quoiqu'ils soient bienvenus parmi eux, à cause sans doute qu'ils ont retenu quelque chose de l'ancien judaïsme ».

religieuses, comme la croyance à sept cieux au delà de la mort, à des anges, à des démons de sept sortes, à des génies malfaisants attestaient encore la trace de l'islamisme dans leur religion.

L'influence des Arabes ne se montrait pas seulement dans les croyances des Malgaches, mais encore dans leurs coutumes. Comme les sectateurs de Mahomet, ils admettaient la polygamie. Les femmes s'achetaient, et le nombre de femmes que pouvait posséder un indigène, variait avec sa fortune. La prière, l'abstinence de certaines viandes, notamment la viande de porc, le jeûne, les ablutions, le port d'amulettes sacrées étaient autant de pratiques mahométanes que les Arabes avaient importées dans l'île. On pourrait peut-être aussi y ajouter les pratiques divinatoires. Très superstitieux, les Malgaches faisaient dépendre leur bonheur ou leur malheur des planètes, des astres. L'astrologie avait une grande importance dans leur existence. Ils n'accomplissaient aucun acte public ou privé, ils ne se mariaient, ne se construisaient une case, ne commençaient une récolte, n'observaient le jeûne, n'entreprenaient un voyage, ne laissaient la vie à l'enfant nouveau-né, ne célébraient de funérailles, qu'après s'être assurés à l'aide du *sikidy* qu'ils étaient nés sous une heureuse étoile.

Ces superstitions étaient entretenues avec soin par des écrivains ou devins appelés dans l'île *ombiasy*. Ces devins remplissaient à la fois les fonctions de prêtres, de sorciers et de médecins. Ils consultaient les astres, prédisaient l'avenir, guérissaient les malades. Dans les fêtes publiques, dans les sacrifices, ils avaient le privilège d'égorger les bœufs. Sachant seuls écrire les caractères arabes qu'ils conservaient précieusement dans des livres sacrés, où se lisaient des paspages du Coran, ils vendaient aux nobles et aux riches ces écrits auxquels ils prêtaient des vertus merveilleuses, comme celles de préserver des accidents, des maladies et même de la mort. Consultés comme de véritables oracles, jouissant d'une grande autorité morale, ils profitaient de leur crédit pour se faire redouter des naturels et en obtenir quantité de bœufs ou d'or. Ils n'hésitaient pas d'ailleurs à s'attribuer la meilleure part des offrandes dans les sacrifices. Bref, les ombiasy réglaient à leur gré les cérémonies, les coutumes et les superstitions du pays [1].

Quoi qu'il en soit, l'influence juive et arabe n'avait pas été assez forte pour effacer dans l'île les traces de la religion primitive, de la religion indonésienne. L'introduction du judaïsme et de l'islamisme n'avait apporté de modifications que dans les croyances et les pratiques de quelques tribus des côtes nord-ouest, nord-est et sud-est, et il est permis de croire qu'un certain nombre d'habitants de ces contrées étaient encore attachés aux croyances de leurs ancêtres [2].

De même que la religion, les mœurs des Malgaches témoignaient de l'influence des Indonésiens dans la majeure partie du pays. Leur naturel doux et hospitalier en général, en dépit des actes sanguinaires auxquels ils étaient poussés par de barbares superstitions, la facilité avec laquelle ils entraient en relations avec les étrangers qui ne leur montraient pas des dispositions malveillantes, et ne s'efforçaient pas de les terroriser, le respect qu'ils témoignaient aux vieillards et à leurs parents, la tendresse qu'ils avaient pour leurs enfants, la douceur avec laquelle ils traitaient leurs femmes, leur penchant à la lubricité, c'étaient là autant de traits caractéristiques qu'ils tenaient des plus anciens habitants de l'île.

Comme la plupart des peuples primitifs, comme les Indonésiens, les habitants de Madagascar ne s'imposaient aucune gêne, aucune contrainte. Insouciants du lendemain, ne concevant pas qu'il y eût sur la terre des hommes pour se préoccuper de l'avenir, ils vivaient simplement, à la façon des anciens patriarches et estimaient ce genre de vie plus commode, plus

---

1. Luiz Mariano, *op. cit.*, p. 315 et 316; Morizot, *Voyage de Fr. Cauche*, P. 119-124; Flacourt, Avant-Propos, 1661 et p. 22-91, 171-194; Nacquart, *Mémoires de la Mission*, p. 61 et suiv., t. IX; A. Grandidier, *Mémoire de l'Institut*, p. 10-22.

2. G. Ferrand, *ouvrage cité*, 1re partie, Introd., p. 9, 32; 2e partie, p. 88.

agréable qu'une vie large et luxueuse. Leur boisson se composait d'eau chaude ou de jus de viande et, à certains jours de fête, de vin de miel. Ils se nourrissaient surtout du poisson qu'ils pêchaient dans les rivières, du gibier qu'ils prenaient à la chasse, du lait de leurs troupeaux, des produits de la terre, riz, fèves, ignames. N'ayant cure que du présent, pour la plupart paresseux, ils ne cultivaient que ce qui était nécessaire à leur subsistance. S'ils semaient du riz, s'ils plantaient des ignames, c'était dans la mesure où cela pouvait assurer leur existence pour une partie de l'année. Il n'était pas rare même de les voir manger toute la récolte ou n'en vendre qu'une petite partie. Le besoin se faisait bientôt sentir. Ils étaient alors réduits à jeûner ou bien à acheter des vivres au quadruple de ce qu'ils les avaient vendus. Plus prévoyants, les nobles mettaient en réserve une part de leur récolte qui était destinée à les approvisionner ; le reste, ils l'échangeaient contre des bœufs. Cette manière de faire avait pour résultat de les rendre en peu de temps fort riches ; certains possédaient jusqu'à deux ou trois mille têtes de bétail.

Fidèles aux coutumes de leurs ancêtres, les Malgaches appréciaient plus ce qu'ils avaient appris de leurs parents que tout ce qu'on pouvait leur faire connaître. Aussi leur manière de travailler la terre était-elle toute primitive, toute différente de celle qui était alors en usage dans les pays civilisés. Ils ne se servaient, ni de la charrue, ni du sarcloir, ni de la houe. Une serpe et une petite bêche de fer nommée *fangady*, c'étaient là leurs seuls instruments agricoles. Après avoir coupé les racines, les buissons, à l'aide d'une hache ou d'un fangady, ils les laissaient se dessécher et y mettaient le feu. La pluie venue, ils plantaient des ignames et semaient leur riz. L'époque ordinaire des semailles était la saison des pluies, de novembre à mars. Dans certaines contrées toutefois, on plantait et récoltait toute l'année. Du côté d'Antongil, le riz se semait partout grain à grain, et était recueilli épi par épi. Vers le pays d'Anossi au contraire, on commençait par labourer les terres marécageuses avec les pieds des bœufs ; on répandait ensuite sur la bourbe le riz qui y venait d'ailleurs fort bien. Quant aux ignames, on les fixait à un mètre l'une de l'autre, après les avoir coupées en plusieurs morceaux.

Leur industrie n'était pas moins arriérée que leur agriculture. Intelligents, adroits pour la plupart, mais peu soucieux de se procurer des objets de luxe, ils travaillaient sans se donner de peine et avec lenteur, se contentant de fabriquer ce qui leur était nécessaire pour se vêtir et se loger. Ils exerçaient le plus souvent des métiers utiles ; ils savaient forger le fer, façonner les pagnes dont ils se couvraient, et les nattes sur lesquelles ils s'étendaient. On voyait surtout dans l'île des charpentiers, des forgerons, des tisserands, des cordiers et des potiers. Cependant ils savaient aussi confectionner des objets de luxe. Il y avait parmi eux des orfèvres qui travaillaient avec une rare habileté et des femmes qui tissaient des pagnes de coton ou de soie, souvent remarquables par leur élégance.

On conçoit que des gens qui avaient si peu de convoitises, si peu de besoins, ne fussent pas commerçants. Comme leur agriculture et leur industrie, les quelques relations commerciales qu'ils entretenaient entre eux ou avec les étrangers, ne ressemblaient pas à celles qui existaient alors chez les peuples civilisés. Ces relations ne consistaient, à vrai dire, que dans l'échange de quelques produits. Ignorant la navigation, ils n'allaient point faire du trafic au loin, ni même sur le continent voisin ; ils ne quittaient pas leur île. Sur la côte nord-ouest, dans le port de Boeni, les indigènes échangeaient contre des cotonnades et autres marchandises que leur apportaient les habitants des îles Comores, les Arabes de la côte de Mélinde et d'Arabie, du riz, des pagnes de soie, des esclaves et même de l'or. D'un autre côté, les habitants de l'île Sainte-Marie allaient vendre à Ghalemboule des coquillages aux habitants du pays des Ambohitsmènes et leur achetaient en retour des pots et des plats de terre cuite. Là se bornaient leurs relations avec l'extérieur.

Le trafic n'était guère plus important à l'intérieur. Le pays manquait de routes; sans cesse ravagé par les guerres, il offrait peu de sécurité; il était donc difficile d'y faire le troc.

Cependant la ville de Vohitsomby, dans la province connue aujourd'hui sous le nom de Betsiléos, était un centre commercial important[1]. En outre, les indigènes allaient au loin chercher du bétail, de la soie, du coton, des pagnes, du fer, des sagaies et différents objets de première nécessité. Les habitants du pays de Vohitsbanh allaient acheter des pagnes à ceux de Matatane, aux Ampâtres, aux habitants de la province d'Anossi. Pour ce négoce, les étoffes et les verroteries que leur apportaient les Européens leur tenaient lieu de monnaie. Ils échangeaient aussi de l'or, de l'argent ou du fer contre du cuivre. Une menille de ce dernier métal avait plus de valeur à leurs yeux que la plus belle pierre précieuse[2].

La simplicité de goûts des Malgaches se révélait enfin dans leur manière de se vêtir et de se loger. Ils portaient peu de vêtements. Les plus riches et les plus puissants se couvraient avec un lambeau d'étoffe fabriquée dans le pays; c'était le pagne. Les femmes se voilaient en outre la partie supérieure du corps. Leur parure consistait en grains de corail, bracelets d'argent et de cuivre, boucles d'oreilles, etc. Quant aux habitations, elles n'étaient la plupart du temps que de petites huttes faites de jonc, de roseaux, de feuillage, sans cheminée et si basses qu'à peine on pouvait y pénétrer par l'ouverture très étroite qui servait de porte et par laquelle s'échappait la fumée[3].

En résumé, avant l'arrivée de Flacourt, la population de Madagascar se composait d'un grand nombre de peuplades de races diverses qui présentaient une ressemblance générale

1. A. Grandidier, *Hist. de la géog.*, 1892, p. 188, note 1.
2. E. Lopez, *Le Congo*, trad. fr. de l'édition latine des frères de Bry, par Léon Cauhn, Bruxelles, 1883, p. 199-200; *Diarium nauticum*, loc. cit.; Pyrard, *loc. cit.*, p. 26; Hammond, *Paradox proving*, etc., loc. cit., p. 261 et suiv.; Flacourt, éd. 1661, p. 10, 26, 30, 81, 87, 90, 104, 111, 445; Nacquart, *Mémoires de la Mission*, t. IX, p. 60 et suiv. : Lettre du 5 février 1650 à saint Vincent de Paul.
3. *Diarium*, loc. cit., p. 4, 9 et 10; Luiz Mariano, *ibid.*, p. 317, 324 et 353; Flacourt, éd. 1661, p. 74, 81, 194; Nacquart, *loc. cit.*, p. 85.

dans leurs mœurs, leurs coutumes, leurs croyances et pratiques religieuses, et même dans leur organisation sociale. Toutefois aucun élément ethnique de l'île ne se distinguait par une culture supérieure, si ce n'est la population juive et arabe. Les colonies sémitiques avaient sans doute modifié dans une certaine mesure les coutumes et la religion, mais elles n'avaient pu effacer les traces de la race primitive. L'influence de la race indonésienne persistait encore dans ce pays dont la plupart des habitants parlaient la même langue.

Quelque ressemblance que ces peuplades pussent offrir au point de vue moral et social, il n'y avait cependant entre elles aucune cohésion. On ne remarquait entre elles aucun lien, aucune entente. L'anarchie régnait dans l'île, les chefs vivaient en mauvaise intelligence et les peuplades n'étaient liées par aucun souvenir, aucun sentiment de reconnaissance envers eux. On conçoit dès lors qu'elles fussent peu disposées à verser leur sang pour défendre le sol qu'ils occupaient. L'absence d'unité ethnique et politique expliquait d'ailleurs leur indifférence, leur peu d'empressement à s'unir contre les étrangers qui étaient pourtant pour eux l'ennemi commun.

En outre, l'île ne présentait qu'une population primitive, arriérée, ignorante du maniement des armes à feu, par suite incapable d'une résistance sérieuse. Un peuple qui ne connaissait d'autres armes que la sagaie et d'autre tactique que la ruse, tel était le peuple avec lequel Flacourt allait entrer en relations.

Mais, si les indigènes avaient gardé les mêmes moyens de défense qu'aux anciens jours, ils n'avaient plus conservé les mêmes sentiments envers les blancs. Quelque douces et dociles qu'aient pu être à l'origine les populations malgaches, elles étaient devenues, grâce à la cupidité, aux procédés violents et iniques des Portugais, des Hollandais et de Pronis, méfiantes et farouches, sinon perfides et cruelles à l'égard des Européens. Il en était du moins ainsi chez les peuplades du sud.

Pourtant ce peuple primitif dans son organisation sociale,

dans sa religion, dans son agriculture, son industrie, son commerce, dans ses mœurs et ses coutumes, ne répugnait pas à une assimilation avec une autre race. Si les Malgaches étaient très attachés aux croyances, aux pratiques, aux coutumes de leurs ancêtres, ils étaient en général hospitaliers et intelligents. En dépit des efforts jusqu'alors peu fructueux de quelques missionnaires pour les convertir au catholicisme, rien ne laissait prévoir que des tentatives ultérieures n'amèneraient aucun résultat, et malgré les actes de piraterie qu'ils avaient eu à subir de Tristan da Cunha et de Pronis, les bonnes relations commerciales qu'ils avaient entretenues avec Paulo Rodriguez da Costa et F. Cauche faisaient encore espérer qu'ils sauraient apprécier les bienfaits de la civilisation européenne.

Telle était la situation sociale, morale et économique de Madagascar avant l'arrivée de Flacourt.

Voyons maintenant quelle idée on se faisait alors en Europe du pays et des habitants.

CHAPITRE II

État des connaissances européennes sur Madagascar vers 1648.

La cartographie : ce qu'elle avait appris sur la situation astronomique, la forme, la configuration, le relief, les rivières, la nomenclature. — *Les descriptions* : ce qu'elles avaient appris sur la situation astronomique, le relief, le climat, les rivières, le littoral, les ressources végétales, animales et minérales, l'origine et le nombre des habitants, leur aspect physique, leurs mœurs, leurs coutumes, leurs croyances et pratiques religieuses, leur langage, leur organisation sociale. — Appréciation générale.

L'île que nous appelons aujourd'hui Madagascar avait reçu jusqu'alors plusieurs dénominations. Elle avait été connue des Grecs sous le nom de Menuthias, des Arabes sous les noms de Djafouna, Chezbezat et Komr[1], des Européens du xvie et du xviie siècles, tantôt sous le nom de Menuthias, tantôt sous celui de Madagascar. Ce dernier paraît même avoir été employé avant que l'île fût découverte[2].

1. Voir A. Grandidier, *Histoire de la géographie de Madagascar*, éd. 1892 p. 2-11, 11-22.

2. Déjà au xiiie siècle, Marco Polo avait mentionné le nom de Madagascar (bien que sa description s'applique non à la grande île, mais à Mogdicho) d'après les récits des voyageurs et des marchands arabes (*ibid.*, p. 24-32).

M. Gabriel Ferrand fait remarquer que le nom de Madagascar était déjà appliqué à l'île Saint-Laurent lorsque cette île fut visitée en 1529 par Jean et Raoul Parmentier (*Les musulmans à Madagascar*, 1re partie, 1891, p. 52).

On lit dans Osorius, *loc. cit.*, fol. 127 : « tunc liquido perspici potuit, eam insulam esse quæ nominabatur olim Madagascar, quam nostri insulam S. Laurentii nominant. »

Joao de Santos, après avoir rapporté que l'île reçut le nom de Saint-Laurent parce que ce fut le jour de ce saint qu'on y fit la première descente, a le soin d'ajouter « quoique auparavant on l'appeloit Madagascar » (*Histoire de l'Éthiopie orientale*, traduit du portugais par le P. Charpy, 1688, liv. II, ch. vi, p. 157).

Le P. Maffei écrivait en 1637 : « et Madagascarem olim, nunc Divi Laurentii insulam » (*Historiarum indicarum*, fol. 35, liber primus).

Voir aussi A. Thevet, *Les singularitez de la France antarctique*, éd. Gaffa-

En dépit de la découverte qu'en avaient faite les Portugais vers l'an 1500, une grande indécision avait régné en Europe jusqu'à la seconde moitié du xviie siècle, sur sa situation[1]. Parmi les géographes, les uns n'avaient tenu aucun compte des renseignements des Portugais et s'étaient bornés le plus souvent à placer, à l'imitation de Martin Behaim, une île de Madagascar en plein océan[2]; les autres avaient abandonné les traditions de Behaim pour introduire dans leurs cartes quelques innovations inspirées par les découvertes[3]. C'est à cette dernière catégorie qu'appartenait Pedro Reinel, le premier qui eût donné une idée précise de sa position[4].

Mais cette position n'avait pas toujours été conservée par les géographes suivants. Ils avaient apporté sur leurs cartes des modifications en général peu heureuses. C'est ainsi qu'en 1544 Sébastien Munster plaçait Madagascar au nord de Zanzibar, non loin de la côte d'Afrique appelée Troglodyte.

Les latitudes indiquées par les anciens auteurs étaient pour la plupart inexactes. Elles variaient entre 7° (Munster, 1551) et 25° (Sylvano, 1511) pour la pointe septentrionale; pour la pointe sud entre 20° (Munster) et 38° (Ruysch, 1508). Les cartes où elles s'approchaient le plus de la vérité étaient sans contredit la carte de Ribeiro et celle de Pedro Reinel qui fixait

---

rel, Paris, 1878, in-8, p. 114 (la 1re édition est de l'année 1556 ou 1558); Wicquefort, *Les Voyages du chevalier Thomas Herbert*, 1663, p. 27.

L'île n'aurait pas reçu cette dénomination de Madagascar des indigènes, mais des étrangers (A. Grandidier, *Hist. de la géog.*, loc. cit., p. 32, 1).

1. L'étude de la cartographie de Madagascar antérieure à 1648 que nous donnons ici, a été faite d'après l'inspection des cartes de vieux atlas de l'époque (Ortelius, G. Mercator, Hondius, G. Blaeu, etc.), et, en grande partie, d'après l'*Histoire de la géographie de Madagascar* de M. Grandidier, éd. 1892, p. 2-56.

2. Parmi ces géographes on peut citer : Juan de la Cosa (1500); Stabius (1515); Apian l'ancien (1520); Fries (1522); Bordone (1528); Roselli (1532); Vadianus (1534); Servet (1535). — Sur la carte de Servet, Madagascar se trouve à près de 1000 lieues de l'Afrique, au sud-ouest de Java major (*Hist. de la géogr.*, 1892, p. 36 et 37, texte et notes).

3. C'est ce que l'on constate sur les cartes de Canerio (1502); Cantino (1508); Waltzemuller (1513); Bordone (carte générale de 1520); Maggiolo (1527); Ribeiro (1529); S. Cabot (1544); Gastaldo (1544); etc. (A. Grandidier, *ibid.*, p. 37, note 2).

4. A. Grandidier, *ibid.*, p. 39.

ces deux points à 11° 30′, et 25° 35′. Quant aux longitudes, considérées par rapport au méridien de Paris, elles étaient fixées par Munster, à 72° pour la pointe de l'île la plus occidentale, et à 80 pour la pointe la plus orientale[1].

De même la forme que présentait la grande île sur les cartes antérieures à 1648 n'était pas toujours conforme à la réalité. Certains géographes, comme Cantino et Canerio, lui avaient attribué une forme rectangulaire, que copièrent Ruysch, Antoine Salamanca (1532), et Sébastien Munster. Cependant dès l'année 1517 Pedro Reinel en avait donné une forme relativement exacte, qui se retrouvera avec des modifications souvent fantaisistes sur les cartes de Pilestrina (1519), Maggiolo (1527), Ribeiro (1529), Verazzano (1529), S. Cabot (1544), G. Le Testu (1555), Lazaro Luiz (1563), etc.[2].

Comme bon nombre de voyageurs européens avaient exploré les côtes de la grande île, les cartes accusaient une certaine connaissance de la zone littorale. Mais nous devons constater que le dessin du littoral n'offrait encore qu'une exactitude tout à fait relative. Le littoral septentrional était en général représenté comme trop incliné vers l'est[3]; en fait de découpures, on ne voyait guère sur la partie nord-est que la baie d'Antongil ; encore la configuration de cette baie était-elle le plus souvent défectueuse[4].

---

1. On sait que les latitudes vraies sont pour la pointe la plus septentrionale (cap d'Ambre) 11° 59′ 52″, et pour la pointe la plus méridionale (cap Sainte-Marie) 25° 38′ 55″.
Les longitudes adoptées par les cartographes de nos jours sont pour la pointe occidentale (entre Fanemotra et Fandivotra) 40° 41′ 50″, et pour le cap Est, 48° 7′ 40″. Voir A. Grandidier, *Hist. de la géogr.*, p. 52.

2. Id., *ibid.*, p. 40, 4.

3. Cependant certaines cartes avaient déjà apporté une amélioration à ce point de vue.
Sur la carte de Cabot, la pointe septentrionale de l'île est moins inclinée vers l'est. Sur celle de Hondius la côte nord-est n'est plus en ligne droite. La délinéation du littoral s'y rapproche d'ailleurs en général de celle de Pedro Reinel (A. Grandidier, *Hist. de la géogr.*, éd. 1892, p. 40, *h, i*; p. 41, *j*).

4. Sur la carte de Pilestrina cette baie a son entrée tournée vers le nord, tandis que sur le planisphère de Turin et sur la carte de Pedro Reinel elle s'étend vers l'est. Les cartes de Sanuto et G. Blaeu la font, il est vrai, ouvrir vers le sud; mais celle de Sanuto exagère beaucoup le promontoire situé au

La côte orientale, qui avait été fréquemment visitée, avait été en général mieux dessinée. On lui donnait avec raison la direction sud-ouest-nord-est. Néanmoins la délinéation s'en trouvait encore erronée ; les cartes de Gastaldo, de Vaz Dourado, de Gysbert et de Sanuto plaçaient l'île Sainte-Marie trop loin de la côte ; en outre, on croyait cette côte beaucoup plus découpée qu'elle ne l'est en réalité [1].

Le dessin de la côte méridionale, moins connue que la précédente, n'était pas plus satisfaisant ; les baies y avaient été placées à la fantaisie des auteurs ; le cap Sainte-Marie y présentait des dimensions exagérées, ou bien était à peine visible [2].

Mais la côte dont le tracé laissait le plus à désirer était, assurément, la côte occidentale, qui avait été cependant explorée en détail par les Portugais. Quelques cartes indiquaient, il est vrai, de grandes baies au nord-ouest, mais ces baies ne portaient le plus souvent aucun nom. La plupart ne représentaient aucune concavité au milieu, ainsi que cela se voit sur les cartes actuelles.

En somme, depuis Pedro Reinel qui avait laissé du littoral un premier aperçu remarquable pour l'époque, la cartographie côtière avait fait peu de progrès.

Les anciennes cartes dénotaient surtout une grande ignorance du relief. Elles montraient sans doute que l'île était montagneuse, mais elles n'indiquaient pas la véritable disposition des montagnes [3]. Les géographes qui les avaient dressées, le

---

nord (G. Blaeu, *Le Théâtre du monde, Nouvel atlas*, IIe partie, *Africæ nova descriptio*, f. 349, CLƆLƆCXL; A. Grandidier, *Hist. de la géogr.*, 1892, p. 40, c ; p. 41, i).

1. Homem et Homo avaient tracé entre Fenerive et Manaŋjara une immense lagune, fermée du côté de l'est par deux grandes îles (A. Grandidier, *ouvr. cité*, p. 41, b, c).

2. Les cartes de Tramezini, Forlani, Sanuto, Hondius, etc., lui donnaient une mauvaise configuration. Sur la carte de Gastaldo le sud de l'île se terminait en pointe. La meilleure carte pour cette partie du littoral semble avoir été celle de Pilestrina (Hondius, *Carte de l'Afrique à* 1/24.000.000; G. Mercator, *Atlas, carte de l'Afrique*, 1628; G. Blaeu, *loc. cit.*; A. Grandidier, *ibid.*).

3. Quelques montagnes grossièrement esquissées apparaissent pour la pre-

plus souvent en se basant sur les renseignements de voyageurs qui eux-mêmes n'avaient point franchi la zone littorale, avaient dessiné ces montagnes au hasard et suivant leur caprice ; sur la plupart des cartes, sur celles de Berteli, de Gastaldo, de Sanuto, de Hondius, de G. Mercator et de G. Blaeu, une longue chaîne divisait l'île du nord au sud en deux moitiés à peu près égales[1].

N'ayant aucune donnée précise sur la direction et la distribution des montagnes, les vieux auteurs ne pouvaient faire connaître exactement la source et la direction des rivières. Bon nombre de rivières qu'ils avaient tracées ne portaient aucune désignation et avaient un cours tout à fait fantaisiste. Telles étaient, en particulier, celles qui apparaissaient sur les cartes de Sanuto et de G. Blaeu. Cependant on remarquait déjà sur la carte de Pedro Reinel les rivières de Mananjara, de Matitanana, Manampatra, Mananivo, et la rivière de Betsiboka (sous le nom de Vingangara) sur celle de Gastaldo[2].

Ainsi, jusque vers 1648, les cartes que les géographes ou les voyageurs avaient données de Madagascar, ne permettaient point de se faire une idée exacte et suffisante de la situation astronomique, de la forme du littoral, du relief et de l'hydrographie fluviale de ce vaste pays. Ce que l'on savait de l'intérieur se réduisait à rien ou à fort peu de chose. Cette ignorance s'explique parfaitement pour les contrées du nord, du centre et de l'ouest qui n'avaient été explorées, ce semble, par aucun voyageur européen ; mais il est permis de s'étonner que, dès l'année 1648, les Français n'eussent pas déjà à leur disposition des cartes plus complètes pour le sud et l'est, où quelques colons français avaient déjà pénétré.

Le pourtour de l'île, qui avait été fréquenté par les naviga-

---

mière fois sur la carte de Bordone. Celle de Homem représentait une chaîne dans le nord de l'île (voir A. Grandidier, *Atlas* et *Histoire de la géogr.*, 1892, p. 41, *b* et p. 67).

1. *Histoire de la géog.*, ouvrage cité, p. 41, *e*, et p. 67.
2. *Ibid.*, p. 69 et 70, et *Atlas* ; G. Blaeu, *Nouvel atlas*, ouvrage cité, *Africæ nova descriptio*, p. 349 ; Ortelius, *Théâtre de l'Univers*, *Africæ tabula nova*, edita Antverpiæ, 1570.

teurs, était, cela va sans dire, mieux connu que l'intérieur des terres. On en possédait déjà même quelques plans ou quelques cartes particulières, tels que les plans de la baie d'Antongil, de la baie Saint-Augustin, de la rade d'Ampalaza, et une carte de l'île Sainte-Marie, due à Houtman[1]. Nous sommes surtout frappé du nombre déjà considérable de noms inscrits sur les contours des cartes; nous pouvons dire (approximativement il est vrai) que, vers la seconde moitié du xviie siècle, les géographes connaissaient le nom de 14 caps, 17 baies, 18 bouches de rivières, 14 îles et 8 villes ou villages[2]. Par malheur, nombre de localités avaient une situation inexacte.

Les descriptions des anciens auteurs n'avaient guère ajouté aux connaissances que les anciennes cartes avaient fournies sur Madagascar. Sur certains points, notamment sur la situation astronomique, le relief et l'hydrographie fluviale, elles n'avaient fait que confirmer ce que les cartes avaient déjà appris. Si quelques auteurs ne s'étaient pas trop éloignés de la vérité dans l'indication des latitudes[3], par contre on n'était pas encore fixé sur les dimensions de l'île, ni sur celles des îles voisines. Les descriptions avaient représenté Madagascar, tantôt plus longue, tantôt plus large qu'elle ne l'est en réalité[4], ou s'étaient souvent bornées à assurer que cette

---

1. Cf. A. Grandidier, *Hist. de la géogr.*, 1892 : Tableaux, p. 232, 234, 250, 265.

2. Sur ce nombre, il faut compter pour la côtes nord-est : 4 caps, 4 baies, 1 ville; pour la côte méridionale : 2 caps, 2 baies, 8 bouches de rivières, 4 îles, 3 villages; pour la côte méridionale : 3 caps, 2 baies, 1 bouche de rivière; pour la côte occidentale : 2 caps, 8 baies, 5 bouches de rivières, 6 îles, 3 villages; et enfin pour la côte nord-ouest : 5 caps, 1 baie, 4 bouches de rivières, 1 village (v. A. Grandidier, *Hist. de la géog.*, loc. cit. : Tableaux, p. 83-184).

3. Thevet disait avec une certaine apparence de raison : « l'île court vers le païs austral, environ de douze degrés jusques à vingt-six et demi » (*Cosmographie universelle*, 1575, t. I, p. 102).
Pyrard de Laval plaçait Madagascar entre 14° lat. nord, et 26° lat. sud (*Voyage aux Indes orientales*, 1re partie, p. 24); Herbert, entre 16° et 26° latitude (*Relation du voyage de Perse et des Indes orientales*, trad. fr., Paris, MDLXIII, par de Vicquefort, p. 28).

4. Ortelius ne lui avait accordé que 100 lieues de circuit, tandis que Pyrard lui en attribuait 700 (*Théâtre de l'Univers*, ouvr. cité, *Voyage aux Indes orientales*, p. 24). Voici les longueurs indiquées par les différents auteurs : 1.200 milles

île était la plus grande des îles connues ou découvertes [1]. En ce qui concerne le relief, elles avaient été encore plus sobres de renseignements. C'est à peine si les auteurs osaient affirmer de temps à autre que ce pays renfermait beaucoup de montagnes [2]. Aucun auteur, à notre connaissance du moins, n'en avait fait connaître l'altitude, l'orientation, la distribution. Tout aussi insuffisantes et non moins vagues paraissent avoir été les notions que l'on possédait sur les cours d'eau. On avait pu apprendre avec un certain intérêt que l'île était bien arrosée, et qu'elle contenait quantité de rivières aux eaux limpides et abondantes, mais on avait pu regretter que la plupart des auteurs n'eussent point désigné ces rivières, ni apporté quelques indications sur leur position et sur leurs cours [3]. A fortiori, dans l'état des connaissances de cette époque, avait-on négligé d'en étudier le régime et la navigabilité.

Pour les raisons que nous avons déjà signalées, l'hydrographie côtière était toutefois mieux connue que l'hydrographie

---

Osorius, loc. cit., fol. 146); 200 (Marmol, L'Afrique, trad. d'Ablancourt, t. III, fol. 105); 1000 milles (Lopez, loc. cit.); 267 (Thevet, Cosmog. univ., fol. 102 et 105); 500 (Herbert, loc. cit., p. 28); 250 (Alphonse le Saintongeois, Mellin de Saint-Gelais, loc. cit., fol. 55).

Les nombres adoptés pour les largeurs par ces mêmes auteurs étaient : 480 milles ; 115 lieues; 120 lieues; 100 lieues (ibid.).

Les dimensions vraies seraient : 400 lieues de long, et 110 lieues de large (A. Grandidier, Revue scientifique, mai 1872, p. 1078).

1. Portulan de Ribeiro, cité par M. A. Grandidier; S. Munster, Cosmographie universelle, 1556, fol. 1260; Thevet, Cosmographie universelle, 1575, fol. 102; Léon l'Africain, De l'Afrique, traduction française de Jean Temporal : Lettre du Florentin André Corsal à Julien de Médicis en 1615, t. IV, p. 311 ; Estats, empires, royaumes, seigneuries, duchez et principautez du monde, par le sieur D. V. T. Y., gentilhomme de la Chambre du Roi, Saint-Omer, MDCXXI, t. I, fol. 259, ouvrage rarissime ; François de Belleforest, Cosmographie universelle de tout le monde, MDLXXV, Paris, Sonnius. t. II, fol. 2013.

2. F. de Belleforest avait dit que l'île était « entourée de montagnes et qu'elle en étoit pleine à l'intérieur » (ouvrage cité, fol. 2013) ; Lindschot (Premier livre de la navigation aux Indes orientales, fol. 10) regardait l'île Sainte-Marie comme « un terroir moyennement haut et tertreux ».

3. Cependant Joao de Barros (ouvrage cité, Déc. II, l. 1, fol. 2) avait fait mention d'une rivière qui se jette dans le port de Matatane; Lindschot (ouvrage cité, p. 11 et suiv.) avait parlé d'une rivière qui se divise en deux bras et se déverse dans la baie d'Antongil ; Pyrard, d'une rivière qui se jette dans la baie Saint-Augustin (ouvrage cité, p. 23).

fluviale. On avait acquis quelques données relativement exactes sur les inconvénients que certains points du littoral présentaient pour les navigateurs. Un marin, Alphonse le Saintongeois, et un vieil auteur, Thevet, avaient averti leurs contemporains des dangers que des bancs de rochers faisaient courir aux navires sur les côtes sud, sud-est et ouest[1]. D'autre part, on était déjà renseigné par les voyageurs Pyrard et Herbert sur les avantages qu'offraient les baies de Saint-Augustin et d'Antongil[2].

Mais on ignorait encore la qualité de certaines baies ou rades situées au sud-est et au nord-ouest; ce qui est d'autant plus surprenant qu'un certain nombre d'entre elles avaient déjà été visitées par les Portugais, les Hollandais et les Français. En outre les renseignements que l'on avait recueillis sur le littoral étaient encore trop incomplets pour que l'on pût savoir avec certitude quelle était la partie de la côte où les navires trouveraient les meilleurs abris, et c'est avec témérité que Thevet avait affirmé que les bons ports étaient nombreux dans l'île[3].

Quant au climat, il n'avait pas été, on le conçoit facilement, l'objet d'une étude scientifique. Ce serait, en effet, se placer à un point de vue étroit et faux que de relever chez les vieux auteurs, voyageurs ou géographes, l'absence de données sur les variations et les degrés de la température, le régime des vents et des pluies, la durée et la distribution des saisons, etc., puisque la science connue de nos jours sous le nom de météorologie n'existait pour ainsi dire pas. Non seulement l'insuffisance de leurs connaissances ne leur permettait pas de se livrer à des observations de cette nature, mais l'idée de les faire ne leur était même pas venue. Les rares appréciations qui avaient été portées sur le climat étaient vagues et superfi-

---

1. Mellin de Saint-Gelais, *ouvrage cité*, 1578, p. 55 ; Thevet, *Cosmographie universelle*, ouvr. cité, p. 105.
2. Herbert, *ouvr. cité*, p. 28 et suiv., 537 et suiv. ; Pyrard, *loc. cit.*, p. 19.
3. Thevet, *ouvr. cité*, p. 104, et *Singularitez de la France antarctique*, loc. cit., p. 114.

cielles. Telle était celle de Thevet qui, sans avoir vu, ni habité l'île, déclarait que le climat en était sain [1], ce qui est très contestable pour certaines régions. Il ne pouvait guère en être autrement, d'ailleurs, puisque la majeure partie des régions de l'intérieur restait encore inexplorée.

Toutefois, ce qui paraît excusable pour l'intérieur l'est moins pour le littoral, où les Européens avaient séjourné. La côte méridionale était-elle plus salubre que la côte septentrionale, la côte occidentale plus salubre que la côte orientale? C'étaient là des questions qui auraient pu s'offrir à l'esprit des navigateurs portugais, hollandais, anglais et français. Les quelques observations qu'ils eussent faites à ce sujet n'auraient certes pas été sans utilité pour l'avenir. Or les seuls renseignements qu'on avait obtenus ne portaient que sur un point du littoral de l'ouest, sur la baie de Saint-Augustin, et les opinions des voyageurs qui les avaient apportés, Pyrard et Herbert, se trouvaient en désaccord. Le premier avait assuré que c'était un lieu fort malsain, sans doute parce qu'il y avait perdu un certain nombre d'hommes de son équipage ; le second, au contraire, l'avait trouvé salubre, ajoutant que, si beaucoup de Hollandais y avaient péri, leurs excès seuls en étaient la cause [2].

Ce bref aperçu nous montre que les connaissances léguées par les géographes ou les voyageurs sur leurs cartes ou dans leurs descriptions étaient encore vagues et tout à fait insuffisantes en ce qui concerne la situation, les dimensions, la configuration, et principalement le relief, le climat, les rivières de la grande île. Ces lacunes s'expliquent sans doute, lorsque l'on sait que ces voyageurs n'avaient pas à leur disposition les connaissances scientifiques ou les instruments dont disposent les explorateurs de notre époque et qu'ils avaient surtout fréquenté le littoral. Elles s'expliquent mieux encore par cette considération qu'ils se préoccupaient beaucoup plus des avantages qu'ils pourraient retirer de leurs investigations

---

1. *Cosmog. universelle*, t. I, p. 102.
2. Pyrard, *loc. cit.*, p. 23; Herbert, p. 29.

pour leur approvisionnement et leurs intérêts commerciaux, que des progrès que leurs découvertes feraient faire à la science géographique. Aussi se sont-ils particulièrement attachés dans leurs relations à décrire les ressources du pays.

Leurs descriptions, ainsi que celles des auteurs qui n'avaient jamais vu Madagascar, décèlent l'impression trop favorable qu'ils avaient rapportée de leurs voyages. Ils la regardaient comme une île très fertile, qui produisait en abondance toutes sortes de légumes, de fruits, de bois précieux ; Herbert avait même avancé, avec non moins d'enthousiasme que ses ressources étaient plus que suffisantes pour nourrir ses habitants[1].

Ces réserves faites, ce serait se montrer injuste à l'égard de ces auteurs, que de ne leur savoir aucun gré de l'énumération exacte qu'ils avaient déjà donnée des plantes qui venaient à merveille dans l'île, gingembre, girofle, citronniers, orangers, riz, etc.[2]. Toutefois leurs connaissances offraient à ce point de vue d'importants desiderata. Où était cultivée telle ou telle plante, quelles étaient les contrées les plus fertiles, ou les moins productives, voilà ce qu'ils ne s'étaient pas étudiés à faire connaître à leurs contemporains. Sans aller jusqu'à prétendre qu'on aurait pu attendre d'eux des renseignements précis sur la fertilité des régions du centre et du nord, où ils n'avaient jamais pénétré, nous pouvons néanmoins

1. Mellin de Saint-Gelais, *Voyages aventureux d'Alphonse le Saintongeois*, Rouen, 1578, fol. 55 ; Joao de Santos, *Ethiopia oriental*, traduction Charpy, p. 157 ; Léon l'Africain, traduction Temporal, t. IV, p. 311 ; Odoardo Barbosa ; Ramusio, *Primo volume e seconda editione delle Navigationi e viaggi*, in-fol., p. 196, 321 et suiv. ; S. Munster, *Cosmographie universelle*, traduction française, p. 1260 et 1555 ; Belleforest, *loc. cit.*, p. 2015 ; Thevet, *Singularitez de la France antarctique*, éd. Gaffarel, p. 115 et 117 et *Cosmographie universelle*, p. 102, 104 et suiv. ; Osorius, *loc. cit.*, fol. 146 ; Lopez, *Le Congo*, trad. Cauhn, p. 199 ; Fr. Martin de Vitré, *loc. cit.*, p. 23, 85 et suiv. ; Pyrard, *loc. cit.*, p. 24 et suiv. ; *Diarium nauticum*, *loc. cit.*, fol. 4, 9, 10 ; Lindschot, *loc. cit.*, fol. 11 et suiv. ; Herbert, *loc. 'cit*, p. 28, 31 ; Boothby, *Description of the most famous island of Madagascar or Saint-Lawrence in Asia near in to East-India and proposal for an english plantation there*, réimprimée dans *Collection of Voyages and Travels*, dite *Collection d'Osborne*, 1745, in-4. — Mais Powle Waldegrave allait affirmer que l'île n'était pas aussi fertile que Boothby voulait bien le dire, *loc. cit.*, ch. II, p. 7, et ch. III.

2. Voir auteurs précités, *ibid*.

regretter le silence qu'ils avaient gardé sur d'autres contrées où ils avaient fréquenté. Que C. de Houtman ait signalé la stérilité du pays de Saint-Augustin et la fécondité de celui d'Antongil [1], que Lindschot ait laissé quelques détails précis, sinon tout à fait exacts, sur les productions de l'île Sainte-Marie [2], c'est ce qu'on ne saurait dissimuler ; mais combien d'autres pays du sud, de l'est et de l'ouest, déjà visités, sur la fertilité ou la stérilité desquels les renseignements faisaient encore défaut dans la première moitié du xviie siècle ?

Ces auteurs n'avaient pas mieux informé leurs contemporains de la distribution géographique des animaux dans l'île, de la richesse des différentes contrées en bétail, que de la distribution des plantes, et de la fertilité plus ou moins grande de certaines régions. Ils s'étaient bornés le plus souvent à une énumération assez longue des animaux qui vivaient dans ce pays d'outre-mer. Encore cette énumération était-elle en partie inexacte. S'ils avaient eu raison d'y comprendre les lézards, les caméléons, les crocodiles, les bœufs à bosse, les moutons à grosse queue, les singes, les serpents, les oiseaux de toute sorte, par contre, ils avaient montré trop de crédulité en y faisant entrer les éléphants, les chameaux et des bêtes féroces, telles que les lions et les léopards [3]. Est-il besoin d'ajouter que, dans l'état où se trouvaient encore les sciences naturelles, ils n'avaient pu être frappés de l'originalité de la faune et de la flore de l'île de l'océan Indien, ni des affinités qu'elles offraient avec la faune et la flore des autres contrées du globe ?

Bien que certains voyageurs n'eussent point omis de faire

---

1. *Diarium nauticum*, loc. cit., fol. 4, 9.
2. *Voyages aux Indes orientales*, p. 11 et 14.
3. S. Munster, *loc. cit.*, fol. 1260 ; Thevet, *Singularitez*, loc. cit., p. 118 et 119 ; Herbert, *loc. cit.*, p. 31 ; Pyrard, *loc. cit.*, p. 24.
  On voit un éléphant sur la carte de Berteli (A. Grandidier, *Hist. de la géogr.*, Atlas, 1885, pl. 11). La mention de ces animaux peut-être considérée comme une réminiscence de la lecture de Marco Polo.
  Paré et Thevet avaient donné une figure d'un monstre à tête humaine, purement légendaire, la bête Thanatcth (*Recueil de Voyages : Les Voyages en Asie au xve siècle du bienheureux Frère Odoric de Pordenone*, par Henri Cordier, p. 327).

connaître à leurs contemporains les ressources minérales de Madagascar, la lecture de leurs descriptions n'avait point permis de savoir où elles pourraient être extraites. Ils s'étaient accordés à dire que l'île était riche en mines d'or, d'argent, de fer, de cuivre; mais ils ignoraient les endroits qui contenaient ces richesses[1]. Tel était le bilan des connaissances du XVIe et du XVIIe siècle sur la nature de ce pays et ses ressources. Il convient maintenant de rechercher quelle idée on se faisait des habitants.

Les Européens s'étaient servis jusqu'alors de différents noms pour désigner les indigènes; les premiers navigateurs portugais et hollandais les connaissaient sous le nom de Maures et de Noirs; quelques anciens auteurs leur avaient donné celui de Buques; un Français, Thevet, les avait nommés Madagascarins[2]. On n'avait point encore adopté de désignation pour l'ensemble des habitants.

On était encore moins bien renseigné sur leur nombre.

Madagascar passait, au XVIe et au commencement du XVIIe siècle pour un pays très peuplé. Mais, comme l'île était encore fort peu explorée, on n'avait même pas une idée approximative de sa population[3]. En outre, le champ de leurs observations, l'insuffisance des connaissances ethnographiques de leur temps avaient empêché la plupart des voyageurs de soupçonner la véritable origine des indigènes. Ceux qui avaient atterri à la côte nord-ouest rangeaient tous les Malgaches parmi les Maures ou parmi les Cafres[4]. Il faut noter toutefois,

---

1. Mellin de Saint-Gelais, Thevet, Belleforest, E. Lopez, Osorius, *ibid.*; Herbert, fol. 30; Ramusio, vol. I, p. 196; Maffeï, *Historiarum indicarum Libri*, p. 121. Cependant Lindschot avait assuré qu'il y avait du très beau fer et cuivre rouge en abondance du côté de la baie de Saint-Augustin, *loc. cit.*, fol. 10.

2. A. Grandidier, *Hist. de la géog.*, ouvrage cité, p. 34, texte et notes.

3. Thevet, *Singularitez de la France antarctique*, éd. Gaffarel, p. 115, et *Cosmographie universelle*, 1575, p. 102; Belleforest, *loc. cit.*, fol. 2014; Pyrard, *loc. cit.*, p. 426 On lit dans le texte ajouté à la carte de G. Mercator, éd. Hondius, 1630, p. 13 : « Au delà le cap de Bonne-Espérance sont austres isles, toutes désertes, fors celle de St-Lorens ».

4. Parmentier avait parlé de Maures blancs qu'il distinguait des indigènes (*Discours de la navigation*, éd. Schefer, p. 31-39). — D'après Barros, Tristan

que si le Père Luiz Mariano voyait dans les habitants de la côte occidentale des descendants des Cafres, il n'en regardait pas moins ceux de la côte orientale comme des Arabes venus de Mangalor et de la Mecque; chose plus surprenante, il était porté à croire que les premiers habitants de l'île étaient originaires de Malacca [1].

Mais ce serait une exagération de s'imaginer que l'idée était venue aux voyageurs européens de rechercher les différences de race chez les nombreuses peuplades qui occupaient alors ce pays. Si rien, dans les quelques détails qu'ils nous ont légués sur les caractères physiques des indigènes, ne prouve qu'ils aient cru à l'unité ethnique, rien non plus ne permet d'avancer qu'ils se soient rendu compte de la diversité de races qu'ont constatée les savants de notre temps. Ce qui est seulement vrai, c'est que l'existence chez ces populations de deux couleurs, la couleur noire et une couleur moins foncée, et celle de deux sortes de cheveux, les uns longs et lisses, les autres, au contraire, courts et crépus, n'avaient pas échappé à leur attention [2]. Encore leurs observations avaient-elles varié avec les endroits qu'ils avaient fréquentés, et n'étaient-elles pas toujours d'accord. Tandis qu'au dire d'Houtman les naturels d'Antongil n'avaient point la barbe frisée comme les vrais Maures, ni le nez et les lèvres faits de la même façon, au témoignage d'E. van der Hagen, leurs cheveux n'étaient pas aussi crépus que ceux des nègres [3]. De même,

---

da Cunha avait appris que tous les habitants de Saint-Laurent étaient des Cafres noirs, et qu'il y avait sur la côte quelques villages maures (*ouvrage cité, Decada I*, l. I, fol. 4). Thevet avait dit que l'île était habitée par les Maures, mais qu'elle était occupée depuis quelque temps par des barbares noirs (*Cosm. univ.*, fol. 105, et *Singularitez*, éd. Gaffarel, p. 114).

1. *Loc. cit.*, p. 324 et 329.

A signaler aussi l'opinion du géographe arabe Ibn Saïd d'après laquelle les habitants de Komr (probablement Madagascar) devaient être considérés comme un mélange d'hommes venus de tous pays (voir Codine, *Mémoire géographique sur la mer des Indes*, p. 112) et celle de Pyrard pour lequel Madagascar avait été autrefois peuplée par des Chinois (*loc. cit.*, p. 26).

2. Osorius, *loc. cit.*, fol. 146; *Diarium nauticum*, loc. cit., fol. 4 et 10; Odoardo Barbosa, *Ramusio*, prim. vol., p. 322.

3. De Constantin, *Voyage*, etc., ouvrage cité. t. III, p. 353, et *Diarium*, ibid.

les habitants de Saint-Augustin, que Houtman regardait comme des Noirs, ne laissaient pas d'offrir, aux yeux de Pyrard, beaucoup de ressemblance avec les Chinois dans leur teint et leur chevelure [1].

La meilleure opinion semble encore avoir été celle du P. Luiz Mariano qui distinguait les indigènes en trois catégories : les uns au teint couleur de jais, comme les Cafres de Mozambique, et aux cheveux rebroussés; les autres au teint noir et aux cheveux lisses; d'autres enfin qui n'auraient été que des mulâtres [2].

Quant à la taille, elle paraît avoir laissé le plus souvent les Européens indifférents. Houtman et Pyrard avaient seulement remarqué que les habitants de la baie de Saint-Augustin étaient des gens robustes, grands et bien proportionnés [3].

Voilà tout ce que l'on pouvait glaner dans les relations du XVIe et du XVIIe siècles sur les caractères physiques des indigènes.

Ce que l'on pouvait y découvrir sur leur intelligence était-il du moins plus complet et plus exact? Il est permis d'en douter. Si Pyrard les avait regardés comme des « gens d'esprit et advisés » [4], si Vincent de Paul les considérait comme des gens adroits [5], les autres auteurs les avaient trouvés rudes et grossiers [6]. Lindschot et Houtman assuraient même qu'ils ne pouvaient compter que jusqu'à dix, et qu'ils ne savaient pas diviser le temps en jours, semaines, mois et années [7].

L'idée que les voyageurs s'étaient faite de leur caractère n'était guère plus favorable. La plupart, soit qu'ils n'eussent

---

1. *Diarium,* ibid., et Pyrard, *loc. cit.,* p. 26.
Consulter aussi, pour les variations d'opinion, Alphonse le Saintongeois dans Mellin de Saint-Gelais, *Voyages aventureux,* etc., ouvr. cité, p. 55; Herbert, *ouvr. cité,* p. 29.
2. *Loc. cit.,* p. 318.
3. *Diarium,* loc. cit., fol. 4; Pyrard, *loc. cit.,* p. 26.
4. Pyrard, ouvr. cité, p. 26.
5. *Mémoires de la Mission,* t. IX, p. 39.
6. Belleforest, *loc. cit.,* fol. 2015; Herbert, *loc. cit.,* p. 30.
7. *Voyage aux Indes orientales,* loc. cit., fol. 9; de Constantin, *Recueil de voyages,* ouvr. cité, t. I, p. 310.

pas réussi à les amener à des échanges, soit qu'ils eussent subi les conséquences des procédés violents qu'ils avaient employés à leur égard, les avaient jugés avec partialité, les représentant comme des gens inhospitaliers et méchants[1].

Sur les croyances religieuses, les opinions émises par les anciens auteurs étaient loin de se rencontrer ; les uns, comme Lopez, Thevet, Houtman, avaient été frappés des ressemblances qui existaient entre leur religion et celle des mahométans[2] ; les autres, comme le P. Luiz Mariano, E. van der Hagen, etc. n'avaient vu en eux que des païens, des gens sans religion[3]. Les pratiques religieuses des indigènes, leurs superstitions semblent avoir échappé à l'attention de la plupart des voyageurs. Si quelques-uns avaient remarqué chez eux l'usage de la circoncision[4], plusieurs avaient affirmé qu'ils ignoraient la prière. C'est ainsi que Lindschot disait des habitants de Saint-Augustin : « Leur religion est qu'ils sçavent qu'il y a un Créateur qui a créé toute chose et sont circoncis, mais ne sçavent que c'est de prier ou de célébrer aucun jour de fête[5]. » Avec plus de perspicacité le P. Luiz Mariano avait déjà constaté qu'ils n'avaient ni temples ni autels[2] ; mais il n'avait pas mieux compris que les autres voyageurs en quoi consistait la religion des gens qu'il avait eu la mission d'évangéliser[6].

Plus exacts et plus précis, quoiqu'encore bien incomplets, paraissent avoir été les renseignements recueillis sur le genre de vie des naturels, sur leur manière de se nourrir, de se

---

1. Mellin de Saint-Gelais, ouvr. cité, p. 55 ; Thevet, Cosm. univ., p. 105 ; Lopez, Le Congo, ouvr. cité, p. 199-200.
   Houtman avait remarqué que les habitants d'Antongil étaient audacieux et portés à s'enivrer avec de l'eau-de-vie de riz et du vin de miel (Diarium, loc. cit.).
2. Le Congo, p. 199-200 ; Les Singularitez, p. 114 ; Diarium, fol. 4.
3. Relaçao, p. 315 et 316 ; de Constantin, Recueil de voyages, t. I, p. 310, t. III, p. 353.
4. Diarium, fol. 4 ; Recueil de voyages, ibid.
5. Voyage aux Indes orientales, ouvr. cité, fol. 6 et 9.
6. Ouvr. cité, ibid. — Voir auteurs déjà cités : Thevet, Osorius, Herbert, Pyrard, Belleforest, Mellin de Saint-Gelais, etc.

loger, de se vêtir, de cultiver la terre, et sur leurs occupations [1]. Nous pouvons porter la même appréciation sur ceux qui avaient trait à leurs relations commerciales avec les étrangers [2]. C'est avec raison que plusieurs auteurs n'avaient fait consister ces relations que dans l'échange des esclaves, des métaux, de l'ambre, de la cire et autres produits de l'île contre des marchandises provenant de l'Inde et du Portugal [3].

Mais il y a surtout lieu d'être surpris de ce que quelques autres avaient constaté leur ignorance de la navigation maritime [4].

Les remarques que certains auteurs avaient déjà faites sur la langue des indigènes ne présentent pas moins d'intérêt. Les Hollandais, qui allaient chercher les épices dans les îles de la Sonde, avaient été frappés des rapports qui existent entre la langue malgache et la langue malaise, ainsi qu'en témoignent les titres des ouvrages qu'ils publièrent à cette époque [5]. Ces mêmes rapports avaient été aussi aperçus par le P. Luiz Mariano. Ce missionnaire, en effet, tout en prétendant que la langue cafre était parlée sur la côte occidentale de l'île, avait déclaré que la langue propre aux habitants de l'intérieur et d'une grande partie du littoral était toute différente de la langue cafre et se rapprochait beaucoup de la langue malaise [6].

Les quelques renseignements que l'on rencontrait dans les relations et les ouvrages généraux du xvi° et de la première moitié du xvii° siècle sur l'armement, les luttes intestines, la manière de combattre des indigènes, sur l'organisation de la famille, de la propriété, de la justice et le mode de gouver-

1. Voir auteurs précédemment cités : Osorius, Thevet, Lopez, et surtout le P. Luiz Mariano, p. 316 et suiv.
Cependant Belleforest avait prétendu que les indigènes appréciaient beaucoup la chair du chameau ! (*loc. cit.*, fol. 2015).
2. Belleforest, fol. 2013; Lopez, *ibid.*
3. Ramusio, *loc. cit.*, fol. 190; Thevet, *Singularitez*, p. 119; Lopez, *ibid.*; Luiz Mariano, p. 319.
4. Belleforest, *loc. cit.*, fol. 2013; Lopez, *loc. cit.*, p. 199-200.
5. *Sprækende Woordboek inde Maleysche inde Madagaskarche Talen*, van Fr. de Houtman, Amsterdam, 1604 ; *Colloquia latino-maleyica et madagascarica*, Arthusius Francfort, voir *Polybiblion*, août 1883, p. 190.
6. *Relaçao*, *loc. cit.*, p. 324.

nement en vigueur dans ce pays primitif, n'étaient pas de nature à satisfaire autant la curiosité du lecteur. Ce n'étaient le plus souvent que de simples indications fort vagues et d'une exactitude très relative. Avoir appris à ses contemporains que les gens de Saint-Augustin étaient armés de javelots et ceux d'Antongil de longues piques[1], avoir dit que l'île était soumise à plusieurs petits rois en rivalité et en luttes continuelles, avoir fait mention de quelques châtiments infligés aux coupables[2], n'était assurément pas sans mérite[3]; mais quelles étaient les armes des autres habitants de l'île, comment entendaient-ils la guerre, en quoi consistait l'autorité des chefs, quelles étaient leurs attributions, quels étaient ceux qui étaient placés sous leur dépendance, comment et à qui se transmettait le pouvoir de ceux qui gouvernaient le pays, comment et par qui était rendue la justice, à qui appartenaient les terres, etc.? Voilà autant de questions que les voyageurs avaient la plupart du temps négligées, ou qui ne s'étaient même pas présentées à leur esprit[4].

De l'examen des cartes et des descriptions de Madagascar antérieures à l'année 1648, il ressort donc que les renseignements fournis par les voyageurs et les auteurs du temps sur le pays étaient encore très incomplets et souvent inexacts. La connaissance relative de la situation astronomique et du littoral que les contemporains leur devaient, ne suffisait pas à compenser l'ignorance où ils se trouvaient, de l'altitude et de l'orientation des montagnes, de l'origine, du cours, de la navigabilité des rivières, du climat propre aux différentes régions. Si l'on avait lieu d'être plus satisfait de ce que l'on avait ap-

1. *Diarium*, loc. cit., fol. 4 et 9.
2. Lopez, *le Congo*, ouvrage cité, fol. 199-200; Pyrard, *loc. cit.*, p. 26; Lindschot, *Voyage aux Indes orientales*, loc. cit., fol. 6 et 13; *Ramusio*, vol. I, p. 321 et suiv.
3. D'après Herbert, chez les indigènes, le meurtre était puni de mort, l'adultère d'une infamie publique et le vol du bannissement (*loc. cit.*, p. 27); Lindschot avait au contraire prétendu que l'adultère et le vol étaient châtiés par la mort (*loc. cit.*, fol. 9).
4. Il faut peut-être en excepter dans une certaine mesure le P. Luiz Mariano (*Relaçao*, p. 317).

pris sur les ressources végétales, animales et minérales, on pouvait regretter néanmoins de n'être pas instruit de la distribution géographique de ses ressources ; il restait encore à connaître les contrées les mieux dotées par la nature, les plus fertiles, les plus riches en bétail, les plus abondantes en métaux précieux ou utiles.

Les Européens de la première moitié du xvii$_e$ siècle n'avaient guère été mieux éclairés sur les habitants, sur leur nom, leur nombre, leur origine, leurs caractères physiques et moraux, leurs croyances et leurs pratiques religieuses. Quelques idées justes sur leur genre de vie et leur langue, quelques indications sur leurs armes, et leur état social, c'est encore ce que l'on peut trouver de plus appréciable dans les relations ou les ouvrages généraux de cette époque.

LIVRE II

ÉTIENNE DE FLACOURT

Il ne suffit pas d'avoir jeté coup un d'œil rapide sur le milieu dans lequel allait vivre le gouverneur et l'idée que ses contemporains se faisaient de ce milieu ; il importe aussi, pour mieux saisir la raison et la portée de ses actes, pour mieux comprendre la nature et l'importance de ses travaux, d'être renseigné sur l'homme auquel la Compagnie avait confié une si importante mission.

Aussi consacrerons-nous d'abord tous nos efforts à mettre en lumière son origine, son éducation, ses débuts, son caractère, sa tournure d'esprit, ses projets, ses moyens d'action.

CHAPITRE PREMIER

Biographie d'Étienne de Flacourt.

Origine. — Education. — Débuts. — Nomination de Flacourt au gouvernement du Fort-Dauphin. — Portrait physique. — Caractère. — Tournure d'esprit. — Idées sur la colonisation. — Projets. — Moyens d'action. — Appréciation générale.

S'il faut en croire l'auteur inconnu d'une brochure du temps, Étienne de Flacourt avait pour ancêtre Henri Bizet, seigneur de Flacourt, vaillant chevalier anglais qui se distingua par sa bravoure pendant la guerre de Cent ans et fut tué à la bataille de Jargeau [1]. La postérité de ce seigneur se divisa en trois branches qui eurent un surnom différent, mais conservèrent les mêmes armes, à savoir : un sautoir d'or, dentelé d'or cantonné de quatre bizets, et probablement aussi la même devise : *Stat sursum, non cadet*.

L'aînée de ces branches, qui possédait la terre de Flacourt,

---

[1]. Bien que l'auteur de cette brochure intitulée : *Éloge de feu M. de Flacourt, Directeur général de la Compagnie française d'Orient et commandant pour Sa Majesté très-chrétienne en l'île Madagascar et îles adjacentes, auteur de l'histoire de ces mêmes îles*, 1661, assure que l'on peut trouver des preuves de ses assertions dans les greffes des juridictions et les registres des notaires d'Orléans, M. d'Audeville dans l'étude générale qu'il a publiée sur la généalogie de Flacourt, déclare que ses renseignements sont d'une valeur discutable en ce qui concerne les origines de la maison de Flacourt (*L'Armorial français*, juin 1895, pp. 378 et 379). D'après lui, il est sujet à caution lorsqu'il parle des ancêtres du XVe siècle, et plus digne de foi lorsqu'il s'occupe des parents d'une époque rapprochée de la sienne. Il est cependant difficile d'admettre que cet auteur se trompe lorsqu'il parle des Bizet de Flacourt, puisque *L'Armorial général, Bretagne*, vol. I, 340, signale dans les armes des Flacourt, comme la brochure précitée, *quatre bizets éployés d'or*.

en adopta le nom. La seconde passa en Champagne, grâce à un mariage, et se contenta du nom de Bizet.

L'amnistie générale, que le roi Charles VII avait accordée à tous ceux qui avaient servi la cause anglaise, permit à la troisième branche de demeurer dans l'Orléanais. Celle-ci unit à son nom de famille le nom de sa terre et se fit appeler de Flacourt dit Bizet. Elle était alliée aux plus anciennes familles d'Orléans, aux Godefroy, Porcher, Rousselet, de Loynes, etc. C'est à cette dernière branche qu'appartenait le futur gouverneur de Madagascar.

Étienne de Flacourt naquit en 1607 à Orléans d'un autre Étienne de Flacourt, et d'Élisabeth de Loynes. Son père était issu de Guillaume de Flacourt, échevin, et de Madeleine Porcher; sa mère était fille de Jules de Loynes et d'Isabelle Petau, tante du célèbre jésuite du même nom, et apparentée par sa grand'mère et son arrière-grand'mère maternelles aux plus illustres familles d'Orléans.

Élisabeth de Loynes était veuve en premières noces de Claude de Beausse, lorsqu'elle épousa Étienne de Flacourt. Elle avait de son premier mariage un fils Pierre de Beausse, qui, lui aussi, deviendra dans la suite gouverneur de Madagascar[1]; le second mariage lui donna plusieurs enfants mâles, Étienne, Julien, Guillaume de Flacourt et trois filles, Marie, Élisabeth, Charlotte de Flacourt[2].

Nous possédons peu de renseignements sur les proches parents de notre Étienne. Il est permis de croire que son père était établi dans le commerce[3], mais nous n'oserions l'affirmer. Ce qui est seulement certain, c'est qu'il était connu pour sa probité. Cette vertu lui avait attiré l'estime de tous ses

---

1. Souchu de Rennefort, *Histoire des Indes orientales*, p. 7; Pouget de Saint-André, *Correspondance inédite du comte de Maudave*.

2. M. d'Audeville fait remarquer que le manuscrit du chanoine Hubert, déposé à la Bibliothèque d'Orléans, ne mentionne pas notre Étienne, et ne nomme que deux fils d'Étienne I et d'Élisabeth de Loynes, tandis que l'auteur de l'Éloge funèbre nous dit positivement qu'il eut quatre enfants mâles (*Armorial français*, opusc. cité, p. 377-387).

3. *Mémoire sur Madagascar*, par Grossin, fol. 225 (Arch. du Minist. des Aff. étr., Indes orientales, Asie, n° 3).

concitoyens qui l'avaient élevé à toutes sortes de dignités et de fonctions dépendant de la liberté de leurs suffrages. C'est ainsi qu'en 1626 ils l'avaient nommé échevin d'Orléans, charge déjà occupée par quelques-uns de ses ancêtres. Il mourut quelques années après (1631).

Étienne de Flacourt était donc âgé de vingt-quatre ans à la mort de son père. Son intelligence avait été cultivée avec soin. Ses parents, ayant remarqué de bonne heure son goût et ses aptitudes pour l'étude, s'étaient appliqués à les développer et l'avaient fait instruire au collège de l'Université de sa ville natale, alors très réputée [1]. Là, il apprit les langues mortes, le latin et le grec, qui étaient à cette époque le fond de l'enseignement [2]. A sa sortie du collège, il ignorait, comme les écoliers de son temps, l'histoire, la géographie et la plupart des sciences qui servent dans le commerce de la vie. Mais il est probable que dans la suite il consacra ses loisirs, comme ses contemporains, à la lecture de relations de voyages.

Soit que cette lecture ait fait naître en lui une vive curiosité et le goût des pérégrinations, soit qu'il fût naturellement d'humeur voyageuse, il parcourut, outre certaines provinces de la France, plusieurs contrées de l'Europe, l'Italie, l'Allemagne, la Hollande, l'Angleterre. C'est vraisemblablement durant son séjour en Hollande et en Allemagne qu'il compléta sa première instruction en s'initiant à l'étude de la chimie, de la médecine, de la botanique [3], sciences d'ailleurs encore fort peu avancées de son temps.

De retour en France, de Flacourt s'y maria. A quelle fa-

1. Brochure : *Éloge de Flacourt*.
2. On retrouve les traces de cette première éducation dans ses écrits.
Flacourt déclare dans un passage de sa Relation avoir écrit une lettre en latin à un capitaine de navire. De plus, il nous a laissé une traduction latine de signes célestes. Ailleurs, il laisse entrevoir qu'il connaissait la langue grecque et la langue latine, lorsqu'il nous dit : « Ainsi qu'en Europe, on apprend les langues grecque et latine ». Enfin, une comparaison de la langue grecque avec la langue malgache qu'on rencontre dans son ouvrage, permet de supposer qu'il n'ignorait pas le grec (voir Flacourt, éd. 1661, p. 171 et suiv., et p. 185).
Voir aussi Lantoine : *L'Enseignement secondaire au* XVIIe *siècle*, p. 75 et 101.
3. Brochure citée : *Éloge de feu M. de Flacourt*.

mille appartenait son épouse? C'est ce qu'il nous a été impossible de découvrir. On a prétendu, il est vrai, qu'il avait contracté alliance avec sa cousine, Françoise de Loynes, fille de Jules de Loynes dont l'autre fille avait épousé Pierre de Beausse [1], mais l'on n'a apporté aucune preuve à l'appui de cette assertion. Le silence sur ce point de l'auteur inconnu, qui dans son *Éloge de Flacourt*, s'est étendu avec une véritable complaisance sur les alliances de ses proches, permet, au contraire, de croire à une union fort obscure [2].

Quoi qu'il en soit, il eut de cette union plusieurs enfants [3]. C'est probablement l'un d'eux qui fit enregistrer ses armes à Brest dans l'*Armorial général* de 1696, sous le nom d'Étienne de Flacourt, écrivain du roi et officier de la marine [4].

Nous ne sommes pas fixé sur la carrière qu'embrassa Flacourt dès son retour dans sa patrie. Nous savons seulement qu'il vint habiter Paris. Neveu, sinon gendre de Jules de Loynes, alors Secrétaire général de la marine et membre de

1. Consulter *L'Armorial Français*, juin 1895, n° 98, p. 379 et suiv.
2. *Ibid.*, p. 381.
3. Archives coloniales, Correspondance générale de Madagascar, Mémoire présenté par le duc de La Meilleraye au Conseil du Roi, 1663, et *Mémoires de la Mission*, t. IX, p. 505.
4. *Armorial général, Bretagne*, I, 340.

Flacourt ne nous a appris qu'une chose sur sa famille, c'est qu'un de ses frères, dont il n'indique pas le prénom, était trésorier de l'Extraordinaire des guerres au département d'Aunis et de Saintonge (*Histoire de Madagascar*, 1661, p. 382).

D'autre part, un des neveux d'Étienne de Flacourt, Guillaume de Flacourt, sera chanoine de Saint-Pierre-en-Pont et curé de Saint-Eloi d'Orléans en 1688 (Brainne, *Vie des hommes illustres de l'Orléanais*, t. II, p. 199; d'Audeville, *L'Armorial français*, loc. cit., p. 383).

La filiation des descendants de Flacourt n'est pas encore établie d'une manière certaine. Il est bien vraisemblable, cependant, d'après des renseignements fournis par les représentants actuels du nom, que parmi ces descendants se trouvaient : Jacques-Julien de Flacourt, qui mourut gouverneur de Surate en 1736; Charles de Flacourt, gouverneur de Madagascar; Guillaume-Martin de Flacourt et Henri-Martin de Flacourt, qui habitèrent la Réunion.

Les représentants encore vivants de la famille sont : Antoine-Martin de Flacourt, qui habite toujours la Réunion et qui est père de trois enfants : deux fils, dont l'un a pris part à la dernière expédition de Madagascar, et une fille, Cécile le Payen de Flacourt, mariée à M. Félix Huvier, actuellement inspecteur des contributions directes à Orléans. (Consulter *L'Armorial français*, loc. cit., p. 384 et suiv.)

la Compagnie de l'Orient, il dut, soit à son mérite personnel, soit à la haute situation de son oncle, d'être élevé aux fonctions de directeur de cette Compagnie. C'est là qu'on vint lui offrir le gouvernement de Fort-Dauphin [1].

Quels sont les motifs qui déterminèrent les associés à lui accorder cette faveur? Nous ne pouvons que les soupçonner.

Ce furent, sans doute, son expérience des affaires commerciales, et les sérieuses qualités administratives dont il avait déjà fait preuve. Mais il est permis de croire que ce ne furent pas les seuls. On ne doit pas oublier en effet, que celui qu'il allait remplacer était protestant. Des colons s'étaient plaints qu'il les empêchât de pratiquer le culte catholique [2]. Informés par le capitaine Le Bourg des désordres qui étaient survenus à Fort-Dauphin [3], les associés s'étaient repentis de leur premier choix. Ils avaient même défendu qu'aucun hérétique fût admis à passer dans l'île [4]. Flacourt était né et avait été élevé dans la religion catholique; rien de surprenant dès lors qu'ils aient tourné vers lui leurs regards.

Un contrat fut passé entre le nouveau gouverneur et les associés [5]. Flacourt fut intéressé pour la vingt-cinquième partie dans les bénéfices de la Compagnie. Les associés promirent de lui envoyer chaque année un navire avec les approvisionnements et les secours indispensables pour subsister dans l'île [6], et lui donnèrent « les ordres, commissions et instructions nécessaires pour le voyage » [7]. Ils le chargèrent d'une enquête sur la cause des troubles qui avaient éclaté dans la colonie. Il lui était prescrit de renvoyer Pronis en France, « de lui faire rendre compte du maniement des fonds de la Compagnie, et enfin de restablir le tout en sorte que le commerce et le trafic que l'on y voulait establir ne fût point troublé et empesché » [8].

1. Flacourt, *ouvrage cité*, 1661, p. 226.
2. Voir notre Introduction, p. 47.
3. Flacourt, *ibid*.
4. *Mémoires de la Mission*, t. IX : Journal du P. Nacquart, p. 108.
5. Flacourt, 1661, p. 226.
6. *Id.*, 1658, p. 13 de la brochure.
7. *Id.*, 1661 p. 226.
8. *Id.*, 1658, p. 13 de la brochure.

La tâche ne laissait pas d'offrir de nombreuses difficultés; Flacourt était-il préparé pour l'accomplir? L'homme, que la Compagnie avait choisi pour représenter et défendre ses intérêts, réunissait quelques-unes des qualités qu'il est permis d'exiger d'un gouverneur de colonie. Il était d'une constitution robuste, d'une excellente santé qui devait lui permettre de supporter les privations et les fatigues. A ces avantages physiques, il joignait de sérieuses qualités morales qui se reflétaient sur son visage. Un portrait du temps, que l'on peut voir au commencement de notre livre, le représente avec une physionomie noble et sévère, mais surtout énergique. Si l'on ne peut y remarquer de la douceur, on peut y lire toutefois une grande fermeté, du courage, de la décision.

Il était en effet résolu, capable de s'éprendre d'une belle cause, et de la servir jusqu'à la mort sans faiblir, sans perdre courage, sans désespérer du succès. Ce qu'il n'était pas moins rare de rencontrer dans un même homme, c'est qu'à un tempérament actif, audacieux, il alliait un caractère relativement prudent, réfléchi. Son amour de l'ordre n'avait d'égal que son amour de la justice. Mais la qualité maîtresse de Flacourt était sa probité, vertu qu'il avait héritée de son père, et qui était au-dessus de tout soupçon.

Ces qualités n'excluaient pas toutefois certains défauts. Il nous paraît exagéré de lui attribuer, comme l'a fait un de ses contemporains, « un cœur magnanime et très prompt à pardonner une offense ». Il était, au contraire, vindicatif, peu accessible à la pitié, naturellement soupçonneux, porté à juger défavorablement ceux qui étaient placés sous ses ordres. Il se montrait obstiné dans ses idées et jaloux de son autorité, ne souffrant pas qu'on le contredît, ne supportant en aucune manière qu'on empiétât sur ses attributions. On pouvait aussi lui reprocher trop d'obséquiosité à l'égard de ceux dont il redoutait l'influence ou dont il espérait gagner les faveurs; et, quelque difficile à pénétrer que puisse être ce côté de son ca-

---

1. Brochure : *Éloge de Flacourt*; Collection de factums, Bibliot. Nat. Défense pour Marie de Cossé, Thoisy 89, fol. 281 et suiv.

ractère, ses actes et ses écrits n'accusent pas toujours une grande sincérité. Mais ce qui le distinguait par dessus tout, c'est qu'il était vaniteux, altier, et n'avait nullement abdiqué l'orgueil de la vieille aristocratie féodale. Sans parler des éloges qu'il ne s'est pas épargnés dans sa *Relation*[1], il a fait son propre panégyrique dans les vers qu'il a pris soin de placer en tête de la première édition de son livre[2].

Quels qu'aient pu être les défauts de son caractère, ils ne doivent point nous faire oublier les remarquables qualités de son esprit. Intelligent, éclairé, doué d'un grand bon sens et d'une heureuse mémoire, avide d'apprendre, il s'assimilait facilement ce qu'il avait étudié. Il possédait des connaissances relativement étendues et variées.

Observateur perspicace, il avait l'attention constamment en

---

[1]. Voir sa dédicace flatteuse au duc de La Meilleraye, éd. 1658.

[2]. *Non cadet, hæret enim tua sors compagibus arctis,*
  Atque immota manens culmina luta tenet.
  Stat sursum virtute tua stabilitas, nec ullis
  Casibus, imminui nescia, facta ruet.
  . . . .
  . . . .
  Crescit : at aucta manet, constansque nepotibus hæret
  Sors tua, et æternum crescit : at aucta manet.

  Ton nom va s'augmentant, et ta prospérité
  Ne souffrira jamais l'inconstance muable,
  Mais estant dans son plein se maintiendra capable
  D'estre continuée à ta postérité.
  Ce croissant, qui conserve en soy l'intégrité
  De l'hermine, en candeur simbole inimitable,
  Fait voir que ta vertu n'a rien de comparable,
  Et que tu sers ton Prince avec fidélité,
  Qu'enfin ce digne fils d'un courage indomptable,
  Poursuivant ton dessein pieux et charitable,
  Fera de là les mers porter la vérité
  Où le Mahométan l'a fait passer pour fable.
  Et par ton zèle seul cet imposteur damnable
  Dedans Madagascar sera décrédité.

Ces vers, suivis de la signature de Flacourt, ne se trouvent que dans la première édition de son ouvrage (1658). Ils sont inscrits sur une gravure représentant les armes de la famille de Flacourt. L'écusson est soutenu par deux Malgaches armés, l'un de javelots, l'autre d'une sagaie, et entouré d'une banderole où se voit l'inscription : *Stat sursum, non cadet*, devise que notre auteur a développée dans les vers latins et français que nous venons de mentionner.

éveil, et une prédilection toute particulière pour l'étude de la nature et de ses phénomènes. C'est surtout vers les sciences d'observation et les sciences expérimentales que ses goûts le portaient. Par ce côté, il appartenait bien au xviie siècle, au groupe d'hommes de cette époque qui se montraient plus soucieux d'étudier ce qu'ils pouvaient voir par eux-mêmes que d'apprécier ce que contenaient de vrai ou de faux les écrits des Anciens. Comme bon nombre de ses contemporains, il estimait que le seul moyen de connaître les choses, c'est de les regarder[1].

Par contre, il semble avoir eu l'esprit peu philosophique. Il aimait plus à constater les phénomènes ou à les observer, qu'à en rechercher les causes[2]. Pratique, positif par tempérament, il n'était pas porté vers les abstractions et point du tout théoricien. Chez lui, les idées dérivaient des faits, mais n'y préexistaient pas. Enfin, bien qu'il ne paraît pas avoir été complètement dépourvu d'esprit critique, il s'en tenait sur beaucoup de points aux opinions de ses contemporains, et était imbu de nombreux préjugés.

Aussi bien, Flacourt ne semble-t-il pas avoir eu, avant de se rendre à son poste, de plan de colonisation personnel. Le directeur de la Compagnie ne paraît avoir eu sur la colonisation en général d'autres vues que celles de ses contemporains, d'autres idées que celles de son temps. Or, il habitait

---

1. Lacroix, *Dix-septième siècle. Sciences, Lettres et Arts*, p. 19 et suiv.; Seignobos, *Histoire de la civilisation au moyen âge et dans les temps modernes*, p. 359.
2. Il a cependant donné une explication curieuse de l'origine de la foudre dans une lettre au duc de La Meilleraye (éd. 1658 de son *Histoire de Madagascar*). « Les éclairs, écrit-il, sortent des foudres comme de leur prison. Les nuées tirent leur origine des exhalaisons et des vapeurs de la mer et de la terre, comme étant pour ainsi dire de leurs propres sueurs. Ces exhalaisons et ces vapeurs sont pleines d'un esprit nitreux et sulphuré, resserré par le poids de la moyenne région de l'air dans le corps de la nüe qui s'y est coagulée, de sorte qu'estant émue par l'agitation des vents, elle en est tellement ébranlée que ce mouvement venant à exciter le feu contenu dans cette matière nitreuse et sulphurée qui en sort avec violence, cause aussitôt la foudre qui est la terreur de toutes les choses sublunaires. » Ne pourrait-on pas voir dans cette théorie quelques analogies avec la doctrine chimique du phlogistique défendue plus tard par le célèbre Stahl?

un pays où l'esprit de prosélytisme, né dans la catholique Espagne, avait fait de grands progrès sous l'influence des Jésuites. Il vivait à une époque où les voyageurs unissaient leurs efforts à ceux des missionnaires pour convertir les peuplades sauvages, où les idées de charité commençaient à se répandre, grâce à l'initiative de saint Vincent de Paul, le doux et humble prêtre qui, loin de borner à la France ses généreuses entreprises, avait soif de les étendre à l'humanité tout entière, et avait su gagner à sa noble cause la régente Anne d'Autriche. Cette princesse, qui portait le titre de grand-maître et Surintendant général de la Navigation et du Commerce, ne se proposait pas seulement pour but le développement de la prospérité nationale. Elle avait de plus nobles aspirations. Remplie d'admiration pour l'homme qui, à cause de son zèle, avait tant de titres à la reconnaissance de l'humanité, elle voulait comme lui assurer le triomphe du catholicisme dans les contrées les plus lointaines, et apporter les bienfaits de la civilisation chez les peuplades sauvages et barbares de l'Amérique et de l'Afrique. La Régente secondait de tout son pouvoir les efforts du Supérieur de la Mission. Convertir les indigènes, tel était le mot d'ordre qu'elle faisait passer par l'intermédiaire de Nicolas Fouquet, alors procureur général et son conseiller, aux voyageurs, aux chefs des colonies récemment fondées [1]. Il est donc probable que Flacourt avait reçu aussi du confident d'Anne d'Autriche la recommandation de s'intéresser particulièrement à la conversion des habitants de Madagascar. Cela est d'autant plus probable que les lettres adressées plus tard par Fouquet, au gouverneur de Madagascar, ne renferment rien autre chose que des instructions relatives à la nécessité d'instruire les indigènes des vérités du christianisme [2]. En admettant que les mêmes instructions eussent été données à Flacourt, il lui était difficile de n'en tenir

---

1. Deschamps, *Revue de géographie*, novembre 1885 : *La question coloniale en France au temps de Richelieu et de Mazarin*, p. 373 et suiv.; *Histoire de la question coloniale*, p. 83 et suiv.; *Lettres de saint Vincent de Paul*, Paris, Dumoulin, 1891, t. IV, XI, *passim*.

2. Flacourt, 1661, p. 382 et 383, et *Dédicace à Fouquet*.

aucun compte, puisque le procureur général était alors un des membres les plus influents de la Compagnie de l'Orient et fort en faveur à la cour. On est donc porté à croire, avec le P. Nacquart[1], qu'il n'allait point partir pour Fort-Dauphin avec l'intention de s'affranchir des obligations dévotes qu'on lui avait imposées.

Ce n'est pas à dire que le nouveau gouverneur répugnait à l'idée de faire là-bas œuvre de commerçant. Il n'ignorait pas en effet, en qualité de directeur de la Compagnie de l'Orient, que la plupart des associés n'étaient point disposés à sacrifier leurs intérêts au désir de plaire à la cour et au parti catholique. Il savait bien que les Compagnies, en dépit des contrats passés avec le gouvernement, qui ne leur concédait des territoires qu'à la condition qu'elles favoriseraient la propagande religieuse, ne se souciaient que de réaliser de gros dividendes, et que, tout en colorant leurs desseins du beau prétexte de la religion et de la charité, elles étaient surtout séduites par l'appât du profit et du gain[2]. Se fût-il trompé sur les sentiments de la Compagnie de l'Orient à cet égard[3], il ne pouvait lui, associé de cette Compagnie, se désintéresser personnellement des avantages qu'on était en droit d'attendre d'une entreprise commerciale.

Sans aller jusqu'à mettre hors de doute que le principal motif qui l'avait engagé au voyage de Madagascar fût, comme il l'a déclaré lui-même plus tard, l'espoir qu'il avait conçu de voir la Compagnie en obtenir de grands profits[4], il nous semble difficile de nier que cette considération ait dû influer dans une certaine mesure sur sa détermination.

---

1. *Mémoires de la Mission*, t. IX, p. 108.
2. Flacourt, *Histoire de Madagascar*, 1658, brochure : *Cause pour laquelle les interessez n'ont pas fait de grands profits à Madagascar*, p. 1 et 2.
3. Il a pu, en effet, se faire illusion sur les desseins de Fouquet, qui, en réalité, n'était pas aussi indifférent aux avantages matériels de l'entreprise qu'il voulait le faire croire. On sait, en effet, qu'il a déclaré plus tard dans ses *Défenses* (t. VI, p. 114) avoir acheté des vaisseaux en Hollande « pour les envoyer en toutes les parties du monde, pour voir les commerces qu'ils y pouvaient faire, les profits qu'on en pouvait espérer. »
4. Défense pour Marie de Cossé, Lordelot, *loc. cit.*; p. 12 et 13.

Mais Flacourt estimait que la première condition nécessaire pour exploiter un pays, c'est de le connaître. Si l'on ne saurait affirmer qu'il se soit rendu compte de la nécessité d'acquérir une connaissance exacte des habitants pour mieux comprendre de quelle manière on pourrait agir avec eux, il est du moins certain qu'il regardait comme une stricte obligation de rechercher « les choses dont on peut tirer de grands avantages »[1].

Il n'est donc pas téméraire de croire que c'était aussi avec l'intention d'explorer Madagascar qu'il allait s'embarquer[2].

Il obéissait d'ailleurs en cela à son humeur voyageuse, à la tournure de son esprit enclin à l'observation de la nature, à l'engouement de ses contemporains pour l'exploration des pays éloignés[3]. Est-ce à dire, comme on l'a prétendu récemment, qu'il allait franchir les mers dans le seul but de recueillir sur place les notes nécessaires à la composition d'un ouvrage sur Madagascar[4]?

La plupart des voyageurs de son temps et de l'époque antérieure avaient, il est vrai, publié des relations de leurs voyages et donné des descriptions des contrées qu'ils avaient parcourues. Il peut se faire que Flacourt, en quittant les rivages de sa patrie se soit proposé de décrire à son retour le pays où il devait séjourner, mais nous ne saurions admettre qu'il ait été poussé par ce seul mobile; c'est peu connaître son caractère que de lui prêter cette seule intention.

Explorer Madagascar, en exploiter les ressources, s'efforcer d'en convertir les habitants au christianisme, était une tâche qui pouvait paraître assez belle et suffire à l'ambition de tout autre que Flacourt. Le caractère vaniteux du direc-

---

1. Flacourt, 1658, brochure, p. 2.
2. On peut même supposer qu'il avait formé le projet d'explorer l'île tout entière, car on lit dans une lettre du P. Nacquart, envoyée de Madagascar le 5 février 1650 : « Quand on aura visité toute cette terre et fait le circuit de l'île avec un vaisseau, nous en ferons savoir toutes les particularités » (*Mémoires de la Mission*, t. IX, p. 72).
3. Deschamps, *Revue de géographie*, déc. 1885, p. 448 et suiv.
4. Guet, *Les origines de la colonisation à Madagascar et à l'île Bourbon*, p. 39.

teur de la Compagnie de l'Orient ne devait pas s'en contenter. Comme beaucoup de gens de petite noblesse qui s'étaient adonnés au négoce, il était hanté par les idées chevaleresques de ses ancêtres. Au moment où tout retentissait du bruit de nos armes, où chaque jour amenait la nouvelle d'une éclatante victoire, le nouveau gouverneur caressait quelque rêve belliqueux. Le contemporain des Turenne et des Condé s'en allait prendre le commandement de la colonie avec l'espoir de se signaler par quelques exploits, de conquérir là-bas de vastes territoires et peut-être même l'île tout entière[1].

Ajoutez à cela que ce paraît avoir été la coutume générale de cette époque, de considérer tout nouveau pays qu'aucune puissance européenne ne s'était encore approprié comme étant en dehors des limites des relations sociales. En conséquence le ravager, le détruire, le subjuguer afin d'en prendre possession, était, aux yeux de la plupart de ceux qui dirigeaient leurs efforts vers ce but, une chose toute naturelle[2]. Ils ne connaissaient alors qu'un seul moyen pour se procurer des colonies : la violence. C'est à cette catégorie qu'appartenait Flacourt. « Ses notions en fait de politique colonisatrice, dit Barbié du Bocage, se bornaient à celles de Ferdinand Cortez et de François Pizarre : le type d'un excellent gouverneur était à son point de vue celui qui avait le plus agrandi le territoire de la colonie confiée à ses soins. Le principe qui consiste à augmenter son influence au moyen de la civilisation et du commerce n'était pas encore connu ; il ne devait naître qu'avec Colbert[3]. »

Ainsi s'emparer par les armes de nouveaux territoires, convertir les indigènes à la religion catholique et les civiliser, explorer le pays pour en faire mieux connaître les ressources et les exploiter, tels semblent avoir été les projets que le

1. C'est ce qui ressort d'un passage de sa *Relation* : « Ainsi, écrivait-il vers 1656, nous ne manquions que de secours et assistance de France pour pouvoir subjuguer et reduire à l'obeissance du Roi toute cette grande isle » (Flacourt, *Histoire de l'île Madagascar*, 1658, p. 323).

2. Copland, *History of the island of Madagascar*, p. 131.

3. Barbié du Bocage, *Madagascar, possession française depuis* 1642, p. 186.

nouveau gouverneur se proposait de réaliser. Et ces projets, il ne paraît pas qu'il ait voulu les mettre à exécution progressivement, au fur et à mesure que les circonstances favoriseraient sa tentative et lui laisseraient la facilité de la mener à bien par des procédés humains et loyaux, mais simultanément et avec l'intention de recourir au besoin à la force pour la faire réussir. Or quels étaient ses moyens d'exécution ?

La petite troupe qu'il devait avoir sous ses ordres comptait à peine quatre-vingts hommes, tant soldats que colons, gens déterminés et résolus, experts dans plusieurs métiers, pouvant exercer à l'occasion ceux de tanneurs, forgerons, menuisiers, etc., mais pour la plupart recrutés çà et là, envoyés dans cette île lointaine par des parents trop heureux de s'en débarrasser ou bien venus spontanément s'embarquer, épris d'aventures et avides de pillages, gens prompts à l'insubordination et qu'il fallait conduire avec habileté et fermeté[1]. C'étaient là les seuls auxiliaires que la Compagnie avait mis à la disposition de Flacourt pour lui permettre de mener à bonne fin l'œuvre de commerce et d'exploitation dont elle l'avait chargé ! Elle avait, il est vrai, promis d'envoyer tous les ans à Madagascar un navire qui lui amènerait du renfort[2], mais il était permis de se demander ce qu'il adviendrait de la colonie au cas où ce renfort ferait défaut, et quelle résistance cette petite troupe pourrait opposer aux indigènes, si ceux-ci marchaient en masse contre Fort-Dauphin.

Plus faibles encore étaient les ressources dont disposait le gouverneur pour l'accomplissement de l'œuvre religieuse rêvée par la cour et Fouquet. La Compagnie de l'Orient avait demandé des missionnaires au nonce du pape, le cardinal Bagni, qui à son tour s'était adressé à saint Vincent de Paul[3]. Le supé-

---

1. Flacourt, *Histoire de Madagascar*, 1661, Avant-Propos du second livre et p. 217, 227-236 ; *Mémoires de la Mission*, t. IX, p. 85 et 26.
2. Flacourt, *ibid.*, p. 378.
3. *Lettres de saint Vincent de Paul*, Paris, Dumoulin, 1891, t. IV et XI, *passim*.

rieur de la Congrégation de la Mission, soit que ses nombreuses œuvres de charité ne lui eussent pas permis de se priver du concours d'autres prêtres, soit qu'il n'eût fait qu'accéder au désir de la Compagnie, n'avait envoyé à Flacourt que deux missionnaires : le P. Nacquart et le P. Gondrée. C'étaient, certes, de précieux auxiliaires. Tous deux manifestaient depuis longtemps le désir d'aller évangéliser les peuples sauvages. Le premier se recommandait par sa douceur, son esprit judicieux, son zèle pour le salut des âmes. En se rendant à Madagascar, il avait l'intention, ainsi qu'il l'a déclaré lui-même, de « prendre possession de ceste isle, et d'y établir l'empire du Christ »[1]. Son ardeur pour le triomphe des intérêts religieux était telle que saint Vincent de Paul lui recommanda avant son départ de ne pas se laisser entraîner par un zèle imprudent et immodéré. Les instructions du supérieur de la Congrégation l'invitaient à concilier ses devoirs envers Dieu avec ses devoirs envers le gouverneur, et ses subordonnés, « leur garder toujours grand respect, être pourtant fidèle à Dieu, pour ne pas manquer à ses intérêts et jamais ne trahir sa conscience par aucune considération, mais prendre soigneusement garde de ne pas gâter les affaires du bon Dieu, pour les trop précipiter, prendre bien son temps et le savoir attendre »[2].

Quant au compagnon du P. Nacquart, il passait pour un prêtre humble, charitable, non moins que zélé, pour « un des meilleurs sujets de la Compagnie »[3], suivant l'expression de saint Vincent de Paul lui-même. Mais quelles que fussent les qualités des deux missionnaires, quelle que fût leur bonne volonté, leur nombre pouvait paraître peu proportionné à la lourde tâche qui s'imposait aux propagateurs de la foi chez des peuplades adonnées encore à toutes sortes de superstitions, et il

---

1. *Mémoires de la Mission*, 1866, t. IX, p. 55 : Lettre du P. Nacquart à saint Vincent de Paul, 5 février 1650.
2. *Mémoires de la Mission*, t. IX, p. 39 et 40 : Lettre de saint Vincent de Paul au P. Nacquart, 22 mars 1648.
3. *Ibid.*, p. 360.

était à craindre que, s'ils venaient à succomber victimes de leur dévouement ou du climat, l'œuvre péniblement commencée ne périclitât ou même que leur mission ne portât plus de fruits.

Il fut convenu que le chef de l'expédition pourvoirait à l'entretien et à la subsistance de ses auxiliaires religieux pendant leur voyage et leur séjour dans l'île. Il est à présumer que le supérieur de la Mission comptait peu sur cette assistance, puisqu'il les engagea à se suffire à eux-mêmes. « Vous verrez, leur dit-il, si avec le temps vous y pourrez avoir du bien pour vous y entretenir en votre particulier ; il y fait si bon vivre que cinq sous de riz qui tient lieu de pain suffisent pour nourrir cent hommes par jour » [1].

Il ne faudrait pas en conclure cependant que Flacourt allait s'embarquer sans ressources pour cette terre lointaine. Nous ignorons quelle somme lui remirent les associés pour subvenir aux dépenses de toute sorte que nécessiteraient son séjour et celui de ses subordonnés dans l'île. Néanmoins, il est certain qu'il fit charger dans son navire, pour les besoins de la colonie, des instruments de travail, des caisses de marchandises, vivres, eau-de-vie, tabac, médicaments, et, pour sa défense, des munitions de guerre, canons, armes, mousquets, pistolets, etc. [2].

D'autre part, il est probable qu'avant son départ, il s'entoura de tous les renseignements de nature à faciliter le succès de son entreprise. Peut-être même s'informa-t-il des ressources du pays et des mœurs de ses habitants auprès du marchand Fr. Cauche qui n'avait pas encore publié la relation de son voyage, mais était déjà de retour en France [3]. Il avait déjà lu d'ailleurs, selon toute vraisemblance, les relations de Lindschot et de Pyrard, dont il parlera plus tard dans ses Mémoires.

Les capitaines de navire qui étaient revenus en France, Rezimont Lormeil, Le Bourg, l'avaient sans doute éclairé sur les

---

1. *Mémoires de la Mission*, t. IX, p. 44 : Lettre de saint Vincent de Paul au P. Nacquart, 22 mars 1648.

2. Flacourt, 1661, *passim*.

3. On lit au commencement de la relation de Fr. Cauche (Morizot, *ouvrage cité*) : « Achevé d'imprimer pour la première fois le 10ᵉ jour de septembre 1651 ».

difficultés de la situation présente. De ces capitaines et des deux Malgaches que l'un d'eux avait amenés il avait pu sans doute obtenir quelques renseignements sur les produits de l'île. Cependant nous ne saurions rien affirmer à cet égard. Ce qui est seulement certain, c'est qu'il se munit de cartes portugaises[1].

Mais le nouveau gouverneur n'avait jamais visité Madagascar. L'opinion qu'il pouvait en avoir était naturellement fort vague, et probablement aussi inexacte que celle de la plupart de ses contemporains. A cette inexpérience personnelle s'ajoutait l'insuffisance de ses connaissances générales, qui, pour être, eu égard à l'époque, assez étendues et variées, ne laissaient pas d'offrir encore bien des lacunes. Ses voyages l'avaient initié, il est vrai, à l'observation d'un pays, les quelques notions, qu'il avait recueillies de l'étude des sciences naturelles, lui permettaient aussi de se livrer avec fruit à des investigations relatives aux plantes, aux animaux et aux minéraux; mais, n'ayant voyagé qu'en Europe, il ignorait, ou du moins ne devait connaître que très superficiellement, par les relations incomplètes de quelques voyageurs, l'Inde, la Malaisie, l'Afrique, contrées, qui, certes, offraient de nombreuses analogies avec le pays qu'il se proposait d'explorer.

Enfin, si Flacourt avait quelques notions de médecine ou plutôt d'hygiène, indispensables dans un pays où tant d'Européens avaient déjà succombé à la fièvre, il lui manquait toutefois un secours fort précieux, la connaissance de la langue des habitants avec lesquels il allait se trouver en rapports. Il est très probable aussi qu'il ne savait point le portugais, alors parlé dans le sud de l'île, puisqu'il devra recourir plus tard à un de ses commis pour se faire comprendre de deux Portugais[2].

Tel était l'homme auquel la Compagnie venait de confier le gouvernement de la colonie. Il possédait sans doute certaines des qualités que l'on doit apprécier chez un administrateur colonial, la santé, l'activité, l'énergie, la fermeté, l'intégrité,

---

1. *Hist. de Madagascar*, 1661, Avant-Propos et p. 245.
2 Flacourt, 1661, p. 232.

l'intelligence et un ensemble de connaissances qu'il eût été injuste de dédaigner à cette époque, mais le tact, la modération, l'expérience, l'éducation spéciale, la connaissance de la langue qui sont nécessaires à un tel administrateur dans ses relations avec les indigènes lui faisaient défaut; ses idées en fait de politique colonisatrice n'étaient guère différentes de celles de ses contemporains, ou même des Européens qui l'avaient précédé, et ses projets, ses vues sur la colonisation pouvaient paraître peu proportionnés à ses moyens d'exécution.

Nous allons voir s'il a fait passer les idées dans les actes, et raconter les principaux incidents auxquels son gouvernement a donné lieu.

CHAPITRE II

Gouvernement de Flacourt à Madagascar, 1648-1655.

Le gouvernement de Flacourt à Madagascar a duré du 4 décembre 1648 au 12 février 1655, c'est-à-dire plus de six ans. Pendant son séjour dans l'île le gouverneur a mené de front les expéditions militaires, la conversion des indigènes, les explorations et la traite. Mais on ne doit pas s'y tromper. Comme le montrera le récit des événements, c'est la conquête de l'île qui est sa pensée maîtresse, c'est vers ce but que sont dirigés tous ses efforts. A vrai dire, son gouvernement est plus une conquête qu'une administration proprement dite. Tout y est subordonné : rapports avec les colons, rapports avec les missionnaires, échanges, etc. Tel est le caractère que présente l'administration du nouveau gouverneur.

Aussi diviserons-nous l'histoire de son gouvernement en trois périodes marquant les phases de cette conquête :

I. Du 4 décembre 1648, date de l'arrivée de Flacourt à Fort-Dauphin, au 29 mai 1650, date de la mort du P. Nacquart.

Cette période comprend le récit des préliminaires de la conquête et l'exposé des causes immédiates de la guerre.

II. Du 29 mai 1650 au 22 décembre 1653, c'est-à-dire jusqu'au premier départ du gouverneur pour la France.

Cette période est caractérisée par la lutte acharnée que Flacourt entreprend contre les indigènes pour les subjuguer, lutte où les représailles succèdent aux représailles, les complots aux scènes de pillages et aux massacres, où toute la province d'Anossi est mise à feu et à sang, véritable conquête par la terreur.

III. Du 22 décembre 1653 au 12 février 1655.

Cette troisième période comprise entre le premier départ du chef de la colonie, suivi bientôt de son retour, et le départ définitif pour la mère-patrie, pourrait être appelée la période de pacification apparente.

I

Préliminaires de la guerre : Arrivée de Flacourt à Fort-Dauphin. — Situation de la colonie. — Le nouveau gouverneur s'occupe de l'approvisionnement. — Il envoie Pronis et le capitaine Le Bourg à Ghalemboule pour y chercher des vivres et des pierres précieuses. — Visite des chefs du pays d'Anossi au chef de la colonie. — Entretien de Flacourt avec Andrian Ramach. — Son intervention dans les luttes des chefs indigènes. — Conséquences de cette intervention. — Retour de Pronis et de Le Bourg. — Celui-ci va prendre possession de l'île Mascareigne. — Les Français portent la guerre dans l'intérieur des terres. — Perfidie de Flacourt à l'égard d'Andrian Ramach. — Départ du capitaine Le Bourg et de Pronis pour la France (1650). — Dissentiments de Flacourt et du P. Nacquart. — Mort de ce missionnaire (29 mai 1650).

Le 19 mai 1648, dans sa quarantième année, Étienne de Flacourt s'embarquait à la Rochelle sur le *Saint-Laurent*, navire commandé par le capitaine Le Bourg. Il emmenait avec lui quatre-vingts passagers, parmi lesquels se trouvaient les deux Malgaches, dont il a déjà été question [1], et les Pères Nacquart et Gondrée, âgés l'un de trente et un ans, l'autre de vingt-huit [2].

Après une traversée assez heureuse, le *Saint-Laurent* arrivait, le 4 décembre de la même année, à trois lieues de Fort-Dauphin. Dès que le navire fut aperçu de la côte, le canon du Fort se fit entendre, et le *Saint-Laurent* lui répondit presque aussitôt. Un quart d'heure s'était à peine écoulé que les passagers aperçurent un canot qui se dirigeait de leur côté. La petite embarcation se trouva bientôt assez près du navire pour

1. P. 112 de notre livre.
2. *Mémoires de la Mission*, t. IX, p. 26 et 360.

qu'on pût distinguer les gens qu'elle amenait. Elle contenait treize personnes : un prêtre, nommé de Bellebarbe, venu dans l'île trois ans auparavant[1], deux Français et dix indigènes. Sur l'invitation de Flacourt, ils vinrent à bord. Le nouveau gouverneur s'informa auprès d'eux de la santé de Pronis et de l'état de la colonie, mais il ne leur révéla ni sa mission ni ses intentions. Il se trouvait d'ailleurs à l'égard de Pronis dans une situation délicate, car celui-ci ignorait qu'on dût le remplacer. Il craignit sans doute de le mécontenter en lui apprenant par cette voie qu'il avait un successeur, et préféra user de ruse. Après s'être concerté avec le capitaine Le Bourg, il fut décidé qu'un des passagers, Descots, irait avec cinq matelots trouver Pronis au Fort, et qu'il lui remettrait une lettre de la part du capitaine. Par cette lettre, Le Bourg informait Pronis qu'il n'avait point jeté l'ancre au-dessus de Fort-Dauphin, dans la crainte d'être mal reçu par les colons qui à son dernier voyage avaient voulu faire feu sur lui, mais qu'il l'invitait à venir en personne prendre les lettres qui lui étaient adressées et lui faire connaître l'état de la colonie. Ordre formel fut donné au porteur de la lettre et à ses compagnons de taire la présence de Flacourt.

Vers quatre heures de l'après-midi, Pronis se rendit à bord du *Saint-Laurent*. Il manifesta à Flacourt son étonnement de l'y rencontrer. Le nouveau représentant de la Compagnie le rassura par des paroles amicales, s'entretint avec lui toute la soirée des événements qui s'étaient passés dans la colonie, et lui apprit la décision de la Compagnie.

Le lendemain, au matin (5 décembre), le navire parvenait à l'anse Dauphine. Aussitôt de Flacourt chargea deux de ses subordonnés, Marchais et Boivin, de prendre possession de Fort-Dauphin avec vingt hommes armés. Pronis de son côté leur remit une lettre pour ses gens, par laquelle il leur faisait savoir qu'ils eussent dorénavant à obéir aux ordres de Flacourt. A trois heures, le nouveau gouverneur descendit à

---

[1]. *Mémoires de la Mission*, t. IX, p. 208.

terre avec vingt-cinq soldats et se rendit au fort. Il le trouva dans un état déplorable : il n'était plus défendu que par vingt-huit Français, la plupart maladifs ; les vivres manquaient et bon nombre de cases étaient sans couverture. Flacourt fut surpris d'apprendre que Pronis avait pris pour concubine une femme indigène, nommée Andrian Ravel, qui habitait la case du chef de la colonie avec ses servantes et ses esclaves. Il lui enjoignit de renvoyer cette femme le lendemain même, tout en lui déclarant qu'il serait bien aise de la voir [1].

Quant à Pronis lui-même, il laissa une bonne impression au gouverneur qui crut juste et nécessaire de le maintenir auprès de lui et de le bien traiter. « Je trouvay, dit-il, le sieur Pronis autre que l'on me l'avoit dépeint et ne conneus en lui qu'une grande sincérité et franchise, et s'il y a eu du désordre, c'est qu'il n'a pas été obei, ni respecté, le malheur n'étant venu que des volontaires que l'on avoit envoyés par le passé, qui avoient tout perdu... Je ne voulus pas faire retenir le sieur Pronis, ni luy rendre aucun déplaisir, l'ayant trouvé trop honneste homme et trop disposé à faire ce que j'eusse voulu pour le traiter de la sorte [2]. »

Quelques jours après (6 janvier 1649), Flacourt recevait la visite d'Andrian Ravel qui, triste et étonnée, venait lui faire part de ses craintes : elle avait appris, disait-elle, de ses esclaves, qui tenaient cette nouvelle des colons eux-mêmes, qu'on se proposait d'incarcérer Pronis, et qu'elle-même serait expulsée du Fort. Le gouverneur s'efforça de dissiper ses craintes. Il lui fit connaître son intention de traiter Pronis comme un frère, et l'assura que ses gens seraient tenus d'avoir pour elle, non seulement le même respect qu'auparavant, mais même un plus grand encore. Ces paroles rassurantes causèrent une vive satisfaction à la jeune femme, qui en témoigna à Flacourt toute sa reconnaissance.

1. Flacourt, éd. 1658, brochure, p. 8 ; édit. 1661, p. 252 et suiv. ; *Mémoires de la Mission*, t. IX, p. 53 : Lettre du P. Nacquart à saint Vincent de Paul, 5 février 1650.

2. Flacourt, *Histoire de l'île Madagascar*, éd. 1658, p. 246 et suiv. ; 1661, p. 256 et suiv.

Le même jour, tous les Français du Fort vinrent le saluer. Quelques-uns de ceux qui s'étaient révoltés contre Pronis lui exposèrent leurs griefs contre leur ancien chef. Ils lui reprochèrent, non seulement de les avoir réduits à toutes sortes de de privations, mais d'avoir été la cause du départ de vingt-deux Français qui, sous la conduite de Leroy, avaient gagné la baie de Saint-Augustin, dans l'espoir de pouvoir s'embarquer pour la France sur quelque navire anglais venu dans ces parages, Flacourt écouta leurs doléances, et après en avoir dressé procès-verbal, il leur imposa silence.

Aussitôt après cette entrevue avec ses subordonnés, il donna ses soins à l'approvisionnement de la colonie. Sa première préoccupation fut de se procurer du bétail. Il avait appris que le lieutenant Angeleaume avait été avec quarante-cinq hommes faire la traite et guerroyer au loin, et qu'il possédait dix-huit cents bœufs, mais qu'il était décidé à ne point les amener à Fort-Dauphin avant d'être assuré de l'arrivée d'un nouveau gouverneur, dans la crainte de voir tout ce bétail tomber entre les mains de Pronis; il lui dépêcha deux Français et deux indigènes pour l'inviter à revenir immédiatement. D'autre part, le riz faisant défaut aux colons, le capitaine Le Bourg reçut l'ordre de partir pour Ghalemboule, pays très éloigné de Fort-Dauphin, afin d'en faire une ample provision.

En même temps, il s'efforçait de rétablir l'ordre dans la colonie. Par ses ordres, Descots se rendit avec une quinzaine de soldats à la baie de Saint-Augustin pour y prendre des nouvelles de Leroy et de ses compagnons et les engager à regagner le Fort. En outre, pour donner satisfaction à quelques colons qui redoutaient la vengeance de Pronis, s'il demeurait à Fort-Dauphin, il décida que ce dernier accompagnerait Le Bourg dans son voyage à Ghalemboule. Cette décision ne laissa pas de mécontenter Pronis. Il s'en plaignit au gouverneur, ajoutant que le bruit courait dans toute la contrée qu'on l'expédiait au loin pour l'y faire périr. Flacourt lui dit de ne point s'arrêter à de tels discours. Il lui déclara qu'il était nécessaire que l'un des deux y allât, lui-même ou

Pronis ; que pour lui, il était obligé de rester à son poste, afin de connaître les gens placés sous ses ordres et d'étudier les mœurs et la langue des indigènes. En conséquence, il invita Pronis à partir sans retard et lui adjoignit douze Français qui devaient l'aider à faire la traite. De son côté, le capitaine Le Bourg reçut l'ordre de pousser son voyage jusqu'à l'île Mascareigne pour en ramener les douze colons qui y avaient été déportés à la suite de leur révolte contre l'ancien chef de la colonie.

Tout en apportant ses soins à ravitailler la colonie, à y rétablir l'ordre, le nouveau gouverneur s'occupait de rechercher tout ce qu'il y avait de plus utile et de plus précieux dans l'île. C'est pourquoi il recommanda au capitaine Le Bourg d'acheter de l'ébène au pays des Antavares, et à Pronis de rapporter du pays de Manghabé, le plus beau cristal de roche qu'il pourrait y découvrir. Lui-même et ses gens s'en allèrent en excursion dans le pays d'alentour, afin de s'éclairer sur ses ressources. Ils constatèrent qu'il était riche en exquine, gomme, bois d'aloès et poivre blanc. A son grand regret, toutefois, Flacourt ne put obtenir que quelques échantillons de ces produits, car Andrian Ramach avait interdit à ses sujets, sous peine de mort, de vendre quoi que ce fût aux colons [1].

Entre temps, Pronis, les lieutenants Leroy et Angeleaume étaient revenus à Fort-Dauphin. Pronis avait rapporté une ample provision de riz, mais il avait négligé de se procurer du cristal.

Quant aux lieutenants, ils avaient amené à la colonie seize cents têtes de gros bétail.

Cependant la nouvelle de l'arrivée d'un nouveau gouverneur s'était bien vite répandue dans la province d'Anossi. Quelques chefs indigènes, entre autres Andrian Tserong et Andrian Machicore, vinrent au Fort dans l'espoir de s'attirer ses faveurs. Afin de lui prouver leur désir d'entretenir avec lui de bonnes relations, ils lui firent de nombreux présents à

---

[1]. Flacourt, éd. 1658, broch., p. 8 et suiv. ; éd. 1661, p. 257 et suiv.

la mode du pays. En retour, Flacourt leur distribua des marchandises qu'il avait apportées de France.

Peu de temps après, le gouverneur, qui avait sans doute compris l'importance de cette visite et ne voulait pas être en retard de politesse avec les chefs indigènes, s'en alla voir Tserong à Fanshere. L'excellent accueil qu'il en reçut l'engagea sans doute à se rendre chez le beau-père de ce chef, Andrian Ramach, qui, pourtant, n'avait pas suivi son gendre dans sa démarche à Fort-Dauphin ;. toujours est-il qu'il eut un entretien avec le roi d'Anossi et que cet entretien fut, s'il faut en croire son propre témoignage, très amical. Le chef indigène (qui était alors âgé d'environ cinquante ans [1]) lui parla, avec une grande franchise. Il lui avoua qu'il tirait de son titre de magicien son ascendant sur les autres chefs et sur les peuplades voisines, Mahafales, Manemboulois et autres ; il lui confia même qu'il profitait de la naïveté de ses sujets pour leur inspirer de la terreur, menaçant de les frapper à son gré de maladies et d'autres fléaux, en vertu de la puissance surnaturelle dont il était investi, opinion qui était d'ailleurs accréditée dans tout le pays par les *ombiasy*. Mais il ne dissimula point à Flacourt qu'il n'avait pas oublié l'acte perfide dont Pronis s'était rendu coupable à l'égard de ses sujets. Non content de lui en témoigner toute son indignation, il déclara qu'il était prêt à en faire retomber à l'occasion les conséquences sur le gouverneur et tous les Français. Flacourt, qui avait déjà été informé par Pronis des représailles exercées quelque temps auparavant par Ramach, Flacourt qui n'ignorait pas le massacre de Bouguier et de ses compagnons, et le complot ourdi contre l'ancien chef de la colonie, fut très impressionné par les paroles qu'il venait d'entendre. Les menaces et les révélations du chef indigène ne firent que le rendre plus soupçonneux et plus défiant. Peu rassuré sur ses intentions à son égard, il eut même la précaution de placer pour la nuit une forte garde devant sa case [2].

1. P. La Vaissière, *ouvrage cité*, p. 8 et suiv. Cf. Journal du P. Nacquart.
2. Flacourt, éd. 1661, p. 220, 259 et suiv.

De retour au Fort, le gouverneur apprit la mort d'un certain nombre de Français, notamment celle du P. Gondrée. En moins d'un an cinquante avaient déjà succombé, tant au Fort qu'à Ghalemboule ou dans le voyage qu'ils avaient accompli avec Descots et Leroy. Quant à ceux qui survécurent, ils étaient tous très malades. Pour comble d'infortune, les colons manquaient de tout, de vivres, de vêtements, de médicaments. Ils étaient contraints de vendre leurs chemises pour se procurer des volailles, qui pourtant s'achetaient à vil prix. Dans de telles conditions, leur guérison devait être longue et difficile. Ce n'est en effet qu'au bout de six mois qu'ils purent recouvrer la santé[1].

Dès que ses gens furent rétablis, Flacourt, à qui sa robuste constitution avait permis d'échapper à la maladie, les envoya explorer diverses contrées où ils « n'avoient point encore esté à la découverte »[2].

Sur ces entrefaites (juin 1649) douze indigènes du pays des Mahafales arrivèrent à Fort-Dauphin. Ils venaient, de la part de leur chef Andrian Manhelle, demander au gouverneur de les soutenir dans une guerre contre un autre chef indigène, Andrian Raval, qu'ils accusaient de leur avoir volé deux mille bœufs et plusieurs esclaves.

Flacourt, qui était peut-être flatté de jouer le rôle de défenseur des opprimés, mais qui voulait surtout épargner ses provisions et espérait se procurer des vivres par une intervention dans la lutte, prit parti pour Andrian Manhelle[3]. Il envoya à

---

1. Nacquart : Lettre à saint Vincent de Paul, 9 février 1650 (*Mémoires de la Mission*, t. IX, p. 83 et suiv.).
2. Flacourt, éd. 1658, brochure citée, p. 9.
Quelles sont ces contrées? L'historien de Madagascar ne les nomme pas, ce qui est regrettable, car il serait intéressant d'apprendre d'une façon précise jusqu'à quel point il a poussé l'exploration dans l'intérieur des terres.
3. Flacourt a donné dans sa Relation le motif de son intervention. Il s'indigne de voir que « les chefs indigènes ne font point la guerre à leurs voisins pour avoir été offencés : mais seulement à cause qu'ils ont bien des bœufs et qu'ils sont riches, disans hautement que ceux-là sont leurs ennemis qui ont beaucoup de bœufs. » Et il ajoute, en se donnant le noble rôle de justicier : « C'est ce qui m'a meu d'envoyer des François à la guerre pour des seigneurs du païs, afin de les deffendre contre leurs ennemis qui les opprimoient et inquiétoient pour un semblable sujet ». Or, le témoignage du P. Nacquart prouve, au contraire, que Flacourt n'a pas eu simplement pour

ce dernier quatorze Français et quelques Malgaches sous le commandement de Leroy, à condition que les Français recevraient une part du butin fait sur l'ennemi. Cette intervention devait l'entraîner dans de nouvelles luttes. En effet, les grands d'Anossi et particulièrement Ramach épiaient ses mouvements et observaient ses actes. Ils furent probablement irrités de le voir soutenir la cause de Manhelle qui, s'il faut en croire le P. Nacquart, se plaignait à tort de Raval[1]. Le roi d'Anossi, qui conservait le souvenir des actes de violence des Portugais et de Pronis, craignit d'avoir affaire à de nouveaux ennemis. N'osant attaquer les Français ostensiblement, d'accord avec d'autres chefs du pays, Tserong et Machicore, il excita contre eux une peuplade voisine, les Ampâtres. Leroy fut assailli par ces indigènes, pendant qu'il ramenait le bétail pris dans l'expédition contre Raval[2]. Il dut écrire au gouverneur pour lui demander du secours. Celui-ci fit partir dix-huit soldats sous les ordres de Laroche. A l'aide de ce renfort, le détachement put continuer sa route. En chemin, les Ampâtres dénoncèrent aux Français les menées des grands d'Anossi. Un de leurs chefs conseilla même à Leroy de s'en défier, lui révélant que Machicore avait donné l'ordre à son frère de marcher contre la petite troupe de Laroche, avec trois cents hommes, mais que ceux-ci n'avaient pas osé prendre l'offensive.

---

but de faire triompher la cause de la justice, mais de partager les dépouilles de l'ennemi. D'après ce missionnaire, contemporain et auxiliaire du gouverneur, les guerres entreprises par les Français dans l'île auraient été « faites à l'occasion de quelques bœufs. » Il nous apprend aussi qu'on cherchait toutes sortes de prétextes pour les entreprendre et les justifier. « On dit ici, écrit-il à saint Vincent de Paul, qu'on y trouvera bien des prétextes pour le passé et pour l'avenir : et je sais bien qu'il n'y en peut avoir que de faux et capables de détruire l'œuvre de Dieu et de perdre le salut de ceux qui les continueront ; si l'on guerroie, c'est pour épargner un peu de marchandise ». Le récit de Flacourt lui-même suffirait d'ailleurs à montrer qu'il ne se désintéressait pas du butin. Voir Flacourt, éd. 1658, p. 95 et suiv.; *Mémoires de la Mission* : Lettre du P. Nacquart à saint Vincent de Paul, p. 79 et 87, 99 et 100.

1. *Mémoires de la Mission*, t. IX, p. 132.
2. C'est cette agression qui explique cette affirmation de Flacourt que « la guerre a été commencée par eux » et « qu'ils le savent bien » (éd. 1661, p. 84).

Au moment où les Français se défendaient contre les attaques des indigènes, le gouverneur lui-même courait de grands dangers à Fort-Dauphin. Un Hollandais, nommé Sibran, abandonné dans ces parages par le commandant d'un navire qui y était venu faire la traite des nègres, profita du départ des Français pour tenter de soulever les habitants des alentours contre Flacourt. Sa tentative ayant échoué, il s'enfuit pendant la nuit. Cette fuite précipitée dévoila ses mauvaises intentions. Informé de ce complot, Flacourt envoya ses gens à la poursuite du traître. Celui-ci se réfugia auprès des grands du pays d'Anossi qu'il excita à la guerre contre les Français. Mais les chefs indigènes ne répondirent pas à son appel. Andrian Ramach lui conseilla même de rentrer au Fort et lui proposa de demander sa grâce au gouverneur. Sibran se laissa convaincre. Cependant Flacourt, qui redoutait de sa part une nouvelle trahison, s'empressa à son retour de le faire mettre aux fers et profita de la première occasion pour l'expédier en France.

Dans ces tristes conjonctures, le *Saint-Laurent* revint à l'anse Dauphine. Il était chargé de riz et ramenait les douze exilés de l'île Mascareigne. Mais, en dépit de ses instructions, le capitaine Le Bourg n'avait pas abordé à l'île Mascareigne. D'après Flacourt, il avait fait fausse route « pour s'en exempter » et s'était borné à y envoyer une barque[1]. Flacourt interrogea les douze exilés sur les ressources de cette île qu'ils lui représentèrent comme très fertile. Les renseignements qu'il en obtint le déterminèrent à renvoyer un mois après le navire dans ces parages. Cette fois il donna l'ordre formel au capitaine Le Bourg de passer à l'île Mascareigne, pour en prendre possession au nom du roi, et d'y déposer quatre génisses et un taureau, afin d'en multiplier l'espèce. Tel fut le mauvais vouloir

---

1. Le vent fut-il contraire ? Le capitaine a-t-il simplement cédé aux instances du Pronis à qui pouvait déplaire la mission de ramener ceux qu'il avait lui-même exilés ? Nous l'ignorons. En tout cas, on se demande quel est le motif qui aurait pu pousser à agir ainsi ce capitaine que le gouverneur ne manque jamais de soupçonner ou même d'accuser.

du capitaine qu'il mit plus de cinq semaines à gagner cette île à laquelle il donna le nom de Bourbon, et qu'il revint sans rien rapporter de son voyage[1].

Cependant la conduite de Flacourt n'était pas de nature à dissiper parmi les peuplades indigènes les craintes que leur inspirait la présence d'un aussi redoutable voisin. Bien qu'il n'en fasse aucunement mention dans ses Mémoires, il est certain qu'il leur avait déjà donné de nombreux sujets de mécontentement et de colère. Il avait porté la guerre jusque dans l'intérieur des terres; ses gens avaient pillé et brûlé de nombreux villages, massacré des chefs indigènes, des femmes, des enfants, n'épargnant, au témoignage de son compagnon, le P. Nacquart, « ni le fer, ni le feu pour massacrer des innocents »[2].

Le gouverneur ne paraît pas davantage s'être efforcé d'entretenir de bonnes relations avec les chefs indigènes, surtout avec Andrian Ramach qui était le chef le plus puissant de la contrée et avait de nombreuses raisons de suspecter ses intentions. Il lui donna même l'exemple de la perfidie, ainsi qu'on peut le constater par son propre récit. C'est ainsi qu'il fit percer la culasse et boucher avec du plomb l'orifice d'un mousquet qu'il voulait offrir à Andrian Tsissei, parce qu'il avait appris que cette arme devait être remise au roi d'Anossi et que celui-

---

1. Flacourt, éd. 1658; *Relat.*, 255 et suiv.; brochure, p. 10.
2. Dumont d'Urville laisse entendre (*Voyage pittoresque autour du monde*, p. 72) que ce serait au P. Nacquart lui-même qu'il faudrait attribuer la responsabilité de ces guerres. C'est lui qui, par son prosélytisme, aurait été la cause des « quelques actes de barbarie et de maladroite politique », auxquels s'était laissé aller Flacourt. Cette accusation nous paraît tout à fait mal fondée. Comme nous le verrons plus loin, rien n'était plus contraire aux idées, aux sentiments et aux intérêts même du missionnaire que la lutte entreprise par le gouverneur contre les indigènes et, surtout que les moyens violents auxquels il avait recours pour obtenir leur soumission. Au reste, Flacourt n'entendait recevoir les conseils de personne. C'est donc lui seul qui doit porter la responsabilité de ces guerres. (Voir *Mémoires de la Mission*, t. IX : Lettres du P. Nacquart à saint Vincent de Paul et au P. Lambert, du 9 et 10 février 1650, p. 87, 88, 99, 100.)

Au témoignage d'Angeleaume et du commis Philippe Poirier, qui étaient bien placés pour le savoir, la guerre aurait commencé dès le départ du capitaine Le Bourg, 18 février 1650 (Flacourt, 1661, p. 401, 406 et suiv.).

ci se proposait de s'en servir contre lui. Pronis et l'armurier étaient seuls dans la confidence. Cette combinaison échoua par l'indiscrétion du premier qui avertit son parent Tsissei de prendre garde au mousquet. Le chef indigène prévint à son tour Andrian Ramach qui, indigné de ce procédé, proféra des menaces contre celui qui voulait attenter à ses jours. Ces menaces parvinrent aux oreilles du gouverneur. Soupçonnant aussitôt Pronis d'être l'auteur de cette trahison, il le fit arrêter et le retint huit jours prisonnier; puis sur les protestations de Pronis lui-même, qui affirmait n'avoir eu aucun dessein criminel, il lui rendit la liberté et le reprit même comme commensal[1].

Sur ces entrefaites, le *Saint-Laurent* revint de Manghabé. Ennuyé de ne recevoir aucune nouvelle de France et désespérant de mener à bien l'œuvre qu'il avait entreprise, faute de secours, Flacourt songea à profiter du prochain départ de ce navire pour retourner en France. Il fit ses préparatifs de départ. Puis sa résolution changea brusquement : il prit le parti de rester encore trois ans dans l'île. Comme la saison pressait, bien que le navire fût en très mauvais état, il donna l'ordre au capitaine Le Bourg de partir le plus tôt possible.

On chargea le navire de cuirs, de tabac, de bois d'aloès, de cire, de gomme, d'exquine, de santal, de tamarin, et de nombreux échantillons de produits ou objets rares, « le tout, déclare Flacourt, amassé par mon seul soin et diligence sans que Le Bourg, ni Pronis y eussent contribué du leur »[2]. Le

---

1. Flacourt, éd. 1661, p. 271.
2. D'après Flacourt, si le navire n'emportait pas plus de produits, la faute en était aux associés de la Compagnie qui n'avaient point envoyé de barque avec le navire, malgré la recommandation qui leur avait en été faite avant le départ : « Car en ce païs-là, dit-il, un navire sans barque, c'est un corps sans âme, et une ou plusieurs habitations sans barque, c'en est de même : car comme tout le négoce ne se fait pas en un endroit, il faut des barques pour aller de costé et d'autres quérir et amasser les choses nécessaires pour la charge du navire. Si j'eusse eu une barque de quarante tonneaux, en deux ou trois voyages, elle eût apporté, des Antavares, plusieurs charges d'Hebène et plusieurs autres choses que l'on eust connûes bonnes pour porter en France » (Flacourt, éd. 1658, p. 11, brochure).

capitaine, qui pendant son dernier voyage à Manghabé avait perdu la moitié de son équipage, demanda au gouverneur cinquante hommes pour sa défense. Celui-ci lui abandonna très volontiers ceux qui s'étaient révoltés contre Pronis et avaient accompli leur temps de service, ainsi que Pronis lui-même, dont la présence le gênait. Le *Saint-Laurent* parti (19 février 1650), Flacourt demeura seul avec cent huit hommes pour résister aux grands de la province d'Anossi.

Ce nombre était d'autant plus insuffisant que les indigènes, irrités du pillage de leurs villages et du massacre de leurs compagnons, se montraient chaque jour plus disposés à en tirer vengeance. « Il n'y a point, écrivait le P. Nacquart le 9 février 1650, à craindre des persécutions, ni des dangers, quand on est avec quelques Français qui portent des armes; mais seul, il n'y a guère de sûreté, particulièrement dans les lieux où l'on a pillé et brûlé ces pauvres gens qui sont toujours sur la méfiance et qu'on a peine où aborder... »[1]. C'est ainsi que deux Français furent massacrés par les Ampâtres. N'osant avec sa petite troupe entreprendre une expédition contre cette peuplade, le gouverneur français dût recourir aux naturels eux-mêmes. Il envoya le lieutenant Leroy avec trente Français demander un renfort de mille hommes à Andrian Panolahé, chef des Manamboulois. Leroy fut en même temps chargé d'explorer un pays éloigné, situé vers la rivière de Ranoumainty et d'y acheter du bétail (11 avril 1650)[2].

Quelques jours après, Flacourt ayant appris le retour à Fort-Dauphin d'un Français nommé Ranicaze qui avait voulu attirer ses compatriotes dans un guet-apens et leur avait dérobé cent vingt bœufs, voulut le mettre aux fers. Il ne céda que devant l'intervention du P. Nacquart.

Cependant la plus grande cordialité n'avait pas toujours

---

1. *Mémoires de la Mission*, loc. cit., p. 87 et 92.
2. Flacourt, éd. 1661, p. 272 et suiv.; éd. 1658, brochure, p. 10 et suiv. Le Ranoumainty est une rivière qui, sur la carte de Flacourt, se jette dans la rivière de Saint-Augustin. Nous n'avons pu déterminer exactement de quelle rivière il s'agit. Peut-être faut-il y voir le Sakondry ou le Taheza de nos cartes actuelles?

régné entre le gouverneur et le missionnaire. La nature généreuse, enthousiaste, désintéressée du jeune prêtre s'accommodait difficilement du caractère prudent, réfléchi, pratique de ce gouverneur d'un âge déjà mûr. Leurs idées, leurs projets, leurs intérêts n'étaient pas moins opposés que leurs caractères. Conquête de territoires, gloire des armes, honneurs, dignités, voilà surtout ce que rêvait Flacourt. Conquête des âmes, bonheur éternel, tel était surtout le but que se proposait le P. Nacquart. L'un aspirait à jouer le rôle d'un conquérant et n'avait rien tant à cœur que de plaire à la cour et au roi ; l'autre voulait marcher sur les traces de saint François-Xavier, et avait pour principale préoccupation de donner satisfaction à son supérieur et de plaire à Dieu. Si le gouverneur ne se désintéressait pas de la cause catholique, par contre le missionnaire se souciait peu des avantages temporels de l'entreprise. Flacourt était guidé par le désir de servir les intérêts matériels de la Compagnie, Nacquart par l'esprit d'abnégation et de charité ; l'un voulait faire œuvre d'administrateur, l'autre de missionnaire ; le premier représentait les intérêts civils, le pouvoir temporel ; l'autre, les intérêts religieux, le pouvoir spirituel. Cette opposition de caractères, d'idées et d'intérêts devait nécessairement faire naître un conflit.

Dès les premières relations, des dissentiments se révélèrent en effet entre le missionnaire et le gouverneur. Les gens que le gouverneur avait amenés avec lui avaient été recrutés dans toutes les classes de la société. Nombre d'entre eux ne se faisaient aucun scrupule de tenir en présence du gouverneur et du missionnaire des conversations légères ou immorales. La perte de leurs illusions, les disettes, les privations de toutes sortes qu'ils enduraient, la triste perspective de ne plus revoir la mère-patrie, dont ils ne recevaient aucune nouvelle, les avaient jetés dans un profond découragement. Dans ce pays de mœurs faciles, du découragement à la débauche il n'y a qu'un pas. Ils menèrent bientôt une vie licencieuse et désordonnée. Soit par indifférence, soit par crainte de s'aliéner les colons et ses auxiliaires, le gouverneur fermait les yeux sur ces désordres. Le pieux missionnaire, qui était scrupuleux et voulait rester fidèle à sa conscience, s'en montrait au contraire scandalisé et attristé. « Je n'ai pas trouvé peu de difficultés, mandait-il à saint Vincent de Paul, à pratiquer ce que vous m'aviez écrit touchant la conversation douce et respectueuse, mais fidèle à tenir le parti de Dieu et à ne point trahir ma conscience, car vous savez que les discours des séculiers sont trop souvent des choses qui ne devraient pas être entendues d'un prêtre. Lorsque l'impureté ou la médisance qui d'ordinaire va sur les ecclésiastiques ou autres personnes se mêlaient dans les entretiens, j'ai tâché de détourner le discours, le plus doucement que j'ai pu, et en voulant rester fidèle à Dieu et à ma conscience, ce n'a pas été sans me rendre odieux; mais des deux j'ai choisi plutôt de plaire à Dieu qu'aux hommes, crainte de perdre les qualités de serviteur de Jésus-Christ. Il n'y a eu que M. de Flacourt qui l'ait trouvé mauvais.[1] »

La conduite des colons n'affligeait pas seulement le missionnaire parce qu'elle était contraire aux principes de morale et de la religion dont il était le ministre austère, mais encore parce qu'elle lui semblait de nature à compromettre l'œuvre qu'il se proposait d'accomplir. Il était convaincu qu'il ne parviendrait à attirer les indigènes vers la religion catholique que si les Français leur donnaient eux-mêmes le bon exemple. Voilà pourquoi il témoignait au gouverneur toute l'indignation qu'il ressentait à la vue des fautes de ses subordonnés et n'hésitait pas à réclamer des châtiments pour les coupables. « Il n'y a point ici, écrivait-il, de punition pour les Français scandaleux, ni pour les vilains et les vilaines du pays qui sont au service de l'habitation; » les Français en sont quitte pour dire : « Nous n'irons point à confesse »; les autres disent que ce sont des chiens. N'y aura-t-il pas moyen que ces Messieurs établissent une justice[2]? »

D'un esprit impatient, comme il l'avouait lui-même, il ne

---

1. *Mémoires de la Mission* : Lettre du P. Nacquart à saint Vincent de Paul, du 9 février 1650, t. IX, p. 77 et 78.
2. *Mémoires de la Mission*, t. IX, p. 79.

se contentait pas de vouloir empêcher l'immoralité dans les paroles et dans les actes, il prétendait encore faire observer toutes les prescriptions de l'Église, avec autant de rigueur et de ponctualité qu'il l'aurait exigé en France. Il voulait imposer aux colons le repos dominical avec autant de scrupule que dans un pays civilisé. Il voyait avec peine les indigènes au service de la colonie travailler les dimanches et fêtes, sans permission et avant la messe, contrairement aux règlements de l'Église qui interdisent de se livrer au travail sans nécessité et sans dispense, et ne l'autorisent qu'après la messe. Indigné de voir le peu de cas que les membres de la colonie, sans en excepter le gouverneur, faisaient de la loi d'abstinence, bien qu'il eut déclaré maintes fois qu'il ne dispensait personne de la suivre, sans des raisons légitimes, il se plaignait qu'ils vécussent comme des huguenots sous ce rapport. Il adressait aux colons de vifs reproches[1]. Ceux-ci le renvoyaient à leur chef. Flacourt, peu scrupuleux, désireux avant tout de vivre en bonne intelligence avec ses subordonnés, refusait d'entendre ses réclamations ou l'écoutait froidement. Il l'accusait de vouloir « donner la loi et entreprendre par ambition sur le temporel ». De son côté, le P. Nacquart lui reprochait de ne s'occuper que du temporel, de n'être pieux qu'en apparence, de se contenter de belles paroles et de ne point contribuer, par son exemple, et son autorité, à l'accomplissement des desseins de Dieu[2].

Tout en s'efforçant de réformer les mœurs des colons, le missionnaire s'employait à gagner leur amitié et leur affection. Il les voyait dans le plus grand dénûment, en proie à toutes sortes de privations, à la maladie, contraints de déchirer leur linge pour panser leurs plaies; il les entendait se plaindre de mourir faute de nourriture et de médicaments. Ne s'assurerait-il pas leur gratitude en portant remède à leurs souffrances? Par malheur, ses faibles ressources avaient été bien vite épuisées. Ému de compassion, il s'en allait demander respectueusement du secours au chef de la colonie, à celui qu'il

1. *Mémoires de la Mission*, t. IX, p. 78 et suiv.
2. *Ibid.*

appelle ironiquement le père de famille. Flacourt, qui se trouvait lui-même dans une situation embarrassée, et qui ne recevant aucune nouvelle de la Compagnie, redoutait l'avenir, se croyait tenu de distribuer les vivres ou les médicaments avec la plus grande parcimonie. Aussi accueillait-il les plaintes et les demandes du P. Nacquart avec la plus mauvaise grâce, le renvoyant à son bréviaire et le priant de ne se point mêler des affaires temporelles. Il se montrait d'autant moins disposé à faire droit à ses réclamations qu'il le soupçonnait de pousser ses subordonnés à tenir sur son compte des propos désobligeants, qu'il le regardait comme le fauteur de tout leur mécontentement, et que ses prévenances à leur égard lui paraissaient de nature à entretenir parmi eux des ferments de révolte [1].

Mécontent, à juste titre, de se voir rebuté et suspecté, le P. Nacquart se plaignait à saint Vincent de Paul de ne recevoir aucun secours du chef de la colonie, en dépit des promesses qu'on lui avait faites avant son départ. « Vous nous aviez mandé, lui écrivait-il, que ces Messieurs nous donneraient les choses nécessaires pour la nourriture et le vêtement, et M. de Flacourt, d'après ce qu'il m'a dit à La Rochelle et ici, n'entend pas fournir de vêtements, en sorte que, pour ne pas le contrister, j'ai employé à La Rochelle en étoffe, en linge et autres menues nécessités, environ les deux tiers de ce que vous nous aviez envoyé d'argent, sans quoi je ne porterais plus l'habit de prêtre, non plus que M. de Bellebarbe qui est à présent vêtu de gris. J'ai dépensé ici le reste à l'exception de six écus, pour avoir les choses nécessaires et suppléer au trop peu que l'on m'a donné pour aller visiter les pauvres à la campagne : éclaircissez-vous de cela, si vous envoyez ici quelqu'un et spécifiez tout afin qu'il n'y ait pas mésintelligence. J'ai mieux aimé dépenser tout que d'avoir la moindre parole et je me suis encore engagé pour cent francs envers le capitaine de notre vaisseau, comme je vous le manderai dans une lettre exprès pour lui... » [2].

1. *Mémoires de la Mission.*, t. IX, p. 77 et suiv.
2. *Ibid.*, p. 77.

Il ne dissimulait pas son mécontentement à ce sujet au gouverneur lui-même et lui reprochait de ne point s'acquitter des obligations que la Compagnie de l'Orient avait contractées à l'égard de la Congrégation de la Mission. Flacourt supportait impatiemment ces reproches : les exigences du Père (il ne le lui cachait pas davantage) lui paraissaient vraiment excessives; sa présence n'était pas d'ailleurs indispensable et l'on pourrait obtenir le concours d'autres religieux qui ne seraient point à la charge de la Compagnie[1]. Il n'était pas jusqu'à la pratique du culte qui ne fût une occasion de discorde entre eux. Flacourt trouvait que le P. Nacquart ne le traitait pas avec assez d'égards dans l'exercice de son ministère. Il se formalisait de ce que le missionnaire n'attendait pas qu'il fût arrivé pour commencer la messe. Le P. Nacquart éclairait de son côté saint Vincent de Paul sur la susceptibilité du gouverneur :

« Quand Monsieur n'avait pas fait sa barbe, le dimanche, lui écrivait-il, il fallait retarder la messe; et il s'est plaint de ce que je le considérais peu, en ne l'avertissant pour prendre sa commodité et qu'il y aurait quelque jour d'autres prêtres ici. Je lui fis observer que j'avais donné charge à son serviteur de prendre garde quand il ne serait pas prêt, et de m'en avertir avant le dernier coup sonné, qu'à ce moment chacun étant assemblé et le prêtre habillé, il n'est plus temps d'avertir[2]. »

Perdant l'espoir de remplir jamais les obligations de son ministère, il proposa à saint Vincent d'abandonner le soin des colons à des prêtres séculiers, ce qui permettrait aux missionnaires de diriger tous leurs efforts vers l'établissement d'une communauté indépendante du chef de la colonie et la conversion des indigènes[3]. Il estimait que cette séparation s'imposait à cause du caractère autoritaire, ombrageux et soupçonneux de Flacourt, de tous les hommes, à l'en croire, le plus difficile à aborder, en présence duquel il n'osait ouvrir la

1. *Mémoires de la Mission*, t. IX, p. 79 et 80.
2. *Ibid.*, p. 80.
3. *Ibid.*

bouche le plus doucement du monde, dans la crainte de se voir aussitôt congédié publiquement. Cette séparation ne lui paraissait pas moins nécessaire, pour éviter le contact des séculiers qui, dans les repas et en tout le reste, ne gardaient aucune réserve, aucune mesure. Il n'y voyait aucun obstacle, puisque leur institut ne leur prescrivait pas de se soumettre à une autre autorité que celle du supérieur de la Mission lui-même. Que si toutefois l'on ne pouvait se séparer, il était de toute nécessité que tout fût réglé avant le départ des missionnaires que l'on pourrait envoyer dans la suite à Madagascar [1].

Les relations entre le pouvoir temporel et le pouvoir spirituel devinrent si tendues que le P. Nacquart songea plusieurs fois à confier à un autre prêtre les intérêts religieux de la colonie. « De ceci, écrivait-il encore à saint Vincent de Paul, vous jugerez du désordre actuel et de la peine que mon pauvre cœur en a ressentie. Ce qui m'a fait dire bien des fois que, sans l'obéissance, j'aurais secoué ce joug insupportable à un pygmée comme moi, pour m'en décharger sur un plus fort, spécialement à cause du traitement de M. de Flacourt [2]. »

Certain qu'il n'amènerait jamais le gouverneur à son sentiment, et qu'il ne pouvait compter sur l'exemple des Français pour convertir les naturels, le missionnaire résolut de recourir à l'influence de leur chef Andrian Ramach. Six jours après son arrivée à Fort-Dauphin, ayant ouï dire que le roi de la province d'Anossi avait demeuré trois ans à Goa d'où il avait été ramené par les Portugais, à l'âge de dix-sept ans, il lui avait fait visite à sa résidence de Fanshere, en se présentant de la part de Flacourt. Il avait reçu de ce roi bon accueil ; il l'avait entendu réciter le *Pater*, l'*Ave* et le *Credo* en portugais et même après avoir fait des signes de croix sur le front, la bouche et le cœur, prononcer ces paroles caractéristiques : « Per signum sanctæ Crucis, de inimicis nostris libera nos, Do-

---

1. *Mémoires de la Mission*, t. IX, p. 91 et 92.
2. *Ibid.*, p. 89.

mine¹. » Bien que baptisé, Ramach avait repris les coutumes et la religion de ses ancêtres, mais il avait exprimé au missionnaire le désir de les abandonner pour revenir à la religion catholique. Frappé de la piété qu'il avait montrée dans plusieurs circonstances, sachant qu'il avait une très grande autorité sur les indigènes, le P. Nacquart comprit qu'il était du plus haut intérêt de gagner l'amitié d'un tel homme. Il consacra tous ses efforts à entretenir avec lui les meilleures relations. Non content de solliciter de saint Vincent de Paul l'envoi de cadeaux destinés au chef indigène¹ et aux ombiasy, il insistait auprès de Flacourt, pour qu'il rétablît comme roi à Fanshere celui qu'il avait dépossédé de son pouvoir et qu'il créât dans ce village une petite colonie et un séminaire de jeunes indigènes. Il espérait avec leur concours catéchiser tous les habitants de la contrée et améliorer leurs mœurs. Mais il ne doutait pas que cette façon d'agir serait désavouée par les associés de la Compagnie, particulièrement attachés à leurs intérêts matériels, et il exprimait à son supérieur la crainte qu'il n'accordât trop de confiance à leurs belles paroles. Pour lui, il avait la conviction que, si les associés avaient promis de consacrer de grandes sommes à la défense des intérêts religieux de la colonie, c'était dans l'unique but d'obtenir l'exemption des droits d'entrée en France pour les navires qui y apporteraient des produits de Madagascar et qu'ils n'étaient point disposés à se montrer fidèles à leurs promesses².

Flacourt était venu dans l'île, ainsi que l'a reconnu le P. Nacquart lui-même, avec les meilleures dispositions. La conversion des indigènes, sans être sa principale préoccupation, ne le laissait pas indifférent. Mais la guerre continuelle qu'il leur faisait, les dépenses qu'elle occasionnait, le poussaient à ménager ses ressources. Aussi n'était-il pas favorable à cette création d'un séminaire à Fanshere, qui ne laisserait

---

1. Le P. La Vaissière, *Histoire de Madagascar*; ouvrage cité, p. 8 et suiv. Cf. Lettre du P. Nacquart à saint Vincent de Paul, 1648.
2. *Mémoires de la Mission*, t. IX, p. 93.

pas d'entraîner dans de nouvelles dépenses la Compagnie dont il était chargé de défendre les intérêts. Il craignait d'ailleurs qu'elle n'eût d'autres résultats non moins funestes pour lui-même et son entreprise. Ne se pouvait-il pas, en effet, que l'autorité du gouverneur dans la province d'Anossi en fût un peu amoindrie ou même compromise ? L'établissement d'un séminaire d'indigènes, d'une sorte de colonie religieuse où le missionnaire jouirait de la plus grande indépendance n'était pas de nature à le rassurer. L'institution d'un clergé indigène à Fanshere ne ferait-elle pas courir de sérieux dangers pour l'avenir à la colonie de Fort-Dauphin? Conseillers écoutés du Roi, les missionnaires n'allaient-ils pas exercer dans l'île une influence qui mettrait en péril les intérêts de la Compagnie?

D'autre part, Flacourt craignait de s'attirer les reproches de Fouquet qui s'intéressait à la conversion des naturels. Il était partagé entre la crainte de mécontenter la Compagnie qui exigeait surtout des profits, et celle de déplaire aux catholiques de France qui, influents à la cour, pouvaient lui savoir mauvais gré de n'avoir point favorisé la propagation de la foi chrétienne dans le pays. De là les ménagements qu'il gardait parfois avec le zélé missionnaire dont les plaintes amères auraient pu parvenir aux oreilles de saint Vincent de Paul. Lorsque le P. Nacquart insistait pour qu'il créât cette colonie et ce séminaire à Fanshere, le gouverneur se bornait à une réponse évasive, déclarant « que ce serait bien dispendieux pour la Compagnie et une entreprise de Roi, quoique d'ailleurs lui et tous ces Messieurs de Paris eussent la volonté d'y contribuer à l'exclusion de tous autres »[1].

Mais il ne lui donnait que des preuves de dispositions contraires. C'est ainsi qu'il lui refusait l'interprète qui lui était indispensable pour traduire ses instructions religieuses aux indigènes[2].

Quant au rétablissement du roi d'Anossi, Flacourt y était

---

1. *Mémoires de la Mission*, t. IX : Lettre du P. Nacquart à saint Vincent de Paul, 16 février 1650, p. 101.
2. *Ibid.*

encore moins favorable. Les idées du gouverneur et du missionnaire, qui étaient en désaccord sur tant de points, s'y trouvaient encore davantage sur la nature des relations qu'il convenait d'entretenir avec les habitants du pays. Le P. Nacquart désapprouvait entièrement la conduite de Flacourt. Il ne trouvait pas de termes assez énergiques pour blâmer ses guerres qui n'avaient été entreprises que pour acquérir du butin et qui pouvaient être si préjudiciables aux intérêts religieux. Il s'indignait contre ceux qui n'hésitaient pas à user de la violence pour établir leur domination et assurer le triomphe du catholicisme. « Comment faudra-t-il agir, demandait-il à saint Vincent de Paul, touchant les misérables guerres dont je parle à ces Messieurs ? On dit ici qu'on y trouvera bien des prétextes pour le passé et l'avenir ; et je sais bien qu'il n'y en peut avoir que de faux et capables de détruire l'œuvre de Dieu et de perdre le salut de ceux qui les continueront ; si l'on guerroie, c'est pour épargner un peu de marchandise . . . . et l'on dit qu'on ne pourra avoir des bœufs pour faire subsister la colonie sans faire la guerre à l'avenir. Quelques-uns ajoutent que pour rester les maîtres, il faut faire main basse sur les principaux, et que c'est même le moyen de mieux assurer le règne de la religion. Ainsi ont fait les Portugais. Jugez-vous même si cela est juste et quel remède nous pourrons y apporter si nous demeurons ici : c'est à quoi j'ai toujours contredit, d'après l'exemple de Notre Seigneur qui n'a pas commandé aux apôtres de lever des armées pour établir le christianisme, mais bien d'être agneaux parmi les loups. Puisque les indigènes blancs se sont rendus les maîtres par industrie ou par force, il ne faudrait que subsister ici et maintenir les noirs dans la jouissance de leurs biens et acquêts pour détruire toute la puissance des grands[1]. »

On comprend que les idées et le langage du P. Nacquart, partisan de la conciliation et de la mansuétude à l'égard des naturels, n'étaient point propres à satisfaire l'inexorable

---

1. *Mémoires de la Mission*, t. IX, p. 87 et 88.

gouverneur. Les bonnes relations que son auxiliaire entretenait avec Andrian Ramach et ses sujets avaient d'ailleurs fait naître en lui toutes sortes de soupçons, et accru sa défiance. Il en vint à le soupçonner d'entreprendre du trafic avec les indigènes, sous prétexte de leur offrir des présents. Le moindre cadeau, que le missionnaire offrait aux habitants et aux petits enfants pour les attirer et les instruire plus facilement des premières vérités du christianisme, suffisait à éveiller son attention. Bien plus, il lui fit demander un morceau de cristal qu'il avait reçu d'un indigène et qu'il se proposait de tailler en forme de croix pour l'église de la colonie [1].

Cette défiance n'échappait point à celui qui en était l'objet. Il se montra chaque jour plus prudent, plus circonspect. Dans la crainte que les lettres qu'il envoyait en France ne fussent retenues par le gouverneur, il observa la plus grande réserve dans celles qu'il adressait aux associés de la Compagnie. Sans doute, ce n'est pas sans une certaine ironie qu'il leur écrivait « Vous ne pouviez pas choisir un gouverneur plus porté à maintenir vos intérêts »[2], mais il n'y formulait aucune plainte contre Flacourt, qui n'était pourtant guère épargné dans celles qu'il faisait parvenir secrètement à saint Vincent de Paul;

Tel était toutefois le contraste de leurs caractères, tel était l'antagonisme de leurs idées et de leurs intérêts, que la mésintelligence qui régnait entre eux ne fit que s'aggraver dans la suite. Les choses en arrivèrent à ce point que le P. Nacquart, désespérant de réaliser les vues qu'il avait conçues sur la colonisation religieuse de Madagascar, se décida à retourner en France. Mais auparavant, il pria le capitaine Le Bourg de lui servir de médiateur auprès du gouverneur pour en obtenir une entrevue. Cette entrevue lui ayant été accordée sans difficulté, il s'en alla trouver Flacourt et lui demanda conseil sur le parti qu'il devait prendre : ou rester dans l'île, à condition qu'on lui donnerait les auxiliaires nécessaires pour exercer son mi-

1. *Mémoires de la Mission*, t. IX, p. 79 et 80.
2. *Ibid.*, p. 95.

nistère, et qu'on l'autoriserait à écrire à son supérieur sans le suspecter, ou retourner en France pour y solliciter les secours nécessaires à la mission. Cédant à un premier mouvement, le chef de la colonie s'empressa de saisir l'occasion qui s'offrait à lui de se débarrasser d'un auxiliaire qu'il regardait comme importun : il lui conseilla de retourner en France. Le missionnaire déclara qu'il suivrait ce conseil et fit ses préparatifs de départ. Mais il se heurta à l'opposition des indigènes qui, à cette nouvelle, accoururent près de sa case en s'écriant : « Quoi ! Père tu t'en vas ! qui nous fera prier Dieu ? » Ces marques d'affection si touchantes de gens qui avaient su apprécier son dévouement, et peut-être aussi la crainte de s'attirer le blâme de son supérieur, pour avoir abandonné son poste sans en avoir reçu l'ordre, le firent réfléchir. Il ajourna son départ.

Flacourt de son côté avait aussi réfléchi. Il ne se dissimulait pas que bon nombre de colons et de soldats éprouvaient un grand attachement pour celui qui avait été le témoin attristé de leurs souffrances et s'était efforcé de tout son pouvoir d'y porter remède. Le départ du P. Nacquart en laissant chez ces gens de vifs regrets, en les irritant contre celui qui en était la cause, pouvait lui attirer de nouvelles difficultés. Or il avait besoin de tout leur concours pour mener à bien l'expédition qu'il avait entreprise. N'était-il pas à craindre d'ailleurs que le missionnaire n'éclairât Fouquet et la Compagnie sur ce qui s'était passé à Madagascar, qu'il ne l'accusât de laisser la colonie dans le dénûment et le désordre, de négliger les intérêts religieux afin de poursuivre la réalisation de ses projets de conquête ? N'était-il pas à craindre aussi qu'il ne préparât dès son retour en France l'exécution du plan de colonisation religieuse qu'il avait conçu à Fort-Dauphin, pour se rendre indépendant du gouverneur ? Quelque difficile qu'il lui parût de vivre en bonne intelligence avec son scrupuleux auxiliaire, il lui semblait dangereux de s'en séparer. Dans cette alternative, il préféra le garder, se bornant à lui alléguer comme raison « qu'il fallait rester pour satisfaire ceux qui n'étaient pas contents du prêtre qui restait, quoique cependant il pût faire passablement le service de la colonie seul »[1]. Il avait en effet tout intérêt à ne point révéler les véritables motifs qui lui avaient dicté cette détermination[2]. En tout cas, le missionnaire ne s'expliqua point cette nouvelle attitude du gouverneur ou du moins il n'a pas laissé entrevoir qu'il la comprît : « Voilà donc nos cœurs unis, écrivait-il à son supérieur, avec promesse de part et d'autre que ce sera pour la plus grande gloire de Dieu... Je ne sais si c'est la faute du pays où il y a force caméléons, mais il est certain qu'ils ne changent pas si souvent de couleur que certains esprits de résolution et d'humeur. Vous êtes tantôt bien, tantôt mal, et plus souvent mal que bien[3]. » Mais quoique Flacourt lui eût promis de construire un presbytère près de l'église, et de lui accorder ce qu'il demandait, il n'était pas complètement rassuré pour l'avenir. « Dieu veuille qu'il n'y ait point d'autres changements »[4], s'écriait-il dans sa lettre à saint Vincent de Paul. Peu de temps après cette réconciliation, le P. Nacquart était atteint de la fièvre, et, au bout de six jours de maladie, il rendait le dernier soupir (29 mai 1650)[5].

II

La conquête par la terreur : Complots des chefs indigènes contre le gouverneur. — Massacre du lieutenant Leroy et de dix-neuf Français à Maropia. — La disette au Fort. — Attaque de Fort-Dauphin par Andrian Ramach. — Pillage de Fanshere par un détachement de Français et mort d'Andrian Ramach (juillet 1651). — Voyage de Flacourt à Ghalemboule et à l'île Sainte-Marie. — Nouvelles luttes des Français contre les naturels. — Soumission des maîtres de village. — Dures conditions que leur impose Flacourt (1652). — Résistance de Panolahé. — Prosélytisme de Flacourt. — Ruses des indigènes et leur échec à Amboule Tsignane. — La famine.

Après le décès du P. Nacquart, les relations des Français

1. *Mémoires de la Mission.* t. IX, p. 104.
2. C'est probablement pour le même motif qu'il s'est abstenu, dans sa relation, de parler de ses démêlés avec le P. Nacquart. Il n'a pour lui que des paroles élogieuses (Flacourt, 1661, p. 274 et 275).
3. *Mémoires de la Mission*, t. IX, p. 105.
4. *Ibid* .
5. Flacourt, 1661, p. 274.

avec les Malgaches devinrent encore plus hostiles. Un profond désir de vengeance couvait dans le sein des populations dont le territoire avait été pillé et ravagé. On en eut bientôt la preuve. Le 11 juin 1650, douze colons s'étaient rendus au village de Fanshere pour assister à la fête d'une circoncision. Par honneur pour le chef du pays, Andrian Ramach, ils firent une décharge de mousquets. Malheureusement la bourre d'un de ces mousquets vint à être projetée sur une case qui prit feu. A la vue de la flamme, quelques indigènes se mirent à crier : *Tüe, tüe*, pour exciter leurs camarades à l'éteindre. Mais ces derniers interprétèrent mal ce cri qu'ils prirent pour une excitation à massacrer les Français. Au nombre de quatre mille, ils allaient se précipiter sur eux lorsqu'ils en furent empêchés par Andrian Ramach. Soit qu'il fût décidé à ménager pendant quelque temps encore le chef des Français, soit qu'il fût persuadé de l'inefficacité d'un tel massacre, tant que le chef de la colonie serait sain et sauf, il s'interposa et les sauva d'une mort certaine. Cependant les mauvaises dispositions des grands de la province d'Anossi ne tardèrent pas à se révéler. Irrités de la perfidie dont Flacourt avait fait preuve à l'égard de l'un d'eux, ils cherchèrent l'occasion de le surprendre pour l'assassiner, espérant que, lui mort, il ne viendrait plus de Français dans l'île. A l'instigation d'Andrian Ramach, ils se réunirent à Fanshere, sous prétexte de régler une querelle de famille. En fait, ils se consultèrent sur les moyens à prendre pour se débarrasser de leurs ennemis. Ils mirent en avant différents projets que le commandant de Fort-Dauphin apprit dans la suite d'un indigène de ses amis, Rassambe Manghave. C'est ainsi qu'ils s'étaient proposé de le massacrer avec tous ses compagnons, s'il fût venu à la cérémonie de la circoncision qui eut lieu à Fanshere. Flacourt, qui s'était avancé à deux lieues du Fort, en fut averti à temps. Il ne leur échappa qu'à la faveur des ténèbres.

En même temps, une vaste conspiration s'ourdissait dans la province d'Anossi. Le roi avait donné l'ordre à tous les autres chefs de son territoire de se tenir prêts à marcher sur

Fort-Dauphin à la première alerte. S'il faut en croire l'ancien gouverneur, il ne se passait pas de jour sans qu'on vînt l'informer d'un nouveau complot tramé contre sa personne. La preuve de l'effervescence qui agitait les peuplades du sud devint bientôt évidente. Flacourt apprit coup sur coup l'assassinat d'un Français, nommé Guitaut, ainsi que la nouvelle d'un complot tramé par Ranicaze et les chefs malgaches. Ceux-ci avaient rassemblé une armée de plus de dix mille hommes. Une partie de cette troupe commandée par Andrian Machicore devait aller à la rencontre du lieutenant Laroche, parti à la recherche de Leroy ; le reste, sous la conduite d'Andrian Tserong, avait reçu l'ordre de surprendre Fort-Dauphin. Informé de leurs intentions, le gouverneur résolut de les attendre de pied ferme. Toutefois il ne laissait pas d'être inquiet sur le sort de Laroche qui n'avait pour se défendre que douze Français. Ces derniers furent en effet assaillis du côté d'Ivoule par Machicore, à la tête de six mille hommes, armés pour la plupart de sagaies et quelques-uns de mousquets qu'ils tenaient soit de Pronis, soit des matelots du capitaine Cocquet. Ils lui opposèrent une telle résistance qu'en dépit de leur petit nombre, ils le forcèrent à demander la paix et purent revenir au Fort. Deux de leurs hommes avaient été mis hors de combat. L'un d'eux, Nicolas Debonnes, avait été tué ; l'autre, blessé par les mousquets de l'ennemi[1].

Quant à Flacourt, prévenu à temps, il avait pointé une pièce de canon devant le Fort et mis tous ses gens sous les armes. Ce déploiement de forces obligea les indigènes à battre en retraite.

A peine les Français avaient-ils échappé à ce danger qu'ils apprenaient une nouvelle trahison de Ranicaze. Ce traître s'était entendu avec deux chefs malgaches pour dresser des embûches à quelques colons que l'on avait envoyés au village d'Icrabe pour y acheter du bétail[2]. Les Français découvrirent

1. Flacourt, éd. 1661, p. 275 et suiv.
2. Village de la province d'Anossi, situé un peu au-dessus de la pointe d'I-

par hasard le piège qu'on leur tendait, et s'emparèrent de Ranicaze que Flacourt ordonna de mettre aux fers. Voyant qu'ils avaient manqué leur coup, les chefs firent des propositions de paix au chef de la colonie. Mais Flacourt, que ces intrigues réitérées rendaient de plus en plus défiant, les repoussa[1].

Dès lors, il se prépara sérieusement à la lutte. Il augmenta la défense du Fort et dépêcha au lieutenant Leroy de retour à Manamboule quatre nègres pour lui recommander de rassembler le plus de Manamboulois qu'il pourrait. Il l'avertit toutefois de se défier de ses auxiliaires. Cet avertissement ne fut que trop justifié par les événements. Le 1er octobre 1650, neuf Français arrivaient de Manamboule. Ils apportaient au gouverneur de tristes nouvelles. Andrian Carindre, chef des troupes recrutées par Leroy, s'était laissé gagner par les présents des grands et avaient fait massacrer à Maropia[2] dans un odieux guet-apens Leroy et dix-neuf de ses compagnons qui avaient recueilli des cristaux dans la rivière de Saint-Augustin[3].

Au milieu de toutes ses luttes contre les naturels, Flacourt était contraint d'entendre les murmures de ses subordonnés qui craignaient sans cesse de manquer de vivres. Pour les apaiser, il chargea vingt-cinq d'entre eux d'aller chercher du bétail à Imours, village situé à quelques lieues du Fort (10 septembre 1650). Il était plus difficile de se procurer du riz dans un pays sans cesse ravagé et qui n'offrait que l'aspect d'un désert. Flacourt se trouva alors pris à son propre piège, et fut obligé d'envoyer des colons en acheter au loin, du côté de Manghabé et de l'île Sainte-Marie, ce qui nécessita la construction d'une barque.

Tandis que les Français étaient occupés à la construction de cette barque, ils furent de nouveau attaqués par Andrian

tapère (voir Flacourt, éd. 1661 : Carte de Carcanossi, vallée d'Amboule et partie du pays des Machicores en l'isle de Madagascar).
1. Flacourt, édit. 1661, p. 282.
2. Village situé entre les fleuves Manampany et Mandrare.
3. Flacourt, éd. 1661, p. 289 et suiv., p. 44 : Lettre d'Angeleaume.

Ramach, qui s'avança contre le Fort avec dix mille hommes (22 janvier 1651). Le gouverneur, ayant remarqué que les mousquets de la petite troupe d'avant-garde ne dispersaient pas les indigènes assez vite, donna l'ordre de tirer un coup de canon, qui les mit tous en fuite.

Voyant qu'il ne pouvait ni fléchir Flacourt par les prières, ni le vaincre par les armes, Ramach confia à un indigène la mission de corrompre les esclaves attachés au service des colons. Cet indigène devait conseiller à l'un d'eux de mettre le feu aux principales cases, et pendant qu'on s'efforcerait d'éteindre l'incendie, le roi d'Anossi viendrait fondre sur les Français avec une nombreuse troupe. Mais l'esclave sollicité avertit Flacourt, qui ordonna de trancher la tête de l'espion, et de la suspendre à un poteau pour inspirer une terreur salutaire à ceux qui seraient tentés d'imiter sa perfidie [1].

Il est facile de concevoir qu'avec des dispositions aussi malveillantes de la part des chefs indigènes, qu'au milieu de toutes ces surprises, de toutes ces embûches, il n'était pas facile de se ravitailler.

Sans cesse menacés de la disette, les colons murmuraient contre le gouverneur. Celui-ci, d'autre part, ne savait quand viendrait le navire qu'il attendait de la Compagnie. Pour se procurer des vivres, il fit enlever pendant la nuit du 12 mai 1651, à huit lieues du Fort, le chef le plus puissant de la province d'Anossi, Andrian Ramach, et ne lui rendit la liberté qu'après en avoir reçu cent bœufs et cent paniers de gomme. En même temps, il se hâtait de faire achever la barque qui devait aller chercher du riz à Manghabé.

Désespérant de résister longtemps encore aux attaques incessantes et aux surprises des indigènes, il se résolut à frapper un grand coup en se défaisant de l'ennemi le plus redoutable, Andrian Ramach. Par ses ordres, le 19 juillet 1651, en réponse à une légère provocation, un détachement composé de quatre-vingts hommes tant français qu'indigènes et commandé par

---

1. Flacourt, éd. 1661, p. 295.

Angeleaume envahit le magnifique district de Fanshere. Tout fut dévasté et mis à feu et à sang. Les cases des plus pauvres, comme celles des plus riches, devinrent la proie des flammes ; les récoltes furent ravagées ou détruites par l'incendie, le bétail emmené comme butin. Les soldats de Flacourt massacrèrent tous les naturels qu'ils rencontrèrent ; les femmes et les enfants ne furent pas épargnés. Le roi d'Anossi lui-même, qui avait eu le temps de s'enfuir avec un de ses fils n'échappa point à cet horrible massacre ; il fut tué au passage d'une rivière. Ainsi périt à l'âge de cinquante et un ans, cet homme qui, dans sa jeunesse, avait été victime du prosélytisme effréné des capitaines de navire portugais, et qui, dans son âge mûr, devait tomber sous les coups de quelques aventuriers français. La manière dont les soldats de Flacourt se conduisirent dans ces tristes circonstances ne sauraient trouver des défenseurs en un siècle éclairé ; il n'en est pas moins vrai que ce massacre, que ce pillage ne suffirent pas à satisfaire le gouverneur sans pitié qui doit en porter la responsabilité. Peu de temps après (10 septembre 1651), le village de Hatere éprouvait le même sort que Fanshere[1].

Un mois s'était à peine écoulé depuis ces tristes événements que Flacourt s'embarquait pour Ghalemboule, où il comptait s'approvisionner de riz. C'était une imprudence et on lui a reproché cette faute avec raison[2]. En effet, le souvenir des actes de cruauté et de barbarie qu'il avait laissé commettre ou qui avaient été commis par ses ordres, était encore présent à l'esprit des indigènes. N'était-ce pas leur fournir l'occasion d'en tirer vengeance que de s'absenter pour un aussi long voyage ? Le devoir du gouverneur n'était-il pas de rester à Fort-Dauphin pour prévenir les complots et protéger sa petite troupe contre les naturels irrités ?

A son arrivée à Ghalemboule, Flacourt rencontra un maître

---

1. Flacourt, *Histoire de Madagascar*, 1661, p. 299 et 407 : Lettre de Poirier à de Beausse.
2. Victor Charlier, *Univers pittoresque, Afrique*, t. IV : *Iles Madagascar, Bourbon et Maurice*, p. 15.

de village qui s'engagea à lui fournir une grande quantité de riz. Là, il reçut la visite de quatre Français de l'île Sainte-Marie, qui lui annoncèrent la mort de quatre de leurs camarades, et se plaignirent de l'insalubrité du climat de ce pays. Ils le supplièrent de les ramener à Fort-Dauphin; ce que Flacourt leur promit lorsqu'il en eut obtenu toutes sortes de renseignements sur les ressources de l'île et ses habitants. Après avoir achevé la traite du riz, il appareilla pour l'île Sainte-Marie, où il débarqua le 12 novembre. Dix jours après, il mettait à la voile pour Fort-Dauphin avec les Français qui avaient demandé leur retour.

Pendant l'absence de Flacourt, les Français avaient continué leurs ravages, se livrant à de fréquentes incursions sur les montagnes voisines, brûlant les villages, emmenant des prisonniers et du bétail. Après le retour du chef de la colonie, c'est encore la même histoire monotone et sanglante. Les Français surprennent les indigènes, lorsqu'ils sont à l'écart et divisés, les obligent à se réfugier dans les bois et sur les montagnes, attaquant les villages à la pointe du jour, répandant partout la terreur et l'épouvante. Les naturels, se voyant affamés et sans ressources, ne pouvant plus cultiver la terre en sûreté, ni jouir en paix de ce qu'ils possédaient, prirent en grand nombre le parti de venir se soumettre au joug du vainqueur. « En sorte que, dit Flacourt, de tout le païs de Carcanossi, tant du Nord que du Sud, il y eut bien trois cens maîtres de villages, tant Rohandrians, Anacandrians que Voadziri et Lohavohits[1] qui vinrent prêter serment pour racheter leur vie, diseient-ils, leurs terres et leurs possessions : ils me firent aussi promettre de jurer solennellement, comme je fis, de les rendre point à leurs maîtres, en cas qu'ils vinssent faire leur paix, ainsi qu'ils avaient ouï dire qu'ils avoient dessein de venir. Pendant deux mois sont venus au Fort se soumettre Dian Tsissei, Dian Ravaha, femme de Dian Mandonboue et plusieurs autres Rohandrians, comme aussi Dian Manangha qui me

---

1. Ce sont les grands de cette province que Flacourt désigne ainsi. Voir, éd. 1661 : *Explication de quelques termes.*

vinrent visiter avec cent soixante nègres de sa suite, et m'amena son fils et son neveu pour demeurer avec moi. » Le chef de la colonie montra dans cette circonstance une attitude arrogante à l'égard des vaincus[1]. Il leur imposa de très dures conditions : ils devaient quitter le service des grands et payer tous les ans un tribut, appelé *fahensa*. Les principaux chefs qui demandèrent la paix ne furent pas mieux traités. Il exigea de Tserong qu'il vînt s'humilier en personne devant lui et « lui demander pardon de la faute qu'il avoit faite en entreprenant une guerre si injuste, et témoigner qu'estant descheu de la seigneurie du païs, il falloit qu'il reconneust Louis de Bourbon pour son roy, son seigneur et son maistre ». Il réclama, en outre de cet Andrian quatre mille deux cents bœufs comme indemnité et réparation du tort qu'il avait causé aux Français. Tserong tenta de négocier et de lui faire comprendre l'énormité des conditions qu'il lui imposait. L'inexorable gouverneur ne voulut rien rabattre de ses prétentions.

Certains chefs n'osaient pas venir le trouver pour lui faire leur soumission, dans la crainte qu'il ne les fît périr. L'impitoyable gouverneur, qui était lui-même très défiant à l'égard des indigènes, n'eut pour eux aucune parole rassurante. Quant à ceux qui, comme Machicore, se refusaient à demander la paix, ils étaient poursuivis jusqu'au fond de leurs retraites, et assurés de voir leurs villages pillés et incendiés. C'était inévitablement les réduire au désespoir[2].

Dès lors, en effet, ils se défendirent en désespérés. Andrian Panolahé, Andrian Tserong, Andrian Boulle et plusieurs autres chefs se retirèrent avec leurs femmes et leurs enfants au village de Mangharanou où ils avaient emporté ce qu'ils avaient de plus précieux. De là, ils menaçaient de venir brûler et saccager

---

1. On peut s'en rendre compte par la gravure insérée dans sa Relation (éd. 1661, p. LIX-1) sous le titre : « Réduction des habitants de la province de Carcanossi en l'isle Madagascar à l'obéissance du Roy par serment solennel faict par les Grands et députés de tout le pays entre les mains du s^r de Flacourt, Commandant au Fort-Dauphin en ladite isle au mois de juin 1652. » Assis sur un escabeau et l'insigne du commandement à la main, il regarde d'un œil superbe ces malheureux qui se prosternent à ces pieds.

2. Flacourt, éd. 1661 : Avant-Propos du second livre, et p. 315-323.

les domaines de tous ceux qui s'étaient soumis au gouverneur. Ils espéraient ainsi isoler les Français en terrorisant ceux qui étaient devenus leurs alliés, ou seraient tentés de leur prêter main forte. C'est ainsi que Andrian Boulle vint piller, avec huit cents hommes, les villages qui avaient accepté le joug du gouverneur. Mais il fut repoussé avec perte. N'ayant pu réussir dans leur tentative en employant la violence, ils recoururent à la ruse pour se débarrasser des Français. Andrian Panolahé, le plus audacieux de ces chefs, s'en alla voir Flacourt, sous prétexte de lui faire sa soumission. Le gouverneur, dont la vanité se trouvait flattée par cette démarche d'un des principaux chefs du pays, crut à la sincérité de ses paroles et lui permit de rebâtir son village de Fanshere, à la condition toutefois qu'il reviendrait au bout d'un mois avec sa femme et ses enfants. Cette soumission n'était qu'une ruse. En effet, Flacourt apprit peu de temps après que le chef indigène s'en était allé rejoindre, au pays de Matatane, son allié Tserong, pour y fomenter de nouvelles révoltes et soulever tous les habitants de ce pays contre les Français. Le chef de la colonie qui ne comprenait pas que son excessive rigueur était la cause de toutes ces perfidies, donna l'ordre au lieutenant Angeleaume de partir pour la vallée d'Amboule, afin de s'emparer de la personne de Tserong. Ce dernier, ayant appris le danger qu'il courait, préféra se rendre lui-même au Fort, dans la crainte d'être maltraité par les gens de Flacourt, s'ils réussissaient dans leur tentative.

Il rejeta toutes ses fautes sur Ranicaze qui, à l'entendre, l'avait poussé à la résistance, et promit tout ce qu'on voulut. Mais Flacourt, qui avait été déjà trompé par Panolahé, exigea qu'il lui payât comptant cent gros d'or et lui remit cent bœufs. Il l'obligea en outre à demeurer au Fort, ou bien à laisser son fils aîné en otage jusqu'à l'arrivée de sa femme. Huit jours après, Flacourt recevait quatre-vingts gros d'or et cent bœufs. Andrian Ramouza, fils de Tserong, qui avait été retenu comme otage, obtint dès lors sa liberté. Avant son départ, le gouverneur lui rendit un objet rempli de caractères arabes, nommés *hiridzi* et crut le moment opportun pour faire un peu de prosélytisme. Non seulement il s'étudia à détourner le jeune homme de ses vieilles croyances et de ses superstitions, mais il l'exhorta à embrasser la religion chrétienne. Il lui fit espérer « qu'après cela Dieu l'assisterait et le rendrait après dans le monde plus puissant, plus redouté et plus heureux qu'il n'avoit jamais esté »[1].

Peu de temps après, s'offrit à Flacourt une nouvelle occasion de convertir les Malgaches au christianisme. Plusieurs nobles, dont les ignames ne pouvaient pousser à cause de la grande sécheresse, vinrent lui demander un *ody* pour amener la pluie. Le gouverneur leur fit comprendre la sottise de leur demande. Il leur déclara qu'ils étaient bien naïfs de s'imagiginer qu'un simple mortel pût commander aux éléments, puisque Dieu seul s'était réservé ce pouvoir. Il les avertit de se défier de leurs ombiasy, qui les trompaient en leur persuadant qu'ils se faisaient obéir par la nature animée et inanimée. Enfin il les invita à changer de manière de vivre et à devenir chrétiens, en les assurant qu'ils obtiendraient ainsi de Dieu tout ce qu'ils lui demanderaient[2].

Malgré ses tentatives pour amener les Malgaches au catholicisme, le gouverneur n'était pas rassuré sur leurs intentions à son endroit. Aussi se tenait-il toujours sur ses gardes. Cette prudence fut encore justifiée par l'événement. Après s'être imposé toutes sortes de sacrifices, après s'être dépouillés de leurs plus belles parures, de leurs plus riches pagnes, de leurs armes les plus précieuses, dans le seul dessein de mieux dissimuler leurs projets de violence et d'entretenir l'insouciance de Flacourt, après lui avoir fait des protestations de soumission pour mieux masquer une nouvelle prise d'armes, les indigènes répandirent toutes sortes de faux bruits pour induire les Français en erreur[3]. En réalité, ces fausses nouvelles avaient pour but de dissimuler un nouveau complot des chefs

---

1. Flacourt, éd. 1661, p. 321 et suiv.
2. Flacourt, éd. 1661, p. 336.
3. Flacourt, *ibid.*, p. 336 et suiv.

malgaches contre les membres de la colonie. En effet, le 16 mai 1653, Flacourt reçut la visite de Ramouza qui venait lui apporter de nouvelles propositions de paix de la part de Panolahé. Le chef indigène s'engageait, si le gouverneur consentait à envoyer trente hommes dans la plaine de Fanshere, à payer en leur présence le reste de son *saze*[1]. Flacourt, qui se doutait avec raison de quelque guet-apens, n'accepta pas la proposition. Chaque jour il apprenait une nouvelle ruse des indigènes pour se défaire de leurs ennemis. Au commencement d'août, ils répandirent le bruit que plusieurs navires étaient passés en vue du pays des Ampâtres et de Manantengha. Ils espéraient ainsi déterminer le chef de la colonie à laisser partir des colons dans ces parages et pouvoir les massacrer tous, les uns après les autres. Mais Flacourt ne tint aucun compte de cette nouvelle. De dépit, les grands décidèrent de rassembler une nombreuse troupe pour aller ravager les terres de tous ceux qui ne voudraient pas abandonner le parti des Français. Sur l'ordre de Flacourt, Angeleaume marcha contre eux avec vingt-huit Français et quarante indigènes bien armés. Il les rencontra près du village d'Amboule Tsignane[2] et en fit un tel carnage que « le lendemain matin l'herbe tout à l'entour de leur fort, estoit aussi ensanglantée, suivant l'expression de Flacourt, comme si l'on y eut coupé la gorge à plus de trente bœufs ». Les plus riches des Andrians qui survécurent à ce désastre abandonnèrent leurs villages, leurs champs de riz, leurs bœufs et leurs vivres pour rejoindre Panolahé. Persuadé que leur fuite n'avait d'autre but que d'entraîner celle des indigènes qui gardaient le riz des Français, et de l'affamer, Flacourt ordonna à un de ses lieutenants de s'emparer de Machicore, chef puissant, pour le contraindre, sous peine de mort, à empêcher la fuite de ses sujets. Pris et emmené à Fort-Dauphin, le chef indigène fit comprendre au gouverneur que, si lui-même n'était présent

1. Amende pécuniaire ou mulctuaire (Flacourt : *Explication de quelques termes*, éd. 1661).
2. Voir carte générale et carte particulière de Flacourt, éd. 1601.

au milieu de ses sujets, le riz ne serait pas cultivé. Flacourt, qui commençait à se rendre compte des mauvais effets de son système d'intimidation, se montra cette fois plus accommodant : il laissa partir Machicore, après avoir gardé son fils aîné et deux de ses neveux comme otages. Pour le gagner à sa cause, il lui promit que, s'il consentait à reconnaître le roi de France pour maître, à user de son influence auprès des autres chefs pour leur faire payer les tributs imposés et les engager à se soumettre, il lui accorderait en retour un pouvoir semblable à celui dont avaient joui Andrian Tsiamban et Andrian Ramach.

Machicore tint parole. Quelque temps après, il apporta à Fort-Dauphin (octobre 1653) la tête d'un grand du pays des Ampâtres qu'il avait surpris au moment où il allait saccager le pays d'Anossi à l'instigation de Andrian Panolahé et Andrian Tserong et avertit le gouverneur des projets de ces derniers. Ces pillages, ces ravages incessants avaient engendré la famine dans la province d'Anossi et par suite la disette parmi les colons. Sans la fuite des grands, la colonie n'aurait pu subsister, car tout le riz qu'avaient semé les Français, avait été gâté « par leurs malices ». Le gouverneur ordonna de cueillir le riz et les ignames de ceux qui avaient abandonné leurs champs. Grâce à cette nouvelle récolte, il eut assez de vivres pour nourrir Fort-Dauphin pendant trois mois [1].

III

La pacification apparente : Départ clandestin de Flacourt. — La tempête l'oblige à revenir à Fort-Dauphin. — Mécontentement des colons. — Départ d'Angeleaume pour Mozambique, 1654. — Complot de Couillard contre le chef de la colonie. — Soumission d'Andrian Panolahé. — Flacourt envoie des lettres à de Loynes et à des capitaines de navire pour demander du secours. — Arrivée d'un navire du duc de La Meilleraye et de Pronis. — Déception des colons. — Flacourt s'embarque pour la France (12 février 1655).

Néanmoins, Flacourt était inquiet pour l'avenir. Les indi-

---

1. Flacourt, éd. 1661, p. 336-359.

gènes paraissaient terrorisés, mais il n'était point difficile de s'apercevoir, à de nombreux indices, qu'ils n'avaient pas abandonné toute idée de révolte. Le moyen de résister longtemps à de nouvelles agressions avec une petite troupe, affaiblie par des luttes incessantes, dévorée par la fièvre, épuisée par les privations, et réduite à soixante-dix hommes? Du renfort, il n'en fallait guère espérer. Contrairement à ses promesses, la Compagnie n'avait envoyé, depuis le départ du nouveau gouverneur, aucun vaisseau dans les eaux de l'océan Indien, et il ne semblait pas qu'elle fût disposée à se départir de son indifférence. Quant aux vivres, il en avait sans doute pour trois mois encore, mais ce laps de temps écoulé, la disette ne serait-elle pas de nouveau en perspective? Sans nouvelles de sa famille, de sa patrie, sans espoir de secours et de renfort, convaincu que les associés avaient renoncé à leur entreprise, le chef de la colonie, qui croyait avoir accompli la partie la plus difficile de sa tâche, en réduisant les indigènes à merci, se résolut à passer en France pour informer la Compagnie de sa triste situation [1]. Il voulut s'éclairer lui-même sur ses intentions, sur le parti qu'elle comptait prendre au sujet de la colonie naissante [1], et suivant l'expression d'Angeleaume, « faire diligenter les affaires » [2]. Il se prépara à ce long voyage et confia l'administration de la colonie à deux de ses lieutenants, Angeleaume et Couillard.

Mais dans la crainte que les colons ne vinssent mettre obstacle à son projet il garda le silence sur ses véritables intentions. La seule raison qu'il leur donna de son prochain départ ce fut la nécessité qui s'imposait à lui d'aller acheter des provisions et des munitions de guerre aux Portugais de Mozambique [3].

---

1. Brochure, *Éloge de feu de M. de Flacourt*; *Défense pour Marie de Cossé*, par Lordelot, p. 3.
2. Flacourt, *Histoire de Madagascar*, 1661 : Lettre d'Angeleaume à Desmartins, p. 403.
3. Flacourt déclare y avoir été contraint par les matelots. « L'année mil six cent cinquante-trois, je fis renforcer une grande barque de quarante tonneaux que j'avois fais bastir pendant la guerre, et résolus de l'envoyer à

Le 23 décembre 1653, une grande barque de quarante tonneaux, à la construction de laquelle on avait longtemps travaillé, quittait le rivage de Fort-Dauphin, emportant le gouverneur et quelques matelots vers la côte d'Afrique. Quelle ne fut pas la surprise de l'équipage lorsqu'à une faible distance, suffisante toutefois pour que la barque fût hors de vue de la côte d'Anossi, Flacourt donna l'ordre au pilote de faire route vers la France! Par malheur, après quelques jours de navigation, il s'éleva une violente tempête qui obligea le gouverneur à renoncer à son projet et à diriger les voiles dans la direction de l'île Maurice où il espérait trouver un refuge[1]. Il ne fut pas plus heureux dans cette tentative, et trop faible pour résister à la violence des flots, la barque dut revenir à Madagascar.

Après une absence de vingt jours, il rentrait dans l'anse

l'île Maurice ou à Mozambique, demander secours des Hollandois ou aux Portugais, d'autant que la munition de guerre nous manquoit : mais comme elle fut preste à partir, les matelots ne voulurent point s'embarquer que je n'y fusse en personne : et encor voulurent-ils aller en France, ce que je fus contraint de leur accorder. » Ailleurs, il attribue sa décision à l'influence de deux charpentiers qui lui avaient dit « il y avoit longtemps que, si ce n'estoit pour aller en France, ils ne travailleroient point à la barque ». Son lieutenant Angeleaume, dans la lettre qu'il écrivait à Desmartins, se bornait à dire que « de Flacourt s'était embarqué pour aller en France », sans faire retomber la responsabilité de ce départ pour la France sur les matelots. Il est donc difficile de savoir exactement à quoi s'en tenir à ce sujet. On peut toutefois remarquer que le gouverneur n'était pas homme à se laisser contraindre. C'est pourquoi nous avons cru plus juste d'admettre qu'il avait résolu ce voyage et qu'il l'avait accompli de son plein gré (v. Flacourt, éd. 1658, brochure, p. 13; 1661, p. 363 et 413).

1. Legentil prétend à tort que Flacourt a doublé le cap de Bonne-Espérance. « M. de Flacourt, dit-il, dans le siècle dernier, pour revenir de Madagascar, a doublé le cap de Bonne-Espérance dans une simple barque : je ne doute pas que ce ne soit ainsi que je le dis » (*Voyage dans les mers de l'Inde*, t. II, p. 802 : Lettre à M. de La Nux).

Nous ne voyons rien dans le texte de l'historien de Madagascar qui puisse autoriser une telle affirmation. Voici seulement ce qu'il nous a relaté : « Le 29 décembre, un des matelots me vint dire que la mer estant ainsi haute, il n'y avoit pas apparence, que nous pussions passer outre, et que si je voulois faire route à l'isle Maurice, le vent nous y pourroit mener. *Je lui dis que je le voulois bien, puisqu'il n'y avoit pas apparence que nous pussions passer outre*..... et le lendemain la mer n'estant plus rude, nous estant retirés d'un si mauvais climat, nous taschâmes à faire la route de l'isle Maurice » (Flacourt, éd. 1661, p. 362).

Dauphine (13 janvier 1654). Son retour à la colonie fut accueilli par des murmures. Avertis sans doute de ce qui s'était passé durant le voyage par les matelots qui y avaient pris part, les colons adressèrent de violents reproches à leur chef. Ils lui manifestèrent tout leur mécontentement de n'avoir pas été informés de la vérité; ils l'accusèrent d'avoir voulu se débarrasser d'eux en les abandonnant à la merci des insulaires. Le devoir du gouverneur, disaient-ils, n'était-il pas de rester à son poste? Pouvait-on s'expliquer une telle conduite de la part d'un homme auquel ils avaient témoigné tant de dévouement, pour qui ils avaient exposé leurs vies, et supporté tant de souffrances? Était-ce là le prix de leurs services, la récompense de la bravoure dont ils avaient fait preuve dans tant de circonstances, et de l'endurance qu'ils avaient montrée durant toute la lutte qu'il avait entreprise contre des gens perfides et acharnés à leur perte? Ils ne se contentèrent pas de lui faire comprendre toute l'indignation qu'un tel acte leur inspirait; excités sans doute par Couillard, ils tinrent dans les cases des conciliabules secrets où l'on délibéra sur l'attitude à prendre à l'égard du gouverneur. Si grande devint leur irritation que plusieurs lui refusèrent obéissance, et prétendirent ne plus reconnaître d'autres chefs que ceux qu'il avait préposés lui-même au commandement de la colonie. Tous ces témoignages de mécontentement, tous ces reproches amers, toutes ces plaintes, n'émurent pas outre mesure Flacourt qui, dans cette circonstance, comme en plusieurs autres, sut montrer une grande fermeté. Joignant l'habileté à la fermeté, il parvint à les apaiser en leur affirmant que, s'il avait entrepris ce voyage en France, c'était avec la seule intention d'aller réclamer de la Compagnie les moyens d'assurer leur retour dans leur patrie, ou s'il ne pouvait les obtenir, de leur amener du renfort pour achever la conquête de l'île. Calmés par cette explication que Flacourt voulut bien leur donner de sa conduite, et entraînés par l'exemple des lieutenants Laroche et Couillard qui firent leur soumission, ils se rendirent aux sommations de leur chef et jurèrent tous de lui obéir et de lui rester fidèles.

Cependant la soumission de Couillard n'était pas sincère. Cet homme, qui se voyait frustré du commandement par le retour de Flacourt, résolut d'user de tous les moyens pour le recouvrer et, dès ce jour, il songea à se débarrasser de celui qui était le principal obstacle à l'exécution de ses desseins ambitieux[1]. L'occasion s'en présenta bientôt.

Flacourt ayant proposé à Angeleaume d'aller à Mozambique pour demander au gouverneur de ce pays « quelques gens d'Église, du secours, des munitions » et le prier de faire remettre des lettres pour les associés de la Compagnie de l'Orient, ainsi que pour saint Vincent de Paul, le perfide lieutenant dressa une requête qu'il fit signer par trente-cinq colons. Cette requête engageait le gouverneur à accompagner Angeleaume dans son voyage à Mozambique. On lui montrait tous les avantages de ce voyage : de Mozambique il lui serait facile de se rendre à Goa d'où il pourrait gagner la Syrie et ensuite la France par la voie la plus courte, la voie de la Méditerranée. Flacourt refusa, alléguant comme raison qu'il avait résolu de rester encore une saison au Fort, dans l'espoir qu'il viendrait un navire de France cette année-là.

Toutefois ce voyage de Mozambique avait sa raison d'être. Si l'on possédait encore des vivres, les colons n'en étaient pas moins dépourvus de linge. Le gouverneur lui-même n'avait plus de chemises. Pour surcroît de malheur, les munitions manquaient, les armes étaient hors de service. En conséquence, sur l'ordre de Flacourt, la barque partit pour Mozambique, le 30 janvier 1654. Malheureusement, elle ne put tenir la mer. Angeleaume fut contraint de relâcher à la baie de Saint-Augustin. Il y laissa une lettre pour le premier capitaine anglais qui viendrait dans ces parages. Cette lettre, qui dépeignait la triste situation des colons, fut confirmée plus tard par celle que Philippe Poirier envoya à de Beausse[2].

Entre temps on avait annoncé à Flacourt qu'Antoine Couil-

---

1. Flacourt, éd. 1661, p. 363.
2. Flacourt, éd. 1661, p. 404 : Lettre d'Angeleaume à Desmartins ; Lettre de Philippe Poirier à M. de Beausse, p. 408 et 409.

lard conspirait contre lui avec les indigènes. Non content d'envoyer aux grands des munitions qu'il avait dérobées aux Français, le traître leur avait promis la tête de son chef. C'était le jour de Pâques qu'il se proposait de l'assassiner d'un coup de couteau. Ce projet lui était d'autant plus facile à exécuter qu'il prenait ses repas avec Flacourt, et qu'il se trouvait à toute heure auprès de lui.

Ce furent les colons qui avertirent le gouverneur de ce complot. Flacourt arrêta lui-même le misérable et l'enferma dans une maison de pierre.

Quant aux indigènes qui, d'après les ordres des grands, avaient été piller et massacrer ceux qui s'étaient alliés aux Français, le gouverneur les maintint sous son autorité avec son énergie habituelle. Le chef qui lui avait opposé jusqu'alors la résistance la plus acharnée, Andrian Panolahé, dut se soumettre. Bien plus, devenu vieux, et se voyant attaqué par tous les chefs à qui il avait fait la guerre, il prit le parti des Français. Afin de gagner la bienveillance du gouverneur, il le renseigna sur les machinations de Couillard dont il confirma la trahison. Il lui fit remettre un moule à balles et un fusil que lui avait donnés le perfide lieutenant et promit même de l'avertir de tout ce qui se tramerait contre sa personne. Peu de temps après, un autre chef, Andrian Ramouza, en butte également aux attaques des grands qui lui avaient enlevé ses trésors, imita l'exemple de Panolahé et jura à Flacourt de lui demeurer toujours fidèle.

Quant à ceux qui n'avaient pas désarmé, ils tentèrent un dernier moyen pour triompher des Français ; il résolurent de les prendre par la famine. On apprit bientôt que tous les indigènes d'Imours et autres villages voisins étaient prêts à partir avec leur bétail pour la vallée d'Amboule, sous la conduite d'Andrian Machicore. A cette nouvelle, le gouverneur fit partir un détachement chargé de se saisir de ce bétail, qui était rassemblé dans les villages. Cette expédition fut très fructueuse. Les Français y firent beaucoup de butin et Machicore fut emmené prisonnier à Fort-Dauphin. Flacourt, chose surprenante, poussa la condescendance et la loyauté jusqu'à promettre aux naturels de leur restituer le bétail qu'on leur avait enlevé, lorsqu'il aurait reçu son bétail de Manamboule. Comme les malheureux indigènes se plaignaient d'avoir été pillés, il leur rendit toutes les denrées que ses gens leur avaient prises. Le reste fut payé de dix gros d'or et de quatre livres de menilles de cuivre (12 juin 1654) [1].

Le gouverneur prévoyait d'ailleurs qu'il lui serait de plus en plus difficile de conserver l'attitude qu'il avait eue au début à l'égard des indigènes. Les renforts se laissaient toujours attendre. Ce fut une nécessité pour lui de se montrer plus accommodant. C'est ainsi qu'il offrit toutes sortes de présents à deux chefs indigènes, qui étaient venus le voir. Ces deux chefs étaient Andrian Mananghe, grand du pays des Machicores, et Andrian Ménasotroue, seigneur de la province d'Yongelahé [2]. Après avoir régalé Mananghe, il le chargea d'aller porter un paquet de lettres à Andrian Mahé qui habitait Saint-Augustin. Ces lettres étaient adressées, l'une à de Loynes, Secrétaire général de la marine, et les deux autres (dont une en latin) au premier capitaine anglais ou hollandais qui aborderait à Saint-Augustin. La lettre destinée au capitaine étranger exposait la déplorable situation de la colonie. L'autre implorait du secours et des nouvelles de France. Un capitaine hollandais reçut la première et répondit en exprimant ses regrets de ne pouvoir porter secours au gouverneur, à cause de la distance qui l'en séparait; mais il s'engagea à faire parvenir les autres lettres à leur destination [3].

Bien qu'elle ne promît aucun secours, cette réponse était comme le présage de meilleurs jours. Peu de temps après en effet (12 août 1654) on annonçait l'arrivée de deux navires français à Sainte-Luce. Sur ces navires se trouvait Pronis, accompagné du chirurgien de La Voye et d'un certain nombre de personnes, dont plusieurs étaient déjà venues à Madagascar.

1. Flacourt, éd. 1658, p. 14, brochure ; éd. 1661, p. 370 et suiv.
2. Pays de Saint-Augustin.
3. Flacourt, *Relation*, éd. 1661, p. 378 et 379.

Flacourt ne voulut pas tout d'abord ajouter foi à cette nouvelle. Cependant il fut bien obligé d'y croire lorsqu'il vit arriver au Fort deux Français inconnus à la colonie. Ces deux hommes n'étaient armés que d'un pistolet et d'une épée. L'un était de Belleville, lieutenant de La Forest-Desnoyers qui commandait les vaisseaux du duc de La Meilleraye ; l'autre, qui s'appelait Dujardin, avait autrefois habité l'île et était revenu en France par le *Saint-Laurent*.

Le lieutenant de Belleville remit au gouverneur une lettre du commandant. Par cette lettre, celui-ci lui apprenait qu'il avait l'ordre en se rendant à la mer Rouge de prendre des nouvelles de Flacourt. Il lui offrait son assistance en le priant d'agir de même à l'égard de ses gens. Il ajoutait qu'il amenait dans la colonie deux missionnaires et qu'il avait deux lettres à son adresse[1].

Ravi de cet événement inattendu, le gouverneur se montra très empressé pour les nouveaux venus. Accablés de fatigue et épuisés par une longue traversée, quatre d'entre eux n'avaient pu achever leur route et étaient restés à une lieue du Fort. Flacourt ordonna à ses gens de leur porter des vivres. Il envoya aussi des provisions aux navires mouillés à Itapère. Puis il écrivit à de La Forest pour lui annoncer le retour de Belleville à bord et son intention de le faire escorter jusqu'au navire par une douzaine de soldats. Le lendemain, il recevait une réponse du commandant. De La Forest apprenait au gouverneur qu'il était délaissé par les associés. On remit aussi à Flacourt, de la part du commandant, trois lettres, dont l'une émanait du surintendant Fouquet, un des principaux associés, et l'autre du frère de Flacourt, trésorier de l'extraordinaire des guerres au département d'Aunis et de Sointange. La troisième venait d'un des passagers, le P. Bourdaise. Le missionnaire s'excusait d'avoir égaré la lettre que saint Vincent de Paul lui avait remise pour le chef de la colonie[2].

Grande fut la déception de Flacourt. Pas un des associés ne

---

1. Flacourt, éd. 1658, p. 14; éd. 1661, p. 381.
2. Flacourt, éd. 1658, p. 15; éd. 1661, p. 382.

lui avait écrit, à l'exception de Fouquet et de son frère. Encore ne lui parlaient-ils en rien des affaires de la Compagnie. Ils se bornaient à lui recommander deux prêtres de la Mission. Il ne trouva pas moins étrange l'attitude du lieutenant de Belleville. Ce dernier niait la présence de Pronis et affirmait que le duc de La Meilleraye n'avait envoyé personne pour relever le chef de la colonie. Or on avait annoncé à Flacourt l'arrivée de Pronis. Ce silence et ces dénégations le jetèrent dans une profonde perplexité. Cependant il pensa que si Fouquet et son frère lui avaient écrit par cette voie, c'était apparemment avec des intentions favorables pour le duc de La Meilleraye. C'est pourquoi il se résolut à donner au commandant toute la satisfaction qu'il pourrait.

Trois jours après cet événement, La Forest arrivait au Fort avec le P. Bourdaise et une douzaine d'officiers suivis de volontaires. Il présenta à Flacourt deux lettres de La Meilleraye. Elles n'étaient guère plus rassurantes que celles de Fouquet. Le duc déplorait, il est vrai, l'abandon dans lequel se trouvait Flacourt; il lui offrait même du secours non seulement pour continuer l'entreprise commencée, mais encore pour l'étendre; il lui faisait savoir, qu'avec la permission du roi, il avait envoyé à Madagascar deux vaisseaux afin de se rendre compte des besoins du gouverneur et de faire explorer « divers autres lieux, où l'on pourroit faire un establissement solide, grand et asseuré »[1]; il terminait en invitant Flacourt à contribuer à cette œuvre par tous les moyens en son pouvoir, lui promettant son concours, s'il y donnait son adhésion ; mais il ne lui apprenait rien sur la situation de la Compagnie.

Le gouverneur demanda des explications au commandant. Celui-ci lui fit part des projets du duc de La Meilleraye. Il l'informa que ce dernier s'était rendu à Paris pour solliciter du roi la concession de Madagascar; mais il ajouta que pour lui

---

[1]. S'il faut en croire Savary des Bruslons (*Dictionnaire du Commerce*, t. I, p. 1338), le maréchal avait pris goût pour la colonie de Madagascar, sur les rapports favorables que lui en avait faits Pronis.

il avait seulement reçu l'ordre de déposer deux missionnaires dans l'île. Toutefois les passagers qui désireraient y rester y seraient autorisés. Quant à la présence de Pronis sur le navire *l'Ours*, elle ne pouvait en aucune façon inquiéter le gouverneur, puisqu'en sa qualité de capitaine du navire celui-ci devait retourner en France aussitôt après le chargement. S'il n'avait pas voulu qu'on lui fît connaître plus tôt la présence de l'ancien chef de la colonie, c'était afin de pouvoir la lui apprendre lui-même. Cette présence ne devait pas d'ailleurs lui porter ombrage, car il n'amenait aucun gouverneur pour la colonie. Il termina en l'assurant que le duc de La Meilleraye lui laissait la liberté « de faire tout ce qui était nécessaire de faire pour la charge de ses vaisseaux » et qu'il s'efforcerait en toute manière de lui être agréable.

Flacourt répondit à ces paroles courtoises avec la même courtoisie, promettant de rendre au duc tous les services qu'il pourrait, de ne rien cacher au commandant de ce qui serait avantageux ou utile dans l'île et le renseignant déjà sommairement sur ce qui méritait d'être acheté ou recherché.

Cependant les nouvelles que La Forest lui avaient apportées de France n'éclairaient pas davantage le gouverneur et le laissaient dans un cruel embarras. Le privilège de la Compagnie était expiré depuis deux ans, et les associés ne parlaient pas de l'état de leurs affaires. Il se pouvait que le duc de La Meilleraye continuât l'entreprise, mais que s'était-il passé en réalité entre le duc et la Compagnie? Aucun des nouveaux venus ne s'était expliqué sur ce point. Flacourt ne savait que penser de ce mystérieux silence[1].

Ce qui contribuait encore à accroître les difficultés de sa situation, c'étaient les murmures de ses soldats et des colons qui menaçaient de l'abandonner. Les yeux tournés vers la mer, ils avaient, pendant de longues semaines, attendu avec une vive impatience les navires qui devaient amener du renfort et qui seraient pour eux le salut.

---

1. Flacourt, *loc. cit.*, 1661, p. 385 et suiv.

Lorsque les voiles françaises étaient apparues, l'espoir était rentré dans les cœurs. Ils espéraient des nouvelles, des secours, des approvisionnements. Quelle ne fut pas leur déception lorsqu'ils apprirent la triste réalité !

De secours, point ; les matelots des deux équipages se trouvant dans un dénûment presque égal à celui qu'eux-mêmes subissaient depuis si longtemps. Aussi leurs plaintes devinrent-elles plus amères, leurs reproches plus violents. Ils réclamaient énergiquement des vêtements, du linge, des chaussures, et leur solde, qui n'ayant pas été payée depuis plusieurs années, s'élevait à une grosse somme. Indignés d'être retenus malgré eux, alors qu'ils avaient accompli leur temps de service, ils reprochaient à Flacourt d'avoir voulu prendre à la fois leur solde et leur vie en les laissant si longtemps sans secours et sans espoir de revoir jamais leur patrie. Leur mécontentement était tel qu'ils commençaient déjà à délibérer sur la décision à prendre et qu'ils offraient déjà leurs services à Pronis[1]. Flacourt se trouvait dans une situation sans issue. Ses faibles ressources avaient été épuisées par la durée de la lutte et les colons se mutinaient.

Il fut dès lors plus résolu que jamais à retourner en France pour s'assurer si, comme on paraissait le lui laisser entendre, le duc s'était fait continuer la concession de la Compagnie à ses risques et périls. Il se proposait de mettre les associés en demeure d'envoyer des secours aux colons, ou de les retirer de l'île, s'ils n'étaient plus décidés à poursuivre leur entreprise.

Dans ce dessein, il demanda à Pronis et à de La Forest l'autorisation de charger ses marchandises à moitié fret dans leurs navires[2]. Ceux-ci y consentirent, et un traité fut conclu entre le gouverneur et les agents du duc de La Meilleraye (1ᵉʳ septembre 1654). Ce traité qui nous a été conservé par la

---

1. Flacourt, édit. 1658, p. 15 ; édit. 1661, p. 386.
Dans la *Défense pour Marie de Cossé*, p. 23, Lordelot affirme que la triste situation de la colonie était encore prouvée par le traité conclu entre Flacourt et La Forest.

2. Flacourt, éd. 1658, brochure, p. 15.

plaidoirie de l'avocat Lordelot portait que les cuirs et autres marchandises appartenant à Flacourt seraient transportés en France sur les vaisseaux du duc à qui, suivant la coutume, la moitié reviendrait pour droit de fret; que le produit de la vente de ces marchandises serait consacré à payer les gages arriérés des soldats; que Flacourt resterait toujours gouverneur de l'île; que le commandant de La Forest et Pronis seraient tenus de lui fournir toutes les munitions nécessaires pour la conservation de Fort-Dauphin; que le duc de La Meilleraye serait obligé d'accorder le passage gratis aux Français qui voudraient retourner dane leur patrie; que ceux qui consentiraient à demeurer dans l'île passeraient à la solde du duc, mais resteraient sous l'autorité de Flacourt; que les vivres, tant riz que bétail, dont se seraient approvisionnés La Forest et Flacourt, seraient employés en commun à la subsistance du Fort; enfin qu'il serait loisible à Flacourt de retourner en France, auquel cas le duc de La Meilleraye lui accorderait le passage gratuit sur son navire, et où il lui serait nommé un successeur jusqu'à nouvel ordre [1].

En conséquence de ce traité, de La Forest fournit à Flacourt tout ce qui était propre à la subsistance et à la défense du Fort, vin, eau-de-vie, meubles, ustensiles de toute sorte, voiles, poudre et canons. Il fit plus : il lui céda quelques-uns de ses soldats qui devaient aller habiter l'île Bourbon et leur donna les choses nécessaires pour y établir une nouvelle colonie. Tous les autres soldats qui étaient au service de La Meilleraye demeurèrent sous les ordres de Flacourt [2]. C'est ainsi que Flacourt mit fin aux murmures des colons. Pronis lui

---

1. Flacourt, *Histoire de l'isle Madagascar*, éd. 1661, p. 387, 388; Lordelot, *Défense pour Marie de Cossé, veuve de La Meilleraye*, factum, p. 7 et 8; Thoisy, fol. 441, Bibl. nat. D'après Lordelot dans ce traité Flacourt « parle en maistre et en commandant » (*ibid.*, p. 72).

2. D'après l'avocat Lordelot (*Défense pour Marie de Cossé*, p. 1) cela est justifié par le certificat des soldats, par le traité de 1654 et par les Relations. — Voir aussi, *ibid.*, p. 34 : « Il est constant que Flacourt a reçu des secours considérables du sieur de La Forest, et qu'il luy a fourni les munitions nécessaires pour la conservation du Fort. Cela se voit par un mémoire signé de sa main, dont la répétition est naturelle et légitime ».

proposa d'ailleurs de lui prêter son concours au cas où quelque révolte viendrait à éclater.

Mais le gouverneur n'eut plus rien à redouter de ce côté. Tous ses soldats lui conseillèrent de s'en aller en France pour connaître par lui-même les intentions de la Compagnie. Si vive était leur joie qu'ils promirent de ne point contracter d'engagement avec le duc de La Meilleraye, avant d'avoir été informés du retour de leur chef ou d'avoir reçu les nouvelles instructions des associés. Ils jurèrent de rester au Fort et déclarèrent qu'ils étaient prêts à obéir à celui que Flacourt chargerait du commandement[1].

Parmi les cinquante Français que le gouverneur avait sous ses ordres, il ne s'en trouvait pas un capable de commander, à l'exception du lieutenant qui avait voulu attenter aux jours de son chef. Or il eût été dangereux de le laisser impuni. Flacourt le fit donc déporter avec sept Français à l'île Bourbon. Ces exilés avaient l'ordre de s'adonner à la culture du tabac et de rechercher dans l'île tout ce qu'il y avait de plus propre à être importé en France. Puis Flacourt confia à Pronis le gouvernement de la colonie, à la condition toutefois que le nouveau chef lui remettrait le commandement en cas de retour[2]. Ce qui détermina surtout le gouverneur au choix de Pronis pour lui succéder, c'est que ce dernier avait plus d'expérience que tous ses autres subordonnés. « D'autant, dit-il, que le sieur Pronis ayant servy les seigneurs en cette qualité pendant sept années, j'ai jugé qu'il n'y avoit personne plus capable que luy. »

Avant son départ, Flacourt fit preuve d'une certaine prévoyance. Après avoir chargé ses cuirs sur le navire, il dressa un inventaire de quelques objets qu'il laissait au Fort. Il ne voulut pas quitter Fort-Dauphin sans s'être rendu compte, encore une fois par lui-même, des richesses que pouvait con-

---

1. Flacourt, éd. 1658, brochure, p. 15.
2. *Ibid.*, éd. 1661, p. 393. D'après l'avocat Lordelot, *Défense*, p. 10, 11 et 29, cela se voit à la fin du traité de 1654 et dans le certificat de Flacourt, daté du 8 janvier 1655.

tenir dans son sein le pays environnant. En compagnie du commandant La Forest, il s'en alla explorer une montagne voisine qui passait pour renfermer de l'or. Soucieux aussi, à juste titre, d'assurer des subsistances aux colons pendant son absence, il prit quelques mesures assez heureuses. C'est ainsi qu'il envoya quelques Français, sous la conduite de La Courneuve, aux pays de Ghalemboule, de Manamboule et d'Amboule, pour s'y approvisionner. Le 30 décembre 1654, ces hommes revenaient de Manamboule avec deux mille têtes de bétail. Six semaines après, Goascaer, lieutenant de Pronis, rapportait de Ghalemboule une grande quantité de riz qui fut emmagasiné au Fort. Ces approvisionnements lui paraissant encore insuffisants, Flacourt ordonna à ses gens d'aller cueillir le riz qu'il avait fait planter dans les environs. La récolte fut abondante. Elle donna douze cents paniers qui, ajoutés aux autres produits que l'on possédait fournirent une quantité de vivres suffisante pour nourrir la colonie pendant un an [1].

L'inexorable gouverneur acheva son administration par des actes de conciliation. Le 14 janvier 1655, Ramandrouac, fils de Andrian Mitowe, et Maimiri, fils de Andrian Raval, vinrent le trouver de la part de leurs parents. Ils le supplièrent de défendre aux Français de Manamboule de se joindre aux enfants de Panolahé pour leur faire la guerre. Flacourt leur promit d'y veiller, mais à la condition qu'ils s'engageraient eux-mêmes à ne pas attaquer les enfants de Panolahé devenu son allié. Il remit en conséquence à Ramandrouac une lettre pour son lieutenant La Roche à qui il interdisait d'inquiéter Mitowe. Puis, il régla un différend que celui-ci avait avec les enfants et les neveux de Panolahé au sujet de la terre d'Ionghaïvou, en partageant cette terre équitablement. Ces mesures prises et ses préparatifs terminés, il prit congé de La Forest et de Pronis et s'embarqua pour la France sur le navire *l'Ours* (12 février 1655)[2].

1. Flacourt, éd. 1658, brochure, p. 16, éd. 1661, p. 388 et suiv.; *Défense pour Marie de Cossé*, p. 10 et 29.
2. Flacourt, éd. 1661, p. 410 et suiv.
Mitowe était chef du pays d'Icondre et Raval du pays d'Itanterra.

Les événements auxquels nous venons d'assister prouvent que les associés avaient été bien inspirés et s'étaient montrés clairvoyants en confiant au directeur général de la Compagnie de l'Orient la mission d'aller rétablir l'ordre à Fort-Dauphin. Les désordres qu'avait entraînés la néfaste administration de Pronis exigeaient en effet un homme probe, intègre, et assez énergique pour maintenir les colons dans le devoir ; on a pu constater, au cours de ce récit, que Flacourt avait fait preuve de ces qualités. Aussi, sous son gouvernement, aucune rébellion grave n'éclata parmi les colons, en dépit du mécontentement que provoquèrent chez eux toutes sortes de privations et surtout son départ clandestin. Par malheur, la Compagnie avait montré moins de perspicacité en chargeant son directeur de favoriser le développement du trafic dans l'île. Elle s'était trompée sur le compte de cet homme qu'elle avait cru entièrement dévoué à ses intérêts. Elle avait rêvé négoce, profits, argent ; Flacourt, exploits, gloire, conquêtes. Elle avait espéré que la principale préoccupation du nouveau gouverneur serait d'amasser une ample récolte des produits de l'île ; celui-ci, imbu du déplorable esprit de ses devanciers et d'un grand nombre de ses contemporains, avide de satisfaire ses désirs belliqueux, avait tout sacrifié au souci de plaire à la Cour, et consacré tous ses efforts à prendre possession de ce pays au nom du Roi.

Flacourt s'était illusionné sur ses forces. La petite troupe qui était à son service était insuffisante pour tenter une pareille entreprise. Un tel projet ne pouvait être mis à exécution qu'avec beaucoup d'habileté et des forces considérables, avec des troupes bien aguerries et bien ravitaillées. Pour conquérir une île aussi étendue, pour établir la domination de la France sur d'aussi vastes territoires, ce n'était pas assez de quatre-vingts hommes, ni même de cinq cents. N'ayant pas le nombre de soldats nécessaires pour triompher des Malgaches en une seule expédition, Flacourt a voulu suppléer au nombre en les terrorisant, en intervenant dans leurs luttes sous le beau prétexte de l'équité et de la justice, en les ruinant en détail, en ravageant leurs récoltes, en mettant tout à feu et à sang. D'autre part, par suite de l'incurie et du gaspillage de son prédécesseur, il n'avait pas les vivres indispensables pour subsister longtemps. De là de fréquentes razzias afin de se procurer du bétail et de se ravitailler. On connaît les sanglantes représailles qui en résultèrent, représailles dont Leroy et ses compagnons seront les victimes, comme Bouguier l'avait été de celles qu'entraîna l'administration de Pronis. On a vu comment le chef de la colonie avait lui-même subi les conséquences de son système d'intimidation, comment il avait été en proie à la disette, réduit à la dernière extrémité, poussé à quitter son poste pour aller au loin en quête de provisions et de munitions, au risque même de perdre le fruit de ses conquêtes, réduit à entreprendre le voyage de France pour implorer du secours d'une Compagnie qui le croyait occupé de négoce, de profits et non de conquêtes ! En vérité, il n'y avait pas un aussi grand mérite qu'on l'a souvent dit, à oser s'aventurer sur les mers avec une faible embarcation et un équipage insuffisant. Peut-on excuser le gouverneur d'avoir délaissé sa colonie dans les circonstances les plus critiques, après le pillage de Fanshere, le massacre d'Andrian Ramach et d'une foule d'indigènes, de s'être exposé lui-même à toutes sortes de dangers, sans se soucier de ce qui pouvait advenir aux colons, s'il venait à périr pendant la traversée? Quelque désespéré qu'il pût être, quelque légitime que fût son anxiété, n'était-il pas de son devoir de demeurer au Fort, afin de pourvoir aux besoins et à la conservation de la colonie par tous les moyens dont il pouvait disposer et de ne point laisser détruire l'œuvre dont lui-même et Pronis avaient jeté les fondements?

En usant du système d'intimidation à outrance, il commettait d'ailleurs une grave imprudence, car, s'il pouvait parvenir à soumettre les indigènes, il manquait des moyens nécessaires peur prémunir les colons contre de nouvelles agressions, auxquelles on devait toujours s'attendre de la part de gens qui ne songeaient qu'à la vengeance, ainsi que le montreront les événements qui surviendront peu de temps après son départ définitif pour la France.

Joignez à cela qu'en faisant d'une politique violente la base de ses relations avec les Malgaches, il n'a pu réaliser qu'une partie de ses projets. C'est cette politique compressive et toute militaire qui l'a empêché de servir les intérêts de la Compagnie, autant qu'il l'aurait peut-être voulu. Quelles relations commerciales pouvait-il, en effet, entretenir avec des gens auxquels il ne laissait d'autre alternative que la soumission à un joug de fer, ou la fuite ?

C'est aussi cette politique qui a entravé ses projets de colonisation religieuse et d'initiation à la civilisation. En quoi celui qui multipliait les pillages, les razzias, les incendies, les massacres pouvait-il favoriser la tâche des missionnaires?

On a vu les différends que l'inexorable gouverneur avait eus à ce sujet avec le P. Nacquart, hostile aux procédés des Portugais, partisan de la conquête des âmes par la douceur, la persuasion, le bon exemple, mais non par les armes et la violence. Les inconvénients de cette politique ne sont pas moins évidents lorsque l'on voit Flacourt s'efforcer de détourner de leurs préjugés, de leurs superstitions pour les tourner vers un Dieu de justice et de bonté des gens auxquels il donnait lui-même l'exemple de l'injustice et parfois de la cruauté, et les naturels ne se laisser point prendre aux belles paroles de celui qui se posait auprès d'eux en justicier, en représentant de la civilisation, tout en imitant leurs procédés barbares, tout en cherchant toutes les occasions de leur ravir leurs troupeaux et d'augmenter ses ressources à leurs dépens[1].

Enfin cette politique n'était guère favorable à l'exécution de ses projets d'exploration; elle n'était pas de nature à lui permettre d'éclairer ses contemporains sur un pays dont on connaissait à peine les ressources, dont on ignorait en grande

---

1. On connaît l'argument qu'un Malgache opposait un jour à un missionnaire : « Vous venez voler votre terre, piller le pays et nous faire la guerre, et vous voulez nous imposer notre Dieu, disant qu'il défend le vol, le pillage et la guerre! Allez, vous êtes blancs d'un côté et noirs de l'autre, et si vous passiez la rivière, ce n'est pas nous que les caïmans prendraient » (de Quatrefages, *L'Espèce humaine*, p. 341).

partie les mœurs, les coutumes. Aussi est-il permis de s'étonner que lui-même et ses gens aient pu se livrer à des observations géographiques et ethnographiques dans des contrées où ils étaient contraints d'être sans cesse sur leurs gardes, où les chefs recommandaient à leurs sujets le silence sur les ressources qu'elles offraient. Il n'en est pas moins certain qu'au point de vue militaire, commercial et religieux, l'ancien gouverneur avait été dupe de sa propre politique colonisatrice, de son système d'intimidation, comme la Compagnie avait été elle-même dupe de son choix.

Il est vrai que si la Compagnie de l'Orient s'était trompée sur les intentions de son gouverneur, celui-ci, de son côté, s'était mépris sur les desseins de la Compagnie. En entreprenant la conquête de l'île, il espérait recevoir des associés les renforts qu'ils lui avaient promis. Cela explique qu'il n'ait point hésité à affaiblir ses forces pour mettre ses projets belliqueux à exécution. On doit d'ailleurs reconnaître que, s'il a employé un système de colonisation fort contestable, il a eu du moins le courage de persévérer dans la ligne de conduite qu'il s'était lui-même tracée, et que, s'il s'est exagéré ses mérites comme conquérant, il n'en a pas moins fait preuve d'une grande fermeté. Sans doute ses gens, ne recevant point de secours, sans cesse à la veille de manquer de vivres, étaient stimulés par l'appât du butin et résolus à attaquer et à se défendre en désespérés; sans doute, ils étaient bien unis pour la cause commune, et bien soumis à leur chef; sans doute, s'ils manquaient de munition de guerre, les quelques armes à feu et canons qu'ils possédaient leur donnaient une supériorité incontestable sur des ennemis divisés, sur des gens qui ne détestaient rien tant que leurs voisins et étaient mis en fuite par la moindre détotonation; mais Flacourt ne pouvait opposer à la multitude des malgaches qu'une petite troupe; ses lieutenants et ses soldats avaient contre eux l'ignorance du pays, les privations, la maladie, le découragement qui s'empare dans un pays éloigné de tout homme qui se voit sans secours, sans nouvelles de la mère-patrie et les faibles détachements de la petite colonie devaient montrer beaucoup d'endurance et d'ingéniosité au milieu des conditions nouvelles de terroir et de climat qui leur étaient imposées. D'un autre côté, il faut savoir d'autant plus de gré à Flacourt de sa persévérance qu'il eut à lutter à la fois contre les embûches que lui dressaient les naturels et les menées sourdes de quelques Français qui voulaient gagner les sympathies des chefs indigènes ou supplanter leur chef. C'est grâce à la prudence et à l'énergie dont il a toujours fait preuve au milieu de difficultés sans cesse renaissantes que plusieurs massacres de Français ont pu être évités et que le sud de l'île a été conquis à la France. Mais hâtons-nous d'ajouter que, si cette conquête était agréable à Flacourt et pouvait l'être à Louis XIV, elle ne faisait point les affaires de la Compagnie qui n'en tiendra aucun compte[1].

1. Flacourt dit lui-même, en parlant des associés, « ne reputans en rien la possession des païs qu'ils ont acquis, quoy que ce fust beaucoup » (éd. 1658, broch., p. 2).

LIVRE III

L'OEUVRE SCIENTIFIQUE DE FLACOURT

Nous avons vu que si la politique adoptée par Flacourt avec les indigènes avait entravé ses projets de commerce et d'initiation religieuse, elle n'avait pas empêché toutefois ses explorations ni celles de ses lieutenants d'être fructueuses. Ce n'est pas en vain que Flacourt a visité l'île Sainte-Marie, vu Fenerive, la bouche du Maningory, et parcouru les environs de Fort-Dauphin[1]. Ce n'est pas en vain, non plus, que ses lieutenants et en particulier, Leroy, Descots, Angeleaume, ont mené de front les expéditions, les razzias et les observations relatives aux ressources du pays et aux mœurs des habitants dans la plus grande partie de la région australe.

De tous ces voyages Flacourt a recueilli une nombreuse collection de plantes ou de minéraux, et surtout une quantité de renseignements qui lui ont permis, dès avant son départ de Fort-Dauphin, d'écrire d'amples mémoires[2] qu'il publia peu de temps après son retour en France (1658), sous le titre d'*Histoire de la grande isle Madagascar*[3]. Ces mémoires qu'il a

---

1. A. Grandidier, *Hist. la géogr.*, ouv. cité : Tableaux, p. 207-212.
2. *Mémoires de la Mission*, t. IX, p. 205 : Lettre de M. Mounier à l'abbé d'Ennemont, 5 février 1655.
3. A quelle époque Flacourt a-t-il commencé à composer son ouvrage ? Il est

consacrés, non seulement au récit des événements qui ont eu lieu sous son administration, mais encore à la description du pays et des habitants, ne sont pas sans doute uniquement le fruit de ses observations personnelles ou de celles de ses subordonnés. Ils ne sont pas non plus entièrement inspirés des traditions ou des légendes qui vivaient encore dans le souvenir des naturels. Le vieil historien de Madagascar a pu prendre et a probablement pris une partie de ses renseignements dans les cartes, les relations des voyageurs de son temps qu'il nomme, ou de certains auteurs qu'il a omis de citer. Mais la plupart de ses descriptions sont d'une telle naïveté qu'elles excluent l'hypothèse d'un simple travail de composition, et nous pouvons le croire, lorsqu'il nous dit qu'en publiant son livre sur Madagascar il a voulu nous faire connaître le plus consciencieusement possible ce que les naturels lui avaient caché, et ce qu'il avait vu, connu, appris et remarqué dans cette île pendant le long séjour qu'il y a fait. On comprend de suite, en parcourant son ouvrage, qu'il n'a rien négligé de ce qui pouvait lui permettre de s'éclairer, de compléter ou de rectifier ses lectures. Soit qu'il nomme, soit qu'il passe sous silence, on sent toujours qu'il n'accepte pas une opinion sans l'avoir contrôlée et souvent vérifiée sur les lieux mêmes.

Comme notre vieil auteur était en situation de bien connaître le pays et qu'il porte le cachet de la vérité, nous lisons son livre avec la plus vive curiosité. Et l'on ne saurait dissimuler que cette curiosité trouve souvent de quoi s'y satisfaire. Sans aller jusqu'à nous prendre d'une excessive admiration pour la richesse et la précision des renseignements que l'on doit à Flacourt, sans aller jusqu'à comparer son œuvre aux remarquables travaux de notre temps, il est permis de ne point partager l'opinion de ceux qui lui refusent toute estime, sous

difficile de le dire d'une façon précise, l'auteur n'ayant pas pris soin d'en informer le lecteur. Cependant il semble y avoir travaillé dès l'année 1656. Nous lisons en effet sur le plan de l'îlot d'Anossi : « L'islet au Fort d'Anossi, levé sur les lieux par le sieur de Flacourt, 1656. » C'est probablement dans le courant de l'année 1657 qu'il l'a terminé, puisque le permis d'imprimer lui a été donné, comme il le dit lui-même, le 12 octobre 1657.

le seul prétexte qu'ils ne rencontrent point chez lui des observations complètes et véritablement scientifiques. Certes le vieil historien n'est pas un savant dans le sens où nous entendons ce mot aujourd'hui, mais à son époque il pouvait paraître tel et puis qu'il a fourni des données précieuses à la géographie et à l'ethnographie et même à la science de la colonisation, nous ne voyons pas de raison pour dénier à son œuvre tout caractère scientifique.

Nous y distinguerons trois parties principales :

1. L'œuvre géographique ;
2. L'œuvre ethnographique ;
3. Le plan de colonisation ou les théories d'un homme d'action.

Cette troisième partie est comme la synthèse et le couronnement des deux autres. Elle contient l'exposé des vues sur la colonisation de Madagascar que les explorations ou les observations ont fait naître dans son esprit. Ce sont le plus souvent les conseils inspirés par l'expérience qu'il avait acquise, ce sont les théories d'un homme d'action.

Notre tâche consistera ici à mettre en relief les innovations, les informations, les investigations qui doivent lui être attribuées, en un mot la part d'originalité qui lui revient. Pour parvenir à notre but, il nous sera nécessaire de démêler les sources auxquelles il a puisé et de comparer les renseignements qu'il a fournis à ceux que nous avons déjà trouvés chez ses devanciers. Quant à la part d'exactitude qui lui revient, elle apparaîtra plus nettement à la lumière des renseignements recueillis par les explorateurs qui l'ont suivi.

CHAPITRE PREMIER

L'œuvre géographique de Flacourt.

Faibles progrès des connaissances cartographiques pendant le séjour de Flacourt à Fort-Dauphin. — Part d'originalité et d'exactitude de Flacourt dans sa carte générale : situation astronomique, relief, hydrographie fluviale, configuration. — Cartes spéciales et plans. — Innovations dans la nomenclature.
Faibles progrès des connaissances descriptives pendant le séjour de Flacourt à Fort-Dauphin. — Part d'originalité, de sens critique, de sincérité et d'exactitude dans sa description générale et dans ses descriptions particulières : dénomination, situation, dimensions, relief, hydrographie fluviale, littoral, climat, ressources, végétales, animales et minérales. — Appréciation générale.

On sait que jusqu'à l'année 1648, les publications cartographiques n'avaient donné de Madagascar qu'une idée fort vague, très incertaine et incomplète. Depuis cette date jusqu'à l'année 1656 pendant laquelle Flacourt a établi sa carte générale, les connaissances géographiques sur la grande île avaient fait peu de progrès. Les cartes que nous ont laissées quelques géographes ou voyageurs de cette période (notamment celles de Widde, 1650; Cauche, 1651; Sanson, 1655); n'étaient pas meilleures que celles de l'époque antérieure sur lesquelles elles semblent avoir été copiées plus ou moins servilement. Elles n'avaient pas mieux fait connaître le littoral, ni l'intérieur. Cependant elles portaient un certain nombre de noms nouveaux, et l'on avait appris le nom de 4 caps ou pointes, 7 bouches de rivières, 8 îles, 11 ports, baies ou villages [1].

---

1. Sur ce nombre il faut compter, pour la côte orientale, 1 cap, 3 bouches de rivières, 7 ports ou baies et villages ; — pour la côte méridionale, 1 village ; — pour la côte occidentale, 3 caps, 4 bouches de rivières, 8 îles, 3 ports, baies ou villages. Voir A. Grandidier, *Histoire de la géogr.*, éd. 1892, p. 41 *k, e*; 44, 1, 89-129.

Flacourt qui a eu entre les mains la carte de Fr. Cauche et peut-être celle de Sanson, ne dit pas s'être inspiré de ces cartes pour dresser la sienne. Mais, ainsi qu'il le déclare lui-même, il a eu recours à quelques cartes étrangères, du moins pour la désignation de certains lieux et de certaines localités qui n'avaient point été visités par les Français. « Il a été nécessaire, dit-il, que dans ma carte générale de l'île, je me servisse aux lieux et côtes qui n'ont point encore été connus par nous autres Français des noms que l'on voit dans les cartes imprimées, lesquels ont été imposés par les Portugais aux caps, havres et terres qu'ils ont vus, sur les bords de la mer[1]. » Quelles sont ces cartes imprimées? C'est ce qu'il est difficile d'affirmer, Flacourt n'en ayant fait connaître les auteurs en aucun passage de son livre.

Toutefois si l'on examine les anciennes cartes de Madagascar, on ne peut s'empêcher de remarquer, que de toutes ces cartes, deux seulement donnent à la pointe de l'île la forme toute spéciale qu'elle a également sur celle de Flacourt et qu'elles sont dues à des géographes portugais, l'une à Lazaro Luiz, 1560; l'autre à Vaz Dourado, 1571[2]. Il n'est donc pas téméraire de penser qu'elles ont été entre les mains de l'ancien gouverneur. Mais celle qui semble lui avoir servi de modèle serait (comme le croit M. Grandidier)[3] la carte de Lazaro Luiz. En effet, l'île Sainte-Marie, trop éloignée de la terre ferme, sur celle de Vaz Dourado, est au contraire relativement bien placée sur les cartes de Lazaro Luiz et de Flacourt.

Quoi qu'il en soit, notre vieil auteur ne paraît pas avoir fait preuve de beaucoup d'originalité dans la construction de cette carte, bien qu'il assure l'avoir dressée sur les lieux[4].

Sans doute il a pu obtenir des indigènes et des Français qui avaient accompagné Pronis, ou se trouvaient sous ses ordres,

---

1. Flacourt, éd. 1661 : Avant-Propos.
2. Renseignements personnels dus à M. Grandidier.
3. A. Grandidier, *Histoire de la géogr. de Madagascar*, éd. 1892, p. 40, 4 d, et Atlas, 1892, pl. 7 c.
4. Dédicace de la carte de Flacourt à Fouquet, Bibl. nat., Section des cartes, Klaproth.

des renseignements qui lui ont permis de rectifier quelques erreurs ou de combler quelques lacunes des cartes antérieures, mais il est probable qu'il n'a pas marqué ses positions géographiques (à un très petit nombre d'exceptions près) d'après des observations personnelles.

On ne trouve, en effet, dans son livre aucun passage permettant d'affirmer qu'il se soit servi d'instruments astronomiques, de l'astrolabe ou de l'arbalestrille pour déterminer ses latitudes.

On ne sera donc point surpris que sa carte n'ait apporté aucune amélioration à la carte de Pedro Reinel et aux cartes antérieures à 1648 en général, en ce qui concerne la situation astronomique. Les latitudes que Flacourt attribue à la grande île (11° 12′ pour la pointe septentrionale ; 25° 50′ pour l'extrémité méridionale) offrent même encore moins d'exactitude que les latitudes données par Pedro Reinel[1].

Au surplus, on remarque sur la carte de Flacourt beaucoup d'autres points dont la latitude est erronée. Ce reproche peut surtout s'appliquer à ceux qui se trouvent dans le voisinage de Fort-Dauphin et qui avaient été déterminés non par des marins, mais par des Français qui avaient parcouru le pays.

L'idée que cette carte donne du relief n'est guère plus satisfaisante. Sans doute, il ne faut point s'étonner de n'y point rencontrer la véritable disposition des chaînes de montagnes que nous connaissons aujourd'hui, puisque lui-même et ses subordonnés n'ont guère exploré que la région australe, et que, jusqu'à ces trente dernières années, on a eu sur le système orographique de la grande île des idées presque entièrement fausses[2] ; mais on était en droit d'attendre des données plus précises, plus détaillées, sur les plateaux, les collines, les vallées de la région qu'il avait fait explorer. En revanche, on

---

1. On se souvient que Pedro Reinel avait placé le cap d'Ambre par 11° 30′, et le cap Sainte-Marie par 25° 35′, et l'on sait que les latitudes vraies sont pour ces deux points, 11° 59′ 52″ et 25° 38′ 55″ (voir A. Grandidier, *Hist. de la géogr.*, ouvrage cité, p. 52).

2. A. Grandidier, *Hist. de la géogr.*, 1892, p. 41, note *m* et p. 67.

est agréablement surpris de voir la chaîne longitudinale, qui traverse l'île du nord au sud, passer sur la carte de Flacourt plus près de la côte orientale qu'on ne le voyait sur celles des auteurs antérieurs [1].

Cette heureuse innovation lui a permis de montrer, contrairement à ce qu'indiquaient certaines cartes de l'époque précédente, et ce qu'indiqueront encore dans la suite bon nombre d'auteurs, que les cours d'eau prenaient leur source beaucoup plus près de la côte orientale que de la côte occidentale. En outre, par une conséquence nécessaire, les fleuves du versant oriental n'apparaissent point sur sa carte, comme cela se pouvait constater auparavant, aussi longs que ceux du versant occidental.

On peut donc dire sans être taxé d'exagération qu'elle est la première qui ait relativement fait connaître la plupart des rivières qui arrosent le pays. Mais nous avons le regret de remarquer que bon nombre de ces rivières sont mal placées. C'est ainsi qu'il a placé à tort les rivières de Tentamani (Tentamo) et d'Andrasady, au sud du Mangoro [2]. Les positions des sources de certaines autres ne sont pas moins erronées. Par exemple, la source du Manampani et celle du Mananghare se trouvent, sur sa carte, indiquées trop au sud, tandis que celle

---

1. Jusqu'à l'année 1871 on avait cru que l'île était divisée par une chaîne centrale dont les ramifications s'étendaient graduellement vers l'est et vers l'ouest. M. Grandidier a montré que le système orographique de Madagascar est tout autre (*Revue scientifique*, mai 1872). Grâce aux travaux de ce célèbre explorateur et de ceux qui l'ont suivi, on connaît aujourd'hui la délimitation de la chaîne de partage des eaux, le contraste des deux versants, la hauteur des principaux sommets, les directions, les liaisons, les limites des massifs montagneux, les limites sud et nord du massif central, la structure, l'aspect, la pente et l'altitude de certains plateaux de la côte occidentale (Bongo-lava) et d'un plateau au-delà de la côte orientale (Ikongo), etc. — Voir *Histoire de la géogr.*, loc. cit., p. 67 et 68; Oliver, *Madagascar*; Cortese (*Bollet. geog. Soc. ital.*, septembre 1888); Catat (*Bulletin de la Société de géogr. de Paris*, 3ᵉ trim., 1891, rapport de M. Maunoir); Douliot (*Annales de géographie*, janvier 1892, note de M. Marcel Dubois); d'Anthouard (*Bulletin de la Société de géogr. de Paris*, 4ᵉ trimestre 1893 ; rapport Maunoir); E. Gautier (*Annales de géographie*, avril et octobre 1893, *C. R. de la Soc. de géogr. de Paris*, février 1893; Besson (*Bull. de la Soc. de géogr. de Paris*, 3ᵉ trim. 1893).
A. Grandidier, *Hist. de la géogr.*, 1892, p. 41, note *m* et p. 67.

2. A. Grandidier, *Hist. de la géogr.*, éd. 1892, p. 101, note 11.

du Mangoro est indiquée trop au nord. Ajoutez à cela que plusieurs d'entre elles, telles que le Manangourou, sont représentées, contrairement, à ce que nous apprennent les cartes actuelles, comme se déversant à la mer par plusieurs bouches[1].

En dépit de ces inexactitudes, on doit reconnaître que la carte de Flacourt offre d'heureuses innovations sous le rapport de l'hydrographie fluviale.

Par contre, elle n'avait guère apporté d'amélioration à la configuration de Madagascar.

Depuis Fort-Dauphin jusqu'à la baie d'Antongil, la côte court à peu près en ligne droite, présentant peu de points saillants, dépourvue de grandes découpures, de grandes baies, et par suite facile à lever. C'est ce qui explique que son orientation et sa configuration apparaissent à peu près exactes sur la carte de Flacourt[2].

Mais il n'en est pas de même de la partie nord-est, de celle qui s'étend depuis la baie d'Antongil jusqu'au cap d'Ambre et avait déjà été reconnue par les navigateurs de l'époque. Cette côte est tracée d'une manière tout à fait différente de ce que l'on peut voir sur les cartes actuelles. A l'exemple de plusieurs de ses devanciers et contrairement à ce qu'avait déjà indiqué Hondius, notre vieil auteur l'a fait courir toute droite et suivant le 81e méridien, ce qui est très inexact[3]. Bien mieux, au lieu de terminer l'île en pointe, il l'a représentée rectangulaire avec une large ouverture au milieu et deux caps aux angles, le cap Saint-Sébastien, qui doit être placé plus bas, et le cap Natal, ou cap d'Ambre.

Le tracé de la côte occidentale ne nous donne pas plus de

---

1. A. Grandidier, *Hist. de la géogr.*, ouvr. cité, p. 43, note 2.
La division de Manangourou en plusieurs bouches est reproduite d'une manière très évidente sur la carte spéciale que Flacourt a laissée de l'île Sainte-Marie et des pays voisins (voir éd. 1658 et 1661).
La rivière Sakalite, indiquée par Flacourt, n'est point connue dans le pays (A. Grandidier, *Bull. de la Soc. de géogr. de Paris*, juillet-déc. 1867, p. 386).
2. A. Grandidier, *Hist. de la géogr.*, p. 42, note 2.
Quant à l'île Sainte-Marie, Flacourt a exagéré ses dimensions.
3. Id., *ibid.*, p. 41, note *m*.

satisfaction. On sait que Flacourt ne l'avait jamais visitée et que ses subordonnés n'avaient vu que la baie de Saint-Augustin. Il n'est donc pas étonnant que le dessin de cette côte soit grossier et inexact. Les contours n'y sont pas meilleurs que sur les cartes de Pedro Reinel (1517) et de Wilde (1650)[1]. Par suite de la forme rectangulaire qu'il a attribuée à la partie septentrionale, l'orientation du littoral nord-ouest n'est pas conforme à la réalité. Elle ne l'est pas davantage du reste, pour la partie centrale, qui est presque en ligne droite, sans convexité, et pour ainsi dire sans concavité (à l'exception de l'anse de Mansiatre), défaut que l'on constatait déjà sur les cartes antérieures. Quant aux découpures du littoral nord-ouest, elles sont véritablement énormes et ne portent aucune désignation ou des désignations erronées, comme cette baie à laquelle il donne le nom de Diego Soarez et qui ne paraît être autre que la baie de Mahajamba.

Enfin la côte méridionale est trop arrondie[2] et le cap Sainte-Marie n'y figure même pas.

Quelque insuffisante et inexacte que puisse être la carte de Flacourt pour les régions septentrionale, centrale et occidentale, on n'en doit pas moins reconnaître qu'elle est la première qui ait donné une bonne idée d'ensemble de la région orientale. Elle a du reste servi longtemps de base à toutes les cartes publiées dans les Atlas ou dans les Relations[3].

La cartographie spéciale et locale a fait aussi quelques progrès, grâce à Flacourt. Il est le premier, à notre connaissance, qui ait laissé une carte de la province d'Anossi, de la vallée d'Amboule, du pays des Machicores, des pays de Ghalemboule,

---

1. A. Grandidier, *Hist. de la géogr.*, p. 43, note 1, et 44, note 1.
2. A. Grandidier, *ibid.*, ouvr. cité, p. 41, m.
3. D'après M. Grandidier, *Hist. de la géogr.*, éd. 1892, p. 234 et suiv. : Tableaux), elle aurait été copiée ou imitée par plusieurs géographes du xviii° siècle, entre autres G. Blaeu (Atlas, 1659), du Val (Atlas, 1661), Sanson fils (Atlas, 1667, 1669, 1674, 1697, carte d'Afrique), le P. Coronelli (1689, carte d'Afrique en 6 feuilles), Frédéric de Witt (1700, Atlas maritime, carte des Indes orientales), de l'Isle (1700, carte d'Afrique), Mandelslo (1727, carte de Madagascar), d'Anville (1727, carte de l'Éthiopie orientale), Drury (1729, *Robert Drury's Journal*, janvier 1760, carte de l'Afrique).

Sahaveh, sans parler des plans de Fenerive, de la baie Dauphine, de Fort-Dauphin. Mais on ne saurait dissimuler tout ce qu'il y a de défectueux et d'incomplet dans ces cartes. Elles ne permettent pas de se faire une idée du relief de ces contrées, de la distribution et de la direction des vallées, etc. Quant à la carte de l'île Sainte-Marie que nous devons à Flacourt, elle est encore très grossière. Non seulement la côte orientale se dirige toute droite vers le nord-est, mais la côte septentrionale est trop arrondie et ne porte pas la pointe marquée sur nos cartes.

Toutes ces lacunes et ces erreurs de la cartographie de Flacourt ne doivent pas toutefois nous faire oublier qu'il a eu le mérite, soit dans sa carte générale, soit dans ses cartes particulières, d'indiquer le nom, jusqu'alors inconnu, de 31 bouches de rivières, 2 caps, 2 îles, 2 lacs et 10 localités, tant sur la côte orientale que sur la côte méridionale [1].

---

1. Flacourt a indiqué le premier :
1° Sur la côte orientale :
a) Les bouches de rivières suivantes* :
Bouches du Manantsatran (Manansatrou).
Bouche du Maningory (Manangourou).
Bouche de l'Onibé (Ongbébé).
Bouche de l'Ivondrona (Ivonrhon).
Bouche de Sakanila (Sacaville).
Le confluent du Sahasaka et du Tantamo (Tentamani).
Bouche du Mangoro (Manghourou).
Bouche du lac Rangazana (Harangazavak).
Bouche du Mamoroma (Morombei).
Bouche du Faraony.
Bouche de l'Itampolo (Itapoule).
Rivière de Manamo (Mananhave).
Bouche du Mangatsiotra (Manghasiouts).
Bouche du Manambato.
Bouche du Mananara, rivière formée par le Menaharaka, l'Inaivo et l'Itomampy (Manangari — Mangharac — Ionghaivou — Itomampo).
Bouche du Massanaka (Massianak, anse du Borgne).
Bouche de la rivière Manambodro (Manambodrou).
Bouche du Sandravinany (Sandravinangha).
Bouche d'Andringitana (Andraghinta).
Bouche du Manampanihy (Manampani).
Bouche de l'Isama (Same).
Bouche du Mananivo (rivière d'Itapere).

* Les noms entre parenthèses sont les désignations de Flacourt.

Enfin, bien que notre vieil auteur ne se soit pas attaché à nous fournir dans ses cartes des indications précises sur la distribution des richesses végétales, animales et minérales, on voit néanmoins avec plaisir qu'elles n'en sont pas entièrement dépourvues. C'est ainsi qu'il nous apprend que le pays situé au-dessus de la baie Saint-Augustin, probablement le Fierenana, est un pays très fertile, la Terra de la Gada (Menabé) un pays riche en bétail, le pays des Machicores (probablement Bara) un pays de pierres, etc.

Nous avons essayé de mettre en lumière les progrès que la cartographie de Flacourt accuse sur celle de ses devanciers ; il nous reste maintenant à rechercher ceux que ses descriptions accusent sur les descriptions de l'époque précédente.

* Bouche du Lengorano (Lengoranou).
  b) Les îles suivantes :
  Nosy-Manghabé.
  Nosy-Arivo.
  c) Les localités suivantes :
  Tamatave (Tametavi).
  Manano.
  Mangatsiotra (Manghasiouts).
  Ranombo (Andranghambé).
  Masianaka (Masianach).
  Manambodro (Manambodrou).
  Sandravinany (Saudravinangha).
  Soarano.
  Lokava (Loucar).
  2º Sur la côte méridionale :
  a) Les bouches de rivières suivantes :
  Fitoraka (Fitora).
  Confluent à l'Ifiaka, du Fanjahira et de l'Akondro (Acondre — Fanshere — Tranovato — Jinorona).
  Ony (Ongh).
  Mandrary (Mandrerei).
  Manambovo.
  b) Les baies suivantes :
  Anse de Karimboly.
  Baie des Masikoro (Machicora).
  c) Les caps suivants :
  Eola (Heholahé).
  Ranavalona (Ranevatte).
  a) Les lacs suivants :
  Limpomany.
  Sivora.
  c) Village de Limpomany.

Mais auparavant il importe de se rendre compte de la richesse et de la valeur des renseignements dus à quelques voyageurs contemporains de notre auteur, entre autres Cauche et Powle Waldegrave.

Depuis l'année 1648 jusqu'à l'année 1655 les quelques ouvrages qui avaient été publiés n'avaient guère comblé de lacunes au point de vue des dimensions, du relief, de l'hydrographie fluviale et côtière du littoral et du climat. Cauche avait sans doute laissé dans sa Relation quelques données sur les monts Ambohitsmenes, la rivière et les environs de Fanshere, la baie de Port-aux-Prunes et le climat de Sainte-Luce, mais cet auteur mérite peu de confiance, car il a parlé de voyages qu'il n'avait point entrepris et de pays qu'il n'avait pas visités, tels que ceux de Vohemar et d'Antongil et l'île Sainte-Marie [1]. Par contre, ce même voyageur et Powle Waldegrave (nous laissons de côté les opinions de Vincent le Blanc, dont la relation est remplie de fables et d'erreurs), avaient apporté quelques renseignements nouveaux et relativement exacts sur les ressources de la grande île. Cauche avait mentionné un grand nombre de plantes, d'animaux et de minéraux, inconnus jusqu'alors, et avait même parfois indiqué les endroits où il était possible de les rencontrer. Bien mieux, il avait rectifié les erreurs que les auteurs précédents avaient répandues sur la faune de l'île. « C'est une chose esloignée de vérité, disait-il, et pourtant escrite par d'autres, que cette isle soit infestée de lions, de tygres, de leopards et éléphants [2]. » Mais, s'il avait parlé avec assez d'exactitude des ressources des pays de Matatane, des Ampâtres et d'Anossi où il s'était livré à la traite, il semble s'être montré trop enthousiaste dans l'opinion qu'il a formulée sur la richesse et la fertilité de l'île [3]. Powle Wal-

---

1. Morizot, *Voyage de Fr. Cauche*, ouvrage cité, passim; Flacourt, 1661 : Avant-Propos.
2. Morizot, *Voyage de Fr. Cauche*, p. 9.
3. Voici la liste des plantes mentionnées par Cauche avec quelques indications de l'endroit où il les place : lataniers, bananiers, coton (baie des Galions), pastel ou anil, indigo, tamarin, balisier, aloès (près de Ranoufoutsi), chêne (Matatanes), vouhanatte (baie aux Prunes), vigne (Sainte-Luce), citrons, oran-

degrave, au contraire, qui s'était étudié à démontrer que Boothby avait exagéré ou inventé la fertilité de Madagascar, s'était révélé plutôt sceptique en refusant de croire que ce pays offrait de grandes ressources en bois et en niant l'existence de mines d'or et d'argent[1].

Telles étaient les nouvelles connaissances que l'on avait acquises, telles étaient les différentes opinions que l'on avait exprimées sur Madagascar pendant le séjour de Flacourt à Fort-Dauphin.

Si Flacourt ne paraît pas avoir connu la publication de Powle Waldegrave, il n'est pas douteux qu'il ait lu Fr. Cauche. Mais il ne parle de la relation de ce marchand, que pour déclarer qu'elle lui inspire peu de confiance, et il est visible, à la lecture des premières pages de son livre, qu'il s'est appliqué à montrer la supériorité de son œuvre sur celle de son prédécesseur[2]. Il veut persuader le lecteur que lui, du moins, ne raconte pas des voyages imaginaires. Après avoir tracé, sans enthousiasme, mais avec une honnête naïveté, un tableau d'ensemble de cette vaste contrée, dont il n'avait vu qu'une partie, il déclare qu'il va nous faire connaître les pays « découverts par les Français en plusieurs voyages qu'ils ont faits, tant en guerre qu'en traite et marchandise ». Il précise le champ de ses observations personnelles et des observations de ses subalternes. Il énumère et décrit d'abord les contrées de la région orientale qui s'étendent depuis Fort-Dauphin jusqu'à la baie d'Antongil, la province de Caranossi (Anossi), les vallées de

---

ges, grenades, mahaut, ananas, maniguelle (Matatanes et Antavares), gingembre, diverses racines, riz, mil, canne à sucre (voir Morizot, *Relation du voyage de Fr. Cauche*, p. 146-174).

Ce même auteur avait énuméré un grand nombre d'animaux : bœufs à bosse, « porc naturel », moutons, chèvres, salamandres, caméléons, singes (aux Antavares et au pays des Ambohitsmènes), crocodiles, lézards, tortues, un grand nombre d'oiseaux, canards, perdrix, ramiers, poules, pintades, hérons, perroquets, colibris, insectes, etc. (id., *ibid.*, p. 124-145).

Enfin il avait assuré que l'île renfermait des mines d'or et d'argent, des pierres précieuses (pays des Machicores).

1. *An answer to M. Boothby's Book of the Description of Madagascar*, 1649, ch. II, p. 7 et suiv.
2. Avant-Propos, éd. 1661.

Fanshere, d'Amboule, de Mananghara, etc. De la baie d'Antongil il revient à la région australe et donne de la même manière une description des pays compris entre Fort-Dauphin et la baie de Saint-Augustin, tels que les pays d'Adcimou, de Mandrare, des Ampâtres, etc.[1]. Il ne se borne pas à indiquer le champ des observations dues aux Français, il en fixe les limites : « *Depuis la baie d'Antongil jusques au bout de l'île, les Français*, dit-il, *n'ont point encore fréquenté.* Mais, j'ai appris qu'il y a une province qui s'appelle Vohemaro et dans la carte par les Portugais Boemaro... la coste depuis Antongil court droit au nord. *C'est tout ce que j'ay pu reconnoistre de cette isle en tirant de long de la coste vers le nord-nord-est*[2]. » Enfin, telle est sa préoccupation de montrer au lecteur que, à la différence de Cauche, il ne parlera pas de pays qu'il n'a point vus, qu'en décrivant les pays de la côte occidentale, il s'arrête à la baie de Saint-Augustin, ajoutant qu'il ne veut pas en dire davantage pour cette raison que nul Français ne s'est avancé plus loin, soit pour y guerroyer, soit pour y faire du commerce[3].

Il ne faut pas cependant prendre trop à la lettre les déclarations de Flacourt. On trouve, en effet, dans bien des passages de son livre, des digressions sur le pays qui prouvent qu'il n'a pas voulu se borner à une simple description topographique des contrées explorées par les Français, mais qu'il a eu la prétention de donner une description complète et détaillée de l'île tout entière. Aussi dans cette étude critique n'envisagerons-nous pas séparément les descriptions spéciales et la description générale.

On a vu que plusieurs géographes avait identifié notre Madagascar avec l'île Menuthias des anciens. C'est avec raison que Flacourt a repris cette opinion qui, pendant longtemps controversée, a été développée de nos jours avec autorité[4]. Mais

---

1. Flacourt, 1661, p. 8-46.
2. Id., *ibid.*, p. 30.
3. Id., *ibid.*, p. 46.
4. Flacourt, 1661, p. 1. M. Grandidier paraît avoir prouvé d'une **manière** irréfutable l'identité de Madagascar et de l'île Menuthias des anciens (*Histoire*

il a prétendu à tort que la même île était appelée par les habitants Madécasse[1].

Sur la situation astronomique de la grande île africaine ou sur celle des îles voisines, ses descriptions ne nous éclairent pas mieux que ses cartes[2]. En revanche, elles les complètent dans une certaine mesure par les renseignements nouveaux qu'elles contiennent sur les autres éléments géographiques, dimensions, relief, hydrographie fluviale et côtière, climat, etc. et en général sur l'intérieur du pays.

Et d'abord les dimensions que Flacourt attribue à cette île ne paraissent pas exagérées. C'est justement qu'il la regarde comme une des plus grandes qu'il y ait au monde ; on sait, en effet, aujourd'hui, qu'elle vient pour l'étendue immédiatement après la Nouvelle-Guinée et Bornéo. Quant au nombre de 800 lieues qu'il indique pour le pourtour, il ne s'éloigne guère de celui qui est adopté à notre époque[3].

Au point de vue du relief, nous ne nous dissimulons pas les nombreuses lacunes laissées par Flacourt. Certes, il faudra s'adresser à d'autres voyageurs pour connaître la véritable distribution des montagnes dans l'île, pour savoir que ce vaste pays est traversé par plusieurs chaînes dirigées du nord au

---

de la géogr., p. 17 et suiv.; Rainaud, *Annales de géographie*, 15 juillet 1893 : Bibliographie de 1893, p. 39).

1. A. Grandidier, *Histoire de la géogr.*, p. 32 et 33.
2. Flacourt compte 16° à 17° latitude sud pour l'île Sainte-Marie. La latitude vraie est entre 16° 41' et 17° 5' 15" pour la côte occidentale, 17° 6' 10" et 16° 52' 20" pour la côte orientale (Flacourt, éd. 1658, p. 301 ; [A. Grandidier, *Hist. de la géogr.*, éd. 1892, p. 95).

D'après Flacourt, la distance qui sépare Madagascar du continent est à 70 à 110 lieues (éd. 1661, *loc. cit.*, p. 1) ; M. Grandidier va jusqu'à 110 lieues (*Revue scientifique*, mai 1872, p. 1078).

Legentil a affirmé à tort que Flacourt était le seul qui eût parlé des variations de l'aiguille aimantée observées de son temps à Madagascar. Le général Beaulieu avait déjà constaté en 1620 la variation de l'aiguille aimantée dans la baie de Saint-Augustin (voir Flacourt, éd. 1661, p. 2 ; Thevenot, *Relation de voyages curieux*, t. I, 1re et 2e parties : *Voyages du général Beaulieu aux Indes orientales*, p. 21 ; Legentil, *Voyage dans les mers de l'Inde*, t. II, p. 626 et suiv.).

3. Flacourt, éd. 1661 : Avant-Propos et p. 91, 333 ; A. Grandidier, *Revue scientifique*, mai 1872, p. 1078 ; *C. R. de la Soc. de géogr. de Paris*, 23 mars 1891, p. 198.

sud, qu'à la chaîne que suit la côte orientale s'adosse un vaste massif qui couvre toute la partie centrale. Certes, il est impossible de se faire une idée, d'après les descriptions de Flacourt, de l'aspect de la région occidentale et d'une partie de la région australe. Est-ce à dire qu'il ne faille tenir aucun compte des quelques données nouvelles qu'elles nous ont apportées?

Or Flacourt est le premier qui ait parlé du relief du sud-est de l'île. Nul, avant lui, n'avait signalé les montagnes qui s'élèvent non loin de la côte entre Manghafia (Sainte-Luce) et Sandravinangha (Sandravinani). Ces monts Viboulle, ces pays de Vohitsbanh qu'il nous représente comme « pays hauts, remplis de bois et de fertiles vallées », ce sont bien là les montagnes que le Dr Catat décrivait récemment dans les mêmes termes que Flacourt, sous le nom de monts Beampingaratra; ce sont bien là les pays qui donnent naissance au Mandrerei (Mandrare) dont parle le vieil historien de Madagascar. Quant aux montagnes qui séparent le pays des Eringdranes de ceux des Antavares et des Ambohistmenes, il est manifeste, à la seule inspection des meilleures cartes de notre époque, qu'elles n'ont pas uniquement existé dans l'imagination de Flacourt [1].

La connaissance relative que Flacourt possédait du relief du sud-est lui a permis de ne pas laisser ses contemporains dans l'ignorance absolue de l'endroit où quelques fleuves de cette région prenaient naissance. Grâce à lui, on connut (au moins approximativement) la source de la rivière de Fanshere, du Mandrare, du Manatengha (Manampany), du Sandravinan-

---

1. Flacourt, 1661, p. 1-46. Consulter *C. R. de la Société de géogr. de Paris*, 23 mars 1891, p. 209 et 210, et *Tour du Monde*, 22 déc. 1894 : *Voyage du Dr Catat à Madagascar*, p. 386.

Nous n'avons pu découvrir à quels noms modernes répondent les montagnes d'Eucobilan, de Hiela et de Mangbaze (v. Flacourt, 1661, p. 9). Il est en effet souvent très difficile, pour ne pas dire impossible, de retrouver sur les cartes actuelles, même les plus complètes, les pays indiqués ou même désignés dans le livre de Flacourt.

D'après le Dr Catat (*Tour du monde*, 15 déc. 1894, p. 371) le Mandrare prend sa source à Infanantera, dans une montagne située à deux jours de marche de Tamotamo.

gha (Sandravinani), cours d'eau qui se jettent sur la côte orientale, et même de la rivière Saint-Augustin et du Ranoumena, tributaires des eaux qui baignent la côte occidentale[1].

Il est aussi le premier qui ait apporté quelques renseignements sur leur cours, qui ait indiqué, à peu près, leur direction, les pays qu'ils traversent et la distance qui les sépare des rivières avoisinantes. Faute d'une donnée précise, il se sert pour caractériser ces rivières d'un terme général les appelant « grande, spacieuse, large, rapide » ou bien les comparant avec les rivières de France, la Loire par exemple. Et il faut avouer que ce qu'il nous en apprend n'a pas été démenti le plus souvent par le témoignage des voyageurs de notre époque. Il en va du moins ainsi pour les rivières du sud-est. Ce Manampany, qui arrose la vallée d'Amboule et qu'il nous dépeint comme « une grande rivière » offrant à son embouchure « de grands estangs et islets », ne ressemble-t-il pas à celui que le Dr Catat nous a représenté comme un « grand fleuve qui se jette dans la mer par plusieurs embouchures, avant de se diviser en un delta compliqué[2] »? Enfin bien qu'il se soit généralement abstenu de nous décrire la forme et le dessin des vallées, il est le premier qui nous ait appris que la vallée de l'Itomampo était bordée de montagnes et qu'elle a quatre lieues de large.

Mais l'ignorance dans laquelle se trouvait Flacourt du relief des autres contrées l'a empêché de nous fournir des renseignements précis sur les rivières de l'ouest, du nord et du nord-est. Ce n'est pas chez lui qu'il faut chercher la source du Maningory, de la rivière Fitorah, du Mananara. Qu'entend-il aussi par cette autre rivière qui prend naissance dans le pays

---

1. M. A. Grandidier a précisé et complété les données de Flacourt sur la rivière de Saint-Augustin ; MM. Maistre et Catat, ses indications sur les sources du Mandrare. C'est seulement de nos jours qu'on a fixé la limite du bassin des fleuves qui débouchent au sud, sud-est et sud-ouest (*Bulletin de la Société de géogr. de Paris*, juillet-déc. 1867, p. 386 ; *C. R. de la Soc. de géogr. de Paris*, séance du 5 déc., note de M. Grandidier; Catat, *Tour du monde*, 15 déc. 1894, p. 371).

2. *Tour du monde*, déjà cité, p. 392.

des Antsianaka, pour aller se jeter dans une grande baie de l'ouest fréquentée par les habitants des îles Comores? Veut-il désigner par là le fleuve du Mahajamba ou même le Betsiboka? C'est ce que nous n'avons pu découvrir. Les renseignements qu'il a apportés sur l'hydrographie de ces régions ne sont pas seulement trop vagues, ils sont encore inexacts. La description de Flacourt confirme l'erreur que contenait sa carte sur le cours du Manangourou. Les quatre branches qu'il attribue à ce fleuve sont tout simplement quatre rivières différentes, Flacourt a pris souvent aussi pour des bouches de rivières de simples lagunes qui réunissent plusieurs d'entre elles et sont formées par une foule de chenaux [1].

Quant à la connaissance du régime des fleuves de Madagascar, elle supposait, non seulement la connaissance du relief, mais encore celle du régime des vents, des pluies, de la nature du sous-sol, toutes choses que Flacourt ignorait, comme ses contemporains, et que l'on a seulement commencé de nos jours à étudier. Partant ce serait trop exiger du voyageur du XVIIe siècle que de lui demander l'explication des crues et des maigres des cours d'eau. Cependant Flacourt, qui n'avait vu que les embouchures des rivières de la côte orientale, nous a quelque peu renseignés sur leur navigabilité. Il a signalé les obstacles, les roches qui les obstruaient; il a remarqué que les rivières étaient fréquemment bouchées et s'il n'en a pas recherché la cause, il ne lui a pas échappé toutefois qu'elles se débouchaient à l'époque des grandes pluies. Enfin il a fait connaître parfois leur profondeur et même la limite de navigation, et il n'est pas jusqu'à l'expression de « torrent », très caractéristique pour ces cours d'eau, fort juste d'ailleurs, qui ne vienne sous sa plume [2].

Tous ces renseignements offrent d'autant plus d'importance que Flacourt n'a pas été contredit par les explorateurs ou les savants de notre temps [3].

1. V. A. Grandidier, *Bulletin de la Soc. de géogr. de Paris*, 1er trimestre 1886 : *Canaux et lagunes de la côte orientale*.
2. Flacourt, éd. 1661, p. 9-46.
3. M. Grandidier a donné une explication véritablement scientifique du fait

En ce qui concerne l'hydrographie de la partie la plus méridionale de l'île, Flacourt n'a guère rempli de lacunes. On doit lui savoir gré cependant d'avoir remarqué que le pays des Ampâtres (Antrandroi) était une contrée sans rivières et sans eau. Le Dr Catat n'en parlera pas en d'autres termes[1].

Dans les quelques passages de son ouvrage qui ont trait au littoral notre vieil auteur a certainement ajouté aux connaissances de ses prédécesseurs. La qualité des mouillages de Tamatave et de Voulouilou, les écueils qui entravent l'accès des rades d'Itapère et de Fenerive, les dangers que les vents du sud et du sud-est font courir aux navires dans les parages de l'anse aux Galions, voilà autant de questions qui n'avaient pas été abordées et sur lesquelles Flacourt a eu le mérite d'appeler l'attention. Avec lui aussi on fut mieux renseigné sur la côte méridionale, qu'il représente comme sablonneuse, et même sur la côte nord-ouest qu'il nous montre avec raison découpée « par de belles et grandes rivières, bayes et anses, où il y a de bons ports et hâvres », bien qu'il ne l'eût pas visitée[2].

Il ne faudrait pas cependant s'exagérer l'importance de ces nouvelles données et s'imaginer qu'elles ont beaucoup complété les indications de la carte générale. La lecture de son livre

constaté par Flacourt. D'après lui, les rivières qui descendent de la chaîne orientale trouvent à la sortie des montagnes une plage étroite contre laquelle vient se heurter le grand courant de l'océan Indien. Or ce courant pousse vers les embouchures des sables qui en obstruent l'accès. Comme elles n'apportent d'ordinaire qu'un volume d'eau assez faible, la plupart ne parviennent pas à s'ouvrir une issue directe à la mer. Mais à la suite d'une crue importante, elles forcent quelquefois le banc de sable qui les en sépare (*Archives des Missions scientifiques*, 1872). Comme Flacourt il a constaté que des roches entravent la navigation dans beaucoup de rivières (*ibid.*).

1. Flacourt, 1661, p. 35; Dr Catat, *Tour du monde*, déjà cité, p. 380; Gautier, *C. R. de la Soc. de géogr. de Paris*, 15 avril 1895, p. 322.
C'est seulement à notre époque que l'on aura des renseignements précis sur les rivières qui se jettent sur la côte méridionale (voir *Bull. de la Société de géogr. de Paris*, juillet déc. 1867; *Annales de géographie*, 1893, 1894).
2. Flacourt, 1661, *ibid.*, p. 2.
Presque tous les renseignements fournis par Flacourt à ce sujet ont été confirmés par les voyageurs contemporains (voir A. Grandidier, *Bull. de la Soc. de géogr. de Paris*, juillet-déc. 1867, p. 384; P. Piolet, *Madagascar et ses habitants*, 1895, p. 19 et suiv.).

n'apprendra pas plus que les descriptions antérieures quelle est la partie de la côte qui offre les meilleurs abris. S'il a parlé de bons ports sur la côte nord-ouest, il n'en nomme aucun. Ajoutez à cela que, s'il a fait mention du port Saint-Augustin en décrivant la côte occidentale, et de quelques autres baies ou articulations déjà connues (cap Ranevate, péninsule de Tholanghare, baie de Fort-Dauphin, anse aux Galions, anse de Caremboule) de la côte méridionale, on est surpris de le voir passer sous silence le cap de Sainte-Marie, ainsi que quelques pointes et anses situées entre ce cap et l'embouchure du Sakalïte.

Mais ce qui est le plus regrettable, c'est que sa description du littoral, loin de rectifier les erreurs de sa carte générale, est venue au contraire les confirmer. Ce qu'il nous dit des contours et de la direction de la côte méridionale est en effet tout aussi inexact que la configuration qu'il en a donnée[1].

Soit qu'il ait voulu attirer des colons dans l'île, soit qu'il l'ait fait par conviction, Flacourt a parlé du climat de Madagascar en termes très enthousiastes : « Les froidures, les gelées, les neiges, ny les glaces, dit-il, ne leur donnent point d'appréhension d'autant qu'il y en a point. Les grandes chaleurs n'y sont point si incommodes, comme elles sont en France, d'autant que comme les jours y sont presque esgaux aux nuits, elles ne durent pas si longtemps. Et en outre le grand chaud, commençant durant l'esté à neuf heures du matin, est terminé à trois heures après midy, pendant lequel temps il s'élève une brise de mer qui modère tellement la chaleur mesme en plein midy que plusieurs fois je n'en ay point esté incommodé, à cause de ce vent frais qui la tempéroit, ce qui duroit trois ou quatre mois de l'année, les huit autres n'estant qu'un perpétuel printemps[2]. » Par malheur, cette peinture séduisante n'est guère conforme à la réalité.

A l'époque de Flacourt comme à l'époque précédente, le climat de l'île ne pouvait être l'objet d'une étude scientifique.

1. Flacourt, éd. 1661, p. 1-32.
2. Flacourt, *ibid.* : Avant-Propos, p. 2.

Ce n'est donc pas chez lui qu'il faut chercher des connaissances précises et exactes, des renseignements sur le régime des vents et des pluies, les variations de la température, la durée des saisons, les degrés de l'insalubrité, toutes choses qui ne commenceront à être étudiées et en partie connues que de nos jours.

Mais en parlant d'un pays aussi vaste que Madagascar, il faut se garder des généralisations. Pour être trop vague on s'expose à être inexact. Flacourt n'a pas échappé à ce péril. Il est tombé dans une erreur que bon nombre d'auteurs reproduiront après lui, en ne voyant pas qu'une contrée aussi étendue ne devait pas se ressembler d'un bout à l'autre. S'il s'est servi de l'expression « hors saison » dans un autre passage de son livre (ce qui prouve tout au moins qu'il n'ignorait pas les inconvénients de la saison pluvieuse) s'il a expliqué la sécheresse de la province d'Anossi par sa latitude, il n'en est pas moins vrai qu'il n'a pas plus soupçonné que ses prédécesseurs ce que le climat de toute l'île avait de varié. Il n'a pas vu que, pour l'apprécier exactement, il fallait tenir compte de la latitude, du voisinage de la mer, de l'altitude, de l'exposition, des saisons, des régions, des localités mêmes, en un mo d'un grand nombre de conditions. Il lui était d'ailleurs difficile de se rendre compte de ces diverses influences, dans l'état où se trouvait alors la science. On s'explique moins qu'il n'ait fait aucune réserve pour les contrées qu'il n'avait ni habitées, ni même visitées ou sur lesquelles il n'avait recueilli aucun renseignement. Les observations des savants et des explorateurs de notre temps prouvent en effet que les grands froids, les gelées blanches et même la glace ne sont point inconnues dans certaines contrées. D'autre part, si la comparaison que donne Flacourt des chaleurs de Madagascar avec celles de France peut s'appliquer à Fort-Dauphin, elle ne saurait convenir à toutes les régions et on est fondé à croire que dans certaines contrées huit mois de l'année ne sont pas « qu'un perpétuel printemps ».

On était d'autant plus en droit d'attendre des réserves de la part du gouverneur qu'il n'ignorait pas le nombre de victimes que le climat de cette île avait faites parmi les Européens et parmi ses compatriotes, et que dans certains autres endroits de son ouvrage il n'a pas omis de signaler non seulement l'humidité de l'île Sainte-Marie et du pays voisin, mais l'insalubrité du pays de Saint-Augustin[1].

Comme on a pu le voir, les renseignements que notre vieil auteur s'était procurés sur les montagnes, les rivières, le littoral et le climat de Madagascar, étaient assurément plus complets, plus précis et plus exacts que ceux des voyageurs de l'époque antérieure, mais ils étaient encore insuffisants. C'est que, gouverneur de Fort-Dauphin, il s'intéressait plus à la colonisation de la grande île qu'au progrès des connaissances purement scientifiques et qu'il s'était surtout préoccupé pendant son séjour d'en rapporter une ample moisson de faits et d'enseignements pratiques. L'abondance la variété des produits utiles à l'homme que fournit la riche nature de ce pays lointain est accessible à tous. Flacourt qui est un vulgarisateur plutôt qu'un savant devait donc tourner toute son attention de ce côté. « L'auteur, a dit avec raison M. Blanchard, on le sent à chaque page, est animé par le désir de donner tous les renseignements capables d'éclairer ceux qui voudraient travailler pour l'avenir de la colonie[2]. »

Soit avant son départ pour Madagascar, soit après son retour en France, Flacourt avait consulté certains ouvrages

---

1. Flacourt, éd. 1661, p. 29, 30, 89, 259, 269, 272. Consulter A. Grandidier, *Revue scientifique*, mai 1872, p. 1081; Sibrée, *Madagascar et ses habitants*, trad. fr. Monod, p. 5; Oliver, *ouvr. cité*, vol. I, p. 447 et suiv.

On a constaté des chaleurs accablantes dans l'Ankaye et dans le Ménabé indépendant (Oliver, *loc. cit.*; Gautier, *Annales de géogr.*, octobre 1893, 15 avril 1895, p. 322).

D'après Oliver, le printemps dure environ un mois et demi dans l'Imerina (*ouvr. cité*, p. 448).

M. Grandidier assure que le village de Saint-Augustin est particulièrement malsain (*Bull. de la Soc. de géogr. de Paris*, juillet-déc. 1867, p. 389).

Comme Flacourt, Maudave et le Dr Catat ont remarqué qu'à Fort-Dauphin la brise de mer vient rafraîchir la température. — L'humidité de l'île Sainte-Marie et du pays voisin est un fait notoire (*Notices coloniales, Iles de l'océan Indien*, p. 186).

2. Blanchard, *Revue des Deux-Mondes*, juillet 1872, p. 53 et 54.

relatifs aux plantes des Indes orientales. C'est, du moins ce que laissent entrevoir certains passages de son livre : « Je ne dis rien davantage du coco, dit-il, car il y a assez d'autheurs qui en ont parlé et dit tout ce qui peut s'en dire ». Si Flacourt n'a pas nommé ici les auteurs qu'il a lus, par contre il a cité dans plusieurs autres endroits de sa relation Acosta, Dioscoride, Lindschot, le voyageur bien connu, et son commentateur Paludanus. « Musa, dit-il, c'est le Musa d'Acosta. » Il croit que la gomme appelée *Litimbitsic* est le « vray *Cancanum* de Dioscoride ». Il parle ailleurs d'une canne d'Inde décrite par Lindschot et Acosta, sous le nom de *mambu* ou *bambu*. Enfin il invoque l'autorité de Paludanus en ces termes : « Paludanus dit que le tabataxir est un mot persien, qui signifie liqueur laicteuse qui se trouve à la plante nommée mambu »……
« Le même Paludanus descrit une autre espèce de tabaxir que l'on trouve sur les feuilles d'un certain arbrisseau (ce pourroit estre celuy que je décris ici qu'il veut dire) »[1].

Bien qu'il ne cite jamais le nom de Fr. Cauche dans sa description des plantes, il est permis toutefois de supposer qu'il lui a fait quelques emprunts. C'est même l'auteur qu'il paraît avoir particulièrement étudié. Le cadre qu'il a adopté, le procédé qu'il a suivi dans sa description des fruits qu'il compare souvent à ceux de la France rappellent encore plus la manière de ce voyageur ou plutôt de celui qui a rédigé son ouvrage, que celle de Lindschot. Ce n'est pas à dire toutefois

---

1. Flacourt, éd. 1661, p. 142 et suiv.
Nous lisons en effet dans Lindschot (*Premier Livre de la Navigation aux Indes orientales*, p. 37) : « En Java croissent beaucoup de roseaux qu'ils appellent mambu….. De ces roseaux on trouve par écrit que le Tabaxir croit en iceux qui est de grand prix en Perse estant humidité blanche comme la mouelle d'aucun roseau…… »
Christophe Acosta s'exprime à peu près dans les mêmes termes : « Tabaxir, dit-il, est un mot Persien….. et ne signifie autre chose qu'une humeur laicteuse ou bien un suc ou liqueur congelé….. Or il est appelé par ceux du pays Sacar mambu, comme qui dirait sucre de mambu…..
« Entre l'entre deux de chaque nœud s'engendre une certaine liqueur douce et grasse comme l'amidon… » (*Histoire des drogues, espiceries et de certains médicaments simples qui naissent aux Indes et en Amérique*, trad. Menardez, t. I, ch. xii, p. 74).

qu'il lui ait pris le nom et la description de toutes les plantes dont il parle. On sait que Flacourt était observateur par tempérament. Il ne lui coûtait pas de se baisser pour étudier les petites choses. Il a voulu juger par lui-même de la richesse végétale de cette terre lointaine. L'ancien gouverneur nous apprend lui-même qu'il ouvrait les fruits, expérimentait la vertu de certaines plantes, faisait fondre les gommes. « J'ay plusieurs fois ouvert de ces fruits, dit-il quelque part, et n'ay rien reconnu de tout cela, il y a trois sortes de ces arbres qui ont le fruit différent ; je n'en ay remarqué encore que celuy-ci. » Dans un autre passage il nous apprend qu'il a voulu éprouver par lui-même l'effet d'une racine purgative, l'omnilafsa, mais que cette épreuve n'a point réussi. Non content de ses observations et de ses expériences personnelles, il interrogeait à ce sujet les indigènes. Mais, lorsqu'il n'était pas très sûr des renseignements qu'il en avait obtenus, il se livrait à des observations complémentaires. C'est de cette façon qu'il a procédé, par exemple, pour déterminer comment le cocotier avait été importé dans l'île. Il avait appris des gens du pays qu'à une époque ancienne le cocotier était inconnu, mais qu'une noix fut jetée un jour sur la côte et que, vingt ou trente ans après, cette noix, qui avait germé, avait produit un fort bel arbre. Flacourt voulut se rendre compte de ce qu'il pouvait y avoir de vrai dans ce qu'on lui avait rapporté, et il reconnut en effet que, sous l'influence d'un grand vent, soufflant du nord-nord-est, la mer déposait parfois sur la grève des noix de coco, originaires sans doute d'une île lointaine[1]. Enfin, lorsqu'en dépit de nouvelles investigations le doute subsistait encore dans son esprit ou que la chose lui paraissait seulement vraisemblable, il s'appuyait sur l'autorité de ceux qu'il avait interrogés en ces termes : « les habitants disent....., les habitants racontent....., ainsi que j'ai appris des habitants du pays..., au rapport des nègres[2]..... » Aussi, riche de tous ces renseignements, a-t-il pu donner des plantes utiles qui venaient dans l'île une énumé-

---

1. Blanchard, *Revue des Deux-Mondes*, juillet 1872, p. 63.
2. Flacourt, 1661. p. 127-154.

ration sensiblement plus longue que celles de ses prédécesseurs. Il suffira pour s'en convaincre de savoir que le vieil auteur a mentionné parmi les végétaux de Madagascar le riz, les fèves, les racines de diverse sorte, les ignames, la canne à sucre, les bananiers, les ananas, le tamarinier, les grenadiers, les orangers, l'ébène, l'aloès, l'indigo, le raphia, le ravenala, le bétel, le tabac, le coton, et tant d'autres qu'il serait trop long d'énumérer. De ces végétaux beaucoup étaient inconnus jusqu'alors ou du moins peu connus. « Habet tamen etiam historiam plantarum edulium, dit Haller, plantasque bene multas quas describit, icones etiam, sed solorum foliorum dat. Inter 156 species multæ sunt aut novæ aut non satis certe cognitæ[1]. » En particulier, c'est lui qui nous a fait connaître le premier les plantes désignées aujourd'hui sous les noms de *Strychnos spinosa*, *Agatophyllum aromaticum*, *Liriantium trinervium*, *Humbertia Madagascarensis* et surtout une plante extrêmement remarquable, le *Nepenthes Madagascarensis*, appelée par les indigènes, *onramitaco*[2]. Au mérite de l'originalité le vieil auteur joint celui de l'exactitude. Chacune des espèces qu'il a fait connaître est décrite d'une manière reconnaissable et un certain nombre d'entre elles se retrouvent dans les listes des explorateurs ou des savants de notre époque[3].

Il y a toutefois des ombres au tableau. Ce serait assurément s'exagérer les mérites de Flacourt que de le mettre au même rang que les célèbres botanistes de notre siècle qui ont étudié la flore de Madagascar.

Au xviie siècle les sciences naturelles étaient encore fort peu avancées; à vrai dire, elles cherchaient leur voie. La science de cette époque n'était pas encore la science complète, méthodique, rangée par catégories. La botanique était utilisée comme

1. *Bibliotheca botanica*, t. I, p. 496 et 497.
2. Flacourt, 1661, p. 130; Hœfer, *Histoire de la botanique*, p. 201.
3. Voir Flacourt, 1661, p. 114-116; Pouget de Saint-André, *Correspondance inédite du comte de Maudave*, p. 75; A. Grandidier, *Bull. de la Soc. de géogr. de Paris*, VIe série, t. III, p. 371 et suiv.; Blanchard, *Revue des Deux-Mondes*, septembre et octobre 1872, p. 213-229; Oliver, *loc. cit.*, vol. II, p. 8 et 14; Foucart, *Revue générale des sciences*, 15 août 1895, p. 732-735.

une branche auxiliaire de la médecine[1]. On examinait les végétaux isolément, on négligeait les caractères essentiels pour se préoccuper avant tout des relations d'utilité qui peuvent exister entre la nature animée et l'homme. C'est seulement dans le siècle suivant que la botanique prendra son caractère vraiment scientifique par la création de la nomenclature binaire due au célèbre Linnée. Partant il ne faut pas s'attendre à trouver chez notre vieil auteur du xviie siècle des descriptions semblables à celles que nous lisons chez les éminents naturalistes de notre époque, des descriptions où les plantes seraient distribuées par groupes et classées d'après leurs caractères de ressemblance. Flacourt, comme ses contemporains, énumère confusément les végétaux en insistant sur leurs propriétés chimiques, industrielles, tinctoriales, médicinales, mais en leur attribuant un nom emprunté à la langue des indigènes.

Qu'on ajoute à cela que l'ancien gouverneur n'avait vu ni l'Inde, ni l'Afrique, ni la Malaisie, qu'il vivait à une époque où l'on connaissait encore peu les plantes des pays tropicaux et l'on comprendra facilement qu'il ne nous ait pas donné dans sa description pourtant bien longue une énumération des plantes communes à Madagascar et à ces contrées. Mais il y a lieu d'être surpris qu'en présence d'une flore très riche, devant laquelle s'extasieront les botanistes, notre vieil auteur ne soit nullement frappé. Il parle de ce pays tropical exactement comme il parlerait d'une province de sa patrie[2].

S'il a indiqué parfois pour une plante le nom employé dans les Indes orientales ou dans les Indes occidentales[3], le plus souvent il se borne à signaler les plantes qui sont semblables à celles de l'Europe et de la France[4]. Sans aller jusqu'à prétendre qu'il aurait pu comparer la flore de la grande île à celles des autres régions du globe, il aurait pu au moins montrer les

---

1. Lacroix, *Lettres, sciences et arts*, xviie siècle, p. 20-24.
2. Blanchard, *Revue des Deux-Mondes*, juillet 1882, p. 63.
3. Flacourt, 1661, p. 119-145.
4. Haller, *ouvrage cité*, t. I, p. 496.

différences qui séparaient cette flore de celles des pays qu'il avait vus[1].

Ce n'est pas à dire que Flacourt ait méconnu les ressources végétales de Madagascar. Il en a laissé au contraire une peinture très enthousiaste. Il déclare que l'île est « fournie de tout ce qui est nécessaire pour la vie et les commoditez ; de sorte qu'elle se peut facilement passer de tous les autres païs de la terre, et qu'on la peut à bon droit appeler un petit monde ». Non seulement il la croit supérieure pour ses ressources à certaines contrées du Nouveau-Continent, aux Antilles, au Brésil, à la Floride, au Canada, mais il regarde comme un pays très productif, très fécond, comme un des pays les plus fertiles du monde[2]. Sans doute il ne dissimule pas la stérilité de certains pays, tels que ceux de Caremboule, Siveh, Machicores, Ivohron ; mais il proclame la fertilité des environs du Matitanana, de la vallée d'Amboule, de Fort-Dauphin, de l'île Sainte-Marie[3]. Il faut lui savoir gré d'avoir comblé à ce point de vue bien des lacunes que nous avons signalées chez ses devanciers. Rares étaient ceux qui avaient indiqué la distribution géographique des ressources végétales de la grande île, encore

---

[1]. L'attention n'a été attirée que beaucoup plus tard sur les ressemblances ou les différences qui existent entre la flore malgache et celles des autres pays. Il résulte des travaux de MM. A. Grandidier, Baillon, Blanchard, Oliver, Wallace, Baron Richard, Catat, Douliot, Gautier, que sur les 2.500 plantes aujourd'hui connues et classées, les unes se rapprochent de celles de l'Afrique centrale, du cap de Bonne-Espérance, de la Cafrerie, de Mozambique, de l'Abyssinie, d'autres des plantes de l'Amérique du Sud et de l'Australie ; mais c'est avec les végétaux de l'Asie tropicale et de l'Archipel malais qu'elles offrent le plus d'affinités.

C'est seulement à notre époque que l'on s'est préoccupé de déterminer les analogies ou les dissemblances que la flore présente dans les différentes contrées de la grande île.

Voir A. Grandidier, *Bulletin de la Soc. de géogr. de Paris*, 1872 et 1883 ; *Archives des Missions scient.* et ouvrages déjà cités ; Blanchard, *Revue des Deux-Mondes*, juillet-nov. 1872 ; Oliver, vol. I, *loc. cit.* ; Wallace, *The island Life* ; Baron Richard, *Journal Linn. Sociét.*, XXV ; Douliot, Gautier, *Annales de géographie*, 1892 et 1893 ; E. Caustier, *Revue générale des sciences*, 15 août 1895, p. 662 et suiv. ; Pettit, *Revue de géographie*, septembre 1895 ; *L'Exposition de Madagascar au Muséum*, p. 182 et suiv.

[2]. Flacourt, 1661, p. 91, 92, 162, 446.

[3]. Id., *ibid.*, p. 4-46.

plus rares ceux qui avaient apporté des indications exactes. Le vieil auteur est le premier qui ait appelé l'attention sur les pâturages de la vallée d'Amboule, des pays de Fanshere, d'Icondre. Le premier aussi il nous a appris que le riz, les ignames, la canne à sucre venaient en abondance aux pays de Vohitsbanh et de Manamboule, le coton au pays d'Adcimou, etc. Avant lui on savait que Madagascar renfermait des bois ; mais on ignorait les pays où il était possible de les exploiter. Avec lui on sut qu'il y avait des forêts sur la côte orientale et dans le sud de l'île. Bien mieux, on connut les différentes essences qui croissaient dans tel ou tel pays. On fut informé qu'on pourrait trouver de l'aloès vers le Mandrare, de l'ébène du côté de Fenerive [1].

Et ces renseignements ne sont point des renseignements de pure fantaisie. Beaucoup sont confirmés par les explorateurs qui ont visité les mêmes contrées dans la suite, entre autres par Maudave et le Dr Catat. S'il faut les en croire, il n'y aurait rien à retrancher aux descriptions que le vieil auteur nous a laissées des environs de Fort-Dauphin, de la vallée d'Amboule et de la province d'Anossi en général [2]. D'autre part, les traitants d'aujourd'hui s'accordent avec Flacourt pour recon-

---

1. Flacourt, 1661, p. 9-46, 111-146.
2. *a)* « La vallée d'Amboule est une fertile vallée pour les plantages et pour les ignames blanches principalement qui y viennent en grande quantité » (Flacourt, 1661, p. 9).
« C'est une magnifique vallée..... et fertile » (Dr Catat, *Tour du Monde*, 18 déc. 1894, p. 384).
b) Au sujet des environs du Fort-Dauphin :
« C'est un très agréable pays.... et rempli de petites buttes et de plaines très fertiles » (Flacourt, 1661, p. 5).
« Cette partie de l'île est d'une grande fertilité » (Maudave, voir Pouget de Saint-André, p. 37).
« Tous ces environs de Fort-Dauphin sont véritablement charmants..... » Dr Catat, *Tour du Monde*, 22 déc. 1894, p. 390).
« Cette région est certainement l'une des plus fertiles que nous ayons vues à Madagascar : *les anciennes descriptions de Flacourt et de Maudave sont très exactes et en parcourant le pays de Tolanara, la vallée d'Ambolo, tout le Tanosy, on doit rendre hommage à leur véracité* » (Catat, Bullet. de la Soc. de géogr. de Paris. C. R., 20 mars 1891 : Récit de son voyage à Madagascar, p. 211).
Mais Flacourt a exagéré la fertilité de l'île Sainte-Marie.

naître que le pays de Siveh (Salar) est pauvre et stérile.

On ne saurait toutefois sans témérité souscrire à l'appréciation qu'il a portée sur la fertilité de l'île en général. L'ancien gouverneur a-t-il obéi à une conviction sincère ou à un enthousiasme de commande en laissant du pays un tableau aussi séduisant? C'est ce qu'on ne saurait décider. Toujours est-il qu'il a eu le tort d'appliquer à l'île entière ce qui ne devait être dit que de quelques contrées. De nos jours des explorateurs et des savants qui ont parcouru l'île en tous sens se sont montrés moins enthousiastes que Flacourt qui, à vrai dire, n'en connaissait qu'une partie fort restreinte.

Dans sa description des animaux, comme dans celle des plantes, se révèle la lecture des ouvrages de l'époque antérieure. C'est ainsi qu'il reproduit, d'après Paré ou Thevet, la légende du Thanatch, monstre à tête humaine qu'il appelle Tratratra[1]. De même, à l'exemple de Lindschot et de Cauche, il s'attache à nous faire savoir si la chair des animaux est savoureuse. Comme ce dernier il raille les vieux auteurs trop crédules qui avaient affirmé la présence d'animaux féroces dans l'île. Mais il est incontestable qu'il parle souvent aussi *de visu*. A propos de ces mêmes auteurs il ajoute, en effet, quelques mots qui attestent ses propres observations : « il n'y a aucun animal nuisible à l'homme, dit-il, que dans les rivières et estangs où il y a des crocodiles qui n'y sont point tant à craindre que l'on se pourroit imaginer, d'autant qu'ils ne fréquentent que les endroits les plus solitaires et ne hantent que fort peu les lieux qui sont fréquentés par les habitans. Les chameaux que quelques vieux auteurs ont descrits ne sont autre chose que les bœufs du païs qui ont tous une bosse de graisse sur le chignon du col; et comme ils n'en ont parlé que par ouï dire, ils se sont figurés que c'estoient des chameaux »[2].

Comme pour les plantes, il prend ses informations auprès des naturels et invoque leur témoignage lorsqu'il n'est pas

---

1. Flacourt, 1661, p. 154; *Voyage en Asie du bienheureux Odoric de Pordenone*, ouvr. cité. p. 327.
2. Flacourt, *ibid.*, Avant-Propos.

sûr de ce qu'il avance. « Au rapport des nègres, dit-il, en parlant de l'antamba, elle a la ressemblance d'un Leopart, elle dévore les hommes et les veaux. »

Ces observations personnelles et les renseignements qu'il a obtenus des indigènes lui ont permis d'augmenter la liste des animaux déjà connus. De tous les voyageurs il est le premier qui ait énuméré sous le nom que leur donnent les gens du pays cinquante-six oiseaux, tant terrestres et aquatiques que sylvicoles. Il est le premier, notamment, qui ait signalé la présence dans l'île d'un oiseau gigantesque, désigné dans la science sous le nom d'*OEpiornis maximus* et qu'il compare à une autruche[1]. Aux oiseaux il faut ajouter un certain nombre d'animaux d'ordres divers, tels que le sifac (Propithèque de Verreaux)[2], la genette, le tenrec, etc.

Flacourt est d'ailleurs novateur à un autre point de vue. Non content de décrire les animaux, il a noté (ce que peu de voyageurs avaient fait avant lui) les contrées où il était possible de les apercevoir. C'est ainsi qu'il a placé le falanouc du côté de Sandravinani, le bret dans le pays des Antsiaanka, etc.[3].

A l'époque de Flacourt la zoologie comme la botanique n'était encore qu'une science en voie de formation et dépourvue de toute méthode scientifique. On étudiait les sujets isolément selon qu'ils se présentaient, sans se préoccuper de les ranger par classes d'après leurs caractères de ressemblance[4]. Il n'y a donc pas lieu d'être surpris de ne point trouver chez lui une classification des animaux de Madagascar telle qu'on pourrait en rencontrer chez les publications de notre temps. La seule classification qu'on lui doive est toute rudimentaire. C'est celle qui consiste à diviser les oiseaux en oiseaux aqua-

---

1. A. Grandidier, *Histoire naturelle de Madagascar : Oiseaux*, p. 737. Cet oiseau qui appartenait au groupe des Casoars a aujourd'hui disparu de l'île.

2. *Revue des sciences pures et appliquées*, 15 août 1895 : A. Milne Edwards, *Les animaux de Madagascar*, p. 696.

3. Flacourt, 1661, p. 152-171.

4. *Mémoires de l'Académie des sciences*, t. II, Préface.

tiques, terrestres, oiseaux qui hantent les bois et oiseaux de nuit. Le plus souvent Flacourt énumère les animaux comme il avait éuuméré les plantes, sans aucun ordre et sous des noms locaux. Chaque espèce est, il est vrai, facile à reconnaître dans sa description et d'illustres savants ont rendu hommage à son exactitude [1]. Cependant on ne doit pas dissimuler que le vieil auteur a parfois confondu certains animaux avec d'autres. C'est ainsi qu'il a pris l'ibis huppé pour un faisan, et et le fanalouc pour une civette [2].

Flacourt n'était pas naturaliste. De plus, de son temps on n'avait que des notions absolument insuffisantes sur la faune des différentes contrées du globe. Il ne pouvait donc établir de comparaison entre les animaux de la grande terre et ceux des pays qu'il n'avait point visités. C'est seulement beaucoup plus tard qu'il sera possible d'étudier les caractères tout à fait spéciaux [3] de la faune malgache et de saisir en quoi consiste son originalité. Mais ne peut-on pas s'étonner que Flacourt se soit borné le plus souvent à signaler les ressemblances que les êtres vivant dans cette île offraient avec ceux d'Europe et de France. N'est-il pas surprenant qu'il ne se soit pas plus montré frappé de l'étrangeté de cette faune qu'il ne l'avait été de la beauté de la flore?

1. Milne Edwards, *Revue des sciences*, loc. cit., p. 694; A. Grandidier, *Histoire naturelle*, ouvr. cité, p. 737.
La plupart des animaux cités par Flacourt sont mentionnés par les voyageurs ou les naturalistes de notre époque. Voir *Bull. de la Société de géogr. de Paris*, 1872, t. III, p. 373 et suiv.; *Revue des Deux-Mondes*, septembre-octobre 1872, p. 444 et suiv.; Cortese, *Bollet. Soc. geog. italiana*, série III, vol. I, p. 985-994; *Tour du Monde*, 9 juin 1894, p. 354; Foucart, *Revue générale des sciences*, août 1895, p. 735-738.
2. Blanchard, *Revue des Deux-Mondes*, septembre et octobre 1872, p. 144 et suiv.
3. C'est un des plus grands mérites de la science contemporaine d'avoir recherché les affinités des espèces de Madagascar avec celles des autres pays. On s'accorde généralement à reconnaître que la faune de la grande île présente quelques espèces communes à l'Afrique, mais qu'elle se rapproche surtout de celles de l'Inde, de la Malaisie et de l'Australie (voir A. Grandidier, ouvrages déjà cités et *Histoire physique, naturelle et physique de Madagascar*; Blanchard, *Revue des Deux-Mondes*, 1872, loc. cit.; Wallace, *The geographical Distribution of animals*, 1876; Milne Edwards, *Revue des sciences*, loc. cit.; Pettit, *Revue de géographie*, septembre 1895).

En revanche, la richesse de Madagascar en bétail a attiré l'attention de l'ancien gouverneur, préoccupé sans cesse d'assurer le ravitaillement de sa colonie, comme elle avait d'ailleurs déjà attiré les regards de ses devanciers. Mais jusqu'alors on n'était point informé des contrées où l'on pouvait s'en procurer. Grâce à Flacourt, les connaissances devinrent plus précises. On sut que les pays d'Itomampo, de Matatane, de Mananzari, de Caremboule, et surtout celui des Mahafales étaient des contrées très favorables à l'élevage[1].

Enfin Flacourt qui, dans sa jeunesse, s'était adonné à l'étude de la chimie et des sciences naturelles, telles du moins qu'elles étaient connues alors, ne devait pas rester indifférent aux richesses minérales que certains auteurs avaient déjà attribuées à la grande île. Il avait déjà sans doute puisé quelques renseignements dans l'ouvrage de Linschot, car il invoque son autorité à propos d'un métal connu des indigènes sous le nom de *voulafoutchesine*. « Qui voudra savoir ce que c'est que ce métal, dit-il, qu'il voie André Libavius... et aussi Hugues Lindschot dans son *Voyage des Indes orientales* »[2]. Mais il a voulu se rendre compte par lui-même des ressources minérales, comme il l'avait fait pour les ressources animales et végétales : « Dans tout ce que j'ay pu apercevoir en ce païs, dit-il, je n'ay reconnu que le fer et l'acier qui s'y trouve en grande abondance partout. » De même il déclare avoir vu quelques échantillons d'or et de pierres précieuses. Il ne se bornait pas à des investigations personnelles, il avait encore recours aux indigènes pour s'éclairer à ce sujet. « J'ay appris, dit-il, que vers le nord de la rivière d'Yonghelahé, il y a un païs où l'on fouille de l'or. Et j'ay toujours ouy dire par les Grands d'Anossi que c'est vers ce païs-là

---

1. Flacourt, 1661, p. 1-46.
La richesse en bétail de quelques-uns de ces pays a été constatée au xviiie siècle par Maudave (*loc. cit.*, p. 16) et de nos jours par MM. Grandidier, *Revue scientifique*, mai 1872; Cremazy, *Revue maritime et coloniale*, mars 1883; Catat, *C. R. de la Soc. de géogr. de Paris*, mars 1891, p. 206 ; Douliot, *Annales de géogr.*, janvier 1892, p. 199; Gautier, *Annales de géogr.*, 15 avril 1895, p. 319.

2. *Hist. de Madagascar*, 1661, p. 147 et 148.

qu'est la source de l'or »[1]. Ce qui montre surtout la conscience avec laquelle il faisait ses investigations, c'est qu'il s'est efforcé de distinguer les métaux importés par les étrangers de ceux qui se trouvaient dans le pays à l'état naturel. C'est de cette manière qu'il a pu dans une certaine mesure satisfaire notre curiosité. Il a signalé l'existence dans l'île de précieuses ressources en or, fer, cristal de roche, basalte, salpêtre, tout en niant l'existence de mines d'argent, de cuivre et de plomb. A la différence des vieux auteurs qui avaient déjà mentionné quelques-unes de ces richesses minérales, il a indiqué les endroits où il était possible de les découvrir. C'est par lui qu'on apprit l'existence de mines de fer chez les Mahafales et dans le pays d'Ivohron, de mines d'or dans la province d'Anossi, etc. Et s'il a eu le tort de nier la présence de l'argent, du cuivre et du plomb, s'il peut paraître prématuré d'assurer avec lui « qu'il y a de toutes sortes de métaux et de minéraux dans ceste isle »[2], il est incontestable que de récentes explorations témoignent en général de l'exactitude des renseignements fournis par Flacourt[3].

Quelque soin qu'ait pris Flacourt, dans ses descriptions, de nous éclairer sur les ressources de l'île, il ne faudrait pas croire qu'il soit resté insensible aux charmes du pays qu'il avait eu sous les yeux. Ce vif sentiment de la nature se dévoile dans plusieurs descriptions qu'il nous a laissées des différentes contrées de la région orientale. Mais ce qui est plus surprenant, c'est qu'il a donné une description enchanteresse de l'île Bourbon qu'il n'avait jamais vue et qu'il connaissait seulement par les douze Français exilés sous Pronis et ramenés par ses ordres à Fort-Dauphin. Après avoir donné quel-

1. Flacourt, 1661, p. 9-44, 90, 146-162, 190.
2. Id., *ibid.*, p. 162.
3. Voir A. Grandidier, *Bulletin de la Soc. de géogr. de Paris*, avril 1872, p. 370; d'Escamps, *Madagascar*, p. 401 et 402; Sibrée, *The great African island*, p. 31; Oliver, *loc. cit.*, vol. I, p. 493; Cortese, *Boll. del R. Comit. geolog. d'Italia*, 1888, anno XIX, p. 103-123 et *Boll. geogr.*, ser. 3, vol. I, p. 816; Dr Besson, *Voyage au pays des Tanala indépendants* (*Bull. de la Soc. de géogr. de Paris*, 3e trim. 1893, p. 324); L. Suberbie, *Revue des sciences pures et appliquées*, 15 août 1895, p. 715 et suiv.

ques renseignements sur les dimensions de cette île, sur sa configuration, le pays brûlé, etc., il ajoute quelques lignes qui forment un morceau charmant, et révèlent la vive imagination de ce vieil auteur : « Le reste de l'île, dit-il, est le meilleur païs du monde, arrousé de rivières et de fontaines de tous costés, remply de beaux bois de toutes sortes, comme de lataigniers, palmite et autres, fourmillant de cochons, de tortues de mer et de terre extrêmement grosses, plein de ramiers, de tourterelles, de perroquets les plus beaux du monde, et d'autres oiseaux de diverses façons. Les costeaux sont couverts de beaux cabrits...

« Les estangs et les rivières y fourmillent de poissons, il n'y a ni crocodiles dans icelles, ni serpens nuisibles à l'homme, ni insectes facheuses, ainsi que dans les autres isles, ni pulces, ni mouches, ni moustiques piquantes, ni fourmis, ni rats, ni souris...

« La terre y est très-fertile et grasse, le tabac y vient le meilleur qui soit au monde, les melons y sont très savoureux dont la graine y a esté portée par ces misérables exilés. Ce qui fait juger que toutes sortes de légumes et puits y viendront à merveille...

« L'air y est très-sain et quoiqu'il y doive estre très chaud, il y est tempéré par des vents frais qui viennent le jour de la mer et la nuit de la montagne. Ce seroit avec juste raison que l'on pourroit appeler cette isle un Paradis terrestre...

« Les eaux y sont pures et très-excellentes, lesquelles il fait beau voir tomber le long des ravines des montagnes, de bassin en bassin, en forme de cascades, qui sont admirables à voir, qu'il semble que la nature les a ainsi faites, afin d'allécher les hommes qui les voient à y demeurer »[1].

---

1. Flacourt, *Histoire de l'isle Madagascar*, édit. 1892, p. 268 et 269.
La plupart des renseignements que Flacourt nous a fournis sur l'île Bourbon, relief, forêts, cours d'eau, climat, sont exacts, à part quelques erreurs dans l'indication des latitudes (au lieu de 21° 30', 20° 50") et des dimensions (au lieu de 25 lieues de long, la longueur serait de 71 kilomètres et au lieu de 14 lieues la largeur serait de 51 kilomètres) (v. *Notices coloniales*, p. 12, 13, 15, 39, 57-76; Sauzier, *Un projet de république à l'île d'Eden*, p. 102 et suiv.).

Tels sont les renseignements que Flacourt nous a fournis sur la géographie physique de Madagascar. Si la sincérité, la véracité est le premier titre du voyageur, rendons tout d'abord hommage à celle de Flacourt, d'autant plus méritoire qu'il était difficile de son temps de vérifier les assertions des voyageurs. Ce n'est pas qu'il ne se trouve dans son livre bon nombre d'inexactitudes relativement à la détermination des latitudes, à la situation des rivières, à la configuration du littoral et au climat. Le critique minutieux pourra aussi y relever quelques lacunes dans la description de la flore, de la faune et des richesses minérales, et il ne partagera pas les vues enthousiastes de Flacourt sur la fertilité de la grande terre. Il lui reprochera avec raison d'avoir permis à l'opinion de s'égarer par des généralisations hâtives sur un pays qui n'était encore que très peu connu. Mais il ne saurait nier que les données du vieil auteur à ces différents points de vue soient encore plus complètes, plus précises et exactes que celles des auteurs qui l'avaient précédé. La partie de son ouvrage qui est la plus remarquable, celle qui accuse les observations les plus sérieuses et les plus étendues, est sans conteste la partie où il s'est étudié à décrire en détail les plantes et les animaux de la grande île. Mais à quelque point de vue que l'on se place, un des plus grands mérites de Flacourt consiste à ne s'être point borné, comme la plupart des auteurs du siècle précédent, à des vues vagues et générales sur le pays. S'il a eu le tort d'étendre parfois à l'île tout entière des observations recueillies sur des points isolés, il est néanmoins le premier à qui l'on doive une description détaillée et relativement exacte de certaines contrées de la région orientale et de la région australe. En particulier le tableau qu'il nous a laissé du sud-est est si fidèle, il reproduit si bien le modèle qu'il avait eu sous les yeux, qu'il est encore ressemblant de nos jours et que les descriptions des explorateurs les plus récents n'ont fait qu'en confirmer l'exactitude.

CHAPITRE II

L'œuvre ethnographique de Flacourt.

Part d'originalité, de sens critique, de sincérité, d'impartialité et d'exactitude dans la description des habitants : origine, nombre, aspect physique, caractère, superstitions, religion, genre de vie, agriculture, industrie, commerce, manière de compter, langage, manière de combattre, armement, organisation sociale. — Appréciation générale.

Nous avons montré, autant qu'il nous a été possible, quelle idée on se faisait, en Europe, vers l'année 1648, des habitants de la grande île. Nous avons vu que les connaissances déjà acquises sur leur nom, leur origine, leurs caractères physiques, intellectuels et moraux, sur leur religion et leur organisation sociale, offraient encore bien des lacunes. Ces lacunes ont-elles été, du moins en partie, remplies par les auteurs qui avaient publié des ouvrages sur Madagascar pendant le séjour de Flacourt à Fort-Dauphin?

Tout ce qu'on avait appris était dû aux voyageurs dont il a été déjà question, Powle Waldegrave et Fr. Cauche, et se ramenait à fort peu de chose. Ce dernier avait désigné les indigènes sous le nom de Madécasses [1], mais ni l'un, ni l'autre n'avait exprimé son opinion sur leur nombre, leur intelligence et leur langue. Celles qu'ils avaient de leur caractère étaient loin de concorder. Le voyageur anglais, qui s'était étudié à réfuter les assertions téméraires de Boothby, avait écrit en 1649 que les Malgaches étaient des gens cruels, perfides, dissimulés, sans foi ni parole [2]; le voyageur français, bien qu'il regardât les peuplades voisines de Saint-Augustin

---

1. A. Grandidier, *Hist. de la géogr.*, 1892, p. 34.
2. *Ouvr. cité*, chap. III, et XVII.

et les Machicores comme des gens malfaisants et voleurs, avait au contraire une opinion favorable des autres peuplades, surtout de celles du sud-est avec lesquelles il avait fait des échanges [1]. Tous deux s'étaient montrés encore plus sobres de renseignements que les auteurs précédents sur les caractères physiques des indigènes et leur origine. Cauche s'était borné à prétendre que les blancs, qui se disaient originaires des Indes orientales et que l'on croyait communément venir de la Chine, appartenaient plutôt à la même race que les Européens, « pas un d'eux n'ayant le nez ni le visage plat comme les Chinois »[2]. En revanche, ce dernier avait fourni quelques détails intéressants sinon entièrement exacts sur leurs croyances et leurs pratiques religieuses. Comme les anciens auteurs, il refusait aux Malgaches toute religion, parce qu'il n'avait vu dans l'île aucun temple, aucune statue, ni entendu aucun habitant prier Dieu ; mais il avait déjà constaté avec raison des traces de l'islamisme dans certaines pratiques ou coutumes, telles que la circoncision, le repos du vendredi, l'abstinence de la viande de porc, les sacrifices, les ablutions, la polygamie, et le régime matrimonial en usage dans le pays. Il avait même remarqué leur croyance en un diable qui leur envoyait la stérilité et les maladies, et en un Dieu qui les faisait mourir[3]. Toutefois le marchand rouennais n'avait point parlé de leurs relations commerciales, de leur manière de cultiver la terre, de leurs occupations, leur genre de vie. On n'avait été guère mieux éclairé par lui sur l'organisation sociale. S'il avait indiqué quelques châtiments infligés aux coupables, s'il ne lui avait pas échappé que les Andriana avaient le privilège de couper la gorge aux bêtes dans les sacrifices[4], par contre il avait sur le mode de transmission du pouvoir des idées fort contestables, et il n'avait presque rien dit de l'armement des

---

1. *Ouvr. cité*, p. 43 et 45, 119, 173.
2. *Ibid.*, p. 109, note et 122.
3. *Ibid.*, p. 120 et 121.
4. *Ibid.*, p. 122, 124 et 125.

indigènes, de leurs luttes intestines, de l'anarchie qui régnait dans l'île.

Il faut rendre cette justice à Flacourt qu'il a eu le premier le mérite d'accorder une attention toute particulière à l'étude des populations de Madagascar et de contribuer largement au progrès des connaissances ethnographiques sur ce vaste pays.

Comme ses devanciers, le vieil auteur a affirmé que l'île était très peuplée. Mais il a fait plus : de tous les voyageurs il est le premier (à notre connaissance du moins) qui ait évalué le nombre de ses habitants. On pourra sans doute lui reprocher d'avoir donné un chiffre trop faible, en ne comptant que huit cent mille âmes[1], puisqu'il ne s'est fait à Madagascar aucune immigration depuis le XVIIe siècle, et qu'aujourd'hui le chiffre indiqué par les auteurs les plus compétents s'élève à quatre millions; mais on ne doit pas se montrer trop sévère pour cette inexactitude d'un auteur qui ne connaissait du pays qu'une partie fort circonscrite, surtout à notre époque où l'on n'est pas encore fixé sur le nombre qu'il faut admettre[2].

Pour ce qui est des caractères physiques, Flacourt ne s'est pas plus attaché à les faire connaître que ses prédécesseurs. Cependant, à ce point de vue, on peut glaner dans son livre quelques renseignements relatifs aux peuplades de la côte orientale. C'est ainsi qu'il a remarqué que les habitants du pays de Vohitsbanh étaient tous noirs avec d'épaisses chevelures frisées, et que ceux du pays de Matatane étaient plus basanés que les autres blancs. Il a même observé des différences de couleur et de chevelure chez les différentes castes. Il a constaté que, parmi les Andriana, les uns avaient la peau rouge et les cheveux longs et lisses, les autres les cheveux frisés[3]. Enfin dans ses gravures un peu de convention, il nous

---

1. Flacourt, *Hist. de Madagascar*, 1661, p. 333.
2. M. Grandidier adopte le chiffre de 4 millions, et M. Sibrée celui de 4 millions et demi (v. Max Leclerc, *Les peuplades de Madagascar*, ouvr. cité, p. 3).
3. Flacourt, 1661, p. 6, 11, 17.

a représenté de véritables nègres aux cheveux crépus et des blancs au type caucasique [1].

Pas plus que ses prédécesseurs, Flacourt ne semble avoir été frappé de la diversité de races que les savants de notre époque ont constatée dans l'île. Il n'en est pas moins le premier qui se soit appliqué à montrer que les éléments blancs s'étaient juxtaposés aux noirs [2]. Il est le premier qui ait fait connaître deux immigrations successives d'Arabes et qui en ait indiqué la date avec une exactitude relative. « Mais, dit-il, les Blancs nommés Zafferamini y sont venus depuis cinq cens ans ». Et ailleurs il relate en ces termes la seconde immigration : « C'est en cette province (Anossi) qu'habitent les Blancs qui y sont venus depuis cent cinquante ans, qui se nomment Zafferamini ou Rahiminia, c'est-à-dire, la lignée d'Iminia, mère de Mahomet » ; ou bien : « Les Cassimambou sont venus en ceste isle, dans de grands canots; ils y ont été envoyés par le califfe de la Mecque, à ce qu'ils disent, pour instruire ces peuples, depuis cent cinquante ans seulement [3] ».

Il est inexact sans doute que les Zaffecasimambou aient été envoyés à Madagascar vers la fin du xv° siècle par *le califfe de la Mecque*, puisque l'histoire nous apprend que les califes ne résidaient plus à la Mecque depuis la fin du vii° siècle [4], mais le fait d'une immigration arabe à cette époque n'en subsiste pas moins, et c'est au vieil auteur que revient le mérite de l'avoir relaté. C'est grâce à lui aussi que nous avons été informés d'une immigration juive dans la grande île. Il place en effet sur la côte nord-est des gens qui se disent Zaffeibrahim, c'est-à-dire lignée d'Abraham, qui tiennent quelques coustumes du Judaïsme et ne connaissent point Mahomet ».

---

1. C'est seulement de nos jours que de savants explorateurs tels que MM. Grandidier, Catat, etc., ont étudié d'une manière vraiment scientifique les caractères physiques des différentes peuplades de l'île (voir *Revue scientifique*, mai 1872, p. 1085 et autres ouvrages déjà cités, entre autres Catat, *Tour du Monde*, 16 juin 1894, p. 370; 15 décembre 1894, p. 379)
2. C. R. de la Soc. de géogr. de Paris, séance du 23 mars 1891, p. 215.
3. Flacourt, 1661, Avant-Propos et p. 5, 17.
4. G. Ferrand, *Les musulmans à Madagascar*, 2° partie, p. 64.

Dans un autre passage, il s'exprime en termes plus explicites. Il dit en parlant des habitants de la contrée située entre Tamatave et la baie d'Antongil : « Ils sont tous provenus d'une même lignée qu'ils nomment Zaffeibrahim, c'est-à-dire race d'Abraham ; ils ne connaissent point Mahomet et nomment ceux de sa secte Cafres. Ils reconnaissent Noé, Abraham, Moïse et David, mais ils n'ont aucune connaissance des autres prophètes, ny de Notre Sauveur J. C. Ils sont circoncis, ils ne travaillent point le samedi..... ils se sentent un peu du judaïsme[1]. »

Ainsi Flacourt a distingué les différentes peuplades qui composaient l'élément blanc à Madagascar, et les témoignages des voyageurs ou des savants de notre temps n'ont fait que confirmer l'exactitude des faits qu'il avait rapportés[2]. Mais il n'en est pas de même pour l'élément noir.

Lorsque l'on considère que Madagascar est une île immense qui a été occupée à des époques différentes par des peuplades de races diverses — lorsque l'on songe que ce pays est dépourvu pour ainsi dire de traditions écrites, que l'on doit se contenter le plus souvent pour reconstituer l'origine de ces peuplades de traditions orales — on ne s'étonne point que Flacourt n'ait point démêlé parmi les races qui s'étaient successivement mélangées, celle qui formait le fond de la population, la race indonésienne. Notre vieil auteur qui vivait à une époque où l'on était encore très ignorant de toutes les questions ethnographiques, qui avait peu voyagé et ne connaissait sans doute que les nègres africains, qui ne possédait aucun des termes de comparaison indispensables pour l'étude des peuplades sauvages, notre vieil auteur n'a vu dans la majorité des habitants que des nègres africains, et il lui était difficile d'y voir autre chose.

Il serait donc exagéré d'aller reprocher au gouverneur de Fort-Dauphin, qui n'avait point visité le massif central et

---

1. Flacourt, 1661 : Avant-Propos et p. 22, 195.
2. Voir A. Grandidier, *Revue scientifique*, 11 mai 1872 ; *Rapport à l'Institut*, loc. cit., p. 20 et 21 ; Max Leclerc, *Les peuplades de Madagascar*, p. 37-55.

bien d'autres contrées de l'intérieur, de ne nous avoir rien appris sur la caste des Hovas, caste d'origine indonésienne[1].

Pour les mêmes raisons, on ne saurait, sans s'exposer à être taxé de sévérité, lui reprocher de n'avoir point mentionné un autre élément, moins imposant par le nombre que l'élément indonésien pur, mais dont l'importance est incontestable, l'élément malais. Les affinités que les Hollandais et le P. Luiz Mariano avaient aperçues entre la langue malgache et la langue malaise, n'ayant point été entrevues par le viel auteur français, il lui était impossible d'ailleurs de se rendre compte des liens qui existaient entre les peuplades de l'île et celles de la péninsule de Malacca.

Quant aux renseignements qu'il nous a fournis sur certaines tribus de cannibales qu'il appelle Ontaysatrouha et qui semblent se rattacher à la grande famille des nègres africains, il ne faut pas leur accorder plus de crédit qu'ils n'en méritent. Flacourt paraît ici avoir ajouté trop de foi aux récits des indigènes et avoir pris pour un fait réel une fable semblable à celles que les joueurs de menestrels avaient coutume de raconter aux crédules indigènes. Notre historien, qui a rejeté comme fabuleux ce qu'on lui avait rapporté sur l'existence de pygmées dans l'île, aurait pu, ce semble, apporter ici plus de sens critique[2].

Toutefois il serait excessif de trop insister sur des erreurs ou des lacunes qui s'expliquent par l'insuffisance des connaissances ethnographiques de l'époque où vivait notre vieil auteur. Elles seront facilement oubliées au surplus par quiconque s'abandonnera à la lecture d'un ouvrage où se trouvent décrits, dans leurs plus petits détails et dans un style d'une charmante naïveté, le caractère, les mœurs, la religion, les

---

1. C'est un des plus brillants résultats de la science contemporaine d'avoir comblé cette lacune ; c'est M. Grandidier qui en a eu le premier le mérite (voir *Hist. de la géogr.*, 1892, p. 178, note *a*; p. 178, note 1 et p. 193, note 1) ; *Revue générale des Sciences pures et appliquées*, loc. cit., p. 50.

2. Flacourt, Avant-Propos.

Voir A. Grandidier, *Mém. de la Soc. philomathique*, 1888, p. 155 et suiv. ; Sibrée, *Madagascar et ses habitants*, trad. Menod, p. 269 ; Catat, *Tour du Monde*, 1ᵉʳ décembre 1894.

coutumes, et, si l'on peut dire, les institutions du peuple malgache.

Aucun voyageur, avant Flacourt, n'avait apporté autant de renseignements sur la physionomie morale des indigènes. Rien de ce qui est pratiquement utile à connaître, rien même de ce qui est simplement curieux n'a échappé à sa perspicacité. Mais pour voir clair dans les mœurs d'un peuple, pour en tracer un portrait exact et impartial, il est nécessaire à l'observateur de s'abstraire de soi-même, d'oublier ses préférences ou sa haine. L'ancien gouverneur s'est-il tracé cette ligne de conduite? S'est-il toujours gardé des entraînements injustes et des jugements passionnés? Nous ne le pensons pas. Ce n'est pas de lui qu'on peut dire qu'il a toujours écrit *sine ira et odio*. Il a parlé souvent des Malgaches en homme qui se souvient des luttes qu'il a soutenues contre eux et qui veut mettre ses compatriotes en défiance contre leur caractère. Il les a peints sous les couleurs les plus sombres. Il leur attribue toutes sortes de vices et de défauts. Pour lui, les naturels, à l'exception de ceux de Manghabé, sont des gens capables de tous les crimes, de toutes les trahisons, des gens qui regardent comme autant de vertus la dissimulation et la perfidie. Écoutons-le plutôt : « S'il y a nation au monde adonnée à la trahison, dissimulation, flatterie, cruauté, mensonge et tromperie, c'est celle-ci, dit-il, et principalement depuis le pays de Manghabé jusques au bout de ceste isle en tirant vers le sud : mais la nation de Manghabé n'est pas de même, ce sont gens de peu de discors, mais de plus de foy, qui ne sont pas si cruels et n'usent point de trahison envers les étrangers. Pour les autres nations, ce sont les plus grands adulateurs, menteurs et dissimulés qu'il y aye au monde, gens sans cœur et qui ne font vertu que de trahir et de tromper, promettans beaucoup et n'accomplissans rien si ce n'est que par la force et par la crainte, gens qu'il faut mener et gouverner par la rigueur et qu'il faut chastier sans pardon, tant grands que petits estans trouvés en faute... C'est la nation la plus vindicative du monde et de la vengeance et trahison ils en font leurs deux principales vertus, estimans ceux-là niais et sans esprit qui pardonnent. Quand ils ont la force ils ne laissent point échapper l'occasion d'exercer la cruauté sur ceux qu'ils ont vaincus en guerre. Ce sont leurs délices que de rencontrer des enfans qu'ils fendent en deux tout en vie et deschirent en morceaux et des femmes à qui ils fendent le ventre et les laissent ainsi languir à demi-mortes[1]. »

En laissant des indigènes un portrait véritablement affreux, l'ancien chef de la colonie ne semble pas seulement avoir agi par haine de ses anciens ennemis, il paraît aussi avoir voulu servir sa cause. On a pu l'accuser, non sans raison, d'avoir eu pour but, en insistant sur leur cruauté, de justifier les atrocités qui furent commises par ses ordres. L'historien anglais Copland va même jusqu'à prétendre qu'il a porté sur eux deux jugements contradictoires. D'après lui, lorsque Flacourt parle d'une façon abstraite, il prodigue aux indigènes les plus grands éloges, il affirme à ses lecteurs qu'ils possèdent toutes les qualités naturelles, mais, quand il nous entretient de ses rapports avec ces mêmes indigènes, il les représente comme les sauvages les plus perfides et les plus sanguinaires de la terre[2]. Nous n'avons point remarqué ces contradictions dans la Relation de notre historien. Dans ses descriptions comme dans ses récits il parle avec la même acrimonie. Le seul passage où il montre une certaine modération dans son jugement, c'est celui où il déclare que les lecteurs de son livre « n'y verront pas exercer la barbarie et la cruauté des Américains et des Caffres de Sofala qui sont anthropophages, ny la bestialité des nègres de la Guinée qui vendent père et mère et parens aux nations de l'Europe »[3]. Partout ailleurs, il n'a que des paroles haineuses pour les habitants de la grande terre[4].

Quoi qu'il en soit, l'ancien gouverneur n'a pas compris que

1. Flacourt, éd. 1661, p. 83 et 84.
2. *History of the island of Madagascar*, Préface.
3. Flacourt, 1661 : Avant-Propos.
4. « Lisez Flacourt, dit Rochon, vous croiriez que le Malgache est le plus pervers, le plus fourbe de tous les hommes » (*Voyage à Madagascar*, t. I, p. 39 et 40).

ses procédés comme ceux de ses précurseurs avaient pu dans une certaine mesure modifier le caractère de ces peuplades, les aigrir, les rendre irascibles et perfides. Pouvait-il attendre en effet de la loyauté, de la sincérité de gens qu'il avait traités avec hauteur et mépris, à l'égard desquels il avait usé à toute occasion de menaces et de violences? N'est-il pas naturel que des gens irrités par l'injustice et l'abus de la force cherchent un refuge dans la ruse et la dissimulation, surtout lorsqu'ils n'ont reçu aucune éducation morale? Mais Flacourt n'a pas seulement fait preuve de partialité en insistant sur les défauts et les vices des indigènes, il en a montré encore en passant sous silence leurs qualités. N'était-il pas du devoir de l'historien qui avait la prétention d'en tracer un portrait complet, de signaler leur naturel hospitalier, le respect qu'ils témoignaient à leurs parents et aux vieillards, l'amour qu'ils avaient pour leurs enfants, la douceur avec laquelle ils traitaient leurs femmes, qualités qui révèlent des sentiments généreux et élevés et que d'autres voyageurs n'ont pas hésité plus tard à leur reconnaître[1]?

En tout cas, Flacourt qui n'avait visité qu'une partie de l'île et n'était pas en situation de connaître les peuplades de l'ouest, du centre et du nord, s'est placé à un point de vue trop général. Il s'est laissé aller, dans sa description des mœurs, à des erreurs semblables à celles que nous avons déjà relevées dans sa description du pays.

Par une longue résidence à Fort-Dauphin et par ses subordonnés il s'est trouvé en rapports avec les habitants d'Anossi, avec les Mahafales, les Machicores, les Ampâtres. Il n'est donc point surprenant qu'il ait pu les observer de près et qu'il nous en ait laissé une peinture dont plusieurs voyageurs sont venus confirmer l'exactitude[2]. Mais en attribuant à tous les habi-

---

1. Ellis, *A History of Madagascar*, t. 1, p. 139; A. Grandidier, *Rapport à l'Institut*, déjà cité, p. 12.

2. « Ce que le gouverneur du Fort-Dauphin écrivait en 1655 sur les peuplades des Antanosses est encore vrai de nos jours ».

« Les Antandrouis, les Mahafales et les Bares sont des tribus adonnées au pillage, au vol et au meurtre......... . Les Mahafales sont lâches, hypocrites,

tants de ce vaste pays les défauts et les vices que l'on pouvait peut-être à bon droit reprocher à certaines peuplades, il a permis à l'opinion de s'égarer ; de telle sorte que si, d'une part, la préoccupation qu'il avait de justifier sa politique violente à l'égard des indigènes a nui à la sûreté et à la justesse de ses appréciations, d'autre part le sombre portrait qu'il avait présenté de ces mêmes indigènes à ses contemporains n'était pas de nature à faire naître en eux le désir d'entrer en relations avec le peuple qu'il avait soumis, ni à déterminer dans le public un courant d'opinion favorable à ses vues sur la colonisation de la grande île africaine.

C'est avec plus de raison que l'ancien gouverneur a reconnu chez les naturels un penchant très prononcé vers l'immoralité et la superstition. Il serait déplacé d'insister sur le tableau qu'il nous a laissé de la liberté de leurs mœurs. Qu'il nous suffise de constater que ce qu'il en a dit au xviie siècle n'a pas été démenti, non seulement par les voyageurs contemporains, mais encore par ceux de notre époque. Quant à leur penchant à la superstition, il avait été observé avec le plus grand soin par celui qui s'était proposé de les convertir au christianisme. Ce côté si intéressant de leur caractère, qui ne semble pas avoir frappé les voyageurs de l'époque antérieure, devait naturellement attirer l'attention de l'ancien gouverneur. Avec quelle curiosité d'esprit, quel souci du détail n'a-t-il pas décrit les odys, ces talismans auxquels les Malgaches attribuaient alors et attribuent encore aujourd'hui des vertus merveilleuses ?

menteurs, s'adonnent sans vergogne au vol et à l'immoralité » (A. Grandidier, *Archives des Miss. scientif.*, 1872, t. VII; *Bulletin de la Société de géogr. de Paris*, juillet-déc. 1871, et juillet-déc. 1867, p. 393).

D'après le Dr Catat, les Antaimoures, les Antaisaka, les Antanosy sont des peuplades guerrières et jalouses de leur indépendance ; les Bares du sud et de l'ouest font continuellement la guerre aux tribus voisines pour les piller et ravager leur pays (*C. R. de la Soc. de géogr. de Paris*, 1894, p. 203, 206 ; *Tour du Monde*, 8 déc. 1894, p. 359).

M. E. Gautier assure de son côté que les Baras ont conservé leurs habitudes de brigandage et que les Antandroy et les Mahafales sont les plus inaccessibles de tous les Malgaches (*C. R. de la Soc. de géogr. de Paris*, 15 mars 1895, p. 118 et 120).

« Il y a, dit-il, beaucoup de nègres et de grands mesmes qui nourrissent des auli (odys), que nous autres François nommons barbiers, d'autant qu'ils en prennent pour s'en oindre lorsqu'ils sont malades. Ces auli sont dans de petites boistes enjolivées avec de la rassade, du verot et des dents de crocodiles, au nombre de six ou huit; il y a quelques manières de figures humaines le tout de bois dans chaque boiste; ils y mettent de certains bois et racines en poudre avec du miel, de la graisse et autres ordures; puis attachent cela à leurs ceintures sur les reins et le portent avec eux en quelques voyages qu'ils facent. Le matin, le soir, la nuict, ils dressent ces auli sur un baston et leur parlant comme si c'estoit qu'ils eussent raison, leur demandant conseil et secours : bref en toutes choses, ils ont recours à ces auli. Si quelque chose ne leur a pas réussi à leur gré, ils leur chantent injures et les menacent de les quitter et sont quelques jours sans leur rien dire, puis après les reflattent derechef, leur portent honneur comme à leur Dieu… Ils leur demandent de la pluie, tantost du beau temps et tout ce qu'ils ont besoin. Ils les nourrissent de temps en temps, les frottent de graisse et les oignant au miel, en sorte qu'ils croyroient que leurs auli ne seroient pas à leurs aises, s'ils n'étoient bien graissés »[1].

La curiosité d'esprit de Flacourt n'a pas été moins séduite par les pratiques divinatoires auxquelles s'adonnaient certaines peuplades de la côte sud-est et particulièrement les habitants de Matitanana. Non content de nous avoir indiqué les noms des figures de géomancie et les signes du ciel connus des ombiasy, il a voulu nous initier à l'art de deviner l'avenir, qui était en usage de son temps dans l'île.

« Les ombiasses, dit-il, et la plupart des maistres de villages se servent d'une tablette sur laquelle ils estendent du sable blanc et avec le doigt ils marquent de certaines lignes à ondes et de ces lignes ils en forment de certaines figures sur lesquelles ils font leur jugement, en observans l'heure, le jour

---

1. Flacourt, éd. 1661, p. 191 et suiv.

de la lune et l'année... Au païs des Machicores ils squillent sur une planchette où il y a autant de trous qu'il y a des figures de geomance, et sur le trou où ils arrestent un petit baston qu'ils tiennent, ils regardent la figure qui y est peinte et ainsi forment leurs figures et en font leur jugement »[1]. D'où venaient ces pratiques géomanciennes? Le viel auteur s'est chargé de nous l'apprendre. C'est aux Sémites qu'il en a attribué l'introduction dans le pays[2].

Joignez à cela qu'il semble s'être rendu compte de l'influence que ces pratiques ont exercée sur les mœurs des indigènes, sur leur vie privée ou publique. Il est le premier notamment qui nous ait parlé de la coutume barbare qu'avaient les parents d'abandonner leurs enfants, s'ils naissaient dans un jour ou dans une époque regardée comme néfaste[3].

Or l'authenticité des renseignements qu'il nous a apportés à ce sujet est indiscutable. Non seulement ils sont confirmés par les voyageurs du xviie siècle[4], mais les peuplades de la côte orientale observent encore les mêmes coutumes que Flacourt a vues, il y a plus de deux siècles. Les voyageurs qui par-

1. Flacourt, éd. 1661, p. 17.
2. Id., *ibid.*, p. 4.
3. Flacourt, 1661, p. 11, 16, 17.
4. Écoutons en effet le P. Nacquart : « Une coutume plus directement contraire à Dieu et dont l'abolition nous donnera bien de la peine, dit-il, c'est une espèce de culte également ridicule et damnable que les grands du pays et leurs sujets rendent à certaines idoles qu'ils appellent olis, ce qui veut dire onguents. Les ombiasses les font et les vendent ; la matière de ces petites idoles est un morceau de bois ou une racine creuse qu'ils attachent à une ceinture. Puis ils y mettent de la poudre et de l'huile et y dessinent des figures de petits hommes, s'imaginant qu'ils sont vivants et capables de leur donner tout ce qu'ils peuvent souhaiter comme le beau temps, et la pluye, les préserver des maladies, des ennemis, etc. Ils ne manquent pas de leur donner à manger, souvent le cœur de telle volaille, plutôt que de telle autre. ...Chacun en a dans sa maison et les porte avec soi à la campagne. Ils y ont recours dans leurs nécessités comme nous à Dieu. Ils ne font rien dans leurs doutes sans en prendre conseil ; et, à la première pensée qui leur vient ils croient qu'elle leur a été suggérée par leurs olis... Quand ils veulent passer les rivières, ils ont d'abord recours à leurs olis, les priant de les garantir des crocodiles qui y abondent » (Nacquart, *Mémoires de la Mission*, t. IX, p. 59 : Lettre à saint Vincent de Paul, 5 février 1650. Voir aussi Souchu de Rennefert, *Relation du premier voyage de la Compagnie des Indes orientales en l'isle de Madagascar*, Paris, 1688, p. 263).

courent ce pays son livre à la main peuvent aujourd'hui assister aux mêmes scènes et apprécier la sûreté de ses informations ainsi que sa véracité [1]. Presque tous s'accordent avec lui pour reconnaître dans les naturels un peuple très superstitieux et très attaché à ses superstitions [2], et si un voyageur de notre siècle a reproché au vieil historien d'avoir fait de la coutume de l'abandon des nouveaux-nés une coutume générale, il n'est pas encore prouvé qu'une telle opinion fût dénuée de fondement [3].

Quelque exactitude qu'ait apportée Flacourt, dans la description des superstitions malgaches, il s'est montré partial dans l'appréciation qu'il en a donnée. Sa rancune personnelle ne s'y révèle guère moins que dans la peinture du caractère des indigènes. Il ne voit dans toutes leurs pratiques qu'une nouvelle preuve d'hypocrisie. L'historien qui déclare que ces gens observent la loi naturelle, les coutumes de leurs ancêtres, celles qu'avaient importées les Zaffeibrahim [4], assure que ces mêmes gens sont « grands menteurs » et ne s'appliquent à autre chose qu'à « inventer des menteries » [5]; menteurs, parce que, dans leurs sacrifices, ils offrent un morceau à Dieu et en réservent un au diable; menteurs, parce que s'ils croient en Dieu, ils ne le prient et ne l'adorent que lorsqu'ils sont malades ou effrayés par des songes [6]. N'était-il pas naturel de

---

1. Voir G. Ferrand, *Les musulmans à Madagascar*, 1re partie, p. 87.
2. M. Grandidier assurait en 1867 que les Mahafales sont dominés par les superstitions les plus incroyables (*Bull. de la Soc. de la géogr. de Paris*, juillet-déc., 1867, p. 393).
D'après le Dr Catat, les Antandroys et les Betsiléos sont superstitieux au plus haut point (*Tour du Monde*, 8 déc. 1894, p. 359; 22 déc., 1894, p. 382).
Catat et Douliot parlent de la croyance des indigènes aux odys dans les mêmes termes que Flacourt (*C. R. de la Soc. de géogr. de Paris*, 23 mars 1891, p. 208; *Bull. de la Société de géogr. de Paris*, 1er trimestre 1895, p. 136).
Pour les pratiques géomanciennes, voir G. Ferrand, *Les musulmans à Madagascar*, 1re partie, p. 74.
3. Ep. Colin, *Annales des voyages*, t. XIV, p. 308 et suiv. Comparer Maudave dans Pouget de Saint-André, *loc. cit.*, p. 113; Charnay, *Tour du Monde*, 1864, 2e sem., p. 210).
4. Flacourt, 1661, Avant-Propos et p. 447.
5. Id., *Ibid.*, p. 84.
6. *Ibid.*

ménager le démon puisqu'il leur semblait plus à craindre? N'est-il pas permis de croire que cette manière d'agir était inspirée par la crainte plutôt que par la dissimulation? C'est du moins ce que se serait demandé un voyageur exempt de parti-pris et de préjugés.

Or tel n'était pas Flacourt. Aussi ne faut-il pas s'étonner de le voir, à l'imitation de Cauche et de plusieurs voyageurs de l'époque précédente, refuser aux habitants de Madagascar toute religion.

Le vieil historien ne s'est pas soustrait aux opinions de son époque. A travers les superstitions qu'il décrit, on sent l'indignation du chrétien. La haute opinion qu'il avait de la religion de son pays lui a fait croire que des peuplades adonnées à de telles coutumes, chez lesquelles ne se voyait aucun temple, ne se pratiquait aucun culte semblable à celui de sa patrie, qui, tout en croyant à l'existence d'un Dieu créateur de toutes choses, ne lui adressaient pour ainsi dire aucune prière et vivaient selon la loi naturelle[1], que de telles peuplades étaient incapables de conceptions désintéressées et élevées et ne pouvaient avoir de religion. N'ayant jamais vu d'autres peuplades sauvages, il n'a pas compris que leurs superstitions n'étaient que des preuves de leur simplicité, de leur crédulité, et que chez elles il fallait savoir distinguer les véritables croyances, celles qui constituaient la base de leur religion. Pour les avoir jugées avec ses propres idées, ses propres sentiments, pour avoir oublié qu'il avait devant lui des gens primitifs et n'avoir pas remarqué que les Malgaches adoraient et invoquaient Dieu dans presque tous les actes de la vie[2], Flacourt est tombé de nouveau dans l'erreur, sinon dans l'injustice. Sous ce rapport le gouverneur ne s'est pas révélé observateur plus pénétrant que le P. Nacquart, le zélé missionnaire, pour lequel les croyances religieuses des naturels n'étaient que l'œuvre du démon et n'offraient en aucune manière le caractère d'une

---

1. Éd. 1661, Avant-Propos, et p. 86.
2. A. Grandidier, *Bull. de la Soc. de géogr. de Paris*, avril 1872, p. 38.

religion [1]. Pour bien comprendre leur religion, il était d'ailleurs utile, sinon indispensable, de savoir que la race indonésienne constituait le fond de la population et d'avoir des notions approfondies sur la religion de cette race, toutes choses que notre historien ne soupçonnait même pas et ne pouvait guère soupçonner, eu égard à l'état de ses connaissances et de celles de son temps.

C'est pour les mêmes raisons qu'il ne semble pas s'être expliqué le culte que les naturels avaient pour l'âme ou plutôt l'esprit de leurs ancêtres. « Les serments les plus solennels qu'ils font, dit-il, sont sur les âmes de leurs ancêtres. S'ils deviennent malades, et qu'ils tombent en frenaisie, aussitost les plus proches du malade envoyent un ombiasse quérir de l'esprit au cimetière, qui y va la nuit et fait un trou à la maison qui sert de sépulchre en appellant l'âme du père du malade; il luy demande de l'esprit pour son fils ou sa fille qui n'en a plus et tend un bonnet au droit du trou, referme ce bonnet et s'en court promptement au logis du malade, en disant qu'il tient un esprit, et s'en vient promptement mettre le bonnet sur la teste du malade qui est assez fol pour dire par après qu'il se sent bien soulagé et qu'il a decouvert son esprit qu'il avoit perdu dans sa maladie et commande que l'on donne recompense à l'ombiasse »[2]. Flacourt ne paraît pas avoir entrevu que ce culte pour l'âme des ancêtres avait pour principal motif la crainte de la mort elle-même, et qu'il fallait en chercher l'origine dans l'espoir qu'avaient les vivants de trouver auprès des défunts protection, secours et conseil pour le malade qui soutenait la lutte suprême [3].

Aussi trouvons-nous tout à fait exagéré de prétendre, comme l'a fait un écrivain de notre siècle [4], que le vieil historien de Madagascar a attribué aux Malgaches la croyance à l'immortalité de l'âme. En effet, outre que le culte des ancêtres n'en-

1. *Mémoires de la Mission*, t. IX, p. 61.
2. Flacourt, éd. 1661, p. 85.
3. Voir P. Piolet, *Madagascar, sa description, ses habitants*, 1895, p. 494.
4. Epidariste Colin, *Annales des voyages*, t. XIV, p. 97 notes.

traîne pas nécessairement la croyance à l'immortalité de l'âme, Flacourt semble avoir été frappé de l'indifférence des indigènes pour tout ce qui était immatériel. En aucun passage de son livre il n'a laissé entendre que l'esprit auquel ils croyaient était quelque chose d'immortel. Il paraît plutôt avoir admis que, dans leur pensée, c'était quelque chose de matériel, car il a remarqué qu'ils plaçaient à côté du cadavre des aliments, du tabac et des vêtements[1]. Il est vraisemblable que son opinion à ce sujet n'était guère différente de celle du P. Nacquart, d'après lequel ils ignoraient si l'âme se séparait du corps pour toujours[2].

Au mérite de nous avoir fourni plus de renseignements que ses devanciers sur les croyances religieuses et les superstitions des Malgaches, Flacourt joint celui d'avoir contribué plus qu'aucun d'eux à mettre en lumière la simplicité de leurs mœurs, leur genre de vie, leur manière de se nourrir, de se loger, de se vêtir. Nul n'était entré aussi avant dans le détail, nul ne s'était montré aussi minutieux, aussi précis et aussi exact dans l'observation. Dans ses descriptions se trahit à tout instant l'éveil d'une curiosité qui ne veut rien ignorer de ce qui est intéressant ou utile. Vivres, habitation, mobilier, ustensiles de ménage, vêtements, ornements, armes, agriculture, pêche, industrie, façon de comprendre le commerce, etc., rien n'a été oublié. Il n'est pas jusqu'à leurs arts, leurs jeux, leurs divertissements, leurs danses, leurs fêtes qui n'aient été l'objet de son attention, et n'aient été décrits avec le plus grand soin. On voit que tout cela a été observé sur les lieux mêmes; on sent que l'ancien gouverneur a voulu nous faire pénétrer dans la vie privée des indigènes. Ce tableau de mœurs est d'autant plus précieux que le témoignage de Flacourt se trouve corroboré par celui du P. Nacquart, son contemporain, et par celui des explorateurs de notre époque[3].

1. Flacourt, 1661, p. 85 et 101.
2. *Mémoires de la Mission*, t. IX, p. 72.
3. a) Sur leur nourriture, voir Flacourt, p. 3 et *passim*. Comparer A. Grandidier, mai 1872, *Revue scientifique*, p. 1082.
b) Sur leurs habitations : Flacourt, p. 74, 77, 78, 89. Comparer Nacquart,

Mais ce qui révèle de sa part une grande clairvoyance, c'est qu'il a expliqué toutes les habitudes privées des Malgaches par la simplicité de leurs goûts. C'est de ce trait de leur caractère qu'il a fait dériver le côté tout à fait rudimentaire de leur agriculture. Non seulement il a rapporté qu'ils cultivaient seulement ce qui était nécessaire à leur subsistance, mais il a constaté qu'ils se servaient d'instruments et de procédés fort simples. Et, ce que personne n'avait fait avant lui, il a saisi la différence qui existait entre ces procédés et ceux qui étaient en usage chez les Européens. Non content d'observer le fait, il en a recherché la cause. Il l'a trouvée dans l'attachement des naturels pour les vieilles coutumes de leurs ancêtres : « Ce qu'ils ont appris de père en fils, dit-il, ils l'estiment plus que ce que l'on leur pourroit enseigner ; comme en la façon de cultiver la terre, si l'on leur dit qu'il la faut bescher bien profond ou la labourer avec la charrue, ils ont pour répartie que ce n'est pas la coutume de leurs ancestres ».

C'est par les mêmes raisons qu'il a expliqué le caractère primitif de leur industrie. Après avoir dit qu'ils ne s'appliquaient pas à inventer autant de métiers que les Européens, parce que leur seule ambition consistait à se procurer ce qui était conforme aux usages et à la mode du pays, il a ajouté que, par fidélité aux vieilles coutumes, ils préféraient le pagne et la ceinture à nos plus beaux vêtements[1].

Cette fidélité aux coutumes des ancêtres et cette simplicité des goûts dont il avait été frappé, il les regardait comme la conséquence de leur ignorance de la navigation et du commerce. Il n'a pas échappé à son esprit observateur que les indigènes n'avaient pas encore la connaissance du commerce tel que le pratiquaient à cette époque les Indiens, les Arabes et les Européens. Il a parfaitement vu que leurs relations commerciales ne consistaient, à vrai dire, que dans l'échange des produits nécessaires à leur nourriture ou à leur entretien, et qu'ils

---

Mém. de la Mission, t. IX, p. 60 et 61 ; P. Piolet, *Madagascar, sa description, ses habitants*, 1895, p. 442 et 443.

1. Flacourt, éd, 1651, p. 73, 87, 105, 112.

ne se servaient pas de monnaie : « Quant au trafic et commerce qu'ils ont besoin les uns avec les autres, dit-il, il ne se fait que par eschange ; ils n'ont aucun usage de monnoie ; les merceries et verroteries que les chrétiens leur portent, leur servent de monnoye, quand ils vont en païs loingtain acheter des bœufs, du cotton, de la soye, des pagnes, du fer, des sagayes, des haches, des coutteaux et autres choses dont ils ont besoin. Ils eschangent du cuivre pour de l'or et de l'argent et font ainsi leur négotiation par eschange... Celui qui a besoin de quelque chose le va chercher où il y en a en abondance et à bon marché ; il n'y a ni foire ny marché ; la foire est où il abondance de quelque chose plus qu'en autre pays : là le cours y est, là chacun en envoye faire sa provision »[1].

Il ne s'ensuit pas toutefois qu'il ait regardé les Malgaches comme un peuple tout à fait primitif et ignorant. S'il avait eu intérêt à les représenter comme des gens cruels pour justifier ses actes, il n'en avait aucun à les représenter comme des gens inintelligents, puisque, comme nous le montrerons plus loin, l'initiation de ceux qu'il avait subjugués aux procédés agricoles et industriels des pays civilisés n'était pas une de ses moindres préoccupations. De même, la conscience qu'il avait de la supériorité de la civilisation européenne ne l'a pas empêché de reconnaître les diverses manifestations de leur intelligence. Tout en avouant qu'ils sont pour la plupart paresseux et indolents[2], il déclare qu'ils sont adroits, curieux

1. Flacourt, éd. 1661, p. 90 et suiv.
2. Cette opinion a été partagée par plusieurs voyageurs du xviiie et du xixe siècles.

« Une insouciance naturelle et une apathie générale leur rendent insupportable tout ce qui exige de l'attention. Sobres, légers, agiles, ils passent la plus grande partie de leur vie à dormir et à se divertir » (Rochon, *Un voyage à Madagascar*, 1791, t. I, p. 15).

« La paresse, dit Maudave, est leur vice capital, à ce point qu'ils sont exposés à de grandes famines dans le pays du monde le plus fertile... Ils ne plantent guère que des patates et quelque peu de riz ; ils ne tirent pas la centième partie de ce que leurs terres pourraient fournir » (Pouget de Sainte-André, *loc. cit.*, p. 63).

« Paresseux avec délices, la facile satisfaction de ses besoins, lui (au Malgache) rend insupportable le lien le plus léger » (*Tour du Monde*, 1884, 2º semestre, p. 207 : *Madagascar à vol d'oiseau*, par Charnay)..

d'apprendre et qu'ils perfectionnent ce qu'ils entreprennent. Il va même jusqu'à assurer qu'il ne leur manque que l'instruction[1]. Et il nous apporte des preuves de ce qu'il avance. Bien qu'il soit plus soucieux de nous décrire les ressources de l'île, que de nous montrer le parti qu'en tirent les indigènes, il laisse entrevoir que, dans leur manière de cultiver la terre, ils tiennent compte, dans une certaine mesure, des conditions naturelles, des avantages ou des inconvénients qu'elles présentent dans telle ou telle contrée. Ne nous dit-il pas que du côté de Fénérive et d'Antongil, pays détrempés par les pluies, les habitants sèment le riz non dans les marécages où il serait exposé à pourrir, mais dans les montagnes ou les vallons où l'humidité est suffisante sans être nuisible, tandis que, dans la province d'Anossi, contrée soumise aux grandes sécheresses, ils sèment le riz, non dans les plaines et les montagnes, mais dans les marécages où il trouve la quantité d'humidité qui lui est indispensable pour germer[2] ?

L'habileté des indigènes dans la confection des objets de luxe n'a pas moins éveillé son attention. Guidés par lui, nous admirons les pagnes remarquables par leur finesse et leur délicatesse que façonnaient les femmes des pays d'Anossi et des Eringdranes, ces nattes de diverses couleurs et d'une matière si rare et si agréable à l'œil qu'elles pouvaient servir à la décoration des plus riches habitations de France, sans parler des boucles d'oreilles que les orfèvres fabriquaient avec des plaques d'or très minces soudées à un morceau de coquille et parsemées de grains très fins[3].

Il n'est pas jusqu'à leur manière de compter qui n'ait été

---

1. Flacourt, éd. 1661, p. 87 et 447.
« Les Madécasses ont assez d'aptitudes pour les arts et les métiers » (Pouget de Saint-André, loc. cit., p. 63).
2. Flacourt, ed. 1661, p. 89 et 90.
3. Id., ibid., p. 76 et suiv.
II. Douliot a confirmé ce qu'avait dit Flacourt sur l'habileté des indigènes dans la fabrication des nattes et des pagnes (Bull. de la Soc. de géogr. de Paris, 1er trimestre 1895, p. 125, 126).

l'objet de ses observations. Les anciens auteurs, et en particulier Lindschot, avaient écrit qu'ils ne savaient compter que jusqu'à dix. Flacourt affirme qu'ils n'avaient pas été bien informés : « Les habitants originaires de Madagascar, dit-il, comptent, ainsi que les Nations de l'Europe, depuis un jusqu'à dix, et depuis dix, ils ajoutent l'unité et le reste des autres jusques à vingt et de vingt jusques à cent[1]. »

Enfin, quelque haute opinion qu'il pût avoir de ses compatriotes, il n'a pas dissimulé à ses contemporains que les Malgaches le cédaient à beaucoup de paysans français en rudesse et en ignorance[2].

Une question que devait naturellement se poser le gouverneur de Fort-Dauphin et qui avait déjà été abordée par quelques-uns de ses prédécesseurs, c'était celle de savoir quelle sorte de langue parlaient les habitants de la grande île. Mais Flacourt n'était ni linguiste, ni philologue. Aussi s'est-il servi parfois pour caractériser la langue malgache, d'expressions très obscures et presque inintelligibles. Il nous apprend, dans sa Relation, que « la conjugaison s'observe; le verbe passif et l'actif et chaque chose se dit et se nomme par l'action et la manière qu'elle se fait, comme un verbe rompu, ou du bois rompu, *hazon foulac*, un vestement rompu, *sichin rota*, un pot rompu, *vilangha vacqui*, un fil rompu, *foule maitou*, une corde rompue, *tali maitou* : et ainsi de plusieurs autres choses qui font reconnoistre que ceste langue est très copieuse et que ce n'est point un jargon[3] ». Or qu'entend Flacourt par cette règle qui consiste à *nommer chaque chose par l'action et la manière dont elle se fait*? C'est ce qu'il est difficile d'éclaircir. En tout cas, il est exagéré de faire dériver la richesse du malgache du seul mode de conjugaison.

Cette richesse consiste surtout dans les nombreuses particules qui modifient ou complètent le sens des mots[4].

---

1. Flacourt, 1661, p. 88.
2. Id., *ibid*.
3. Flacourt, éd. 1661, p. 195.
4. De Froberville, *Bull. de la Soc. de géogr. de Paris*, 1839, t. XI, 2ᵉ série

Frappé de la richesse de cette langue, notre historien a cédé à l'habitude qu'avaient ses contemporains de rapporter les langues récemment connues à celles qu'étudiaient seulement les érudits, à savoir : le grec, le latin, l'hébreu. De là cette comparaison qu'il nous donne du malgache et du grec : « La langue de Madagascar a, dit-il, en beaucoup de choses quelques rapports avec la langue grecque, soit en sa façon de parler, soit dans la composition des mots et de verbes. Cette langue a des mots composés à la façon de la langue grecque [1]. » La prononciation douce et harmonieuse du malgache, l'absence de consonnes à la fin des mots, la suppression d'un grand nombre d'entre elles dans leur formation, la clarté et la sonorité des syllabes, toujours accentuées et nettement frappées, tout cela peut en un certain sens justifier cette comparaison. Mais Flacourt n'a pas saisi les différences qui séparaient ces deux langues. Il ne s'est pas rendu compte que, contrairement à ce que l'on remarque en grec, on ne rencontre en malgache ni genre, ni nombre, ni l'ingénieux mécanisme des désinences qui permet de faire sentir avec concision et netteté les distinctions les plus subtiles [2].

Au reste, c'est avec plus de raison qu'il aurait pu montrer les ressemblances de la langue malgache avec la langue malaise. On serait tenté de croire, il est vrai, qu'il les a entrevues, puisqu'il avance que c'est avec les langues orientales qu'elle a le plus de rapports [3]; mais il n'en dit pas plus. C'est à d'autres voyageurs, c'est aux savants de notre époque qu'il faudra s'adresser pour savoir que, dans le malgache, comme dans le malais, il n'y a point de mots d'une articulation difficile, que la plupart des mots tirent leur origine d'autres mots appelés racines et se composent à l'aide de particules,

p. 3 et suiv.; Note du R. P. Jean, *ibid.*, 1ᵉʳ trim. 1884, p. 35 et suiv.; P. Piolet, *ouvr. cité*, p. 544.

1. Flacourt, 1661, Avant-Propos et p. 195.
2. De Froberville, *loc. cit.*
   Le P. Nacquart avait dit qu'en malgache « les mots ne se déclinent ni ne se conjuguent » (*Mém. de la Mission*, t. IX, p. 86).
3. Flacourt, éd 1661, p. 194.

conformément à des règles fixes et générales, qu'enfin les radicaux ne sont soumis à aucune inflexion pour désigner les diverses formes des verbes[1]. Non seulement Flacourt ignorait toutes ces analogies, mais il ne paraît même pas avoir eu connaissance des travaux qui, au commencement de son siècle, avaient été publiés par des Hollandais sur les affinités de ces deux langues[2].

En revanche, bien qu'il ne connût qu'une partie de l'île et qu'il eût constaté l'usage de la langue arabe chez les Mahafales, les Machicores, les habitants d'Anossi et de Matitanana[3], il a eu le mérite de signaler à ses contemporains la communauté de langage propre aux diverses peuplades, fait qui sera reconnu exact par la plupart des voyageurs de notre siècle. S'il s'est aperçu que l'accentuation établissait une différence d'une contrée à l'autre, il n'en affirme pas moins que les habitants ont tous la même langue. « C'est une langue très copieuse, dit-il, laquelle se parle également ; mais elle est différente en ses accents, selon la diversité des provinces où les uns parlent bref, les autres ont un parler long ; il y a des mots de la langue plus affectés en des provinces qu'en d'autres et qui toutefois sont entendus partout... Quant à la façon de parler et des accents, ainsi que j'ay dit ci-dessus, il y a des Provinces, qui préfèrent les mots comme ceux des Mahafales, qui ont un accent comme les Normands et en d'autres il y en a qui parlent aussi bref comme les Gascons et toutes fois ils n'ont qu'un mesme langage[4]. »

Il serait donc tout aussi exagéré de lui refuser toute connais-

1. Voir Note du R. P. Jean. *Bull. de la Soc. de géogr. de Paris*, loc. cit.
2. Voir p. 91 de notre étude.
3. Flacourt, éd. 1661, p. 195.
4. Id., *ibid.* p. 194.
Cf. Dumont d'Urville, *Considérations sur la langue polynésienne. Philologie*, p. 275 ; Ep. Colin, *Nouvelles Annales des voyages*, 1821, t. X, p. 302 ; Albrand, *Annales maritimes et coloniales*, 1846, t. CII, p. 490 ; Perier, *Revue scientifique*, 28 octobre 1893 : *Madagascar* ; P. Piolet, *ouvr. cité*, p. 541 et 542.
L'opinion contraire a été cependant soutenue par Balbi (*Atlas ethnographique*, Introd., p. xxiii).

sance de cette langue que de lui en attribuer une connaissance approfondie.

C'est ce dont témoignent aussi les quelques travaux qu'il a publiés, tels qu'une appréciation d'un dialogue franco-malgache inséré par Cauche dans sa Relation, des traductions de prières chrétiennes en malgache et d'une prière malgache en français, et surtout un dictionnaire, qui, pour être très incomplet, comme il l'a avoué lui-même, et compilé sans soin, n'en a pas moins pendant longtemps servi de guide aux voyageurs et aux traitants dans leurs relations avec les indigènes [1].

Telles sont les données que l'on doit à Flacourt sur l'origine, les caractères physiques, moraux et intellectuels des indigènes. Voyons maintenant ce qu'il faut penser de ce qu'il nous a appris sur leur organisation sociale.

Sur l'organisation de la famille à Madagascar, Flacourt a ajouté peu de chose aux quelques indications que l'on tenait des auteurs précédents. Le premier, sans doute, il a noté la liberté absolue dans laquelle vivait la jeune fille avant le mariage, l'absence le plus souvent de cérémonies destinées à consacrer les unions, et l'usage en vigueur chez les indigènes de prendre autant de femmes qu'ils pouvaient en nourrir; mais il n'a pas mis en lumière la tendresse des épouses pour leurs maris, la douceur avec laquelle ceux-ci les traitaient, leur désir d'avoir une nombreuse famille, le rôle du père et les privilèges du fils aîné. Ce qu'il nous dit du régime matrimonial paraît en grande partie emprunté à la relation de Fr. Cauche. Comme lui, il rapporte que la femme qui a divorcé est obligée, au cas où elle vient à se remarier, de restituer à son premier mari les biens ou les objets dont celui-ci lui a fait présent selon la coutume. La seule chose nouvelle qu'il semble nous avoir apprise, c'est que les enfants qu'une femme divorcée vient à avoir d'un autre homme, sont réputés appar-

---

[1]. Flacourt, éd. 1661, Avant-Propos, et p. 173-302; de Froberville, *Bull. de la Soc. de géogr. de Paris*, XI° vol., 2° série, 1839, p. 30 et 31.

tenir au mari tant qu'elle n'a pas contracté une nouvelle union et restitué son douaire[1].

A Madagascar, au xviie siècle, comme à notre époque, la famille était la base de l'organisation sociale. C'est ce que Flacourt ne semble pas avoir compris, ou du moins c'est ce qu'il n'a point dit en termes explicites. Il ne paraît pas plus avoir vu que les différentes peuplades qui occupaient l'île n'avaient pas atteint à une véritable organisation de l'État et qu'en réalité elles n'avaient pas dépassé l'organisation de la famille. Il parle parfois des Malgaches comme d'un peuple soumis aux mêmes institutions que les peuples européens et les termes de *prince* et de *roi* se rencontrent souvent dans sa Relation. C'est par lui cependant que nous avons été informés de la division des habitants du pays d'Anossi en classes, selon la noblesse de leur origine ou la pureté de leur couleur. « Dans cette province, dit-il, il y a deux sortes de genre d'hommes, sçavoir les Blancs et les Noirs. Les Blancs sont divisés en trois sortes, sçavoir en Roandrian, Anacandrian et Ondzatsi. Les Noirs sont divisés en quatre sortes, sçavoir en Voadziri, Lohavohits, Ontsoa et Ondeves. Les Roandrian sont ceux qui sont comme les Princes et de la race des Princes. Les Anacandrian sont descendus des Grands, mais ont dégénéré, et sont comme descendus des bastards des Grands; ils s'appellent aussi Antampassemaca,

---

[1]. Morizot, *Relation du voyage de Fr. Cauche*, p. 121 ; Flacourt, éd. 1661, p. 85, 86, 9, 2104.
Les renseignements fournis par le P. Nacquart et ceux que nous devons aux voyageurs de notre époque confirment encore la véracité de Flacourt, dans ce qu'il rapporte sur le mariage : « Le mariage se contracte entre les parents excepté au premier degré : il n'est pas stable et il est permis de se quitter naturellement et de se marier à d'autres, comme cela arrive souvent. La polygamie est permise quoiqu'elle ne soit pas générale, mais seulement chez une bonne partie des grands qui ont le moyen de nourrir plusieurs femmes... Parmi les noirs, il n'y pas grande cérémonie pour faire un mariage, sinon que le choix dépend des parties et non pas des parents. Le mari d'ordinaire achète la femme, donnant pour elle des bœufs ou autre chose aux parents. Mais, parmi les grands, il se fait une assemblée de parents, amis et sujets de part et d'autre, et bien souvent l'accord et promesse de mariage se font par les parents dès la naissance du garçon et de la fille. Ils se marient fort jeunes. On tue des bœufs le jour du mariage » (Nacquart, *Mémoires de la Mission*, t. IX, p. 70).
Voir aussi P. Piolet, *Madagascar*, loc., cit. p. 449.

c'est-à-dire hommes des sables de la Mecque d'où il se disent venus avec les Roandrians. Les Ondzatsi ont la peau rouge aussi et les cheveux longs, comme les Roandrian et les Anacandrian, mais plus vils et plus bas, estant descendus des matelots qui ont amené en ceste terre Dian Racoube ou Racouatsi, leur ancestre... Les Voadziri sont les plus grands et les plus riches d'entre les Noirs et sont maistres d'un ou plusieurs villages... Les Lohavohits sont grands aussi entre les Noirs... Les Ontsoa sont au-dessoubs des Lohavohits et leurs parents. Les Ondeves sont les esclaves de père et de mère, achetez ou pris en guerre[1]... »

Non content de nous faire savoir que le pouvoir dépendait surtout de la naissance, Flacourt, pour qui il était du plus haut intérêt d'en connaître l'étendue, puisqu'il voulait établir son autorité dans l'île, nous a aussi laissé sur ce point des renseignements précieux. Il assimile les nobles, les chefs, à de petits tyrans qui sont devenus puissants par adresse et par force et estime qu'ils tiennent les habitants dans une étroite servitude[2].

Il s'est efforcé, sans oublier toutefois de nous instruire des obligations et des droits des sujets ou des esclaves, de déterminer les attributions des chefs et leurs privilèges ainsi que ceux des ombiasy. Enfin, il n'est pas jusqu'au mode de succession au pouvoir qui n'ait attiré son attention[3].

Avant lui, on ne savait pour ainsi dire rien sur l'organisation de la propriété. Ici la comparaison de l'ordre de choses établi dans l'île avec ce qui existait alors en France et en Europe,

---

1. Flacourt, éd. 1667, p. 47.
2. Comme Flacourt, Maudave assure que les chefs du pays d'Anossi sont de petits tyrans, avides, cruels, qui dépouillent leurs sujets pour le plus léger intérêt (Pouget de Saint-André, *ouvr. cité*, p. 45 et 90).
3. Flacourt, éd. 1661, Avant-Propos, p. 4, 9, 45.
Le P. Nacquart s'exprime dans les mêmes termes que notre vieil auteur sur les privilèges des nobles et des ombiasy. Comme lui, il croit que le pouvoir est héréditaire et ne fait d'exception que pour le cas où les enfants seraient trop jeunes à la mort de leur père (*Mémoires de la Mission*, t. IX, p. 60). Fr. Cauche avait formulé une opinion contraire (Morizot, *ouvr. cité*, p. 125).

s'est naturellement présentée à son esprit. Dans le tableau séduisant qu'il nous offre du pays pour lequel il réclame des colons, il nous avertit que la terre ne s'y vend point, mais qu'elle appartient aux Grands qui ne permettent pas que l'on s'en approprie la moindre parcelle, sans la leur avoir demandée. En outre, quelque porté qu'il pût être à généraliser des observations recueillies sur quelques points déterminés il ne s'est pas imaginé que tous les Malgaches menaient la vie sédentaire. Il a reconnu avec raison que les Mahafales avaient une vie nomade et pastorale [1].

Mais c'est surtout sur l'organisation de la justice que Flacourt a été mieux informé que ses devanciers. Ici l'on ne pourra lui reprocher d'avoir prêté au peuple malgache des institutions semblables à celles des peuples civilisés. Il ne s'est point mépris sur le caractère primitif de l'organisation judiciaire propre aux habitants de la grande île. Il prend soin d'avertir le lecteur qu'il n'y verra pas observer « la police et le bel ordre des Chinois ». Il ne méconnaît ni l'absence de lois écrites, ni le rôle de la coutume, et, pour n'avoir point montré que cette organisation présentait de grandes analogies avec celle des Indonésiens, il n'en a pas moins complété les indications des auteurs précédents en nous renseignant sur ceux à qui il incombait de rendre la justice, sur la nature des châtiments, les causes qui les faisaient varier et sur les conséquences qu'entraînait pour le débiteur le non-acquittement des dettes [2].

1. Flacourt, éd. 1661, Avant-Propos, p. 4, 9, 45.
Maudave et Rochon assureront encore plus tard que ce sont les chefs qui détiennent les terres et qu'ils exigent une certaine redevance des habitants par lesquels ils les font cultiver (Pouget de Saint-André, *ouvr. cité*, p. 103 ; Rochon, *Voyage à Madagascar*, an X, t. I, p. 25).
Ce que le gouverneur de Fort-Dauphin disait en 1658 des Mahafales, Douliot l'a répété au sujet des Sakalaves (*Bull. de la Soc. de géogr. de Paris*, 1er trimestre 1895, p. 135).

2. Flacourt, 1661, p. 99-104.
Maudave confirme l'opinion de Flacourt sur le rôle de la coutume (Pouget de Saint-André, *ouvr. cité*, p. 103).
Sur la nature des châtiments et sur les causes qui les font varier, le P. Nacquart s'exprime dans les mêmes termes que le gouverneur de Fort-Dauphin (*Mémoires de la Mission*, t. IX, p. 69 et 70).

Enfin les luttes fréquentes que le chef de la colonie eut à soutenir contre les naturels lui ont permis de satisfaire la curiosité de ses contemporains sur l'état social du pays, sur les divisions qui le déchiraient, sur les causes des rivalités des principaux chefs, des guerres que les habitants se faisaient de village à village. Elles lui facilitèrent surtout l'étude de ce qu'on pourrait appeler leur organisation militaire et leur manière de combattre. Il a sans doute accordé une trop grande importance à des expéditions qui n'étaient le plus souvent que des razzias, des prétextes à pillage, et à des batailles qui n'étaient, à vrai dire, que des mêlées confuses, espérant peut-être ainsi donner plus d'éclat aux victoires qu'il avait remportées sur les peuplades du sud de l'île. Mais, ce qu'on ne saurait contester, c'est qu'il a recueilli sur leurs préparatifs de guerre, leurs procédés de reconnaissance, d'intimidation et de défense, sur les diverses sortes d'armes dont ils faisaient usage, des renseignements beaucoup plus complets et beaucoup plus précis que ceux que l'on rencontre dans les ouvrages du xvie siècle et de la première moitié du xviie [1].

Après cette courte revue des renseignements apportés par Flacourt sur l'état social des Malgaches de son temps, il n'est pas sans intérêt de se demander à quel jugement il s'était arrêté sur ce peuple. On sait que le vieil auteur n'avait vu en Orient d'autre pays que Madagascar. Il ne connaissait par suite les différentes civilisations du monde oriental que par quelques lectures. Les autres contrées du globe, à l'exception

---

1. Flacourt, éd. 1661, p. 94 et suiv.

« Tous les chefs du pays sont ennemis jurés les uns des autres... Les indigènes sont tous ennemis de province à province...

« Leurs guerres ne sont que des enlèvements de troupeaux et d'esclaves, des incendies de baraques et quelques meurtres en trahison. Leurs batailles se passent en injures mêlées de quelques coups tirés au hasard » (Maudave, chez Pouget de Saint-André, *loc. cit.*, p. 61, 85, 90).

De nos jours, le Dr Catat a également constaté l'état de division extrême où se trouvent les territoires du sud. « Ces États minuscules dit-il, sont toujours en guerre les uns contre les autres ». Mais il se hâte d'ajouter : « Il est vrai que cette lutte fratricide se borne à quelques vols de bœufs, à des coups de fusils tirés en l'air et surtout à d'interminables kabary » (*Tour du Monde*, 22 déc. 1894, p. 392).

d'une partie de l'Europe, ne lui étaient guère plus connues. De plus, s'il avait l'esprit observateur, il l'avait peu critique. Partant il ne faut pas s'attendre à trouver chez lui des comparaisons profondes entre les habitants de la grande terre et ceux des autres pays du monde alors connu. Tout ce qu'on peut y découvrir se ramène à quelques réflexions superficielles. D'une part, il semble regretter que Madagascar n'ait point la civilisation de l'Europe, de l'Afrique, de la Chine, du Japon, de la Perse, de l'Inde et d'autres contrées de l'Asie dont il admire le luxe et la richesse. D'autre part, il se plaît à constater qu'on ne pourra y voir des mœurs aussi barbares que celles des Américains, des Cafres de Sofala, des nègres de la Guinée, et des superstitions semblables à celles que l'on rencontre dans les royaumes de Pegou et de Siam[1]. Flacourt ne paraît pas avoir été plus frappé de l'étrangeté des mœurs de Madagascar qu'il ne l'avait été de celle de la flore et de la faune. Sans aller jusqu'à lui faire un reproche de n'avoir point deviné les analogies qui existaient entre les mœurs des Malgaches et celles des Indonésiens, il est permis toutefois de s'étonner qu'il ait négligé d'en montrer l'originalité, de mettre en lumière les différences qui les séparaient de celles de l'Europe et de la France, pays qu'il devait connaître dans une certaine mesure. Il ne suffisait pas de constater que les Malgaches passaient plus doucement leur vie que les Européens, parce qu'ils n'étaient pas sujets à beaucoup d'incommodités que l'on éprouve dans les grandes villes ; il était utile et à propos d'indiquer en quoi ils s'en distinguaient. Il eût ainsi fait entrevoir la mesure des efforts que nécessiterait l'œuvre de civilisation qu'on avait résolu d'accomplir dans la grande terre. Il ne suffisait pas de décrire l'organisation sociale qui régissait les indigènes ; il importait aussi de bien définir en quoi les mœurs et les coutumes des Français de son temps se différenciaient de celles du pays qu'il voulait coloniser. Il eût ainsi éclairé ses compatriotes, et aurait pu, en prévenant des erreurs, les préserver de bien des illusions.

1. Flacourt, éd. 1661, Avant-Propos.

Il résulte de l'examen de l'œuvre ethnographique de Flacourt qu'elle est entachée de quelques erreurs et qu'elle offre encore nombre de lacunes. Comparé aux savants de notre époque, il pourra sans doute leur paraître bien inférieur. On regrettera l'insuffisance de ses observations sur les caractères physiques des habitants, leur origine, la diversité des races de la grande île.

On lui reprochera non sans raison de s'être servi exclusivement de couleurs sombres pour peindre le portrait moral des Malgaches de son temps et l'on ne s'étonnera pas moins de le voir refuser toute religion à des gens qui, de l'aveu de plusieurs voyageurs, ont de véritables croyances et pratiques religieuses.

Toutefois, si l'on considère que ces erreurs et ces lacunes s'expliquent le plus souvent par l'insuffisance des connaissances ethnographiques générales de l'auteur et de son époque, qu'avant lui on savait encore peu de chose sur les peuplades de Madagascar et que grâce à son activité il nous a légué un grand nombre de renseignements nouveaux et exacts sur quelques tribus du sud et parfois sur toute la population de l'île, sur l'immigration et l'influence des Juifs et des Arabes, sur les superstitions diverses auxquelles étaient adonnés les Malgaches, sur l'unité de langage qui régnait parmi eux, leur genre de vie, leur adresse, leur industrie, leur intelligence, leur division en castes, et enfin les coutumes qui les régissaient au point de vue social, on ne fera pas difficulté d'avouer que son œuvre accuse un progrès notable sur celle de ses prédécesseurs. Jusqu'à ces trente dernières années peu de voyageurs ont laissé de la vie malgache une peinture aussi vivante, et, il faut bien le dire, le plus souvent aussi vraie, puisqu'elle abonde en traits caractéristiques qui, de nos jours même, demeurent reconnaissables, quoique souvent modifiés par le temps.

CHAPITRE III

Les théories d'un homme d'action : le plan de colonisation de Flacourt.

Opinions émises par quelques auteurs sur la colonisation de Madagascar pendant le séjour de Flacourt à Fort-Dauphin. — Part d'originalité, de sincérité, d'impartialité et d'exactitude que renferme le plan de l'ancien gouverneur. Régime qu'il propose d'adopter. — Régime moral : facilités et difficultés, que l'on rencontrera pour convertir les naturels, moyens qu'il indique pour parvenir à ce but. — Régime administratif : l'autonomie administrative, l'organisation de la justice, la défense de la colonie. — Régime économique : le régime des terres, l'initiation agricole et industrielle, le développement des relations commerciales, endroits propres à la fondation d'établissements, le peuplement de la colonie, la colonisation des terres australes. — Appréciation générale.

Jusqu'à l'année 1648, la plupart des voyageurs qui avaient abordé à Madagascar, quelque favorable qu'eût été l'impression qu'ils avaient recueillie sur la fertilité du pays, avaient négligé d'en proposer la colonisation à leurs compatriotes, soit parce que l'Inde et le Brésil leur paraissaient offrir encore plus de ressources, soit parce qu'un certain nombre de leurs compagnons y avaient succombé. Cependant, en 1646, Boothby, un explorateur anglais qui avait touché à la baie Saint-Augustin, engageait ses contemporains à établir une colonie dans cette île dont il proclamait les richesses en termes dithyrambiques [1]. Non content d'en recommander l'exploitation par des aventuriers, qu'on y attirerait en leur promettant un lot de terres proportionnel à leur qualité, il demandait qu'on y envoyât

[1]. *Description of the most famous island of Madagascar, or Saint-Laurence in Asia, near in to East India and proposal for an english plantation there*, Relation imprimée dans *Collection of Voyages and Travels*, dite *Collection d'Osborne*, 1745, in-4, *ouvr. cité.*

des ministres de Dieu pour prodiguer des encouragements aux colons. La même année, un autre explorateur anglais qui avait accompagné Boothby dans son voyage, Hammond, allait jusqu'à l'utopie dans une publication où il dépeignait les habitants de Madagascar comme le peuple le plus heureux du monde [1]. Tout autre sera, quelques années plus tard (1649), l'opinion d'un voyageur de la même nationalité, Powle Waldegrave. Il n'hésitera pas à dissuader ses compatriotes d'une telle entreprise. Il exprimera même le souhait que Dieu épargne à tous les braves gens le séjour d'un tel pays, assurant que s'y rendre c'était courir aux souffrances de toute sorte et à la mort [2].

En France, au contraire, il ne semble pas qu'il y ait eu divergence d'opinions sur le même sujet. Fr. Cauche n'avait pas rencontré de contradicteur, après avoir, dans un enthousiasme exagéré, manifesté son étonnement que sa patrie n'eût pas encore envoyé quantité de colons occuper et convertir au catholicisme une île si grande, si fertile, si riche en minéraux, et ressources de toute sorte, merveilleusement située entre les Indes occidentales et orientales, pourvue de tout ce qui est nécessaire à la navigation, à l'entretien et à la nourriture de l'homme, une île très peuplée et habitée par des gens d'un caractère doux, traitable, aimant extraordinairement les Français, se liant et trafiquant avec eux, et tout disposés à adopter leur religion [3].

Mais il ne suffisait pas de préconiser la colonisation de Madagascar et d'indiquer les ressources qui permettaient de concevoir les plus belles espérances pour le succès de l'entreprise. Il eût été aussi à propos de ne point passer sous silence quelques-uns des moyens qu'il convenait d'employer pour la mener à bonne fin. Ce que le marchand rouennais n'a point fait,

---

1. *Paradox proving that the inhabitants of the isle called Madagascar or Saint-Lawrence are the happiest people in the world.*
2. *An answer to M. Boothby: Book of the Description of Madagascar*, ch. II, 7 et suiv.
3. Morizot, *Relation du voyage de Fr. Cauche*, ouvr. cité, p. 173.

le gouverneur de Fort-Dauphin l'a tenté dans un chapitre de son livre, intitulé : « Advantages que l'on peut tirer en l'établissement de colonies à Madagascar pour la Religion et le Commerce[1]. » Il est le premier qui ait proposé un plan de colonisation de cette île ; il est le premier qui ait fait connaître le régime moral, administratif et économique qu'il était possible d'adopter à l'égard des indigènes. Il est très vraisemblable que ce plan de colonisation, il l'a composé avec l'intention d'éclairer la Compagnie de l'Orient sur les dispositions qu'il était utile de prendre pour organiser la conquête. Mais il est aussi permis de croire que l'ancien gouverneur qui, dès son retour en France, avait eu des démêlés avec la Compagnie, a voulu se justifier des accusations dirigées contre son administration, et prouver qu'il était parti pour Madagascar avec le désir de servir les intérêts des associés, mais qu'il n'a pu y donner suite, faute de secours.

Flacourt, qui s'était rendu à Fort-Dauphin avec le secret dessein de tourner surtout ses efforts vers la conquête s'est bien gardé d'avouer que sa préoccupation principale, durant son administration, avait été de soumettre le pays au Roi de France. Il a pressenti sans doute qu'un tel aveu lui attirerait les reproches des associés qui l'y avaient surtout envoyé pour en exploiter les ressources.

Mais ce qu'il n'appréhendait pas moins, c'était de se voir accuser par le surintendant Fouquet d'avoir négligé les intérêts religieux de la colonie naissante. Il craignait que ses dissentiments, ses démêlés avec le P. Nacquart ne fussent connus de la Cour et qu'on n'hésitât pour ce motif à lui confier de nouveau le gouvernement de la colonie. Voilà pourquoi il laisse entendre dans un passage de son livre que, si on le chargeait de nouveau des fonctions de gouverneur, il s'emploierait à favoriser les progrès du christianisme par la fondation d'un séminaire et d'un établissement destiné à instruire les jeunes enfants et même les vieillards[2]. Voilà pourquoi il fait

1. Flacourt, éd. 1661, p. 445.
2. Flacourt, éd. 1658, p. 103.

de la religion la base de toutes ses vues sur la colonisation de Madagascar. Il déclare que le catholicisme est la meilleure chose que l'on puisse y établir. Il se pose en champion de cette religion et insiste pour que l'on travaille à la propagation de la foi dans l'île tout entière.

Il s'étonne que les Portugais et les Espagnols, qui ont exploré toutes les terres alors connues, n'y aient point planté la croix et blâme l'indifférence des princes qui ont envoyé des vaisseaux dans la mer des Indes sans poursuivre ce but. Il s'étend avec une véritable complaisance sur les facilités que l'on y rencontrerait pour convertir les indigènes et les initier aux croyances de la religion catholique. « La disposition y est tout entière, Monseigneur, disait-il en s'adressant à Fouquet; ils le souhaitent avec tant de passion, que quand ils nous voyoient aux prières dans notre chapelle, ils y entroient en foule pour tascher à nous imiter, ils y présentoient leurs enfans au baptesme, et prioient que par l'instruction on les rendît eux-mêmes capables de recevoir les sacremens »[1].

On a prétendu que les affirmations à ce sujet n'étaient pas sûres et que les faits qui ont suivi son gouvernement (en particulier le meurtre du P. Étienne) étaient venus les démentir[2]. Que l'ancien chef de la colonie, dans ce passage comme en beaucoup d'autres, ait exagéré ces bonnes dispositions, afin d'attirer des missionnaires dans l'île et d'encourager le roi et les associés de la Compagnie à ne point renoncer à l'entreprise, nous n'y contredirons point. Est-ce à dire que l'on doive rejeter entièrement les assertions d'un homme qui était en situation d'apprécier les dispositions des naturels et se trouvait en cela d'accord avec son auxiliaire religieux, le P. Nacquart? Est-il de bonne logique de conclure d'un fait isolé, et sur la cause duquel on discute encore, aux dispositions de toute une population? Le P. Bourdaise n'a-t-il pas constaté chez les indigènes la bonne volonté dont avait été témoin le P. Nacquart[3]?

1. Dédicace à Fouquet, éd. 1661.
2. Guet, *Les origines de la colonisation à Bourbon et à Madagascar*.
3. *Mémoires de la Mission*, t. IX, p. 121 et suiv., 203 et suiv.

C'est avec moins de raison que Flacourt, reprenant l'opinion de Cauche [1], assure que la conversion des indigènes sera d'autant plus facile à obtenir qu'ils n'ont aucune religion, car, en admettant qu'ils en fussent dépourvus, ce qui, comme nous l'avons montré, est inexact, il fallait encore compter avec les coutumes et les superstitions auxquelles ils étaient extrêmement attachés.

Quelque porté que puisse être l'ancien chef de la colonie à voir dans les sentiments des naturels des conditions favorables à la propagation du catholicisme, il ne dissimule pas les difficultés que pourra présenter une telle entreprise. Il déclare que l'on aura à lutter contre deux sortes d'adversaires : d'une part les étrangers, hérétiques (Anglais et Hollandais) et Mahométans, d'autre part les chefs indigènes [2].

Or on sait qu'un des statuts de la Compagnie des Cent associés, statuts qui émanaient du cardinal de Richelieu, lui imposait de n'admettre comme colons que des Français et des catholiques et de veiller à ce qu'aucun étranger ni hérétique ne s'introduisît dans le pays [3]. En exprimant de telles craintes au sujet des hérétiques, Flacourt ne faisait donc que céder à l'esprit de son temps et espérait peut-être s'attirer les sympathies du parti catholique alors tout-puissant à la Cour.

Quant aux Mahométans, ils étaient depuis longtemps l'objet de l'attention et de la haine des Français et des souverains chrétiens. Nos commerçants étaient exposés à d'incessantes vexations de la part des pirates barbaresques, vexations que les ambassadeurs avaient essayé plusieurs fois en vain de réprimer. Pendant la première moitié du xviie siècle le mal s'aggrava à ce point que les nations commerçantes songèrent à prendre des mesures préventives. Plusieurs princes chrétiens conçurent l'idée d'une croisade contre l'Islam, contre le Turc [4].

1. Morizot, ouvr. cité, p. 173.
2. Flacourt, éd. 1658, p. 29 de la brochure cité; éd. 1661, p. 447.
3. Deschamps, Histoire de la question coloniale en France, p. 146 et suiv. Voir aussi Affaires étrang., Mémoires et Documents, t. IV, Amérique, fol. 149 : Statuts de la Compagnie des îles d'Amérique.
4. C. Gaillardin, Histoire du règne de Louis XIV, t. III, p. 196; Octave Noel, Histoire du Commerce du Monde, t. II, p. 218.

C'est ce qui nous explique pourquoi Flacourt s'attache à retracer tous les avantages qu'offrirait la création d'établissements coloniaux à Madagascar au cas où l'on voudrait entreprendre une croisade contre les sectateurs de Mahomet. « L'île, dit-il, n'a-t-elle pas la meilleure situation du monde? » Ne pourrait-on pas utiliser le bois des forêts pour la construction des navires que l'on enverrait dans la mer Rouge, le fer pour la fabrication des canons, des « mortiers, pierriers et boulets »[1]. Ne trouverait-on pas dans le pays les provisions de riz et de viande, destinées au ravitaillement des troupes? Une fois installés à Madagascar, ne serait-il pas facile de s'emparer des nombreuses îles et des bons postes que l'on rencontre sur les côtes de l'Éthiopie et de l'Arabie, et même de nouer une alliance avec l'empereur d'Abyssinie, prince chrétien, qui ne s'intéresserait pas seulement à l'entreprise, mais qui la favoriserait en fournissant une partie des vivres et des troupes nécessaires[2]?

Au surplus, ce projet de croisade se conçoit parfaitement de la part d'un homme, toujours avide de gloire et d'exploits, et soucieux de plaire au surintendant Fouquet, souvent tourmenté, comme l'on sait, par des rêves chimériques. Une nouvelle occasion s'étant présentée pour Flacourt d'intéresser à la colonisation de Madagascar le parti de la Cour, il n'y a pas lieu d'être surpris qu'il l'ait saisie avec empressement. Mais ce n'était là qu'un rêve belliqueux. En réalité (et l'auteur de ce projet ne s'y trompait pas), les ennemis les plus redoutables dans la situation sociale de ce pays n'étaient pas ceux de l'extérieur. C'était des Arabes qui s'y étaient implantés depuis fort longtemps; c'était des ombiasy qui exploitaient la crédulité des habitants et des chefs indigènes qu'il était surtout nécessaire de se méfier. Comme le P. Nacquart, Flacourt a compris que ces derniers avaient un intérêt capital à entraver les progrès d'une religion qui menaçait de leur enlever toute influence et toute autorité[2]. Celui qui avait signalé dans les pratiques

---

1. Flacourt, éd. 1661, p. 453.
2. Flacourt, éd. 1658, brochure, p. 20; éd. 1661, p. 447; *Mémoires de la Mission*, t. IX, p. 61, 62.

religieuses des Malgaches de nombreuses traces de l'islamisme, devait s'alarmer avec raison du préjudice que les doctrines de Mahomet pourraient causer à l'œuvre des missionnaires et des obstacles qu'elles pourraient faire naître, soutenues qu'elles étaient par ceux qui dominaient dans le pays.

Flacourt avait indiqué les facilités et les obstacles que rencontrerait la propagation de la religion catholique à Madagascar; il lui restait dès lors à faire connaître les moyens qu'il convenait d'employer pour parvenir à ce résultat. Les auxiliaires qu'il réclame pour cette œuvre sont naturellement les missionnaires. Mais ce qu'il importe de remarquer, c'est qu'il n'a pas seulement en vue la conversion, mais encore la civilisation des indigènes. Il espère qu'avec l'établissement du christianisme dans le pays disparaîtront certaines superstitions et coutumes barbares. « Il y a, dit-il, quelque mauvaise coutume qu'ils ont, qu'ils changeroient bien, comme celle d'abandonner leurs enfans quand ils sont nés en un mauvais jour, celle même d'avoir plusieurs femmes, ils la quitteroient facilement en recevant le christianisme qu'ils désirent tous recevoir sans exception, qui est la meilleure chose que l'on y puisse établir. C'est pourquoy on devroit envoyer souvent des navires en cette isle avec des prestres zélés et affectionnés à cet establissement[1]. » Cependant cet homme, dont on a pu constater la maladresse dans ses rapports avec les indigènes, pense avec raison qu'il sera à propos de tolérer leurs coutumes dans la mesure où elles pourront se concilier avec les obligations imposées par le christianisme. « Comme il y a quelques grands, maistres de villages, et seigneurs de provinces qui ont plusieurs femmes lesquelles sont filles d'autres seigneurs leurs voisins qui ne pourroient pas les renvoyer, sans qu'ils eussent grande guerre contre eux qui seroit cause de beaucoup de maux qui arriveroient dans leur païs, je pense qu'il seroit à propos de les laisser vivre ainsi, pourveu qu'il n'y eust que cela qui les peut empescher de recevoir le baptesme, d'autant

---

1. Flacourt, éd. 1661, p. 105.

qu'ils aiment esgalement leurs femmes dont ils ont le plus souvent des enfans de toutes. A l'advenir ils promettroient de n'en plus prendre d'autres et que leurs enfans quitteroient cette coustume d'avoir plusieurs femmes, laquelle seroit bientost non seulement abolie, mais en horreur parmi eux[1]. »

En proposant ces ménagements à l'égard des coutumes de l'île, Flacourt a-t-il obéi à une tradition française de douceur et d'humanité dont on constate les traces dans la littérature du xvie siècle, et chez des colonisateurs de l'époque de Richelieu [2]? Éclairé par ses relations avec le P. Nacquart, a-t-il pressenti les funestes conséquences que pourraient entraîner les excès de zèle de quelques missionnaires? C'est à quoi nous ne pourrions répondre avec certitude. En tout cas, si l'on ne saurait trop l'approuver d'avoir compris que l'initiation morale et religieuse des tribus malgaches ne pouvait se faire par le seul concours des administrateurs, on doit aussi lui savoir gré d'avoir recommandé aux missionnaires la tolérance et la conciliation. Par le premier point, il est bien de son temps, par le second il se rapproche des idées libérales de certains penseurs de nos jours.

Or, quelle sorte de missionnaires, Flacourt propose-t-il pour la colonie? A quelles congrégations devra-t-on s'adresser? Et d'abord il ne veut pas que l'on y envoie des religieux de différents ordres, tant à cause des démêlés qui pourraient survenir dans l'exercice de leur ministère, qu'à cause de l'émulation qu'ils pourraient apporter dans l'accomplissement de leur tâche. Il se préoccupe avec raison des dangers que ces divisions feraient courir à la colonie, et du préjudice qu'elles pourraient porter à ses intérêts [3].

C'est aux Prêtres de la Mission, qu'il confierait les intérêts spirituels. La raison qu'il en donne, c'est qu'il lui paraîtrait injuste d'empêcher de recueillir les fruits des missions, ceux

---

1. Flacourt, éd. 1661, p. 105.
2. Voir Deschamps, *Les découvertes et l'opinion publique en France au xvie siècle* (*Revue de géographie*, juin 1885, p. 448-457).
3. Flacourt, éd. 1661, p. 453.

dont les frères ont payé leur zèle de leur vie [1]. On ne peut qu'approuver une si généreuse pensée. Toutefois il est permis de supposer qu'il ne s'est pas laissé guider uniquement par le sentiment, par la gratitude. Les bonnes relations que saint Vincent de Paul entretenait avec la Régente et la Cour expliquent qu'il ait accordé la préférence à l'ordre dont celui-ci était le chef universellement respecté. Mais il y a plus. Les Jésuites passaient alors pour se livrer au commerce, en même temps qu'à la propagande religieuse. Dès l'année 1644, ils avaient été violemment attaqués en France, à propos de leurs missions du Canada. On avait fait courir le bruit que ces missions leur avaient rapporté de gros profits. Ils s'étaient vus dans la nécessité d'expliquer et de justifier leur conduite. La Compagnie des Cent associés avait dû publier une déclaration signée des directeurs et des sociétaires pour disculper ceux que l'on avait accusés, et cette déclaration n'avait pas empêché Pascal de leur faire jouer, dans les *Provinciales*, le rôle de commerçants (1656) [2]. Or, Flacourt n'était point d'humeur à supporter que l'on empiétât sur ses attributions, encore moins à laisser les missionnaires s'adonner au trafic. On a vu qu'il avait accusé, à tort probablement, le P. Nacquart, de faire du commerce et surtout de vouloir lui ravir une partie de l'autorité dont il était investi. On sait quel conflit s'était élevé entre le gouverneur et le missionnaire. Flacourt craignait sans doute que de semblables différends ne vinssent à se reproduire dans la suite. C'est peut-être pour en éviter le retour qu'il n'a pas accordé la préférence aux Jésuites. C'est incontestablement dans ce dessein qu'il interdit aux religieux de s'occuper du commerce, de l'administration et de la justice.

Il veut établir une démarcation bien nette entre les fonctions des missionnaires et celles du gouverneur. Tout en s'efforçant de sauvegarder l'autorité de celui-ci, il ne néglige pas les intérêts de ceux-là. Reprenant sans doute les idées de

1. Flacourt, éd. 1661, p. 454.
2. Charlevoix, *Histoire de la Nouvelle-France*, t. II, p. 257.

Richelieu, il demande à la Compagnie d'assurer la subsistance des missionnaires dans l'île en leur assignant des terres propres à la culture et au cas où le produit de ces terres ne pourrait suffire à leurs besoins, il estime qu'il est de son devoir d'y pourvoir[1]. Il y voit deux avantages : de cette façon les religieux ne pourraient rien exiger des habitants, ce qui ne porterait aucune atteinte aux intérêts de la Compagnie ; de plus ils ne seraient nullement détournés des obligations de leur ministère, et pourraient diriger tous leurs efforts, tout leur zèle vers l'éducation religieuse des indigènes. Tel est le régime moral qu'il voudrait voir adopter pour la colonie naissante.

S'il faut en croire Flacourt, le régime administratif doit être intimement lié au régime moral. A vrai dire, le régime moral en est, selon lui, la raison d'être. S'il propose d'envoyer à Madagascar un gouverneur, c'est surtout pour que ce dernier veille à la conservation des missionnaires, pour qu'il tienne tête à ceux qui s'efforceraient d'empêcher leur œuvre de s'accomplir. S'il réclame la construction de forts bien défendus, s'il exprime le vœu de voir créer de bonnes habitations aux endroits qui offrent les meilleures conditions, et entretenir des barques, des matelots, qui puissent rendre plus faciles les communications entre toutes les régions de l'île, c'est

---

1. On lisait déjà dans le mémoire présenté en 1627 pour la Compagnie des Cent associés que, dans chaque habitation, il y aurait au moins trois prêtres, que la Compagnie s'engageait à défrayer absolument de tout et pour leurs personnes et pour leur ministère pendant quinze ans : après quoi ils pourraient subsister des terres défrichées qu'elle leur aurait assignées (voir Deschamps, *Hist. de la quest. colon.*, loc. cit., p. 146 et suiv.).

Voir aussi Statuts de la Compagnie des îles d'Amérique, 4 février 1635 (Affaires étrangères, Amérique, Mémoires et documents, t. IV, fol. 136 et suiv.).

Les mêmes idées se retrouvent dans d'autres documents de cette époque. « Les lettres patentes accordées aux sieurs de La Potherie et de La Vigne et Compagnie pour l'establissement d'une colonie françoise dans l'Amérique méridionale (mars 1656) leur recommandoient d'y faire passer des ecclésiastiques en nombre suffisant, de probité et d'expérience reconnue, auxquels ecclésiastiques les associés fourniront le logement, vivres, ornement, et toutes choses nécessaires... Et, si la dite Compagnie se veut décharger de l'entretien des dits ecclésiastiques, elle leur donnera à leur satisfaction et sous le titre de fondation des terres défrichées et basties suffisantes » (Affaires étrangères, Amérique, Mémoires et documents, t. IV, fol. 469).

surtout, à l'entendre, pour en interdire l'accès aux hérétiques [1].

Mais Flacourt était-il bien sincère en proposant de faire avant tout du gouverneur le champion des intérêts catholiques? Nous en doutons. Ses idées sur ce point sont en contradiction avec ses actes. Son administration, nous l'avons vu, n'a pas été principalement consacrée à servir la cause de la religion. Selon toute probabilité, en exprimant une telle opinion, il a pris à tâche de dissiper tous les soupçons que ses contemporains pourraient avoir sur ses intentions, au cas où il serait question de lui confier de nouveau l'administration de la colonie.

C'était peut-être aussi en prévision de son retour à Fort-Dauphin qu'il revendiquait l'autonomie administrative et réclamait pour le futur gouverneur des pouvoir très étendus. « Il est nécessaire, dit-il, d'envoyer un commandant (gouverneur) général qui ait soubs soi des lieutenans en tous les lieux où on voudroit establir des habitations et auquel on donnast plein pouvoir d'agir ainsi qu'il trouveroit bon estre pour le bien de la cause commune » [2]. Et en effet, celui qui s'était montré durant son administration si jaloux de son autorité pouvait-il consentir à la voir partagée, et par cela même amoindrie, au cas où il serait choisi pour remplir les mêmes fonctions? Ce n'est pas à dire toutefois qu'il n'ait eu en vue que son intérêt personnel. Par tempérament, Flacourt était ami de l'ordre. Ancien directeur et associé de la Compagnie de l'Orient, il ne pouvait se désintéresser de l'avenir de la colonie naissante. Il a compris que, si le gouverneur était obligé d'attendre les ordres de la Compagnie avant de prendre une décision, il pouvait en résulter de graves inconvénients à cause de la distance qui sépare Madagascar de la France. Il a sagement prévu que le moindre retard menacerait de causer de grands préjudices aux affaires de la Compagnie et de la colonie. N'est-ce pas là en effet une des raisons que l'on invoque encore de nos jours? N'est-ce pas l'autonomie administrative qui a fait la fortune

1. Flacourt, éd. 1661, p. 21.
2. Flacourt, éd. 1661. p. 455.

et la puissance des colonies anglaises. N'est-il pas évident que l'administration d'une colonie où la vie doit être active, sous peine de langueur et de ruine, doit être plus prompte que l'administration métropolitaine [1]?

Si Flacourt réclame pour le futur gouverneur des pouvoirs étendus, il exige par contre de lui peu de qualités. Tout ce qu'il lui demande, c'est qu'il ait assez de prudence pour prévenir une révolte des colons et se mettre en garde contre les embûches des indigènes [2]. Jugement sûr, décision rapide, équité, modération, tact, bienveillance, esprit d'initiative, éducation toute spéciale, grand sens pratique, voilà autant de qualités très prisées de nos jours sur lesquelles Flacourt reste muet. Il se montre moins préoccupé de faire accepter la domination de la France aux vaincus que de maintenir cette domination.

On en est d'autant plus étonné que ce n'est pas à un gouverneur militaire, mais à un gouverneur civil qu'il propose de remettre le soin de la colonie. Ce gouverneur, il voudrait le voir assisté de juges et « d'officiers » chargés de faire respecter les lois, de réprimer les délits et de châtier les coupables, et même de notaires devant lesquels se passeraient les actes publics. Mais ces juges ne seraient point choisis parmi les indigènes. Flacourt croit qu'il faut donner à Madagascar une organisation judiciaire semblable à celle de la France, des juges français et une législation française [3], imitant en cela le cardinal de Richelieu qui avait exigé que la Compagnie des Cent associés s'engageât à suivre la loi et la coutume de Paris [4]. Or c'était là une prétention qui pouvait paraître pour cette époque, sinon exagérée, du moins prématurée. La substitution des juges et des lois de la métropole aux juges et coutumes du pays devait sans doute contribuer au développement de l'influence française parmi les habitants, mais il était

---

1. Leroy-Beaulieu, *L'Algérie et la Tunisie*, p. 131.
2. Flacourt, éd. 1661, p. 333.
3. Id., *ibid.*, p. 435.
4. Voir Deschamps, *Hist. de la colonisation*, ouvr. cité.

permis de craindre qu'elle ne froissât leurs sentiments et leurs traditions, si l'on ne procédait avec prudence et mesure. Flacourt a-t-il songé aux conséquences que pourrait avoir pour l'avenir une application trop prompte de ses idées? Ne pouvait-on pas lui objecter que Madagascar, étant un pays neuf, différant essentiellement de la France par son climat, ses ressources et ses mœurs, ne devait pas être régie comme elle, qu'il était imprudent de vouloir lui imposer de suite une organisation européenne et que celle qu'il convenait d'établir chez les Malgaches devait être adaptée à la contrée où ils vivaient, à leur caractère, à leurs mœurs?

Bien que Flacourt accordât la préférence à un gouverneur civil (et ici encore il semble servir sa propre cause), il ne faudrait pas croire qu'il méconnût l'utilité d'un représentant de l'autorité militaire dans l'île.

Il confierait la défense de la colonie à une milice commandée par un lieutenant général. Il est à remarquer que l'ancien chef de la colonie qui avait eu sous ses ordres bon nombre d'indigènes, et avait souvent redouté leur trahison, ne parle, en aucun passage de sa Relation, de la nécessité d'une troupe recrutée parmi les habitants du pays. C'est de la France que viendraient les forces militaires nécessaires à la garde de la colonie. Pour assurer le recrutement de cette milice, il propose d'attirer les soldats dans l'île, par l'appât de certains avantages, concessions de terres, franchises, passage gratuit, etc. Mais il n'oublie pas les intérêts de la Compagnie. Il estime qu'on pourrait les solder dans la colonie avec des marchandises que l'on prendrait au magasin du Fort[1]. C'est ainsi que se trouvent ménagés les intérêts de la défense et ceux de l'exploitation, et que le régime administratif se trouve lié au régime économique.

L'homme qui s'est montré si enthousiaste dans la descrip-

1. Flacourt, éd. 1661, pp. 456 et 457.
De nos jours M. Leroy-Beaulieu propose de recruter des Européens et des Français par voie d'engagement volontaire en leur offrant des primes élevées (De la colonisation chez les peuples modernes, 4ᵉ éd., p. 745).

tion qu'il a laissée de la grande île, devait y voir plutôt une colonie d'exploitation qu'une colonie de peuplement. Mais avant d'indiquer les moyens de tirer parti des ressources du pays, il a pris soin de se disculper des accusations portées contre lui par les associés de la Compagnie de l'Orient qui lui reprochaient d'avoir négligé les intérêts de la Compagnie. L'ancien gouverneur de Fort-Dauphin a voulu mettre ses compatriotes en garde contre l'avidité à courte vue des Compagnies qui comptent en peu de temps réaliser de gros bénéfices et abandonnent l'entreprise au moment même où les opérations les plus difficiles de la conquête sont terminées. On lui doit à ce sujet des réflexions fort justes qui rappellent celles que l'on rencontre de nos jours dans les ouvrages des plus célèbres économistes [1]. Il croit avec raison « qu'avant de recueillir le fruict que l'on peut espérer d'une terre, il la faut défricher, il la faut labourer, ensemencer, et attendre le temps de la maturité, pour en recueillir le fruit que l'on avoit espéré ». Selon Flacourt, les Compagnies ne doivent pas se laisser décourager par quelques tentatives infructueuses. Il leur propose l'exemple de l'agriculteur qui, en dépit des « mille inconvéniens causés par les injures du temps » et des pertes qu'il a éprouvées, n'abandonne pas sa terre, et n'en rejette point la faute sur ses laboureurs, mais « y fait travailler comme auparavant, et ainsi persistant, en fait un bon héritage duquel il reçoit enfin toutes les satisfactions qu'il avoit espérées [2] ». Les reproches qu'il adresse aux Compagnies de commerce de son époque s'appliquent, dans son esprit, particulièrement à la Compagnie de l'Orient [3]. C'est cette Compagnie qu'il vise lorsqu'il reproche en général aux Compagnies de n'avoir pas eu

---

1. Flacourt, éd., 1658, brochure : Cause pour laquelle les intéressés n'ont pas fait de grands profits à Madagascar, p. 1 et 2.
« Il est excessivement rare, dit Leroy-Beaulieu, qu'une colonie fournisse un revenu net à la mère-patrie : dans l'état d'enfance elle ne le peut pas... c'est une grande illusion de fonder des colonies dans l'espérance d'en tirer un revenu » (*De la colonisation chez les peuples modernes*, p. 736 et suiv.).
2. Flacourt, *ibid.*, éd. 1658, p. 1 et 2.
3. Id., *ibid*.

la patience d'attendre que le pays fût exploré, que les habitants fussent initiés au commerce, que les ressources du pays fussent connues et mises en état d'apporter des profits, enfin qu'on eût triomphé de mille difficultés imprévues auxquelles on ne peut porter remède qu'en résidant dans le pays. Bref, Flacourt a voulu faire croire que, s'il n'a pas rapporté plus de profits aux associés, c'est que ceux-ci ne lui ont pas laissé les secours et le temps nécessaires pour mettre à exécution les projets qu'il avait conçus pour l'exploitation des richesses de l'île.

Or, quels étaient ces projets? quel était le régime économique que Flacourt voulait appliquer à Madagascar? Désireux surtout d'attirer des colons dans l'île, il fait savoir à ses compatriotes de quelle manière ils pourront obtenir des terres : il faudra les demander soit à la Compagnie, soit aux habitants eux-mêmes.

Pour le premier cas, il propose un système avec lequel il espère satisfaire à la fois les associés et les futurs colons, et qui semble encore inspiré des idées de Richelieu. On sait que le cardinal, dans les statuts des Compagnies, avait concédé des contrées aux associés en leur accordant le droit de rétrocéder des terres avec les charges, droits et devoirs seigneuriaux qu'ils voudraient[1]. Partisan des institutions féodales en qualité de noble, Flacourt déclare à son tour que les colons « tiendroient les terres qu'ils auroient en propriété pour eux et leurs ayans cause en fief des seigneurs intéressez ». Ce qui revient à dire que les associés les concéderaient à la condition que les colons consentiraient à se considérer comme les obligés de leurs donateurs. De plus, tout en demandant que les colons reçoivent des terres propres à tel genre de culture qu'ils désireront y pratiquer, il met à l'obtention de ces terres certaines conditions destinées à défrayer la Compagnie de ses dépenses. Il exige que les colons paient leur passage sur le na-

---

1. Deschamps, *Histoire de la colonisation*, p. 146 et suiv.
Voir aussi Statuts de la Compagnie des îles d'Amérique. 4 févr. 1635, Aff. étrang., Amérique, t. IV, fol. 136 et suiv., 150.

vire ou, s'ils n'ont pas les ressources suffisantes, qu'ils s'engagent à servir la Compagnie, soit comme soldats, soit comme ouvriers pendant trois ans. Enfin il les astreint à des redevances seigneuriales, à des droits de mutation et d'enregistrement. Si en soumettant pendant trois ans à une demi-servitude ceux qui n'auraient pu s'acquitter du droit de passage, il était à craindre qu'il ne décourageât des gens de bonne volonté, mais sans ressources, par contre il se montrait perspicace en n'imposant aux colons que des droits modérés. Il a prévu que si les Français avaient la certitude de payer à Madagascar les mêmes droits féodaux qu'en France, ils apporteraient sans doute peu d'empressement à partir pour cette île lointaine.

D'autre part, Flacourt laisse entrevoir aux colons la facilité qu'ils auraient de se procurer des terres cultivables chez les maîtres de villages, gens fort accommodants, s'il faut l'en croire. Il leur permet aussi d'acheter des terres aux indigènes « pour se les approprier à perpétuité », si les vendeurs y consentent. Mais là encore, il prend en main les intérêts de la Compagnie en soumettant les acquéreurs à des redevances[1].

Il ne suffisait pas d'indiquer aux colons à quelles conditions ils pourraient se procurer des terres, il fallait surtout leur faire connaître les plantes dont la culture pouvait être avantageuse. Flacourt ne s'est point dérobé à ce devoir. Il leur signale le tabac, l'indigo, la canne à sucre, etc. Il leur recommande en outre l'entretien de ruches d'abeille, l'élève des vers à soie, la chasse aux bœufs sauvages, la recherche des richesses minérales de toute sorte, des pierres précieuses, de l'or dans les montagnes et dans les rivières, de l'ambre sur le littoral, etc. Bref, il leur montre la matière qu'il leur sera facile de trouver. Mais il fait plus. Il les invite à mettre en œuvre sur place cette matière première. Il voudrait voir naître et se développer dans l'île, l'industrie manufacturière et l'industrie métallurgique. C'est pourquoi, il exprime le désir que l'on utilise le bois des forêts pour la construction des navires, des maisons

---

1. Flacourt, éd. 1661, p. 447, et 456-460.

et l'écorce des arbres pour la fabrication de différents objets. C'est pourquoi il signale les conditions favorables à l'installation de forges, telles que minerai abondant, cascades, « bois à bâtir et à brûler »[1].

Pour cette mise en œuvre Flacourt pense qu'il est utile de recourir aux indigènes. Mais il n'a pas dit que ce serait pour les colons une nécessité. Il ne s'est pas demandé, si leur constitution et le climat de Madagascar permettraient aux Français de travailler de leurs bras d'une façon continue. Parmi les qualités que nous croyons indispensables pour le futur colon de la grande île, il en est une qui nous semble aujourd'hui particulièrement précieuse : la santé. L'ancien gouverneur n'y fait aucune allusion. Sans doute il nous renseigne sur les précautions à prendre contre les maladies qui règnent dans le pays et les remèdes à employer, et si, comme les médecins du xviie siècle, il prescrit libéralement aux malades atteints de la fièvre, les clystères, les saignées, les purgations, il n'en recommande pas moins avec raison, comme bon nombre de médecins de nos jours, de suivre les lois de l'hygiène, de s'abstenir de dormir au soleil pendant le jour, d'éviter les excès dans le boire et le manger, de ne point absorber d'eau froide et d'imiter les insulaires « qui font chauffer leurs breuvages »[2]. Mais il n'exige point des colons qu'ils jouissent d'une bonne santé pour pouvoir résister à la fièvre. Celui qui avait présenté le climat sous un jour séduisant afin de recruter de nombreux colons, a probablement négligé, de parti-pris, cette condition géographique dont les colonisateurs doivent tenir le plus grand compte.

En revanche, il montre combien il serait facile aux colons de se faire aider dans leurs travaux par des esclaves. A l'entendre, on s'en procurerait à meilleur compte qu'en Amérique. De son temps on regardait les esclaves comme les instruments de culture nécessaires dans les pays chauds. Dans cette pensée on avait enlevé de force ou acheté aux roitelets de l'Afrique

---

1. Flacourt, éd. 1661, p. 450.
2. Flacourt, éd. 1661, p. 470 et 471.

un grand nombre de nègres qu'on importait au Brésil ou aux Antilles. L'opinion publique était encore à cette époque vivement préoccupée de la colonisation de l'Amérique, des Antilles et du Brésil. Les explorations de Champlain et ses efforts pour tirer parti de la Nouvelle-France étaient encore présents à l'esprit de tous. Flacourt semble avoir voulu détourner les regards de ses contemporains du Nouveau-Monde pour les reporter vers la grande île africaine en montrant la supériorité qu'elle présentait sur le Brésil, la Floride, le Canada au point de vue de l'abondance des esclaves[1].

Un autre avantage qu'offre Madagascar, s'il faut en croire le vieil historien, c'est que les habitants de ce pays ne dédaignent pas le travail comme ceux du Nouveau-Continent, qui ne veulent en aucune manière s'assujettir au travail. Les indigènes prennent au contraire plaisir à voir les Européens travailler le bois, la soie et autres produits[2].

A l'exemple de ses contemporains, Flacourt n'a donc point repoussé l'esclavage comme moyen de colonisation, et l'on ne saurait lui en faire un reproche puisque de nos jours on discute encore sur les avantages ou les inconvénients qu'il peut offrir à Madagascar. Mais ce qu'il importe de remarquer, c'est que l'ancien gouverneur qui a conquis l'île à la mode portugaise n'en a pas compris l'exploitation à la façon des Portugais qui se bornaient à enlever les indigènes pour en faire des esclaves, et leur prendre leurs ressources.

Dans la pensée de Flacourt on ne devra point se borner à utiliser les bras des indigènes pour exploiter les ressources de leur pays, on devra aussi faire leur éducation agricole. Il semble regretter que les Malgaches se montrent peu disposés à adopter les procédés de culture et les instruments aratoires de l'Europe, et bien qu'il ne s'exprime pas très nettement à ce sujet, il paraît vouloir qu'on les initie à « la bonne manière de cultiver la terre[3] ». Or l'agriculture n'était pas plus avancée

---

1. Flacourt, éd. 1661, p. 447 et suiv.
2. Flacourt, éd. 1661, p. 447.
3. Flacourt, éd. 1661, Dédicace à Fouquet et p. 105.

au XVIIe siècle que les sciences naturelles. En dépit de la publication du *Théâtre de l'agriculture*, manuel d'agronomie pratique dû à Olivier de Serres, qui avait contribué à introduire dans les campagnes de meilleures méthodes d'exploitation, le paysan français cultivait surtout de routine, et ce n'est qu'au XIXe siècle que l'agronomie fera de sérieux progrès. D'autre part, l'ancien directeur de la Compagnie de l'Orient était plus versé dans les sciences physiques et naturelles et dans les questions commerciales que dans l'art de mettre le sol en culture. Aussi ne paraît-il pas s'être rendu compte que, dans l'emploi de tel ou tel procédé de culture, le colon devait se laisser guider par la nature du sol, les conditions climatériques, l'exposition, et que dans certains cas les procédés des habitants du pays pouvaient être préférables à ceux des Européens. Il n'a pas vu qu'on ne transporte pas toujours impunément les mêmes habitudes sous des latitudes différentes, et s'il a eu raison de croire que les indigènes n'étaient pas entièrement réfractaires à toute initiation, qu'il était possible de triompher de leur indifférence et de leur attachement aux anciennes coutumes, il est toutefois permis de douter qu'il fût aussi nécessaire qu'il le pensait d'envoyer là-bas des laboureurs, des vignerons, des jardiniers et en général des gens chargés d'apprendre aux naturels à cultiver la terre de la même manière qu'en Europe [1].

C'est avec plus de raison qu'il conseillait d'amener dans l'île des gens de métier, pour initier les habitants à l'industrie européenne, des ouvriers qui sauraient rouler le tabac, cuire le sucre et le raffiner, préparer le cuir, tisser la soie, des forgerons, des cloutiers, des maçons, des serruriers, etc. Leur rôle consisterait à former la main d'œuvre et à utiliser l'industrie indigène. « Qui empesche, dit-il, que l'on ne cultive le chanvre et le lin en grande quantité, que l'on ne le fasse filer aux femmes du païs en leur montrant à se servir du rouet? que l'on ne face faire des cordages aux habitants qui en font d'écorce d'arbres aussi bien faicts que peuvent faire nos meilleurs

---

1. Flacourt, éd. 1661, p. 456.

maistres cordiers, que l'on ne leur face faire des voiles de chanvre, lorsqu'il y en aura suffisamment de cultivé, ce que l'on peut faire en peu de temps, car le chanvre y vient en perfection et les femmes savent artistement faire leurs pagnes, et estoffes fortes et à profit [1] »?

Il n'est pas douteux pour l'ancien gouverneur, dont on ne saurait trop louer ici la prévoyance et l'esprit judicieux, que les naturels se plairaient à recueillir et à rechercher les choses qui offrent tant d'attrait pour les Européens, quand ils en auraient pu apprécier toute la valeur et toute l'utilité, grâce à l'éducation pratique qu'ils auraient reçue. Il est persuadé que l'exploitation des ressources de l'île par les Français stimulerait chez les Malgaches le désir de les imiter, de les surpasser même et leur ferait prendre goût au commerce pour lequel il constate, sinon leur répugnance, du moins leur indifrence [2]. En proposant aux colons de se servir des esclaves pour exploiter les richesses du pays, Flacourt avait tenu le langage d'un homme du XVIIe siècle; en les invitant à éveiller l'émulation des indigènes, il échappe à son temps; par cette idée généreuse il appartient au XIXe siècle.

Il est regrettable toutefois que Flacourt, qui a signalé les moyens de développer l'agriculture et l'industrie dans la colonie, n'ait point remarqué que ce développement serait entravé, si l'on ne construisait des voies de communication, des routes destinées à faciliter les relations commerciales à l'intérieur et

---

1. Flacourt, éd. 1661, p. 18 et 451.
2. Flacourt, éd. 1661, p. 449.
Cette opinion est corroborée par le témoignage de Maudave : « Il est vraisemblable que la force de notre exemple et les persuasions de la cupidité surmonteront la lâcheté de ce peuple... » (Pouget de Saint-André, *ouvr. cité*, p. 63, 86, 87).
Le P. Piolet a, de nos jours, la même conviction, du moins au sujet de certaines peuplades : « et je suis convaincu que, si de longtemps l'on ne peut compter sur le secours des Sakalaves et des autres tribus similaires, trop sauvages, trop nomades et trop indisciplinées, pour se soumettre à un travail régulier, on peut du moins espérer que l'amour du gain ou la nécessité de satisfaire à des besoins nouveaux créés par le contact avec les blancs amèneront rapidement certains Bessimisaraka, les Hovas surtout et les Betsiléo à comprendre l'importance du travail et à prêter au colon un utile et persévérant concours » (*De la colonisation à Madagascar*, brochure, 1896, p. 26).

à assurer l'écoulement des produits étrangers sur les marchés indigènes et le transport des produits indigènes vers les ports.

Il ne faut point s'imaginer toutefois que Flacourt ait négligé d'attirer l'attention de la Compagnie sur les relations commerciales qu'elle pourrait entretenir à l'extérieur. Il prend soin de faire ressortir la solidarité qui devra exister entre la métropole et la colonie, et il s'attache à montrer comment les ressources variées des deux pays pourront se compléter mutuellement. D'une part, il serait nécessaire d'importer des objets de première nécessité, ciseaux, couteaux, marteaux, etc., et des objets de luxe, verroteries, grains de corail, merceries, étoffes indispensables pour se livrer au trafic avec les indigènes. D'autre part, on exporterait en Europe et en France, par l'intermédiaire des Indiens, des Arabes et des Vénitiens, du fer, du riz, des viandes et autres produits que l'on trouve dans l'île en abondance.

Tout en se préoccupant de multiplier les relations commerciales entre la France et Madagascar, Flacourt n'oublie pas que beaucoup de ses contemporains ne veulent pas qu'on délaisse les colonies du Nouveau-Monde. Peut-être même n'ignorait-il pas les projets ambitieux de Fouquet et ses intentions de fonder une Compagnie pour l'Amérique [1]. Aussi adopte-t-il une combinaison susceptible de plaire à la fois aux partisans de la colonisation du Nouveau-Continent et aux partisans de la colonisation de la grande île africaine. Il ne voit pas d'inconvénient et d'impossibilité à ce que les navires, retournant en France chargés de produits de Madagascar, touchent aux ports de l'Amérique. Ne pourraient-ils pas, dit-il, déposer au Brésil et aux îles d'Amérique du riz et des viandes salées qu'on vendrait ou qu'on échangerait contre du tabac, du sucre et de l'indigo [2]? Ces relations seraient d'autant plus faciles, suivant lui, qu'elles seraient favorisées par les conditions mé-

---

1. Voir G. Marcel, *Revue de géographie*, tirage à pas : *Fouquet, vice-roi d'Amérique*; Thoisy, *Commerce marchand*, t. III, fol. 211 et suiv., 237, Bibl. N.; Affaires étrang., Amérique, t. IV, fol. 418-474.
2. Flacourt, éd. 1661, p. 458.

téorologiques, et ce détour n'apporterait aucun retard dans les transports. « Les vents d'est et nord-est y sont tellement favorables, dit-il, que je pourrois bien dire que ces isles sont comme le chemin pour retourner en France et le retour d'un voyage ne se prolongeroit que du temps qu'il faudroit employer au débit du ris et des viandes salées »[1]. C'était là une combinaison aussi propre à séduire les vues commerciales de Fouquet que le projet de croisade l'était à satisfaire ses rêves de propagande religieuse, mais elle pouvait paraître d'une utilité contestable. Il est probable qu'à ce point de vue comme à plusieurs autres, l'esprit positif du gouverneur a cédé devant son désir de plaire à celui qui était le puissant protecteur des entreprises coloniales et en même temps un des membres les plus influents de la Compagnie de l'Orient.

C'est avec plus d'à-propos que Flacourt n'oubliait pas de signaler les avantages que présenteraient l'heureuse situation de l'île et ses ressources de toute sorte pour le développement du commerce de la métropole avec les Indes orientales et l'Afrique méridionale. C'est avec raison qu'il faisait remarquer qu'elle était sur le passage des navires qui se dirigeaient vers les Indes orientales et qu'elle pouvait servir d'échelle, d'entrepôt, aux navigateurs qui s'y rendaient ou en revenaient[2]. Ne sont-ce pas là, en effet, les motifs sur lesquels s'appuiera plus tard l'académicien Charpentier pour préconiser la fondation de la Compagnie des Indes orientales et la continuation de l'œuvre commencée par Flacourt[3]? Ne sont-ce pas là les arguments dont on se servira jusqu'à nos jours pour réclamer l'occupation de Madagascar?

Mais, pour que la Compagnie pût réaliser de prompts bénéfices par le commerce, il serait nécessaire, selon Flacourt, qu'elle encourageât l'initiative individuelle par quelques faveurs. Il serait bon, par exemple, qu'elle accordât à tous les marchands qui lui en feraient la demande, l'autorisation de

---

1. Flacourt, éd. 1661, p. 450.
2. Flacourt, éd. 1661, p. 449, 463 et suiv.
3. *Discours d'un fidèle sujet du Roi*, 1664, p. 162.

faire construire dans les ports des navires à destination de Madagascar. De telles facilités auraient pour résultat de multiplier les entreprises privées. Seulement Flacourt ne veut pas que la Compagnie sacrifie les avantages qui découlent de son monopole. Il exige avec raison que les capitaines de navires paient des droits pour les marchandises qu'ils apporteraient ou remporteraient. Ces droits seraient d'ailleurs modérés ; ils ne s'élèveraient qu'à la dixième partie des marchandises exportées ou importées. Encore cette légère perception ne frapperait-elle que les objets qui ne sont pas de première nécessité, merceries, étoffes et autres produits propres au trafic que l'on voudrait faire avec les indigènes ; les vivres ne paieraient aucun droit.

De plus, tout capitaine de navire serait tenu d'amener dix hommes dans l'île, afin d'augmenter le nombre des colons. Les marchandises de ces colons seraient soumises à l'entrée et à la sortie à certains droits, mais on exempterait les hommes du droit de passage [1].

Tel est le régime commercial proposé par l'ancien gouverneur. De même que par son régime des terres il s'était efforcé d'attirer des colons à Madagascar, tout en se montrant soucieux des intérêts de la Compagnie, de même par de sages règlements douaniers il a tenté de favoriser les entreprises des marchands sans porter atteinte à ses privilèges.

Il ne suffisait pas de proposer à la Compagnie un régime colonial, de prodiguer les conseils aux colons, de mettre en lumière le parti que l'on pouvait tirer des ressources de l'île ; il était nécessaire de faire connaître les endroits qui réunissaient les conditions les plus favorables à la création d'établissements coloniaux. L'ancien gouverneur, qui était avant tout un homme pratique et qui rêvait un brillant avenir pour le pays dont il avait entrepris la conquête, ne s'est point soustrait à cette tâche ; il ne veut pas que l'on colonise à l'aventure et au hasard. C'est pour cette raison que, ne connaissant point la partie nord-ouest et la zone du littoral nord-est de l'île, il

---

1. Flacourt, éd. 1661, p. 460.

ne propose la fondation d'aucun établissement dans ces contrées. Dans la région sud-ouest il n'appelle l'attention que sur la baie de Saint-Augustin. C'est le littoral oriental, et ce sont les îles qui se trouvent dans ces parages qui lui semblent le plus propres à recevoir des colons. Les points qu'il désigne à cet effet sont Fort-Dauphin, les pays du Mananzari et des Antavares, Port-aux-Prunes (Tamatave), Ghalemboule (Fénérive) et le pays environnant, la baie d'Antongil, l'île Sainte-Marie, voisine de la côte, et deux îles situées à une certaine distance, Bourbon et Diego Roïs.

A l'intérieur des terres, Flacourt ne signale qu'un seul endroit favorable : Bohitsantrian, chez les Machicores. Il craignait, sans doute, qu'en créant plusieurs postes, on ne dispersât imprudemment le petit nombre de soldats fourni par la Compagnie dans une contrée où l'on avait sans cesse à redouter les surprises des naturels, parfois très nombreux.

Dans le choix qu'il a fait de ces différents points, l'ancien gouverneur s'est préoccupé avec raison de la qualité des mouillages, des conditions favorables à l'établissement des forts, des ressources végétales, animales et minérales du pays environnant, et des facilités que l'on pourrait rencontrer pour poursuivre l'exploration. Mais il a négligé un élément géographique de la plus haute importance. Cet homme, qui avait noté dans ses descriptions géographiques l'insalubrité de l'île Sainte-Marie et de la baie de Saint-Augustin, n'a point tenu compte, dans son plan de colonisation, des inconvénients qui en résulteraient pour les colons [1], et cela probablement pour ne pas éloigner ceux qui voudraient aller s'établir dans ces contrées. En outre, si l'on peut approuver, au point de vue des ressources qu'offrait le pays, le choix de Fort-Dauphin, de la rivière Mananzari, de Tamatave, de Ghalemboule, de la baie d'Antongil, et surtout celui de l'île de Bourbon, on doit reconnaître toutefois que Flacourt s'est exagéré l'importance des ressources de l'île Sainte-Marie [2].

---

1. Flacourt, éd. 1661, p. 27, 30. 461.
2. A l'imitation de Flacourt, Maudave voulait fonder six ou sept établisse-

Flacourt ne dissimule pas les dépenses qu'occasionnerait la création de ces colonies, ni le temps qu'elle exigerait. Il pense néanmoins que l'on pourrait beaucoup avancer les affaires si l'on transportait déjà à Madagascar une troupe de cinq cents hommes. Quant aux dépenses, elles s'élèveraient à 150.000 livres, chiffre qui, s'il faut en croire Charpentier, n'avait rien d'exagéré [1]. L'ancien chef de la colonie croit d'ailleurs qu'il serait facile de les payer avec le produit de la vente des marchandises que l'on expédierait de l'île jusque dans les Indes orientales. Après avoir mis en lumière l'importance de la situation de Madagascar pour les relations commerciales de la France avec les Indes, il nous montre donc l'utilité que l'on retirerait de ces relations pour le développement des entreprises coloniales à Madagascar. On ne saurait contester qu'au moment où les regards de l'Europe étaient tournés vers les richesses de l'Inde, il était habile, de la part de Flacourt, de faire ressortir les avantages réciproques que pouvaient s'offrir ces contrées baignées par le même océan.

Quelle que soit l'importance que l'ancien directeur de la Compagnie de l'Orient ait attachée à l'exploitation des ressources de l'île, il ne s'est pas néanmoins désintéressé de son peuplement. Il conseille à la Compagnie d'envoyer tous les ans dans l'île « un grand navire qui apportast des hommes frais et qui vinssent pour peupler ». L'union des colons avec les femmes indigènes ne présenterait, selon lui, aucune difficulté. Beaucoup de maîtres de villages seraient flattés de voir leurs filles contracter des alliances avec les Français. Ceux-ci n'auraient que l'embarras du choix parmi les blanches et les noires. Mais il insiste sur la nécessité de faire une sélection

---

ments échelounés depuis Fort-Dauphin jusqu'à Féuérive, en particulier Fort-Dauphin, rivière de Mananzari et le pays des Antavares (Pouget de Saint-André, *ouvrage cité*, p. 30, 89, 131).

D'autre part, Legentil a remarqué que le riz ne venait point en abondance aux environs de Fort-Dauphin et qu'il suffirait seulement à la nourriture des habitants (*Voyage dans les mers de l'Inde*, ouvrage cité, t. II, p. 384-406).

1. Flacourt, éd. 1661, p. 463 ; Charpentier, *Discours d'un fidèle sujet du Roi*, p. 32.

parmi les gens qui désireraient passer sur la grande terre. Il exclut les vagabonds, les gens « éventés ». On ne saurait trop l'approuver d'avoir exigé des colons l'honnêteté et la moralité dans un pays où la licence des mœurs était extrême, où régnait le vol, le brigandage, où presque tout était à créer au point de vue moral. Par contre on peut s'étonner de le voir proposer l'union des colons qui habiteraient les îles Bourbon et Sainte-Marie avec des femmes de mauvaise vie, venues de France, pour cette raison que les habitants de Sainte-Marie, descendants des Juifs, ne veulent point contracter d'alliance avec les chrétiens [1].

Les vues de Flacourt ne se portaient pas seulement sur la grande île de l'océan Indien, elles s'étendaient à des contrées plus éloignées.

L'ancien directeur de la Compagnie de l'Orient avait été séduit par la lecture des descriptions enthousiastes que le Portugais Pedro Fernandez de Queiros avait laissées des terres australes [2]. Aussi n'est-il pas surprenant qu'il veuille faire de la grande île africaine une sorte d'entrepôt pour le commerce du continent austral, comme il avait voulu en faire un entrepôt pour celui des Indes orientales. D'après lui, la fondation d'établissements coloniaux à Madagascar favoriserait la découverte, la conquête et l'exploitation des terres australes, car les relations entre Madagascar et ces contrées n'exigent que quelques semaines de navigation. « Pour les terres australes, dit-il, leur continent n'estant esloigné de Madagascar que de quelques semaines de traject, il seroit aisé d'entretenir quelque léger vaisseau qui navigeroit incessamment de Madagascar dans les pays austraux et ce qui en viendroit chargé dans les vaisseaux qui de temps en temps doivent aller de l'Europe en

---

1. Flacourt, éd. 1661, p. 256, 333, 457.

Quelques années plus tard, l'académicien Charpentier reprendra en partie l'opinion de Flacourt : « Il faut faire état, dit-il, de n'y mener que des hommes de courage et de bonnes mœurs et non point des criminels rachetés du gibet ou des galères, ni des femmes persécutées pour leur débauche » (*Discours d'un fidèle sujet du Roi*, p. 29).

2. Flacourt, éd. 1661, p. 464 et suiv.

Madagascar¹ ». S'il faut l'en croire, les profits que l'on pourrait retirer de ce commerce ne manqueraient pas d'être considérables, car ces contrées sont si étendues qu'il est impossible qu'elles soient dépourvues de toute ressource. Elles seraient même richement dotées par la nature.

Mais ce n'est pas la seule raison qu'il allègue pour exciter ses compatriotes à l'exploration et à la conquête de ce troisième continent. Comme le voyageur Queiros, dont il fait mention et dont il semble s'être inspiré, il prétend que le but principal d'une expédition au continent austral devrait être la propagation de la foi². Il a d'ailleurs subi une autre influence que celle des Mémoires de l'intrépide découvreur portugais. Il est certain que Flacourt se rencontrait souvent chez les évêques de Beyrouth et d'Héliopolis avec l'abbé Paulmier, chanoine de Lisieux et homme très instruit dans les navigations au long cours. Cet abbé, qui descendait de Binot-Paulmier de Gonneville, célèbre par sa navigation aux terres australes, lui fit sans doute part de ses vues sur l'établissement d'une mission chrétienne dans ces pays lointains et le persuada vraisemblablement de la nécessité de les coloniser, car il nous parle des parents de Gonneville envoyés en France et « dont la postérité y continue encore pour nous faire ressouvenir de ne pas négliger les pays méridionaux »³.

Telles sont les vues de Flacourt sur la colonisation de Madagascar et des terres australes. Il ressort de cette étude qu'elles paraissent être en partie inspirées des idées de Richelieu en matière coloniale, en partie le fruit de l'expérience personnelle de l'ancien gouverneur. Comme les hommes de son temps, comme Lescarbot, Richelieu, Champlain, il déclare que

---

1. Flacourt, éd. 1661, p. 464 et suiv.
2. Flacourt, éd. 1661, p. 461 et suiv. ; Rainaud, *Le continent austral*, p. 302, 304, 330, et suiv.
3. Flacourt, éd. 1661, p. 466 ; de Brosses, *Histoire des navigations aux terres australes*, t. I, l. III, p. 102.

Flacourt, a cru à tort que Gonneville avait découvert la Nouvelle-Hollande. On sait aujourd'hui qu'il a abordé à la côte brésilienne (d'Avezac, *Annales des voyages*, 1869, t. II, 259-297 ; t. III, p. 12-82).

la colonisation doit embrasser aussi bien les intérêts matériels que les intérêts moraux et religieux, mais qu'on doit songer à convertir avant de songer à exploiter. A l'imitation de ce qu'avait réclamé l'illustre cardinal de la Compagnie des Cent associés, il demande des missionnaires, proscrit de la colonie les étrangers et les hérétiques, veut y introduire l'organisation judiciaire de la France et propose un régime des terres qui les met entre les mains de la Compagnie comme une propriété féodale. Mais quelque difficile qu'il puisse être de dire exactement jusqu'à quel point ce plan de colonisation représente ses opinions personnelles, on ne peut s'empêcher de reconnaître que plusieurs de ses vues sur le régime moral, administratif et économique qu'il désire pour la jeune colonie, lui ont été suggérées par ses relations avec les missionnaires, les colons et les indigènes, et par ses observations géographiques et ethnographiques beaucoup plus que par la lecture de diverses publications du temps ou par des conversations avec ses contemporains.

On lui doit des considérations neuves et originales (dont quelques-unes pourraient être encore mises à profit à l'heure présente) sur le gouvernement qu'il convenait de donner à la colonie ; l'opportunité d'une certaine tolérance pour les vieilles coutumes, lorsqu'on s'efforcerait d'établir le christianisme dans l'île, les moyens de tirer parti de ses ressources, tout en faisant participer les habitants aux avantages de la civilisation par l'initiation agricole, industrielle et commerciale, la nécessité pour les Compagnies de se montrer patientes dans l'attente des résultats et de ne point perdre courage, si les bénéfices ne répondaient pas à leurs espérances, les endroits où il était à propos de fonder des établissements, la main-d'œuvre qu'il était possible d'utiliser, les relations commerciales que l'on devrait entretenir avec les pays voisins ou éloignés de la colonie, enfin sur le régime commercial que l'on pourrait mettre en vigueur. Si quelques-unes de ces considérations peuvent paraître contestables, elles n'en accusent pas moins toutes un grand sens pratique, une certaine expérience administrative, et, chose surprenante de la part d'un homme qui n'avait laissé aux indigènes d'autre choix que l'asservissement ou la mort, elles feraient croire volontiers à une certaine générosité de sentiments. De même, si Flacourt se laisse quelque peu guider par son propre intérêt dans les conseils qu'il donne, il s'applique néanmoins à concilier les intérêts de la Compagnie avec ceux des colons, et il arrive parfois qu'en servant sa cause il sert celle de la France.

Que son plan de colonisation renferme des lacunes, si on le le compare à ceux de ses successeurs, des Maudave, des Beniowski et de nos contemporains, nous n'oserions y contredire ; il est toutefois le premier où l'on trouve un ensemble complet de vues, fort justes souvent, sur le régime qu'il convenait d'appliquer à notre colonie de l'océan Indien [1].

1. D'après M. Martineau (*Madagascar*, 4ᵉ mille, p. 16), « Flacourt a laissé de son administration et de ses voyages un récit très long où l'on trouve des vues fort justes sur l'administration européenne qu'il convient d'imposer aux peuples malgaches ».

LIVRE IV

LA FIN D'ÉTIENNE DE FLACOURT

Les travaux que nous venons d'étudier prouvent que Flacourt avait mis généreusement son intelligence au service de la cause de la colonisation, non seulement pendant son séjour à Fort-Dauphin, mais encore depuis son retour dans sa patrie. Ces travaux ne l'empêchèrent pas toutefois de consacrer tous ses efforts pendant le reste de sa vie à justifier son administration et de veiller à ce qu'on ne renonçât point à l'entreprise qu'il avait commencée. Nous allons voir s'il a réussi dans sa tentative et ce qu'il faut penser en général de son œuvre colonisatrice.

CHAPITRE PREMIER

Flacourt et la question de Madagascar en France.

Arrivée de l'ancien gouverneur à Nantes. — Ses démarches auprès du duc de La Meilleraye et de Fouquet. — Prétentions du duc de La Meilleraye. — Divisions parmi les associés de la Compagnie de l'Orient. — Accord entre le La Meilleraye et quelques associés. — Fondation d'une nouvelle Compagnie où entre Flacourt. — Situation embarrassante de Flacourt. — Ses démêlés avec l'ancienne Compagnie et son procès. — Les associés se décident à transiger. — Efforts de Flacourt et de saint Vincent de Paul pour unir l'entreprise du duc de La Meilleraye à l'entreprise de la nouvelle Compagnie. — Flacourt est envoyé de nouveau à Madagascar. — Son naufrage et sa mort (1660).

Le 28 juin 1655, Flacourt arrivait à Nantes avec sept Français et quatre Malgaches. Le lendemain même de son arrivée, il informait de son retour Flacourt, son frère, associé de la Compagnie, en le priant d'annoncer cette nouvelle aux autres associés. Il s'excusait de ne pas leur en faire part directement, promettant de leur écrire, dès qu'il serait remis des fatigues de son long voyage.

De Nantes il se rendit à Vitré pour saluer le duc de La Meilleraye et le remercier des secours qu'il avait bien voulu lui accorder dans la fâcheuse situation où il se trouvait. Il l'entretint de ce qui s'était passé durant son séjour à Madagascar. Le duc lui apprit de son côté son intention de s'intéresser par moitié à l'entreprise de la Compagnie de l'Orient[1]. Puis Flacourt retourna à Nantes. Là il écrivit aux associés, au directeur Berruyer et au surintendant Fouquet, pour leur rendre compte des paroles qu'il avait échangées avec de La Meilleraye

---

1. Fouquet prétend dans ses *Défenses* que le maréchal de La Meilleraye « a voulu prendre la moitié de la Société de l'Orient », t. VIII, p. 52. — Pour M. d'Avenel (*Richelieu et la Monarchie absolue*, t. III, p. 218), La Meilleraye a seulement voulu prêter son appui à l'entreprise de la Compagnie.

et leur communiquer ses projets. Il perdit beaucoup de temps dans cette ville où il attendit la réponse des associés pendant qu'on débarquait ses marchandises. Ces loisirs, il les consacra à liquider les comptes qu'il avait avec les sept Français revenus de Madagascar.

L'ancien gouverneur se montra d'autant plus empressé à régler cette affaire, qu'il avait appris, à son retour, plusieurs nouvelles qui l'avaient rempli d'étonnement et ne laissaient pas d'éveiller ses craintes.

Pendant son séjour dans l'île, Pronis avait, d'après les ordres des associés, autorisé quelques colons à faire du trafic pour leur propre compte [1]. Parmi ces colons, plusieurs avaient livré à Flacourt une certaine quantité de cuirs, cire, gomme, tabac et autres produits. Le gouverneur avait établi leurs comptes et leur avait remis un reçu de la marchandise qu'ils lui avaient fournie, non sans avoir prélevé les droits imposés par le tarif de la Compagnie. Puis il avait expédié ces marchandises en France, en leur promettant que le total en serait acquitté par les associés. Mais ceux-ci s'étaient approprié ces marchandises et avaient refusé de solder le compte de ceux à qui elles appartenaient et qui avaient payé les droits. Les Français lésés avaient adressé leurs mémoires à la Compagnie et avaient intenté à Flacourt un procès, bien qu'il fût encore à Fort-Dauphin. Les associés avaient désavoué les instructions qu'ils avaient données à Pronis et Flacourt avait été condamné à verser à quelques-uns de ces colons la somme qui leur était due [2].

Se voyant menacé d'un nouveau procès par les sept passagers qu'il avait ramenés, il emprunta la somme de six mille livres pour les solder lui-même et informa de cet emprunt les associés. Pour toute réponse, on lui conseilla de donner satisfaction aux intéressés avec les produits qu'il avait rapportés de Madagascar. Flacourt vendit donc la moitié de son chargement de cuirs pour le compte de la Compagnie. La somme que

---

1. Flacourt, éd. 1658, brochure, p. 16.
2. Flacourt, éd. 1658, brochure, p. 12.

produisit cette vente fut employée à restituer l'argent qu'il avait emprunté et à payer les dépenses que lui-même et ses passagers avaient faites depuis leur retour [1].

Cependant le duc de La Meilleraye s'impatientait de ne pas recevoir de réponse des associés. D'après ses ordres, Flacourt partit pour Paris afin de remettre de sa part des lettres à Fouquet.

Après avoir vu le Surintendant qui, à son tour, le chargea d'une lettre pour le duc, il s'en alla faire visite aux associés. Ceux-ci le renvoyèrent au duc et le prièrent aussi de lui remettre une lettre de leur part.

Flacourt revint à Nantes et s'acquitta immédiatement de sa mission. Après s'être entretenu avec de La Meilleraye il écrivit à Fouquet et aux autres membres de la Compagnie pour leur faire connaître les intentions du duc. Pendant un mois il attendit vainement leurs instructions. Enfin, ne recevant aucune nouvelle, il se décida à retourner à Paris dans l'espoir d'en obtenir une réponse de vive voix. Dans ce dessein il assista à une assemblée qui se tint chez Berruyer, directeur. Il profita de l'occasion pour leur proposer de leur rendre ses comptes au sujet de son administration. Mais les associés le prièrent de remettre cette affaire à une époque ultérieure. Il ne reçut pas de réponse plus décisive à la demande qu'il leur adressa, conformément aux promesses qu'il avait faites aux colons laissés à Madagascar, d'envoyer un navire de secours à Fort-Dauphin. Les associés lui déclarèrent que telle était leur intention, mais qu'ils ne pouvaient prendre de décision avant d'avoir conclu un arrangement avec le duc de La Meilleraye, et ils l'invitèrent à aller porter à ce dernier des propositions d'accommodement. Flacourt accéda à leur désir et repartit pour Nantes.

A son arrivée dans cette ville, on lui annonça une nouvelle qui ne laissa pas de le suprendre : malgré les droits incontes-

---

[1]. Flacourt, éd. 1658, brochure, p. 12 et 16 ; éd. 1661, p. 399. — *Défense pour Marie de Cossé*, loc. cit., p. 11. D'après Lordelot, l'emploi de cette somme est justifié par son propre témoignage et par le compte qu'il rendit aux associés.

tables de l'ancienne Compagnie Rigault, qui en 1652 avait obtenu le renouvellement de son privilège pour vingt ans du duc de Vendôme, chef et surintendant de la navigation et s'était reconstituée, sous le nom de la Compagnie des Indes orientales, avec Cazet, agent de la Compagnie, comme directeur, malgré la défense qui avait été faite, par la lettre de concession, à toute autre personne que les associés de trafiquer sur les côtes de Madagascar et de l'océan Indien, sans le consentement du directeur, sous peine de confiscation des vaisseaux et marchandises [1], le duc de La Meilleraye avait persisté dans sa résolution de se substituer à la Compagnie dans la possession de Madagascar. Bien mieux, on lui assura que le duc venait de faire partir pour cette destination quatre navires commandés par La Roche Saint-André, la *Duchesse*, la *Maréchale*, le *Grand-Armand* et la *Flûte*. Ces navires contenaient, disait-on, huit cents passagers, tant soldats que matelots, et trois prêtres de la Mission, les P. P. Dufour, Prévost et Belleville. Le commandant de la flottille avait l'ordre de déposer à l'île Sainte-Marie des gens qui s'adonneraient à la culture et à Fort-Dauphin un certain Rivau, désigné par le duc de La Meilleraye pour prendre l'administration de la colonie. Flacourt manifesta au duc l'étonnement que lui avait causé cette nouvelle. Celui-ci se défendit de vouloir en quoi que ce fût porter préjudice à la Compagnie et intervenir dans ses intérêts. L'ancien gouverneur se déclara satisfait de cette réponse et lui transmit les propositions des associés. La Meilleraye ne les ayant pas trouvées acceptables, il rentra définitivement à Paris où il continua à jouer le rôle d'intermédiaire [2].

Les associés tinrent plusieurs réunions, dans lesquelles, au témoignage de Flacourt lui-même, qui y assista, il ne se concluait jamais rien. C'est que quelques-uns des membres les plus actifs et les plus autorisés, entre autres Rigault et de

---

1. Bibl. nat., Manuscrits, f. fr. 10209 fol. 70; Archives du Minist. des Aff. étr., Indes orientales, Asie, Mémoires et Documents, n° 2, fol. 8-10.
2. Flacourt, éd. 1658, p. 16; éd. 1661, p. 400, 426 et suiv.

Loynes, étaient morts[1], c'est que les guerres civiles avaient entravé les entreprises commerciales et coloniales[2], c'est que surtout des divisions étaient survenues au sein de la Société. Un certain nombre s'en étaient retirés[3] et il n'y avait pas unité de vues parmi les autres. Quelques-uns même, suivant Flacourt, auraient été poussés par quelque intérêt étranger à susciter des obstacles au développement de l'entreprise[4]. Ce qui est probable, c'est que les associés, ayant vu leurs brillantes espérances déçues, s'étaient laissés aller au découragement. Non seulement ils n'avaient point réalisé les profits qu'on leur avait fait entrevoir, mais à son retour le *Saint-Laurent* leur avait apporté de fâcheuses nouvelles. Ils avaient appris la perte ou le mauvais état de leurs navires, et les dépenses s'élevaient déjà au chiffre de 450.000 livres[5]! Aussi hésitaient-ils à continuer une entreprise qui pouvait les entraîner dans de nouvelles dépenses, dans des frais inutiles; aussi n'étaient-ils guère disposés à unir leurs efforts à ceux du duc de La Meilleraye, qui seul peut-être trouverait son compte dans une expédition commune.

Cependant les sentiments d'un certain nombre d'entre eux ne tardèrent pas à se modifier. Au mois de septembre 1656, vraisemblablement grâce à l'intervention de Flacourt, un accord survint entre le duc de La Meilleraye et quelques associés de la Compagnie. Il fut convenu qu'on enverrait un navire à Madagascar à frais communs, que le maréchal de La Meilleraye serait obligé d'y faire passer cinq cents hommes à ses frais, avec cette réserve toutefois que le quart de la dépense occasionnée par cette expédition serait payé par les associés que les navires, munitions et en général tout ce qui à Fort-Dauphin était la propriété de la Compagnie, serait à la disposition du

1. Brochure, *Éloge de Flacourt*, opusc. cité.
2. Charpentier, *Discours d'un fidèle sujet du Roi*, 1664, p. 4 et suiv.
3. Manuscrits, Bibl. nat., f. fr. 10209, fol. 70.
4. Flacourt, éd. 1658, Dédicace à Fouquet.
5. Fouquet, *Défense*, t. VIII, p. 35 et 52; Aff. étr., Indes or., Asie, n° 2, fol. 8 à 10 : Lettre de concesssion du duc de Vendôme aux associés de la Compagnie Rigault.

Maréchal et qu'enfin on partagerait les produits du voyage par moitié, une moitié revenant au maréchal et à ses collaborateurs, l'autre aux associés de la Compagnie de l'Orient. C'est Flacourt qui fut chargé d'aller acheter à Rouen les marchandises dont la Compagnie avait besoin pour la traite [1].

Cependant la plupart des associés avaient refusé de donner leur adhésion à cette convention dont les principaux articles avaient été signés par Cazet dès le mois de juin de la même année. Ils protestèrent et intentèrent un procès à La Meilleraye [2]. Au reste, l'accord conclu précédemment n'empêcha pas les autres de former peu de temps après une nouvelle Société pour le commerce de Madagascar et des grandes Indes, sous les auspices de Louis XIV [3].

En effet, le gouvernement, voyant la désunion qui régnait dans la Compagnie de l'Orient, la négligence qu'avaient apportée les associés à faire valoir les concessions de Madagascar, où ils n'avaient envoyé, depuis 1648, ni colons, ni vaisseaux, ni nouvelles d'aucune sorte, avait songé à porter remède à cette situation. Il avait voulu pourvoir « à ce qu'une entreprise si avantageuse à la religion catholique, si glorieuse à l'État et si utile au commerce » ne demeurât point inachevée. Par arrêt du conseil (10 août 1656), Olivier Lefèvre d'Ormesson et Michel de Marillac furent désignés comme commissaires pour s'occuper de la formation d'une nouvelle Compagnie et l'établir sur des bases solides. Ces commissaires étaient chargés d'entendre les propositions qui seraient faites tant par les associés et intéressés de l'ancienne Compagnie Rigault que par ceux qui pourraient se présenter. Le roi promit d'accorder à la nouvelle entreprise tous les privilèges qui seraient nécessaires pour la faire réussir [4].

1. Flacourt, éd. 1661, p. 428 et suiv.
2. Charpentier, *Relation*, 1664, p. 31.
3. Flacourt, *ibid*.
   Grossin a prétendu à tort que le maréchal de La Meilleraye avait obtenu du Ministère la concession de Madagascar en 1665 et qu'il y associa ensuite Fouquet par bienséance (Archives du Ministère des Affaires étrangères, Indes orientales, Asie, n° 3, fol. 218).
4. Bibliothèque nationale, Manuscrits, f. fr. 10209.

Cet arrêt fut signifié aux associés. Ceux-ci tinrent plusieurs assemblées pour aviser aux moyens de rétablir l'ancienne Compagnie, et la relever de la déchéance où elle était tombée. Mais ils ne purent s'entendre que sur un point, c'est qu'il n'était pas possible à l'ancienne Société de mener à bien l'entreprise commencée, avec les concessions qui lui avaient été octroyées précédemment et dans les conditions où elle s'était formée. C'est alors qu'une ordonnance royale (19 septembre 1656) les invita à comparaître le 12 octobre suivant devant les commissaires délégués à cet effet, pour déclarer s'ils consentaient à entrer dans la nouvelle Compagnie ou s'ils préféraient se désister[1]. Des assignations furent envoyées à Desmartins, Gillot, à la veuve de de Loynes, secrétaire de la Marine, E. de Flacourt, d'Aligre, Le Vasseur, de Beausse, Estienne, François et Aimé Fontaine, Louis du Bourg, Jeanne Vaubréau, veuve de René Fontaine, « tant pour eux que pour les héritiers de Pierre de La Brosse, tous héritiers du feu sieur Rigault[2] ».

Quatre membres de l'ancienne Société, d'Aligre, de Creil Desmartins, Gillot, refusèrent de donner leur adhésion à la nouvelle Compagnie, avant d'avoir eu connaissance des conventions qui avaient été conclues ou qui devaient être conclues avec Cazet, et protestèrent d'avance contre tout ce qui pourrait être décidé au mépris de leurs intérêts. D'autres, en particulier Le Vasseur, de Beausse, Étienne, François et Aimé Fontaine, Le Bourg, Jeanne Vaubréau préférèrent ne pas comparaître. Quant à Flacourt, son attitude en cette circonstance est assez obscure et il paraît avoir hésité à entrer dans la nouvelle Société. Ce qui est certain, c'est qu'on lui signifia deux défauts de comparution. On lui reprocha de ne s'être présenté ni le 26, ni le 28 septembre. Comme l'assignation ne lui avait été adressée que le 13 du même mois, il manifesta la surprise que lui avaient causée ces reproches, assurant, par l'intermédiaire de son avocat, Charles de Loynes, qu'il avait déjà comparu et témoigné de son désir de faire partie de la nouvelle

---

1. Bibliothèque nationale, Manuscrits, fonds fr. 10209, fol. 70.
2. *Ibid.*

Compagnie. Toujours est-il qu'il y entra et avec lui **Cazet**, Lamoignon, les héritiers de Berruyer et la veuve de **Loynes**, l'ancien secrétaire de la Marine. Il déclara formellement qu'il désirait être membre de la Société qui allait se fonder au nom de Cazet et qu'il acceptait d'avance les conditions qui seraient adoptées par les associés et trouvées raisonnables par les commissaires du gouvernement [1].

La Compagnie Cazet fut organisée de la manière suivante. Elle s'intitulait « Compagnie de l'isle Madagascar, autres isles et costes adjacentes », et était composée de cent parts. Faculté lui était accordée d'en attribuer cinquante à la personne la plus considérable qui désirerait en faire partie pour moitié. Chaque part était fixée à dix mille livres, ce qui élevait le capital total à un million de livres. La Compagnie devait être administrée par quatre directeurs qui seraient élus chaque année en assemblée générale, les suffrages étant proportionnés au nombre des parts et non au nombre des personnes. Au cas où les suffrages seraient égaux, et où l'on ne pourrait s'entendre au sujet de l'élection, c'est au doyen du conseil qu'il appartiendrait de décider.

Les pouvoirs des directeurs avaient une durée de deux ans. Leurs attributions consistaient à s'occuper des dépenses, des achats de marchandises et de vaisseaux, des approvisionnements et des munitions, du transport des colons. Ils nommaient les commis, capitaines et officiers, et étaient chargés de vendre les marchandises qui proviendraient des îles, et en général de tout ce qu'on jugerait à propos d'entreprendre pour contribuer à la prospérité des établissements coloniaux.

Le roi accordait à la Compagnie les mêmes privilèges que ceux qui avaient été accordés précédemment à la Compagnie des îles d'Amérique. Elle avait le droit exclusif de se livrer au commerce à Madagascar, à la baie de Saldanha et au cap de Bonne-Espérance et autres lieux voisins; aucun associé ne pouvait donner à d'autres personnes l'autorisation d'aller

---

1. Manuscrits de la Bibl. nat., f. fr. 10209, fol. 70 et suiv., factum.

trafiquer dans ces mêmes contrées. Pour la protection de son commerce, il lui était permis d'armer autant de vaisseaux de guerre qu'elle le jugerait nécessaire. Toutes les munitions, canons, armes, etc., toutes les provisions de bouche qu'avait laissées l'ancienne Compagnie, tous les forts ou établissements qu'elle avait construits devenaient sa propriété et elle avait le droit d'en disposer à son gré, sans être obligée de dédommager les associés de la Compagnie Rigault des dettes qu'ils avaient contractées.

D'autre part, elle était tenue d'expédier à ses frais à Madagascar le nombre de missionnaires, d'artisans et de soldats, nécessaire pour convertir les indigènes au christianisme, les instruire dans les arts et métiers utiles dans la vie et les réduire à l'obéissance du Roi [1].

A peine cette nouvelle Société était-elle constituée que, ne tenant aucun compte des conventions qu'il avait faites avec Cazet, le duc de La Meilleraye se disposa à envoyer un nouveau navire à Madagascar, sans vouloir attendre plus longtemps les marchandises propres à la traite que Flacourt avait achetées à Rouen au nom des associés de l'ancienne Compagnie. A cette nouvelle, Cazet accourut à Nantes. Il pria le duc de retarder le départ du navire jusqu'à l'arrivée de ces marchandises. Mais celui-ci, agissant en maître absolu, refusa d'attendre plus longtemps. Il allégua comme prétexte, qu'il avait rassemblé tous les matelots nécessaires, et il l'ajourna à l'embarquement suivant.

Après avoir donné le commandement de son navire à Goascaer, il s'en alla voir Flacourt à Lorient. Il lui enjoignit de demeurer à Nantes jusqu'à ce que le navire fût parti et de venir ensuite le rejoindre. Chollet, secrétaire du duc de La Meilleraye, fut chargé des préparatifs du départ. Une contestation s'éleva entre le secrétaire et le capitaine du navire. Goascaer refusa de partir avant d'avoir reçu les mar-

---

1. Biblioth. nat., Manuscrits, f. fr. 10209, fol. 69 et suiv.
Pour tous les statuts de cette Société, voir, à la fin de notre essai, les Pièces justificatives.

chandises achetées par Flacourt. Celui-ci se trouvait de son côté dans une situation très délicate : il craignait de mécontenter le duc à qui il était lié par la reconnaissance, non moins que Cazet et les associés de la nouvelle Compagnie, qui pouvaient songer à lui au cas où ils s'occuperaient de l'exploitation du pays qu'il avait conquis. Néanmoins, s'impatientant de ne recevoir aucune nouvelle de Rouen, et ne sachant à quoi attribuer ce retard, il fit savoir à Goascaer qu'il pouvait se dispenser de différer plus longtemps son voyage. Cependant quelques jours après, les marchandises attendues arrivèrent à Nantes. Mais le maréchal de La Meilleraye, par une mauvaise volonté qui ne dévoila que trop ses desseins ambitieux, défendit à Flacourt de les expédier et à Chollet de les recevoir. L'ancien gouverneur obéit aux ordres du maréchal et le navire partit de Paimbœuf, sans les marchandises que, d'après les conventions, il aurait dû emporter (1er novembre 1656)[1].

Flacourt d'ailleurs était aux prises avec d'autres difficultés, celles-là beaucoup plus sérieuses. En même temps qu'il s'efforçait de concilier des intérêts opposés et d'unir l'entreprise du duc à celle de la nouvelle Compagnie, il devait défendre ses intérêts personnels. Dès son retour en France, il s'était brouillé avec quelques associés de la Compagnie de l'Orient qui avaient refusé de payer les gages des soldats revenus de Madagascar. Il leur avait rendu un compte très exact de la gestion de leurs intérêts; il leur avait même présenté comme recette, ainsi qu'en témoigne la lettre du commis Poirier à de Beausse, les cadeaux qu'il avait reçus des chefs indigènes. Par une mauvaise foi qu'explique sans doute le mécontentement qu'ils éprouvaient d'avoir réalisé peu de profits, mais qu'on ne saurait trop blâmer, ils lui avaient contesté ce compte. Dans la suite, ils lui reprochèrent d'être rentré en France sans leur ordre et d'avoir laissé à Fort-Dauphin des gens qui n'étaient plus sous la dépendance de la Compagnie, mais au service du duc de La Meilleraye; ils l'accusèrent de

---

1. Flacourt, éd. 1661, p. 429 et suiv.

malversations, de négligence, d'incurie. L'ancien chef de la colonie s'indigna de ces reproches qu'il regardait comme injustifiés. Il se déclara victime de l'ingratitude et de la haine des associés. Se voyant pressé par leurs créanciers, il les somma de l'affranchir ou indemniser de toutes les poursuites dirigées contre lui pour des dettes qui, somme toute, étaient les leurs. Il s'offrit à présenter tous les comptes qu'ils exigeraient, mais il prétendit qu'il devait être remboursé des sommes qu'il avait avancées et libéré des dettes dans lesquelles il s'était engagé par pure complaisance. Il leur demanda même des dommages et intérêts pour les pertes qu'il avait pu faire pendant son séjour à Madagascar, par suite de l'abandon où on l'avait laissé pendant sept ans. Enfin il exigea qu'ils envoyassent au plus tôt un navire à Fort-Dauphin afin d'en ramener les soldats qui avaient accompli leur temps de service et leur payer les salaires qu'il avait promis de faire solder par la Compagnie [1].

Les associés lui intentèrent un procès. La cause fut portée devant le Conseil privé, composé de d'Ormesson, Delafosse, conseillers d'État, et de Lenain, Lerebours, maîtres des Requêtes, commissaires délégués par le Roi pour connaître des différends survenus dans la Compagnie de l'Orient et de ceux qui pourraient survenir dans la suite (1657)[2].

---

1. Flacourt, éd. 1658, p. 2, 13, 17, de la brochure; éd. 1661 : Lettre de Philippe Poirier à de Beausse, p. 407; brochure, *Éloge de Flacourt*; Charpentier, *Relation*, ouvr. cité, p. 158; *Discours d'un fidèle sujet du Roi*, p. 29 et suiv. ; Lordelot, *Défense pour Marie de Cossé*, loc. cit., p. 30.
2. Plusieurs raisons nous ont déterminé à indiquer cette date de 1657. D'abord dans son édition de 1658, Flacourt a inséré une carte générale de l'île Madagascar, datée de 1657.
De plus cette même édition porte un permis d'imprimer du 12 octobre 1657, et la mention « Achevé d'imprimer pour la première fois, 16 octobre 1657 ».
Or, dans la brochure qui est jointe à cette édition, Flacourt parle de son procès comme d'un événement actuel, au moment où il écrit. S'il a travaillé à son ouvrage en l'année 1657, on peut donc supposer que la cause fut portée au Conseil du Roi cette année-là.
On doit remarquer toutefois qu'on lit sur le plan de l'îlot la date de 1656. Il ne serait donc pas impossible que la cause eût été portée cette même année.
En tout cas, les deux dates de 1656 et de 1657 sont les seules admissibles.

Mais Flacourt les poursuivit à son tour pour l'avoir abandonné, au mépris de leurs promesses verbales et écrites. C'est alors qu'ils le prièrent de terminer le différend à l'amiable et lui proposèrent de se soumettre au jugement de deux personnes initiées aux affaires commerciales. Il y consentit. Deux marchands de Rouen furent choisis comme juges souverains de toutes les difficultés qu'ils avaient au sujet de la colonie de Madagascar, tant auprès du Conseil du Roi et du Parlement qu'auprès des autres juridictions. Les deux parties s'engagèrent à se conformer au jugement des arbitres, sous peine, en cas de refus, de six mille livres de dommages et intérêts (juin 1659)[1].

L'ancien gouverneur présenta ses comptes devant les arbitres (juillet 1659), comptes qui contenaient un état des recettes et des dépenses qu'il avait faites au cours de ses voyages et de son séjour dans l'île. Il s'offrit à remettre à la Compagnie la somme de six mille sept cent cinquante-neuf livres qu'il avait reçue de deux marchands de Nantes, pour la vente de treize cents cuirs qui avaient été apportés en France par le navire du duc de La Meilleraye. Mais en retour il réclama à cette Compagnie la somme de quarante mille livres pour l'avoir laissé pendant plus de six années sans secours, sans renfort, sans munitions d'aucune sorte et avoir ainsi causé la ruine de ses affaires.

Les associés refusèrent formellement de faire droit à cette réclamation; ils prétendirent que les guerres civiles avaient mis obstacle à leurs bonnes intentions et qu'au surplus Flacourt pouvait demander seulement indemnité pour un préjudice d'une durée de deux ans. Mais l'ancien Directeur fit valoir aux arbitres la légitimité de sa demande. Il déclara que le principal mobile qui l'avait poussé à entreprendre le voyage de Madagascar, c'était le désir de procurer à la Compagnie d'importants profits et assura qu'il les aurait certainement réalisés s'il avait été secouru. Ces allégations convainquirent les arbitres de la justice de sa cause. Après avoir examiné avec

---

1. *Défense pour Marie de Cossé*, p. 11.

soin ses comptes, ils reconnurent qu'il devait rapporter la somme de six mille sept cent cinquante-neuf livres provenant de la vente des cuirs, mais ils lui accordèrent en partie satisfaction sur la question des dommages et intérêts. Par un jugement rendu le 18 août 1659, ils condamnèrent les membres de l'ancienne Société à payer intégralement à Flacourt une indemnité de quatorze mille livres, sans préjudice de la vingt-cinquième part qui lui revenait dans les bénéfices, en qualité d'associé[1].

Les associés n'ayant point voulu s'acquitter des obligations que leur imposait cette sentence, l'ancien Directeur porta l'affaire devant le Conseil du Roi. Son avocat posa comme conclusions que la partie adverse serait contrainte de faire partir immédiatement pour Fort-Dauphin un navire qui ramènerait les Français dont le temps de service était écoulé, de consigner entre les mains de son client la solde qui leur était due, enfin de lui payer solidairement et par corps à titre d'indemnité la somme de quatorze mille livres, fixée par les arbitres. Les associés, d'autre part, déclarèrent qu'ils consentaient à verser cette indemnité, mais à la condition que Flacourt abandonnerait sa vingt-cinquième part dans les bénéfices et qu'il « restituerait tous les titres et papiers concernant ladite Compagnie, les mémoires et conventions faites avec ceux auxquels il avoit livré l'isle de Madagascar et terres adjacentes ». On devine l'irritation que ces mots injurieux firent naître chez l'ancien gouverneur. Se considérant avec raison comme offensé, il en exigea la suppression et réclama l'exécution pleine et entière du jugement rendu par les arbitres. Les maîtres des requêtes Lenain et Lerebours rédigèrent à ce sujet un rap-

---

1. *Défense pour Marie de Cossé*, p. 11 et suiv.

D'après un mémoire présenté au Conseil du Roi par le duc de Mazarin et la duchesse de La Meilleraye, de Flacourt avait intenté une action contre les intéressés de la Compagnie de l'Orient, pour obtenir des dommages et intérêts, et les intéressés auraient été condamnés à lui accorder satisfaction (voir Archives coloniales, Madagascar, carton de la Correspondance générale, année 1663, Mémoire sur l'Affaire de Madagascar au sujet des prétentions des anciens intéressés en la Compagnie de Madagascar et, aussi *Mémoires de la Mission*, t. IX, p. 503).

port qui fut suivi (25 octobre 1659) d'un arrêt contradictoire par lequel la sentence des arbitres fut homologuée et devait être exécutée selon sa forme et sa teneur [1].

Après un jugement aussi solennel, les associés ne pouvaient plus contester à Flacourt la légitimité de ses réclamations. Ils demandèrent alors à transiger. Ils lui proposèrent de lui payer, conformément aux arrêts du Conseil du Roi, la somme de 14.000 livres et de plus d'acquitter toutes les dettes qu'il avait contractées pour la Compagnie, de l'indemniser de toutes ses dépenses et de retirer toutes les instances « en quelques juridictions qu'elles fussent pendantes »; mais ils exigèrent qu'il renonçât à la vingt-cinquième partie des bénéfices et qu'il promît de rendre tous les titres et papiers dont il était le dépositaire. Flacourt accepta ces propositions. Les conventions furent fidèlement exécutées de part et d'autres. Les associés prirent l'engagement par écrit de verser la somme promise et les intérêts entre les mains de l'ancien gouverneur, et celui-ci, de son côté, remit à l'un des directeurs de l'ancienne Compagnie, de Beausse, tous les titres et papiers qu'il détenait [2].

Cependant, au cours même de son procès avec les associés de l'ancienne Compagnie, Flacourt veillait à ce que l'attention de ses contemporains ne fût point détournée de la colonisation de Madagascar. Il s'entretenait fréquemment de ce sujet avec saint Vincent de Paul, le P. Fermanel, supérieur des Missions étrangères, et d'autres personnes qu'il voyait fréquemment chez les évêques d'Héliopolis et de Beyrouth [3]. C'est cette pensée qui inspirait ses dédicaces à Fouquet. Il le suppliait de ne pas renoncer à une entreprise qui avait été commencée sous ses auspices. « Monseigneur, lui disait-il, secou-

---

1. *Défense pour Marie de Cossé*, p. 12 et suiv.
2. *Défense pour Marie de Cossé*, p. 13-30.
    « Le sieur de Beausse, dit Souchu de Rennefort, *Histoire des Indes orientales*, p. 7., qui avait les Mémoires du feu sieur de Flacourt, son frère utérin, autrefois directeur général à Madagascar.
3. De Brosses, *Histoire des navigations australes*, 1756, t. I, l. III, p. 102 et 1619.

rez-la (l'île), assistez-la et n'abandonnez pas les advantages que vous y avez à présent, mais envoyez-y des navires et des François le plus promptement que vous pourrez, afin que l'on voye aussi les fleurs de lys arborées en même temps que la croix, pendant votre ministère et par vos soins dans toute l'estendue de la plus grande isle du monde. Que le zèle que vous m'avez fait paraître par vos lettres ne se refroidisse pas ! Que la mauvaise intention que quelques particuliers ont eue pour en ruiner les progrès, portez par quelque intérest estranger, ne vous face pas désister d'un si généreux dessein, autant noble et glorieux pour l'honneur de la Frace, comme advantageux à la religion chrétienne et à la gloire immortelle d'un si grand nom que le vostre »[1]. En même temps il employait toute son activité à unir la Société Cazet, placée probablement sous la protection de Fouquet, à l'entreprise du duc de La Meilleraye. Il était d'ailleurs aidé dans cette tentative conciliatrice par saint Vincent de Paul qui, ayant déjà envoyé plusieurs missionnaires (entre autres le P. Bourdaise) dans l'île sur les navires du duc, se regardait comme son obligé.

On a vu que La Meilleraye n'avait montré aucune complaisance à l'égard de Cazet au moment du départ d'un de ses navires pour Madagascar. De tels procédés n'étaient pas de nature à lui attirer les sympathies des membres de la nouvelle Compagnie. Cependant, au commencement de l'année 1658, à l'instigation de saint Vincent de Paul et par son intermédiaire, il entama de nouvelles négociations avec son Directeur et le premier président Lamoignon, lui-même associé de cette Compagnie. Une combinaison, qui semblait devoir donner satisfaction aux deux parties, fut mise en avant en présence de La Meilleraye, Cazet et Lamoignon. Mais le Maréchal, s'étant vu poser par l'un des associés une question indiscrète, rejeta cette combinaison.

De part et d'autre on se prépara ensuite à envoyer un navire à Madagascar. Une grande partie de l'année 1659 fut consa-

1. Dédicace à Fouquet, éd. 1661.

crée à ces préparatifs, mais la nouvelle Compagnie fut pendant longtemps incertaine sur l'époque à laquelle elle entreprendrait ce voyage. Plein d'ardeur pour l'expansion des œuvres de charité, saint Vincent de Paul cherchait à savoir de Flacourt, qui se trouvait alors à Rouen, quelles étaient les intentions des associés à ce sujet. « Notre frère Étienne, lui écrivait-il (18 août 1659), se dispose à prendre les saints ordres pour les aller exercer à Madagascar, s'il plaît à Dieu. L'intendant de M. le Maréchal dit que le vaisseau de ce bon seigneur partira le 24 d'octobre. J'espère en avoir des nouvelles dans peu, au cas qu'il ait agréable que nous soyons du voyage, sinon que ferons-nous? Pensez-vous, Monsieur, que messieurs de la Compagnie fassent le leur? Travaillent-ils à faire le leur? Serez-vous de la partie? En ce cas quand sera-ce? Je vais bien avant et peut-être trop. Il me suffira que vous me disiez seulement ce qui se peut dire sans rompre le secret et rien si vous l'avez agréable [1]. »

Toutefois les négociations reprirent au milieu de ces préparatifs. La Meilleraye pria saint Vincent de Paul (24 novembre 1659) de soumettre aux associés de la nouvelle Compagnie un nouveau plan d'accommodement destiné à mettre fin à toute contestation : il proposait de faire converger les ressources communes vers le même but. Saint Vincent remit à Cazet le mémoire rédigé à ce sujet par le Maréchal, mémoire que lui avait communiqué un autre intermédiaire, le P. Étienne. Le Directeur en prit connaissance et exprima d'abord le regret que La Meilleraye n'eût pas accepté la proposition qui lui avait été faite récemment. Puis il chargea Vincent de Paul de lui laisser entendre que, s'il consentait à reprendre les mêmes moyens d'accommodement et à prier le premier Président d'achever cette affaire, la Compagnie se montrerait disposée à entrer de nouveau en négociations. Mais il ajouta qu'elle était bien résolue à revendiquer ses

---

1. Lettre de saint Vincent de Paul à M. de Flacourt à Rouen, Paris, 18 août 1659 (*Lettres de saint Vincent de Paul*, édit. Dumoulin, t. IV, p. 433 et 434).

droits avec fermeté, sans toutefois manquer au respect qu'elle devait au Maréchal.

Pendant que ces négociations se poursuivaient, La Meilleraye se trouvait en procès avec les anciens associés qui lui reprochaient ses empiétements sur leurs droits. Ils avaient porté leur différend devant le juge de l'Amirauté, accusant le duc de s'être emparé de la colonie par la violence et d'en avoir chassé Flacourt et ses subordonnés. Ce récit mensonger et une prétendue assignation firent condamner La Meilleraye, s'il faut en croire l'avocat Lordelot, à leur laisser la libre jouissance de l'île, à leur payer des dommages et intérêts et à leur restituer tout ce qu'ils lui reprochaient d'avoir pris à Fort-Dauphin.

Cette condamnation n'émut guère le duc qui, au mois de décembre suivant (1659) n'en envoya pas moins un nouveau navire à Madagascar. C'est alors que les associés de la nouvelle Compagnie, poussés sans doute par Fouquet qui venait de se brouiller avec La Meilleraye, et l'accusait d'avoir voulu empiéter sur les privilèges de la Société de l'Orient, et cédant aux instances de Flacourt qui, de concert avec saint Vincent de Paul, avait abandonné le parti du Maréchal pour prendre celui de Cazet, se décidèrent aussi à faire partir un navire pour essayer d'y maintenir les droits et privilèges que leur avait conférés le Roi et pour obéir aux obligations que leur avait imposées l'ordonnance de 1656[1]. L'accord qui était survenu récemment entre Flacourt et les membres de la Compagnie de l'Orient, sa qualité d'associé de la nouvelle Compagnie, sa probité et son intelligence, et surtout l'expérience

---

1. C'est à tort qu'on a prétendu que la Compagnie s'était unie avec La Meilleraye. « En 1660, la Compagnie, s'étant accordée avec M. de La Meilleraye, envoya un vaisseau qui périt dans un combat avec les Algériens » (Morellet, *Dict. de l'Encyclopédie méthodique*, t. I, p. 560).

Bonassieux a repris cette opinion : « La Compagnie, dit-il, lui prêta certain secours en échange des droits qu'il lui rétrocéda. Il conservait cependant la principale part de propriété et d'administration de l'île ou du moins de l'infime partie de l'île occupée par les Français ». Nous n'avons trouvé aucun texte qui vienne à l'appui de ces deux assertions (*Les grandes Compagnies de commerce*, loc. cit., p. 258 et suiv.).

qu'il avait acquise, les excellentes intentions qu'il avait manifestées dans son remarquable plan de colonisation, enfin ses bonnes relations avec Fouquet et Louis XIV les déterminèrent à lui confier la mission d'aller administrer de nouveau la colonie[1].

Un nouveau contrat fut passé entre Flacourt et la Compagnie. On lui promit des appointements mensuels de deux cents livres. Huit jours avant son départ, 12 mai 1660, il reçut de Louis XIV des lettres patentes qui lui accordaient le gouvernement de Madagascar. Ces lettres le chargeaient de veiller à toutes les choses qui pourraient concerner le service de Dieu et du Roi, ainsi que les intérêts de la Compagnie, et lui confiaient la garde de cette île et des îles adjacentes. Pour lui permettre de s'acquitter plus facilement de cette charge on lui donnait des pouvoirs très étendus. On plaçait sous son autorité les indigènes et les gens de guerre et colons qui se trouvaient dans la colonie ou pourraient y venir plus tard. C'est à lui qu'était réservé le soin d'entretenir l'union et la concorde parmi les habitants, de maintenir les gens de guerre dans l'ordre, de juger les différends qui surviendraient entre eux, de faire punir les délinquants suivant les ordonnances royales, de développer le commerce et le trafic dans l'île au profit de la Compagnie; en un mot, il avait le pouvoir de faire tout ce qu'il jugerait nécessaire pour maintenir le pays sous l'obéissance du roi et servir les intérêts de la Compagnie[2]. N'est-ce pas là ce qu'avait réclamé Flacourt pour le futur gouverneur dans son plan de colonisation?

Il est permis de se demander si, à la veille de se rendre à Madagascar pour la seconde fois, Flacourt avait les mêmes

---

1. Fouquet, *Défense*, VII, p. 144, 150 ; 197, t. VIII, p. 52; *Mémoires de la Mission*, t. IX, p. 366, 380, 386 ; *Lettres de saint Vincent de Paul*, Paris, Dumoulin, 1880, t. IV, p. 6 et suiv., 343, 375, 443, 487, 496, éd. 1891 ; VI, 183; VII, 443, 487, 496; VIII, 182, 198; brochure, *Éloge de Flacourt* ; Charpentier, *Relat.*, p. 29 et suiv. ; Biblioth. nat., Manuscr. f. fr., n° 6231, Mémoire sur la Compagnie des Indes de 1642 à 1720, fol. 1 ; *Défense pour Marie de Cossé*, factum, p. 14 et suiv.

2. *Défense pour Marie de Cossé* ; Du Fresne de Francheville, *Histoire générales des Finances, Compagnie des Indes*, 1738, Pièces justificatives.

idées et les mêmes projets qu'à son premier voyage. Il est certain qu'il y allait cette fois avec des vues arrêtées et surtout plus personnelles. Il est probable aussi que les difficultés de toute sorte qu'il avait eues avec les associés dès son retour l'avaient éclairé et lui avaient fait comprendre la nécessité de consacrer principalement ses efforts à préparer la prospérité des établissements coloniaux. Désigné de nouveau pour l'exploitation de la grande île, il se proposait sans doute d'y faire des plantations, d'y rechercher tout ce qu'il pouvait y avoir profit à transporter en France, et d'y développer les relations commerciales. Toutefois nous sommes fondé à croire qu'il n'avait pas complètement abandonné ses idées de conquête. N'écrivait-il pas en 1657 que deux cents Français seulement suffiraient « pour conquérir de deçà le tiers de toute l'île »? Il n'avait pas davantage renoncé à ses projets de prosélytisme. Il se préoccupait encore de l'éducation religieuse et de la conversion des naturels. Il avait répété trop souvent, depuis son retour en France, que les progrès de la religion devaient être le premier but de la colonisation pour qu'on pût le croire désireux de se dérober aux obligations dévotes qu'on imposait encore aux Compagnies. En un mot, Flacourt aspirait encore à la conquête religieuse et matérielle de la grande terre. « Envoyez-y des navires et des François le plus promptement que vous pourrez, disait-il à Fouquet, afin que l'on voye aussi les fleurs de lys arborées en même temps que la croix pendant votre ministère et par vos soins dans toute l'étendue de la plus grande isle du monde ». Il espérait qu'avec un effectif de cinq cents hommes on pourrait en rendre toutes les peuplades souples, obéissantes et tributaires. C'est que Flacourt avait toujours à cœur de plaire à Fouquet et au Roi. Les éloges que lui prodiguent les lettres patentes prouvent qu'il avait su gagner les faveurs et l'estime de la Cour. Il n'est donc pas téméraire de supposer que son plus vif désir était de les conserver et peut-être même de s'attirer de nouvelles louanges par d'autres conquêtes. Enfin il est probable que celui qui voyait dans les Malgaches des gens « qu'il faut mener par la rigueur et qu'il faut chastier sans pardon, tant grands que petits » n'était guère disposé à se départir de la politique compressive qu'il avait suivie jadis[1].

Flacourt s'embarqua à Dieppe le 20 mai 1660. Il emmenait à Fort-Dauphin plusieurs missionnaires appartenant à l'ordre des Recollets et environ deux cents personnes, tant marins que soldats et passagers destinés à assurer la sécurité de la colonie et à augmenter le nombre des colons. D'après un contemporain, beaucoup de ceux qui devaient l'accompagner manifestèrent la joie qu'ils éprouvaient de voir l'ancien gouverneur à leur tête, mais le choix de Flacourt n'avait pas satisfait tout le monde. Il s'était même élevé à ce sujet de tels dissentiments, de telles protestations, qu'au moment de l'embarquement des religieux avaient songé à différer leur départ.

Le mauvais temps contraignit le capitaine du navire à relâcher dans un port d'Angleterre d'où on ne leva l'ancre que le 1er juin. Ce contre-temps était pour la flottille, le prélude d'événements plus déplorables encore. Si elle fut épargnée par la tempête, elle se heurta à un ennemi non moins redoutable. Le 10 juin, à la hauteur de Lisbonne, elle fut attaquée par trois frégates commandées par des pirates barbaresques. On se disposait à leur opposer une résistance énergique, lorsque le feu prit aux poudres et fit sauter le navire. Beaucoup de gens périrent, à l'exception seulement de dix-sept personnes, matelots et passagers, qui furent sauvées par les corsaires et emmenées comme esclaves à Alger. Telle fut l'issue de ce second voyage qui, commencé sous de fâcheux auspices, devait coûter la vie à tant de personnes et notamment à Étienne de Flacourt[2].

1. Flacourt, éd. 1658, p. 142, 323; éd. 1661, Dédicace, p. 83 et 84, p. 447 et suiv.
2. Brochure, *Éloge de Flacourt*; Charpentier, *Relation*, p. 29 et suiv.; Lordelot, *Défense pour Marie de Cossé*, p. 16; Du Fresne de Francheville, *loc. cit.*, p. 21 et suiv.

CHAPITRE II

L'œuvre colonisatrice de Flacourt.

Insuffisance absolue du gouvernement de Flacourt au point de vue agricole. — Médiocrité des profits de la Compagnie. — La colonisation religieuse. — Résultats avantageux au point de vue territorial dus aux expéditions des lieutenants de Flacourt et à sa persévérance. — Conséquences du système d'intimidation du gouverneur. — Appréciation générale.

Nous avons suivi le célèbre gouverneur dans les différentes péripéties de son existence, soit à Madagascar, soit en France. Nous avons pu constater qu'il l'avait consacrée presque tout entière à nous faire connaître et apprécier la grande île africaine et surtout à nous la conquérir, et que, s'il n'avait pas trouvé la mort dans le pays qui avait été le théâtre de ses conquêtes et le champ de ses observations, il n'en avait pas moins péri au moment même où il s'y rendait pour la seconde fois. Il ne reste plus qu'à examiner l'œuvre d'une vie si agitée et à lui assigner un rang parmi celles des autres colonisateurs.

On chercherait vainement dans la relation de notre vieil auteur et dans les relations des siècles suivants les bons résultats que son gouvernement a amenés au point de vue agricole. Avoir envoyé à Bourbon des bestiaux qui devaient être la souche des nombreux troupeaux qui sont aujourd'hui une des principales richesses de cette île, avoir planté la vigne à Fort-Dauphin et fait cultiver quelques rizières aux environs, ce sont là sans doute des actes qu'il serait injuste de passer sous silence, mais qui paraissent bien insuffisants de la part d'un homme qui avait été désigné pour tirer parti des ressources du pays. Des terres dévastées, des récoltes brûlées, des villages incendiés, des troupeaux dispersés, voilà, à vrai dire, les résultats les plus clairs auxquels il avait abouti [1]. Et ce qui est plus triste à constater, c'est que, loin d'encourager les habitants à la culture de leurs terres, loin d'y multiplier les plantations, il a laissé les contrées où ses gens avaient été en expédition dans la plus profonde misère et en proie à la famine. Le P. Bourdaise rapporte que dès son arrivée à Itapère (1655) il fut très surpris de voir cette côte d'Anossi, autrefois si peuplée, complètement déserte. Il vint toutefois deux indigènes. « Ces pauvres gens, nous raconte en termes émus le missionnaire, ne s'approchèrent de la chaloupe qu'en tremblant et refusèrent de se rendre à l'invitation qu'on leur faisait d'y entrer. Cependant cédant aux pressantes sollicitations, appuyées sur les promesses les plus formelles qu'on ne leur ferait aucun mal, ils finirent par se laisser embarquer et conduire au navire... Les voilà introduits par M. de La Forest. Il en eut compassion et tous les passagers aussi en les voyant si maigres et si défigurés. C'étaient le mari et la femme. Quand on leur eut désigné le commandant, ils se jetèrent à terre pour implorer sa bienveillance et ils dirent que le pays était complètement ruiné, que toutes les habitations étaient incendiées, que leurs parents avaient péri par le feu, et qu'ils n'avaient plus rien à manger... ». Et ils ajoutèrent : « Il y a bien des années que les Français nous font la guerre ; tous les nègres, abandonnant le pays où ils s'établissent, se sont enfuis sur les montagnes et là meurent de faim. Un grand nombre ont déjà succombé » [2]. Le témoignage du P. Bourdaise confirme d'ailleurs la sincérité des plaintes de ces indigènes : « Il y a en ce moment, écrivait-il à saint Vincent, une grande famine, et nous craignons pour la récolte du riz. Je voudrais que vous vissiez la misère de ces pauvres Indiens ; ils mangent jusqu'à l'herbe crue comme les bêtes. On voit souvent les petits en-

---

1. Flacourt, éd. 1661, p. 120 et 128 ; Guet, *Les origines de la colonisation à Bourbon*, 176, Pouget de Saint-André, *Correspondance inédite du comte de Maudave*, p. 72.
2. *Mémoires de la Mission*, t. IX, p. 196 : Lettre du P. Bourdaise à saint Vincent de Paul, 8 février 1655.

fants qui ont faim manger du sable ; c'est un instinct de la nature qui les y pousse, pour que les viscères ne se rétrécissent pas [1]. »

Quant à la Compagnie, elle avait recueilli peu de profits de l'administration de Flacourt. Sans doute le vaisseau qui était revenu en France en 1650 avait rapporté environ dix-huit tonneaux de bois de santal, une certaine quantité de cire, de gomme et d'aloès, trois mille trois cents cuirs [2], et le gouverneur avait pu reprocher non sans raison aux associés de n'avoir envoyé aucun navire à Fort-Dauphin, depuis cette époque, pour prendre d'autres produits qu'on avait amassés. Mais vraisemblablement, si la Compagnie avait fait cette dépense, elle n'en aurait pas accru beaucoup plus ses dividendes, car la guerre avait entravé l'exploitation des ressources du pays. Flacourt n'a-t-il pas avoué lui-même que « *sans la guerre* et s'il y eust eu un bon establissement de François l'on eust pu avec le temps tous les ans charger un grand navire de poivre blanc qui abonde dans l'île [3] » ? L'infériorité de l'œuvre commerciale et agricole de l'ancien gouverneur apparaît encore plus nettement lorsqu'on la compare à celle des colonisateurs de son siècle ou du siècle suivant. Combien plus pratique fut l'œuvre de Champlain qui fit défricher des terres, fonda des établissements commerciaux, des centres de groupement colonial et laissa à sa mort la colonie française du Canada en bonne voie de prospérité ; celle de Frontenac dont un des principaux mérites fut de ranimer le commerce au moment où il tendait à disparaître ; celle d'André Brue au Sénégal qui, non content de fonder des comptoirs, d'ouvrir des débouchés, accroîtra les recettes de la Compagnie dont il avait la direction de sept mille deux cent trente-neuf livres ! Combien plus fructueuses seront au siècle suivant les entreprises de Dupleix sous l'administration duquel le commerce français s'étendra dans

---

1. *Mémoires de la Mission*, t. IX, p. 230, et suiv.
2. Du Fresne de Francheville, *Histoire générale des Finances, Compagnie des Indes*, p. 20.
3. Flacourt, éd. 1661, p. 125.

tout le bassin du Gange et la valeur des exportations en France s'élèvera à vingt-quatre millions, et du célèbre Beniowsky qui, au bout de deux ans de séjour à Madagascar, aura la satisfaction de voir les affaires de la Compagnie se régler par trois cent quarante mille livres de bénéfice [1] !

La colonisation religieuse avait sans doute abouti à de meilleurs résultats, mais cela, grâce au zèle et à la mansuétude du P. Nacquart et en dépit du système d'intimidation de Flacourt. Soixante-sept indigènes, parmi lesquels le fils aîné d'Andrian Machicore qui vint plus tard en France, avaient reçu le baptême. Cinq des nouveaux convertis avaient même été mariés suivant les rites du culte catholique. Mais depuis la mort du P. Nacquart jusqu'au départ de Flacourt, la colonie resta sans prêtre et il ne semble pas que les tentatives de prosélytisme du gouverneur aient amené de nouvelles conversions [2]. Beaucoup plus civilisatrice fut l'œuvre de Champlain, qui initia au christianisme de nombreuses peuplades sauvages, livrées au plus triste abrutissement et qui, par sa bonté, sa droiture, sa loyauté, par la confiance qu'il leur inspirait, leur apprit à mieux apprécier la France. Flacourt n'a même pas eu le mérite de faire disparaître de l'île quelques coutumes barbares auxquelles les Malgaches étaient adonnés depuis fort longtemps.

A vrai dire, les résultats les plus importants de la tentative de Flacourt étaient dus à ses expéditions et à ses conquêtes, ou plutôt à celles qui avaient été entreprises par ses ordres. Une grande partie de la côte orientale depuis Fort-Dauphin

---

1. Consulter Berlioux, thèse sur *André Brue*, passim ; *Notices coloniales, Colonies d'Afrique, Sénégal et Rivière du Sud*, p. 10 ; *Biographie Didot*, article *Dupleix* ; *La Nouvelle Revue*, mai-juin, 1884, p. 538 et 546 ; Pauliat, *Revue maritime et coloniale, Histoire de la Compagnie française des Indes par Doneaud du Plan*, t. CI, juin 1889, p. 536 ; Lorin, *Le comte de Frontenac*, thèse, p. 307 ; L. Audiat, *Samuel de Champlain*, Saintes, 1893, in-8, p. 26 et 29 ; Parkman, *Les Pionniers français dans l'Amérique du Nord*, trad. fr., Paris, 1874, in-12.

2. Flacourt, éd. 1661, Dédicace à Fouquet et p. 53, p. 376. *Mémoires de la Mission*, t. IX, p. 208 : Lettre du P. Monnier au maréchal de La Meilleraye, 6 février 1656.

jusqu'à la baie d'Antongil, ainsi que l'île Sainte-Marie et diverses contrées de l'intérieur, avaient été reconnues par ses soins. Ces expéditions ont renouvelé et consacré les droits de la France sur le sud et l'est de Madagascar, droits incontestables dont l'origine remontait à la première occupation de Pronis et aux voyages de ses colons. C'est Flacourt qui, le premier, a constaté et confirmé ces droits de première occupation dans toute leur étendue et dans toute leur authenticité. C'est lui qui a appris à ses compatriotes qu'ils ne devaient pas être restreints à quelques points de la côte orientale et qu'ils s'étendaient à plusieurs contrées du sud et de l'intérieur.

Il serait certes exagéré de prétendre que le gouverneur de Fort-Dauphin a doté la France de la grande île de l'océan Indien; mais il serait injuste, par contre, de méconnaître les quelques résultats avantageux dus à la longue lutte qu'il avait soutenue contre les indigènes. Non seulement Flacourt a conservé à Louis XIV les territoires dont Pronis avait pris possession (Sainte-Luce, Fort-Dauphin, etc.), et quelques établissements que les Français avaient fondés au pays de Matatane et des Antavares, mais il a obtenu la soumission de toutes les peuplades du sud-est de Madagascar et conquis tout le pays d'Anossi. A la fin de la guerre, comme on l'a vu, un grand nombre de maîtres de villages avaient juré obéissance au roi de France et s'étaient engagés à payer tribut au vainqueur.

Certes, ces résultats paraissent médiocres, si on les compare aux résultats obtenus par les conquérants du xvie, ou les célèbres colonisateurs des xviie et xviiie siècles. Les territoires que Flacourt avait conquis à la France étaient loin d'avoir l'étendue et la richesse des empires que les Cortez et les Pizarre avaient donnés à l'Espagne. De même, ces territoires pouvaient sembler aux contemporains d'une mince importance, en regard des vastes domaines que Samuel Champlain venait de léguer à son pays. Est-il besoin enfin d'opposer la conquête de la province d'Anossi à celle d'une grande partie de l'Inde par l'illustre patriote du siècle suivant, Dupleix?

Mais la possession d'un pays aussi fertile ne valait-elle pas les acquisitions du Portugais Alvarez Cabral sur la côte du Brésil, celles des du Plessis, du Poincy, etc., aux Antilles? Les contrées qu'André Brue occupera plus tard au Sénégal mériteront-elles plus que la pointe sud-est de Madagascar d'exciter les convoitises des Européens? Les dix lieues carrées que Maudave obtiendra des Malgaches seront-elles plus appréciables [1]?

Par malheur ce n'étaient là que des succès éphémères. La soumission des naturels n'était que temporaire. Ils devaient chercher bientôt l'occasion d'assouvir leurs secrets désirs de vengeance. Si l'on ne doit point considérer l'incendie de Fort-Dauphin, qui survint peu de temps après le départ de Flacourt, comme une preuve manifeste de leurs mauvaises intentions, mais comme un événement purement fortuit [2], il n'en est pas moins vrai que les représailles commencèrent presque aussitôt après la mort de Pronis, qui semble avoir consacré sa seconde administration à réparer ses premiers torts. Et certes, les attaques que subit la colonie ne furent pas moins rudes que celles de l'époque précédente. Andrian Panolahé souleva les peuplades contre les Français et ourdit plus de complots que jamais. Quatre ou cinq villages voisins du Fort-Dauphin firent cause commune avec les rebelles qui se livrèrent à des incursions continuelles dans le pays conquis par Flacourt et massacrèrent impitoyablement tous ceux qui se refusaient à les suivre dans leur rébellion. On finit, il est vrai, par s'emparer de la personne de Panolahé. Mais peu de temps après, un autre chef des rebelles occupa la campagne avec deux cents indigènes, semant partout la terreur, de telle sorte qu'il y eut moins de sécurité que jamais pour les colons qui s'aventuraient sans escorte dans les environs du Fort.

Despériers, un des officiers français qui étaient venus récemment dans l'île par le navire du duc de La Meilleraye et

---

1. Pauliat, *La Nouvelle Revue* : *Madagascar*, mai-juin 1884.
2. *Mémoires de la Mission* : Lettres du P. Bourdaise à La Meilleraye, t. IX, p. 228 et 229.

qui avait pris la direction de la colonie à la mort de Pronis, fit marcher contre cette troupe et les gens de la vallée d'Amboule qui avaient pris parti pour son chef, douze cents Malgaches, commandés par quarante Français. Ce déploiement de forces obligea les rebelles à se retirer dans les bois. Il n'en fallut pas moins observer la plus grande prudence, et ceux qui négligèrent les recommandations qu'on leur fit à cet égard payèrent la plupart du temps leur témérité de leur vie. C'est ainsi qu'un Français nommé Grandchamps, ayant été assez mal avisé pour s'en aller seul dans un village ennemi, fut égorgé par les naturels, qui portèrent sa tête à Andrian Tserong, devenu, depuis la mort de Ramach, le chef le plus puissant de la province d'Anossi[1]. Il est incontestable d'ailleurs que les chefs des Français ne se sont pas efforcés d'épargner aux vaincus de nouveaux sujets d'irritation. Témoin ce commandant de La Forest qui ordonnait à ses gens de massacrer quelques chefs indigènes et leurs femmes, dont le seul crime consistait à ne lui avoir point apporté de cristal de roche.

Cet acte odieux devait d'ailleurs recevoir son châtiment. Le commandant fut attiré peu de jours après dans un guet-apens où il périt avec cinq soldats qui formaient son escorte. Le gouverneur apprit cette nouvelle du lieutenant Belleville. Persuadé qu'il fallait voir dans cet assassinat l'œuvre des grands d'Anossi, il ordonna d'en arrêter plusieurs avec leurs familles, entre autres Andrian Machicore. En vain, ces chefs protestèrent-ils de leur innocence, Despériers les fit tuer par ses gens à coups de sagaies après avoir pillé et brûlé leurs cases et les avoir obligés à recevoir le baptême[2]. Un Français, marié à la fille d'un maître de village et soupçonné pour cela d'exciter les indigènes à la révolte, subit le même sort.

Ces atrocités terrorisèrent les autres chefs du pays et les maintinrent pendant quelque temps en respect, mais le suc-

---

1. Lettre du P. Bourdaise à saint Vincent de Paul, 19 février 1657 (*Mémoires de la Mission*, t. IX, p. 287 et 288).
2. Flacourt, éd. 1661, p. 415, 433; *Mémoires de la Mission* : Letttre du P. Bourdaise, 10 février 1656, t. IX, p. 239 et suiv.

cesseur de Despériers, Chamargou, qui était venu à Fort-Dauphin par le navire de La Roche Saint-André, ayant usé du système d'intimidation de Flacourt, multiplié les razzias, les pillages et les massacres, provoqua de nouveaux mécontentements et de nouvelles représailles[1]. Cette fois, les indigènes employèrent la ruse. Andrian Manangha fit semblant de se ranger du côté des Français et, pour mieux les persuader de la sincérité de ses intentions, il demanda à recevoir le baptême. C'est de cette manière qu'il parvint à attirer dans une embuscade et à assassiner le P. Étienne, missionnaire qui avait accompagné Chamargou dans son voyage à Madagascar[2]. Ce ne fut pas d'ailleurs le seul acte de vengeance que commirent les naturels. Il fut suivi bientôt du massacre de quarante Français qui furent surpris au moment où ils étaient occupés à couper de la canne à sucre.

La situation s'aggrava à ce point que les colons, cernés de tous côtés, étaient sur le point de tomber entre les mains de leurs ennemis, lorsqu'ils reçurent un secours tout à fait inattendu d'un de leurs compatriotes, Lacase, qui, venu dans l'île quelques années auparavant, avait su se concilier les bonnes grâces d'un chef puissant et avait épousé sa fille. Grâce à son énergie, à sa bravoure et à ses alliances, ils purent résister aux attaques des Malgaches et même soumettre de nouveau le pays d'Anossi à l'autorité de la France. Mais la générosité et la bravoure de Lacase le rendirent si populaire parmi les Français et les insulaires que Chamargou en conçut une vive jalousie et tenta de le faire périr. Informé de ce qui se méditait contre lui, Lacase se réfugia dans l'intérieur des terres avec une petite troupe[3]. Après son départ les indigènes ne se montrèrent que plus hostiles à l'occupation de leur pays par les Français, et leurs sentiments malveillants à l'égard de leurs vainqueurs se manifestèrent pendant toute la seconde moitié du XVIIe siècle.

1. *Mémoires de la Mission* : Lettre du P. Bourdaise, t. IX, p. 321.
2. Charpentier, *Relation*, ouvr. cité, p. 32, 33 ; Deschamps, *Histoire et géographie de Madagascar*, Paris, 1884, p. 56 et 57.
3. *Biographie Michaud*, article *Lacase*.

Il est donc évident que Flacourt n'avait guère mieux réussi que Pronis dans son entreprise. Sans doute il a conquis plus de territoires, il a mieux compris les intérêts de la colonie et de la Compagnie, il a plus encouragé l'œuvre de l'initiation religieuse; mais personnellement il n'a pas fait avancer beaucoup plus l'œuvre de la colonisation proprement dite et de la civilisation. En réalité, il n'a entrepris que la conquête matérielle du pays, celle qui laisse aux vaincus le désir de la vengeance; il a laissé à d'autres le soin d'entreprendre la conquête morale, celle qui à la haine substitue dans l'âme du vaincu, la sympathie, l'estime pour le vainqueur. Il s'est préoccupé de se procurer du butin et non d'y multiplier les plantations ou de montrer aux indigènes les avantages de l'industrie européenne. De même, il a fait œuvre de guerrier plutôt que de commerçant. Sa pensée principale pendant les sept ans qu'il est resté dans l'île a été de se distinguer par des exploits et non d'augmenter l'influence de la France à Madagascar par la civilisation et le commerce. Et non seulement il n'a rien fondé de grand, mais il n'a rien fondé de durable. On peut même lui reprocher d'avoir compromis les tentatives ultérieures en rendant les Malgaches du sud-est plus hostiles aux Français. Si Paulo Rodriguez da Costa et Pronis avaient rendu sa tâche plus difficile par leurs violences ou leur perfidie, il a, à son tour, par son système d'intimidation entraîné des malheurs dont il doit en partie, comme quelques-uns de ses successeurs, Despériers, Chamargou et autres, porter la responsabilité. S'il a eu le mérite de créer en France un courant d'idées favorables à la colonisation de Madagascar, il n'en a pas moins contribué à l'échec des tentatives que fit l'illustre Colbert, pendant la seconde moitié du XVIIe siècle, pour maintenir nos droits et notre influence dans le sud de l'île.

CONCLUSION

I. **L'administrateur colonial.** — Parti qu'il aurait pu tirer de la situation. — Les circonstances atténuantes. — Mérites qu'on ne peut lui refuser. — Son rang parmi les colonisateurs et les explorateurs.
II. **L'auteur de l'Histoire de la grande isle de Madagascar.** — Valeur intrinsèque de son ouvrage, sa valeur par comparaison avec les relations de l'époque précédente, de l'époque contemporaine et de l'époque suivante.

Administrateur, représentant des intérêts français dans l'océan Indien, Étienne de Flacourt apparaît à une époque où Richelieu venait d'attirer l'attention sur les entreprises commerciales et maritimes en accordant des privilèges à la Compagnie de l'Orient, où la régente Anne d'Autriche, s'efforçait de continuer par l'intermédiaire de son conseiller Fouquet l'œuvre commencée par l'illustre ministre de Louis XIII, mais où Colbert n'avait pas encore donné aux colonies l'impulsion et l'organisation qui devaient leur apporter de nouveaux principes de vie. Il vivait en un temps où les Compagnies, malgré les instructions du gouvernement, se préoccupaient moins d'acquérir de nouveaux territoires et d'y implanter le christianisme et la civilisation que de s'enrichir.

Le Directeur général de la Compagnie organisée par Rigault était envoyé à Madagascar pour y développer les germes d'une colonie fondée par les Français dans le sud de ce vaste pays que les Portugais et les Anglais avaient délaissé pour les Indes et pour en exploiter les ressources. Or, il prenait la succession de Pronis à un moment où la situation d'un gouverneur était devenue vis-à-vis des indigènes très délicate, très difficile. Les peuplades malgaches ne répugnaient, ni par leur organisation sociale, ni par leur religion, à subir l'influence civilisatrice d'une autre race, et l'on pouvait encore espérer, en dépit de l'attachement qu'elles montraient pour les coutumes de leurs ancêtres, les convertir au catholicisme et les initier à l'agriculture, à l'industrie, au commerce, aux bienfaits de la civilisation européenne, mais elles étaient devenues méfiantes et farouches. Les fautes récentes de Pronis réclamaient un homme plein de tact qui s'efforçât par sa modération, sa bienveillance et sa douceur d'en effacer les traces. Or non seulement Flacourt manquait de ces qualités, mais les eût-il possédées qu'il n'en eût probablement pas fait usage, car avec beaucoup de ses prédécesseurs et avec un certain nombre de ses contemporains il croyait que, pour arriver à dominer un pays, il était nécessaire de tenir ses habitants sous un joug de fer. On comprend dès lors pourquoi le nouveau gouverneur n'a point conformé sa conduite à la situation qui lui était faite et à ses moyens d'exécution. L'idée ne semble même pas lui être venue d'employer ses efforts à dissiper les préventions des indigènes contre les Européens, et surtout contre les Français. Une telle politique était cependant praticable, ainsi qu'en témoignent les résultats auxquels est parvenu quelques années plus tard, en dépit des tristes souvenirs laissés dans la province d'Anossi par le gouvernement de Pronis et de Flacourt, un simple aventurier français, Lacase. Ne lui était-il pas permis, comme à ce dernier, de nouer de bonnes relations avec les peuplades voisines de Fort-Dauphin et de se les attacher par des traités de paix? Ne lui était-il pas permis, comme à ce même Lacase, de rechercher l'amitié d'un chef puissant de la contrée? Au lieu de se poser en justicier, de prendre une part directe aux démêlés des chefs malgaches, de soutenir celui-ci contre celui-là, et s'exposer par suite à se brouiller avec tous, n'était-il pas préférable de répondre sincèrement aux avances de Tserong et de Machicore, et surtout de gagner la confiance du roi d'Anossi, Andrian Ramach, par une attitude toute différente de celle des Portugais et de Pronis, par une conduite juste et loyale envers ses sujets, en s'abstenant de moyens perfides et violents, en ménageant la juste susceptibilité, la fierté et l'esprit d'indépendance de ce chef? Andrian Ramach, qui était intelligent, aurait reconnu qu'il n'avait plus affaire à des forbans, mais à des gens civilisés. On est fondé à croire que, ramené à de meilleurs sentiments, il n'aurait plus interdit aux habitants de son territoire d'apporter des vivres à Fort-Dauphin et de se livrer au trafic avec les Français. Les autres chefs, on pouvait aussi l'espérer, auraient imité son exemple. Alors combien la tâche de Flacourt eût été plus facile! Il aurait pu faire des indigènes des auxiliaires pour nos colons et des acheteurs pour nos produits, et même les initier au bien-être, aux avantages de l'agriculture et de l'industrie, aux bienfaits de la civilisation, les tourner à la production et au commerce avec d'autant plus de profit qu'il leur aurait permis de s'adonner en toute sécurité à leurs occupations quotidiennes.

C'est ainsi qu'il aurait efficacement servi les intérêts de la Compagnie et les siens, car, outre le profit personnel qu'il en aurait retiré, il aurait pu, sûr de l'amitié de son plus proche voisin, étudier plus à son aise les mœurs des naturels, et ses gens n'étant plus obligés de guerroyer pour se procurer du butin, auraient rencontré moins d'obstacles pour pénétrer dans l'intérieur des terres. Il est permis de croire que, dans de telles conditions, les explorations ou les observations de Flacourt et de ses subordonnés eussent été plus fructueuses encore.

Une alliance avec le roi d'Anossi n'offrait pas moins d'avantages au point de vue de la colonisation religieuse.

On sait les dispositions que montraient les naturels à embrasser le christianisme et les bonnes relations que le P. Nacquart, grâce à sa mansuétude et à son habileté, avait réussi à entretenir avec eux et leur chef. Si Flacourt n'avait pas voulu assurer le règne de la religion catholique à la mode portugaise, s'il n'avait pas eu recours à des moyens différents de son pieux auxiliaire, il est probable que l'influence et le bon exemple d'Andrian Ramach, unis au zèle du missionnaire et aux encouragements du gouverneur, auraient amené plus de conversions parmi les indigènes et leurs chefs. La création d'un séminaire à Fanshere n'aurait même pas été nécessaire pour obtenir ces brillants résultats dont Fouquet et le parti catholique de France se seraient sans doute déclarés fort satisfaits. Les échecs des capitaines de navires portugais avaient prouvé l'inefficacité d'un prosélytisme reposant sur la violence ; Flacourt n'avait pas eu plus qu'eux le sens juste des moyens à prendre pour attirer les habitants vers le christianisme.

Enfin, une alliance avec Andrian Ramach aurait permis au gouverneur du Fort-Dauphin, d'une manière tout aussi rapide et surtout plus durable que par la violence, de prendre possession, sinon de l'île tout entière, du moins d'importants territoires dans les contrées du sud. Avec plus d'adresse, avec du savoir-faire, il lui aurait été facile, comme il le sera plus tard à Lacase, Maudave, Benyowsky, de profiter des divisions intestines, des rivalités des chefs indigènes pour tâcher d'acquérir une haute autorité morale et d'accroître son influence en devenant leur arbitre. Peut-être aurait-il réussi par de tels procédés à se faire accorder par ses obligés de vastes territoires et même à se substituer à Adrian Ramach lui-même dans la domination du pays. Il est peu vraisemblable que la Régente et Fouquet l'eussent blâmé de n'avoir planté le drapeau de la France que sur un terrain ainsi conquis par avance.

C'est pour avoir suivi une tout autre politique, c'est pour avoir cédé à ses goûts de conquête qu'il a compromis les intérêts de la Compagnie. En vain lui reprochera-t-il de ne l'avoir pas soutenu par des renforts, de ne l'avoir point secouru, la Compagnie n'avait pas autant de torts que son directeur voulait bien le dire. Pouvait-il exiger d'elle qu'elle envoyât des secours à celui qui ne lui rapportait point de dividendes. C'était à lui à se tirer d'affaire avec les moyens qu'on avait mis à sa disposition. On ne l'entendait pas autrement à cette époque.

C'est aussi pour n'avoir pas mieux compris que Pronis, que la domination dans l'île, pour être rapide, profitable et durable, devait s'appuyer sur la persuasion, l'adhésion du cœur et de la volonté et non sur la violence, la terreur, c'est pour n'avoir point vu qu'on ne gagne rien à se mettre au-dessus des lois supérieures de la justice et de l'humanité que parmi les colonisateurs il occupe dans l'histoire un rang bien inférieur à celui de Champlain, Lacase, Maudave, Beniowsky et Dupleix.

Sans doute ses fautes ne doivent point nous entraîner à oublier ses mérites. Si pendant son gouvernement à Fort-Dauphin il n'a pas montré les qualités éminentes de quelques célèbres aventuriers du xvie siècle, s'il n'a pas eu l'audace et la valeur d'un François Pizarre ou d'un Fernand Cortez, il a néanmoins fait preuve d'une égale persévérance et d'une aussi grande énergie. De même, de ce qu'on ne rencontre point chez lui l'initiative, les qualités pratiques d'un Champlain ou d'un André Brue, il ne s'ensuit pas qu'on doive lui refuser la même activité, la même ardeur à faire triompher la cause de la France. Les quelques résultats immédiats qu'a obtenus Flacourt n'étaient pas, il est vrai, de nature à satisfaire la Compagnie qui lui avait confié la défense de ses intérêts, mais ils pouvaient être agréables au roi de France. Les associés n'y trouvaient pas leur compte, mais Louis XIV voyait s'accroître ses droits sur la grande île de l'océan Indien, et ses contemporains devaient lui savoir gré des quelques territoires qu'il venait de conquérir dans le sud de l'île.

Malheureusement ces quelques résultats avantageux étaient plus brillants que solides. Certes, nous ne commettrons point l'injustice de rendre Flacourt responsable de tous les échecs qui ont suivi son administration. Nous reconnaîtrons bien volontiers que, si les Malgaches fatigués d'une longue lutte ont souvent cherché à se venger de leurs oppresseurs, s'ils ont manifesté pendant longtemps tant d'aversion pour les Européens et pour les Français, il ne faut pas s'en prendre principalement à Flacourt. Le gouverneur de Fort-Dauphin n'a pas le premier provoqué cette aversion. Le mal remonte à une époque plus lointaine. Flacourt n'a fait que réveiller de vieilles haines dans des cœurs déjà ulcérés par la douleur. Ses fautes se trouvent donc atténuées par celles de ses prédécesseurs.

Mais, pour être atténuées, elles n'en demeurent pas moins encore graves. Il est incontestable qu'en donnant l'exemple de la déloyauté et de l'inhumanité à des gens qui n'avaient eu que trop de raisons de se défier des Européens, il a contribué à rendre à son tour la tâche de ses successeurs plus difficile. Il n'est pas moins vrai qu'en préconisant le système d'intimidation à l'égard des naturels, il a pu permettre à l'opinion de s'égarer sur l'attitude qu'il convenait de prendre à leur égard. Aussi aura-t-il des successeurs dignes de lui dans les Despériers et les Chamargou. La tentative de Flacourt est pour nous un enseignement. Elle nous fait saisir les causes pour lesquelles, la France a échoué pendant si longtemps dans ses entreprises à Madagascar. C'est que si elle a été parfois peu servie par le gouvernement ou les Compagnies, elle l'a souvent été encore moins par ses gouverneurs, qui, au lieu de commencer la colonisation proprement dite, et de réparer les fautes de leurs prédécesseurs, ont accumulé maladresses sur maladresses, violences sur violences.

Il va sans dire que Flacourt, occupé surtout de guerre, obligé, comme gouverneur, de demeurer à Fort-Dauphin, ne saurait être assimilé aux voyageurs célèbres de son siècle, à Champlain, Cavelier de La Salle, Tavernier, Chardin et autres. En réalité, il a plutôt fait explorer qu'il n'a exploré lui-même. Personnellement il ne paraît pas avoir visité plus de pays que Fr. Cauche et Fr. Martin. Toutefois les reconnaissances et les expéditions entreprises par ses ordres ont non seulement renouvelé et consacré les droits de première occupation de la France sur la côte orientale et la région australe de l'île, mais elles ont encore été profitables à la science, non moins que ses propres observations. Pendant son séjour à Madagascar, Flacourt s'appliqua à bien connaître le pays ; de retour en France, il s'employa à le faire connaître. Et il faut avouer qu'il y a en partie réussi.

Les résultats de ses observations ont été consignés par lui-même dans un livre d'une incontestable valeur, auquel on ne saurait assimiler les courtes relations de Jacques Cartier qui sont l'œuvre d'un marin illettré, ni celle de Claude Jannequin qui, sauf quelques remarques intéressantes sur les habitants, n'a apporté que bien peu de chose à la connaissance géographique du Sénégal, ni même celle de Champlain sur la Nouvelle-France qui accuse parfois trop de crédulité. En vérité, l'*Histoire de la grande isle de Madagascar* est le premier ouvrage sérieux qui ait été publié sur Madagascar. Il faut sans doute n'accepter qu'avec la plus grande réserve les documents qu'il nous fournit sur ses rapports avec les naturels. Sans aller jusqu'à prétendre qu'il a altéré grossièrement la vérité, il n'en est pas moins vrai qu'il a dissimulé des événements importants, afin de faire croire à la pureté de ses intentions et de présenter sa conduite sous un jour qui lui était favorable. Flacourt sait à l'occasion garder un silence prudent sur des faits qui expliquent l'exaspération des gens dont il a proclamé la cruauté, et le portrait qu'il a laissé des Malgaches laisse entrevoir la haine et la rancune de l'ancien gouverneur. On peut toutefois, en général, croire à la sincérité de ce vieil auteur. Son livre est bien l'œuvre d'un homme qui a souvent vu les choses dont il parle, qui a séjourné dans le pays dont il donne la description, qui a observé les habitants dont il retrace les mœurs et qui, à la différence de quelques-uns de ses contemporains, ne raconte pas des voyages de pure imagination. La relation de Flacourt mérite autrement de confiance à ce point de vue que celles de Vincent Le Blanc et de Fr. Cauche sur le même pays. En dépit de quelques erreurs dues à quelque peu de partialité, à des généralisations téméraires sur des observations partielles, à l'insuffisance des connaissances géographiques et ethnographiques de l'auteur et de son époque, on doit considérer cet ouvrage, avec quelques savants qui lui ont souvent rendu justice et de nombreux voyageurs qui ont été frappés de la fidélité de ses descriptions, comme le plus exact de ceux qui parurent jusqu'alors sur le même sujet et même d'un certain nombre de ceux qui parurent jusqu'au commencement du xixe siècle.

Au mérite de l'exactitude l'*Histoire de la grande isle de*

Madagascar joint dans une certaine mesure celui de la nouveauté et de la précision. Tout en reconnaissant que l'auteur a puisé des renseignements dans quelques ouvrages du temps et particulièrement dans la relation de Fr. Cauche, nous devons constater que le nombre de données nouvelles qu'on lui doit et les rectifications qu'il a apportées à celles de ses devanciers sont loin d'être négligeables. L'étude détaillée que les auteurs de l'époque précédente n'avaient pu faire sur la géographie et l'ethnographie de la grande île, Flacourt l'a entreprise. Grâce à lui, on eut des connaissances plus précises, sinon entièrement exactes, sur le relief et l'hydrographie du sud-est, sur la côte orientale, et surtout sur les ressources végétales, animales, et minérales, et les peuplades de la région australe. Bien mieux, on trouve dans la partie de son ouvrage qui traite des mœurs, des coutumes et des superstitions de toute la population malgache, des détails pleins d'intérêt que bon nombre de voyageurs reprendront et confirmeront dans leurs relations. Nous ne pensons pas qu'on puisse nous taxer d'exagération en soutenant que l'Histoire de Madagascar due à notre vieil auteur peut être regardée comme plus complète que toutes les relations antérieures et même que certaines publications des siècles suivants. Ce sont là pour ce livre des titres suffisants à notre estime et qui le feront toujours apprécier par les gens cultivés. C'est ce qui explique la réputation dont Flacourt, en dépit de ses fautes, a joui jusqu'à nos jours. C'est ce qui explique que son ouvrage, écrit parfois d'ailleurs dans un style plein de charme et de simplicité, soit encore aujourd'hui digne d'un très grand intérêt, même à côté des publications savantes de notre époque.

Mais ce qui n'était pas moins appréciable en un temps où il était surtout question, dans la majorité des relations publiées en France, de martyres, de miracles et de conversions, c'est que l'ancien gouverneur se soit appliqué à mettre en lumière les ressources, les avantages qu'offrait la grande terre et qu'il ait plaidé en faveur de la colonisation d'un pays que la Compagnie de l'Orient avait peut-être songé à abandonner. Il est le premier qui ait indiqué aux Français comment ils pourraient y fonder des établissements prospères et y jouer un grand rôle en répandant la religion chrétienne parmi les indigènes, tout en utilisant les ressources de l'île pour le profit des habitants et de la Compagnie. Il est le premier qui ait soulevé des questions dignes encore aujourd'hui de solliciter l'esprit des hommes d'État et des colonisateurs. Ces vues sur la colonisation, où l'on retrouve sans doute quelques idées communes à Lescarbot, Champlain, Richelieu, relativement à la conversion des naturels; ces vues beaucoup plus complètes, beaucoup plus précises que celles de ses prédécesseurs, Boothby, Powle Waldegrave, Cauche, et auxquelles ne sauraient être comparées que les doctrines des Maudave, des Beniowsky au xviiie siècle, ces vues qui dénotent à la fois une sérieuse connaissance des ressources de Madagascar, un grand sens pratique et le noble désir de concilier les intérêts de la Compagnie et des colons avec l'intérêt plus haut encore de la religion et de la civilisation, étaient plus une œuvre de propagande qu'une œuvre de justification. Par ce plan de colonisation où le régime moral se trouve intimement lié au régime administratif et au régime économique, où l'auteur s'efforce de prouver qu'il aurait pu devenir un véritable organisateur de la conquête, si la Compagnie ne l'avait pas abandonné, Flacourt n'a pas seulement voulu se disculper des accusations portées contre son administration, mais encore pousser ses compatriotes à continuer l'œuvre commencée sous Richelieu. L'ancien gouverneur nous y apparaît moins comme le défenseur de ses propres intérêts que comme le champion de la colonisation française à Madagascar. C'est vers ce but qu'ont tendu tous ses efforts depuis son retour en France, même au milieu de tous ses déboires, qui rappellent ceux qu'éprouva Champlain dans sa tentative de colonisation au Canada, même au milieu de ses procès avec la Compagnie, qui eurent pour effet de montrer au grand jour sa probité, et si ses démarches pour unir l'entreprise du duc de La Meilleraye à celle de la nouvelle Compagnie n'ont pas été plus efficaces que celles de son ami saint Vincent de Paul, on n'en doit pas moins constater qu'il a eu le courage d'accepter à nouveau la charge d'administrer la colonie où il s'était trouvé aux prises avec toutes sortes de difficultés et qu'il ne lui fut plus donné de revoir [1].

1. Consulter Lacroix, *loc. cit.*, p. 36-72 : *Lettres, sciences et arts au* XVIIe *siècle* ; Deschamps, *Revue de géographie, loc. cit.*, mai 1885, p. 375, et suiv. ; nov. 1885, p. 451 ; déc. 1885, p. 445 et 446 ; Pauliat, *La Nouvelle Revue*, mai-juin 1884 : *Madagascar*, p. 525-552 ; Berlioux, *André Brue ou les Origines de la colonisation française au Sénégal*, Conclusion et *passim* ; *Notices coloniales, Colonies d'Afrique, Sénégal* ; Rambaud, *Histoire coloniale de la France*, Introduction historique ; Vivien de Saint-Martin, *Dictionnaire géographique*, articles *Canada, Sénégal, Madagascar* ; T. Hamont, *Dupleix* ; H. Froidevaux, *Un explorateur inconnu de Madagascar au* XVIIe *siècle, François Martin*.

PIÈCES JUSTIFICATIVES

Renouvellement du privilège de la Compagnie de l'Orient par le duc de Vendôme.

Avons déclaré et ordonné, déclarons et ordonnons par les présentes, signées de nostre main, plaise le dit s^r Caset, l'un des associés en ladite Compagnie, ses associés et successeurs et ayans cause, continuer pendant vingt années qui commenceront le vingt-septembre mil six cens cinquante-trois, qui est le jour auquel expire le temps de la concession accordée au s^r Rigault par notre cousin, le Cardinal, duc de Richelieu et le trente janvier mil six cens quarante-deux, confirmée par nos lettres et déclarations du vingt septembre mil six cens quarante-trois et attachées sous notre contre-scel la jouissance de ladite concession et confirmation en toutes clauses... (*illisible*) et protection, sauvegarde le s^r Caset et les autres intéressez en Société, soubs le nom et titres que nous leur donnons dès à présent de Compagnie françoise des Indes orientales. . . . . et pour cet effect pourront faire équiper tel nombre de vaisseaux de guerre et charges de marchandises qu'ils jugeront à propos d'y envoyer pour ce dessein....... Et pourront ledit Caset et ses associés faire ledit voyage et navigation en l'isle de Madagascar, à l'exclusion de toutes autres personnes, faisant défense à tous nos sujets de trafiquer sur les costes sans le gré et consentement dudit sieur Caset et ses associés, à peine de confiscation des vaisseaux et marchandises, et leur offre gouvernement des villes maritimes, places du royaume pour ledit Caset et ses associés dans leur embarquement de vaisseaux [1]...

---

1. Affaires Étrang., Indes orientales.

Formation et Statuts de la Compagnie de Madagascar fondée en 1656

L'an mil six cens cinquante-six, le douzième jour du mois d'octobre, deux heures de relevée, par devant nous Olivier Le Fèvre, sieur d'Ormesson et Michel de Marillac, conseillers du Roy en ses conseils, maîtres des Requestes ordinaires de l'hôtel de Sa Majesté, commissaires députez par arrest de Conseil du 18 aoust dernier pour le commerce de France es isles de Madagascar, dites de S. Laurens, autres isles et costes de la Mauzembique; sur ce que, suivant ledit arrest nous aurions délivré notre ordonnance en date du 19 septembre dernier, pour faire assigner par devant nous tous les associés et intéressez audit commerce, pour déclarer s'ils veulent entrer en la nouvelle Compagnie, que Sa Majesté veut estre composée pour ladite navigation et commerce, ou y renoncer. Pour leur dite déclaration faite en estre dressé procez verbal et iceluy communiqué aux autres commissaires députez par ledit arrest, en estre par nous fait rapport au Conseil, et ordonné ce que de raison, et veu les assignations données en conséquence aux sieurs Desmartins, Gillot, la veuve du sieur de Loynes de la marine, Flacourt, d'Haligre, trésorier des Menus, Le Vasseur, conseiller au Parlement de Paris, de Beausse, Estienne, François et Aimé Fontaine, frères et sœurs, Louis du Bourg, Jeanne Vaubreau, veuve de René Fontaine, tant pour eux que pour les héritiers de Pierre de La Brosse, tous héritiers du feu sieur Rigault, tous assignez à cedit jour, lieu et heure, pour venir faire leur dite déclaration.

Pour à quoy satisfaire seroit comparu Me Louis Bras de Fer, advocat et conseil de M. Sébastien Cazet, des héritiers du deffunct sieur Berruyer et de Madame de Loynes, veuve de feu sieur de Loynes, Secrétaire de la Marine, associez et intéressez dans la Compagnie des Indes de Madagascar et autres faites sous le nom du sr Rigault lequel a déclaré que les susnommés sont prêts et désirent d'entrer dans la Compagnie qui sera faite et formée par Messieurs les Commissaires pour ladite isle de Madagascar, et autres lieux mentionnez dans les concessions, qui en ont esté ci-devant accordées par Sa Majesté, aux clauses et conditions dont il sera convenu entre ceux qui entrèrent en ladite Compagnie, conformément à l'arrest du Conseil de ladite Majesté, dudit jour dix-huitième aoust dernier et pour satisfaire à ladite ordonnance dont ce dit Bras de Fer a requis acte.

Signé : Bras de Fer.

Est aussi comparu M. Jean Chassebras, advocat et conseil de.......

de d'Aligre, conseiller du Roy, trésorier des Menus plaisirs de Sa Majesté, de Creil, trésorier de France à Limoges, Antoine Desmartins et Hilaire Gillot, bourgeois de Paris. Lequel nous a dit qu'auparavant que de pouvoir suivant et aux fins de nostre dite ordonnance, rendre responce si lesdits sieurs d'Aligre, de Creil, Desmartins et Gillot veulent entrer en la nouvelle Compagnie, que Sa Majesté veut estre composée pour la navigation et commerce de l'isle de Madagascar, dite de St-Laurent, et autres isles et costes de la Mozambique ou y renoncer, il est nécessaire et préalable qu'ils ayent communication du nouveau traité qui s'est fait ou se fera avec le sieur Cazet ou autres, pour iceluy, en rendre telle responce que de raison, et jusques à ce protestent tant contre ledict sieur Cazet que tous autres, de nullité de toutes poursuites, qui, pour raison, de ce pourraient estre faites à l'encontre d'eux.

Signé : Chassebras.

Comme aussi est comparu M. Charles de Loynes, advocat et conseil de M. Estienne de Flacourt, cy-devant directeur de la Compagnie françoise de l'Orient, et commandant du Fort-Dauphin en ladite isle Madagascar, lequel nous a dit et remontré qu'il s'étonne de ce que l'on a fait signifier audit de Flacourt deux deffauts les 26 et 28 dudit mois de septembre, attendu que, suivant nostre ordonnance du premier jour dudit mois, assignation luy auroit esté donnée le 13 en suivant, afin de déclarer s'il veut entrer en la nouvelle Compagnie que Sa Majesté veut estre composée pour ladite navigation et commerce ou y renoncer, qu'il auroit comparu par devant nous et auroit dit, comme il réitère encore qu'il consent audit nom d'entrer dans ladite Compagnie, que Sa Majesté veut estre faite pour ladite isle et autres lieux mentionnez dans la concession accordée audit feu sieur Rigault, et depuis audit sieur Cazet, et ce aux clauses et conditions qui seront portées par les articles qui seront accordez entre les associés qui entreront dans ladite Compagnie, et qui seront trouvées par nous raisonnables, et messieurs les Commissaires à ce députez par Sa Majesté, auxquelles le dit de Loynes au dit nom se rapporte. De quoy et de tout ce que dessus il nous a requis et demandé acte.

Signé : De Loynes.

Sur quoy nous, commissaires susdits, avons donné acte auxdits Bras de Fer, Chassebras et de Loynes esdits noms de leurs comparutions, dires et requisitions, et avant faire droit ordonne que dans trois jours pour toutes préfixions et délais les articles qui ont esté dressez pour le fait dudit commerce, de Madagascar et autres isles et costes de la Mauzambique, seront signifiés aux intéressés et associés en l'ancienne Compagnie audit commerce, pour y répondre et faire leur déclaration s'ils entendent entrer en ladite nouvelle Compagnie, ou y renouveler, pour leur déclaration faite, estre ordonné ce que de raison, et à faute de ce faire huictaine après la signification qui leur aura esté faite desdits articles à personne ou domicile, sera fait droit ainsi que de raison et deffaut contre lesdits sieurs Le Vasseur, de Beausse, Estienne, François et Aimé Fontaine, frères et sœurs, Dubourg, Jeanne Vaubréau tant pour eux que pour les héritiers de Pierre de La Brosse, tous héritiers dudit feu sieur Rigault non comparans, ny advocat pour eux. Et pour le profit que la présente ordonnance demeurera commune avec eux, et soit signifiée.

Signé : LE FÈVRE D'ORMESSON.

I

Il plaira au Roy de faire don à ladite nouvelle Compagnie, par Lettres patentes vérifiées où besoin sera, du fonds et propriété de l'isle de Madagascar dite St-Laurens, autres isles et costes adjacentes, avec pareils droits, pouvoirs et privilèges que Sa Majesté a ci-devant accordés à la Compagnie des isles de l'Amérique, pour S. Christophle et autres isles par son édit du...

II

Moyennant laquelle concession ladite Compagnie sera obligée de faire passer dans ledit pays, à ses frais et despens, le nombre d'hommes, soldats et artisans qui seront nécessaires pour bastir des forts aux lieux convenables, et les conserver, réduire les peuples desdits pays à l'obéissance de Sa Majesté, les instruire dans les arts et mestiers nécessaires à la vie civile.

III

Pour la publication de l'Evangile parmy les peuples mahomettans et payens ladite Compagnie nouvelle sera tenue et obligée de porter audit pays tel nombre d'ecclésiastiques qu'il sera jugé nécessaire, pour catéchiser, instruire et convertir lesdits peuples à la foy chrétienne.

IV

Tout le commerce et traficq à faire en ladite isle de Madagascar et autres adjacentes, et encore aux Bayes de Saldagne, la Table, Cap de Bonne-Espérance, et autres lieux circonvoisins, appartiendra à ladite Compagnie privativement, et à l'exclusion de tous autres pendant vingt années : Pour la conservation et exercice duquel commerce, ladite Compagnie pourra faire armer et équiper tel nombre de vaisseaux de guerre qu'elle advisera.

V

Sa Majesté donnera à ladite Compagnie nouvelle les forteresses, places et habitations publiques construites par la Compagnie précédente, sans que pour raison d'icelles la nouvelle Compagnie soit obligée à aucun dédommagement envers la précédente.

VI

Ladite Compagnie précédente pourra disposer librement, ainsi qu'elle trouvera à propos, de tous les canons, armes, munitions de guerre, vaisseaux, barques, chaloupes, agrez et apuraux d'iceux, vivres, ustanciles et toutes autres sortes de meubles qui se trouveront dans ledit pays à elle appartenant.

VII

Les habitations particulières et terres défrichées que peut avoir ladite précédente Compagnie dans lesdites isles, luy demeureront en propriété pour en jouir et disposer comme elle trouvera pour le mieux, aux droits et redevances envers ladite Compagnie nouvelle, conformément aux Lettres patentes qui leur seront accordées.

VIII

La Compagnie nouvelle ne sera point tenue en façon quelconque d'acquitter les debtes qui pourroient avoir esté contractées par la précédente Société par emprunts, pour gages et apoinctemens de leurs hommes en quelque manière, que ce soit en France, dans ledit pays et partout ailleurs.

IX

Ladite Compagnie nouvelle sera composée de cent parts et au cas qu'il se trouve quelque personne considérable, qui désire d'y entrer pour la moitié ou autre grande portion, elle lui pourra estre accordée moyennant quelque advantage qu'elle fera à la Compagnie sur les premiers embarquemens en faveur de cette notable portion qu'il luy sera accordée.

X

Dans l'autre moitié consistant en cinquante parts, les associés de la Compagnie précédente seront préférables à tous autres pour y prendre autant de parts (si bon leur semble) qu'ils en avoient en ladite Compagnie précédente qui estoit composée *de 25 parts*. Et pour cet effet les présens articles leur seront signifiés et leur sera donné temps de huit jours après la signification, pour déclarer s'ils veulent entrer en ladite Compagnie nouvelle et pour quelles parts a pris lequel temps passé, ils n'y pourront être reçus.

XI

Pour faire le fonds jugé nécessaire au soutien de la Compagnie et au succès de son entreprise, il sera contribué par les associez pour chacune des cent parts qu'ils auront en ladite Société, la somme de dix mille livres, le total revenant à un million de livres. Laquelle contribution se fera pour les sommes et dans les temps que les directeurs auront résolu, sans que lesdits directeurs puissent jamais, pour quelque cause que ce soit, obliger ny engager lesdits associés à aucune autre plus grande contribution que desdits mille livres pour chacune desdites cent parts, si dans une assemblée générale de tous lesdits associés et de leur consentement exprès et par escrit, sans aucun excepter, il n'estoient résolus de faire plus grande contribution.

XII

Si aucuns des associés en ladite Compagnie manquent à fournir leur part des contributions qui auront esté jugées nécessaires à faire par les directeurs de ladite Compagnie et dans les temps qui auront esté résolus, lesdits directeurs pourront prendre l'argent que lesdits défaillans auroient dû payer au prix courant de la place à leurs despens. Et seront décheus de la part qu'ils ont dans ladite Compagnie, s'ils ne satisfont au principal et interests des sommes qui auroient esté empruntées pour eux dans un an du jour que ladite contribution avoit deu estre faite au cas qu'ils y ayent desja contribué et ayent du fonds dans ladite Compagnie. Que s'ils n'avoient encor fait aucune contribution, ils pourront estre contraints au payement tant du principal qu'intérêts de la somme qu'on aura pour eux empruntée, comme pour le payement d'une promesse faite pour argent presté. Chacun des associez le consentant dès à présent, sans qu'il puisse estre ci-après contesté.

XIII

Il sera fait tous les ans au premier jour de février une assemblée générale de tous les associez pour la nomination de quatre directeurs de ladite Compagnie. A laquelle assemblée les associés absens pourront donner leurs suffrages par procuration pour ladite eslection, lesquels suffrages tant des présens que des absens seront comptés sur le nombre des parts qu'ils ont dans ladite Compagnie et non sur le nombre des personnes. Et en cas que lesdits suffrages se trouvent partagez et égaux, et que l'on ne pust convenir de l'eslection desdits directeurs, le jugement dudit partage sera remis au doyen du Conseil.

XIV

Il sera nommé présentement quatre directeurs pour avoir soin particulier des affaires de la Compagnie pendant deux années, résoudre les dépenses des achapts, des marchandises, des vaisseaux, du frettement d'iceux, victuailles, munitions de guerre et de bouche, passage des hommes et ouvriers qui seront envoyés dans lesdites isles, soit aux gages de la Compagnie ou autrement, ainsi qu'il sera trouvé à propos, nommer ceux qui commanderont dans ledit pays, les commis qui y seront chargés des effets de la Compagnie, les capitaines et officiers des vaisseaux, vendre et débiter les marchandises qui seront rapportées desdites isles et généralement de tout ce qui sera jugé estre à faire pour le bien et avancement des colonies et leur établissement dans ledit pays. Les deux années estans expirées, deux desdits directeurs seront changés, et en sera nommé deux autres en leur place, qui continueront pendant deux autres années, avec les deux anciens qui seront restez, au lieu desquels après lesdites années en seront nommés deux autres, et ainsi de deux ans en deux ans sera nommé deux nouveaux directeurs.

XV

Un desdits directeurs ou telle autre personne de la Compagnie qui sera jugée à propos, sera nommé pour faire la recepte, cy à Paris, tant des deniers qui seront contribuez par chacun des associés, que des effets qui proviendront des retours des vaisseaux qui auront esté envoyés dans ledit pays, fait en marchandises, raretés ou deniers provenans de la vente d'iceux, et pour en faire la distribution à chacun des associés, ainsi qu'il aura été résolu par la Compagnie.

XVI

Les quatre directeurs s'assembleront au logis de l'ancien d'iceux tous les premiers mardis du mois au matin et tous les mardis de chacune sepmaine, au matin des mois de février et aoust de chacune année, à cause que les embarquemens se doivent faire en ces temps-là où sera tenu registre des délibérations et résolutions qui seront prises dans lesdites assemblées, auxquelles se pourront trouver lesdits associés, si bon leur semble, et néanmoins les résolutions qui se prendront par l'advis desdits quatre directeurs, ou de deux en l'absence des deux autres, et ce qui sera par eux arresté et résolu aura lieu et sera exécuté comme si toute la Compagnie y avoit assisté.

XVII

Les embarquemens des vaisseaux pour envoyer dans lesdits pays seront faits dans les ports et hâvres à Normandie, La Rochelle et Bretagne, ainsi qu'il sera trouvé plus à propos et avantageux par lesdits directeurs et feront leurs retours, dans lesdits hâvres, ainsi qu'il leur sera ordonné par lesdits directeurs.

XVIII

Aucuns passeports ny pouvoirs, ni pourront estre donnés par aucun particulier associé de ladite Compagnie à qui que ce soit, ny pour quelque cause que ce puisse estre, pour passer, aller trafiquer et négocier dans lesdites isles et lieux dépendans de ladite concession, et en cas qu'il y en eust aucun donné par quelqu'un des associez en particulier, on n'y aura aucun égard, non plus que si le pouvoir et passeport avoit esté donné par un estranger qui n'eust aucun droit ny intérest dans la Compagnie, et sera procédé contre ceux qui pourroient y aller en vertu desdits pouvoirs et passeports particuliers par saisie et confiscation des vaisseaux et marchandises qu'ils y auroient portées.

XIX

La despence des embarquemens, achapt ou fret des vaisseaux, marchandises ou munitions de guerre ou de bouche, nomination des capitaines de vaisseau, pilotes, maistres, contremaistres et autres officiers de guerre et de marine, la quantité des hommes qui passeront dans lesdits pays dans chacun des embarquemens, le nombre des hommes, ouvriers et autres qui y seront envoyés, seront faits, nommés et résolus par l'advis desdits quatre directeurs en charge.

XX

Les commandans et officiers qui seront envoyés dans lesdites isles et ceux qui y seront chargés du soin des affaires de la Compagnie et de ses effets seront nommés par lesdits quatre directeurs en charge qui en donneront commission et pouvoir de travailler et agir dans lesdits pays pour ladite Compagnie, tant et si longuement qu'ils adviseront bon estre, et suivant les ordres qu'ils leur en donneront, auxquels ils seront tenus d'obéir et de leur rendre compte, en raison toutes fois et quantes de ce qu'ils y auront fait, géré et négocié.

XXI

Les marchandises, raretés et autres choses généralement quelconques qui seront apportées desdits pays dans les vaisseaux, qui y seront envoyés par la Compagnie seront vendues et distribuées, ainsi qu'il sera trouvé estre à faire pour le mieux plus utile et advantageux pour la Compagnie par lesdits directeurs incontinent au retour desdits vaisseaux même à l'encan à la sortie d'iceux, ainsi qu'il se pratique en Hollande et ailleurs.

XXII

Six semaines après le partement de chacun embarquement ou

retour de quelques autres vaisseaux, le directeur ou celuy qui sera chargé de la recepte des deniers et effets de la Compagnie, sera tenu et obligé de présenter son compte de recepte et despence auxdits directeurs, qui l'arresteront afin que les associés connoissent la despence et profit qu'il pourra y avoir, s'il y aura quelque réparation à faire pour eux, et en quoy consistera le fonds de la Compagnie.

XXIII

Aucun associé ne pourra vendre ny céder sa part à qui que ce soit qu'au reffus de la Compagnie, et en cas qu'il la vendist sera permis à ladite Compagnie de rembourcer celuy qui l'aura acheptée, après serment par luy presté de la somme à laquelle il en aura composé, et sans fraude, et sera néanmoins permis auxdits associés d'associer en leur part telles personnes que bon leur semblera sans que pour ce lesdits sous-associés puissent avoir ny prétendre entrée es-assemblées, ny voix délibérative en ladite Compagnie, ny lui demander aucune communication de ses comptes et affaires.

XXIV

Arrivant le décèds d'aucuns des associez de la Compagnie, les veuves, héritiers et ayant cause seront tenus de déclarer dans un an après ledit décèds s'ils acceptent ou renoncent à ladite Société, et en cas d'acceptation par la veuve, elle ne pourra donner son pouvoir qu'à un des associez, pour assister pour elle aux assemblées et délibérations. Et tous les cohéritiers et ayant cause nommeront un d'entre eux pour estre de la Société et y avoir entrée et voix comme le deffunt, après y avoir fait enregistrer son pouvoir. Et en cas de renonciation, lesdits veuves et héritiers pourront prendre leur part des effets de ladite Société qui seront en France, toutes debtes payées lors de ladite renonciation et pour le surplus des vaisseaux, marchandises et autres choses qui seront audit pays et sur mer il appartiendra à ladite Compagnie.

XXV

Nuls créanciers desdits associez en ladite Compagnie ne pourront demander compte des effets de ladite Société en quelque sorte et manière que ce soit : Et seront tenus de se contenter d'avoir communication de la clôture des comptes et de recevoir ce que pourroit faire leur débiteur, sans estre admis à distraire le fonds, ny prétendre entrer à la Compagnie, ny aux assemblées d'icelle, pour assister à l'examen des comptes non rendus.

XXVI

Aucun associé ne pourra demander sa part en essence de marchandises et choses estans en espèce lesquelles seront vendues en commun au profit de la Compagnie, ny demander le capital qu'il aura fourni en la présente Société, jusques après les vingt années expirées de la concession accordée à la présente Compagnie pour le commerce des baies de Saldaigne, la Table, Cap de Bonne-Espérance et autres lieux circonvoisins et néanmoins ce qui pourra rester des deniers qui proviendront de la vente des marchandises et effets de la Compagnie qu'on aura trouvé à propos de vendre, après les despences payées et le fonds laissé pour faire le premier embarquement qui sera jugé nécessaire à faire ensuivant, seront répartis aux associez à proportion de leurs parts, suivant la délibération qui en sera faite par les directeurs [1].

Lettres patentes qui accordent a M. de Flacourt le commandement de l'isle de Madagascar, 12 mai 1660

LOUIS, par la grâce de Dieu, roi de France et de Navarre, à notre cher et bien-aimé le sieur de Flacourt, directeur général pour la Compagnie françoise de l'Orient en l'isle de Madagascar, autrement dite de Saint-Laurent et autres isles adjacentes, salut.

Les progrès que la Compagnie a faits depuis son établissement jusqu'à présent dans ladite isle de Madagascar et autres isles voisines donnant lieu d'espérer qu'ils seront suivis de nouveaux encore plus considérables par les soins qu'elle continue d'apporter pour y conserver non seulement ce qu'elle y a acquis, mais même s'étendre davantage dans le païs pour y faire de plus en plus reconnoistre Nostre nom et Nostre autorité et travailler avec plus de fruit à la conversion des habitans à la foi. Nous avons estimé que pour seconder avantageusement de si bons desseins, il étoit nécessaire de commettre et autoriser quelqu'un de Nostre part pour veiller à toutes les choses qui pourront concerner le service de Dieu et le Nostre audit païs et le profit et l'avantage de ladite Compagnie ; et comme Nous sommes assuré que Nous ne pouvons jeter les yeux sur personne qui se puisse mieux acquitter que vous de cet emploi, parce que vous avez déjà exercé ci-devant, au contentement d'un chacun, la direction des affaires de ladite Compagnie audit païs pendant sept années que vous y avez demeuré et avez par votre adresse et votre valeur (animé du zèle que vous avez toujours fait paraître pour étendre Nostre domination), réduit la plupart des seigneurs, maistres de la contrée et chefs de famille de ladite

---

1. Bibliothèque nationale, Manuscrits, 10209, f. fr.

isle, à se soumettre à Notre obéissance et même à payer annuellement entre Nos mains les tributs qu'ils payoient à leurs princes : Veu d'ailleurs que ladite Compagnie, satisfaite de votre conduite, vous a derechef nommé pour y aller reprendre la même direction : A ces causes et autres à ce Nous mouvant et confirmant, en tant que besoin est ou seroit, l'acte de ladite nomination dont copie est et attachée sous le contre-scel de Nostre chancellerie, Nous vous avons commis et ordonné, commettons et ordonnons par ces présentes, signées de Nostre main, pour sous Nostre autorité avec la garde de ladite isle de Madagascar et autres adjacentes et des forts qui y sont ou pourront estre ci-après établis, avec pouvoir de commander tant aux habitans desdites isles qu'aux gens de guerre qui y sont ou seront ci-après mis en garnison, comme aussi à tous autres de Nos sujets qui sont ou pourront aller s'y établir, faire vivre lesdits habitans en union et concorde les uns avec les autres ; contenir lesdits gens de guerre en bon ordre et police, juger les différends qui pourront naitre entre eux, faire punir les délinquans suivant Nos ordonnances, selon que les cas le pourront requérir, maintenir le commerce et traficq desdites isles au profit de ladite Compagnie et généralement faire et ordonner tout ce que vous connaîtrez estre nécessaire pour le bien de Nostre service et la garde et conservation desdites isles en Notre obéissance, et jouir des mêmes honneurs, autorités, prérogatives, prééminences, droits et émolumens que jouissent les autres pourvus de pareille charge, tant qu'il Nous plaira de ce faire. Nous avons donné et donnons plein pouvoir, commission et mandement spécial par ces dites présentes, par lesquelles Nous mandons et ordonnons à tous capitaines, officiers, gens de guerre et habitans desdites isles et autres Nos officiers et sujets qu'il appartiendra de vous reconnoistre en ladite qualité de vous obeyr et entendre es choses touchant et concernant le présent pouvoir. Car tel est Nostre bon plaisir.

Donné à Bayonne, le douzième jour de mai, l'an de grâce 1660 et de Nostre règne le dix-septième (1).

LOUIS.

Par le Roy,

DE LOMÉNIE.

1. Tiré de l'*Histoire générale des Finances*, par Du Fresne de Francheville, Paris, 1738, Pièces justificatives.

TABLE ANALYTIQUE DES MATIÈRES

	Pages.
Avant-propos	VI
Bibliographie	XV

INTRODUCTION
LES PRÉCURSEURS DE FLACOURT

I. *Premières immigrations.* — Colonies africaines, juives, chinoises, malaises, arabes à Madagascar..

II. *Premières relations des Européens avec les indigènes.* — Les explorations portugaises et la traite des esclaves au xvie siècle ; les essais de prosélytisme et les relations commerciales des Portugais avec les Malgaches au commencement du xviie siècle. — Passage de quelques navigateurs hollandais et anglais à Madagascar ; tentative de colonisation de Powle Waldegrave vers l'année 1644.

III. *Premières relations des Français avec les indigènes.* — Les aventuriers et les entreprises individuelles. — Tentative de colonisation officielle en 1642 : La Compagnie de l'Orient et Pronis. — Étienne de Flacourt est désigné pour remplacer Pronis à Fort-Dauphin . . 1

LIVRE I
LE MILIEU

Chapitre I. — **La situation à Madagascar avant le départ de Flacourt.**

Diversité de races. — Organisation sociale. — Les luttes intestines. — Manière de faire la guerre propre aux Malgaches. — Organisation de la justice. — Religion et superstitions. — Caractère des habitants et leurs sentiments à l'égard des étrangers. — Simplicité de leurs mœurs. — Appréciation générale 59

Chapitre II. — **État des connaissances européennes sur Madagascar vers 1648.**

La cartographie : ce qu'elle avait appris sur la situation astronomique, la forme, la configuration, le relief, les rivières, la nomenclature. — Les descriptions : ce qu'elles avaient appris sur la situation astronomique, le relief, le climat, les rivières, le littoral, les ressources végétales, animales et minérales, l'origine et le nombre des habitants, leur aspect physique, leurs mœurs, leurs coutumes, leurs croyances et pratiques religieuses, leur langage, leur organisation sociale. — Appréciation générale 76

LIVRE II
ÉTIENNE DE FLACOURT

CHAPITRE I. — **Biographie d'Étienne de Flacourt.**
Origine. — Éducation. — Débuts. — Nomination de Flacourt au gouvernement de Fort-Dauphin. — Portrait physique. — Caractère. — Tournure d'esprit. — Idées sur la colonisation. — Projets. — Moyens d'action. — Appréciation générale 97

CHAPITRE II. — **Gouvernement de Flacourt à Madagascar.**
I. *Préliminaires de la guerre.* — Arrivée de Flacourt à Fort-Dauphin. — Situation de la colonie. — Le nouveau gouverneur s'occupe de l'approvisionnement. — Il envoie Pronis et le capitaine Le Bourg à Ghalemboule pour y chercher des vivres et des pierres précieuses. — Visite des chefs du pays d'Anossi au chef de la colonie. — Entretien de Flacourt avec Andrian Ramach. — Son intervention dans les luttes des chefs indigènes. — Conséquences de cette intervention. — Retour de Pronis et de Le Bourg. — Celui-ci va prendre possession de l'île Mascareigne. — Les Français portent la guerre dans l'intérieur des terres. — Perfidie de Flacourt à l'égard d'Andrian Ramach. — Départ du capitaine Le Bourg et de Pronis pour la France (1650). — Dissentiments de Flacourt et du P. Nacquart. — Mort de ce missionnaire (29 mai 1650). 115

II. *La conquête par la terreur.* — Complots des chefs indigènes contre le gouverneur. — Massacre du lieutenant Leroy et de dix-neuf Français à Maropia. — La disette au Fort. — Attaque de Fort-Dauphin par Andrian Ramach. — Pillage de Faushere par un détachement de Français, et mort d'Andrian Ramach (juillet 1651). — Voyage de Flacourt à Ghalemboule et à l'île Sainte-Marie. — Nouvelles luttes des Français contre les naturels. — Soumission des maîtres de villages. — Dures conditions que leur impose Flacourt, 1652. — Résistance de Panolahé. — Prosélytisme de Flacourt. — Ruses des indigènes et leur échec à Amboule Tsignane. — La famine. 138

III. *La pacification apparente.* — Départ clandestin de Flacourt. — La tempête l'oblige à revenir à Fort-Dauphin. — Mécontentement des colons. — Départ d'Angeleaume pour Mozambique, 1654. — Complot de Couillard contre le chef de la colonie. — Soumission d'Andrian Panolahé. — Flacourt envoie des lettres à de Loynes et à des capitaines de navire pour demander du secours. — Arrivée d'un navire du duc de La Meilleraye et de Pronis. — Déception des colons. — Flacourt s'embarque pour la France (12 février 1655) . . . 149

LIVRE III
L'ŒUVRE SCIENTIFIQUE DE FLACOURT

CHAPITRE I. — **L'œuvre géographique de Flacourt.**
Faibles progrès des connaissances cartographiques pendant le séjour de Flacourt à Fort-Dauphin. — Part d'originalité et d'exactitude de Flacourt dans sa carte générale : situation astronomique, relief, hy-

drographie fluviale, configuration. — Cartes spéciales et plans. — Innovations dans la nomenclature.

Faibles progrès des connaissances descriptives pendant le séjour de Flacourt à Fort-Dauphin. — Part d'originalité, de sens critique, de sincérité et d'exactitude, dans sa description générale et dans ses descriptions particulières : dénomination, situation, dimensions, relief, hydrographie fluviale, littoral, climat, ressources végétales, animales et minérales. — Appréciation générale 172

CHAPITRE II. — **L'œuvre ethnographique de Flacourt.**

Part d'originalité, de sens critique, de sincérité, d'impartialité et d'exactitude dans la description des habitants : origine, nombre, aspect physique, caractère, superstitions, religion, genre de vie, agriculture, industrie, commerce, manière de compter, langage, manière de combattre, armement, organisation sociale. — Appréciation générale 204

CHAPITRE III. — **Les théories d'un homme d'action : le plan de colonisation de Flacourt.**

Opinions émises par quelques auteurs sur la colonisation de Madagascar pendant le séjour de Flacourt à Fort-Dauphin. — Part d'originalité, de sincérité, d'impartialité et d'exactitude que renferme le plan de l'ancien gouverneur. Régime qu'il propose d'adopter. — Régime moral : facilités et difficultés que l'on rencontrera pour convertir les naturels, moyens qu'il indique pour parvenir à ce but. — Régime administratif : l'autonomie administrative, l'organisation de la justice, la défense de la colonie. — Régime économique : le régime des terres, l'initiation agricole et industrielle, le développement des relations commerciales, endroits propres à la fondation d'établissements, le peuplement de la colonie, la colonisation des terres australes. — Appréciation générale 233

LIVRE IV

LA FIN D'ÉTIENNE DE FLACOURT

CHAPITRE I. — **Flacourt et la question de Madagascar en France.**

Arrivée de l'ancien gouverneur à Nantes. — Ses démarches auprès du duc de La Meilleraye et de Fouquet. — Prétentions du duc de La Meilleraye. — Divisions parmi les associés de la Compagnie. — Accord entre le duc de La Meilleraye et quelques associés. — Fondation d'une nouvelle Compagnie où entre Flacourt. — Situation embarrassante de Flacourt. — Ses démêlés avec l'ancienne Compagnie et son procès. — Les associés se décident à transiger. — Efforts de Flacourt et de saint Vincent de Paul pour unir l'entreprise du duc de La Meilleraye à l'entreprise de la nouvelle Compagnie. — Flacourt est envoyé de nouveau à Madagascar. — Son naufrage et sa mort (1660) 265

CHAPITRE II. — **L'œuvre colonisatrice de Flacourt.**

Insuffisance absolue du gouvernement de Flacourt au point de vue agricole. — Médiocrité des profits de la Compagnie. — La colonisation religieuse. — Résultats avantageux au point de vue territorial dus aux expéditions des lieutenants de Flacourt et à sa persévérance. — Conséquences du système d'intimidation du gouverneur. — Appréciation générale 285

CONCLUSION

I. *L'administrateur colonial.* — Parti qu'il aurait pu tirer de la situation. — Les circonstances atténuantes. — Mérites qu'on ne peut lui refuser. — Son rang parmi les colonisateurs et les explorateurs. . 294

II. *L'auteur de l'Histoire de Madagascar.* — Valeur intrinsèque de son ouvrage, sa valeur par comparaison avec les relations de l'époque précédente, de l'époque contemporaine et de l'époque suivante. . 299

Pièces justificatives. 305

Carte de Lazaro Luiz, prototype de la carte de Flacourt.

Carte générale de Flacourt.

Carte des points du littoral où ont abordé les Européens qui sont venus à Madagascar avant Flacourt.

TABLE ALPHABÉTIQUE

Abreu (Joao Gomez d'), capitaine de navire portugais, p. 9 et suiv.
Albuquerque (Alphonse d'), amiral portugais, p. 9 et suiv.
Aligre (d'), membre de la Compagnie de l'Orient, p. 41, 271.
Almeida (R. P. Manuel d'), missionnaire portugais, p. 25.
Andrade (Manuel Freire d'), capitaine de navire portugais, p. 24-27.
Angeleaume, lieutenant de Flacourt, p. 118 et s.
Arabes, venus à Madagascar aux ixe et xve siècles, p. 2 et suiv.
Azevedo (don Jérome), vice-roi de l'Inde, p. 32.
Azevedo (P. Antonio de), missionnaire portugais, p. 23 et 24.
Beaulieu, navigateur normand, p. 36.
Beausse (de), associé de la Compagnie de l'Orient, p. 41.
Berruyer, membre et directeur de la Compagnie de l'Orient, p. 41 et 267.
Bontekou, capitaine de navire hollandais, p. 31.
Boothby, voyageur anglais, p. 33.
Cabral (P. A.), navigateur anglais, p. 6 et 7.
Caerdén (P. van), navigateur hollandais, p. 31.
Cauche (Fr.), marchand rouennais, p. 36-46.
Gazet, directeur de la Compagnie de l'Orient, p. 268 et s.
Chinois, venus à Madagascar à une époque très reculée, p. 2.

Compagnies : Compagnie de l'Orient, p. 39 et s., p. 265 et s.
—— de Madagascar fondée en 1656, p. 270 et s.
Costa (Custodia da), missionnaire portugais, p. 25.
Costa (Paulo Rodriguez da), capitaine de navire portugais, p. 17-24.
Couillard, colon, lieutenant de Flacourt, p. 150 et suiv.
Coutinho (Ruy Pereira), capitaine de navire portugais, p. 7 et suiv.
Covilham, voyageur portugais, p. 5.
Creil (de), membre de la Compagnie de l'Orient, p. 41, 271.
Cunha (Tristan da), amiral portugais, p. 8 et s.
Cunha (Nuno da), fils du précédent, p. 9 et 14.
Davis (John), marin anglais, p. 32.
Descots, lieutenant de Flacourt, p. 118 et s.
Desmartins (A.), membre de la Compagnie de l'Orient, p. 41.
Diaz Diogo, marin portugais qui a découvert Madagascar, p. 6.
Flacourt (E.), gouverneur de Madagascar, origine, p. 79 ; associé et directeur de la Compagnie de l'Orient, p. 41, 101 ; ses démêlés avec le P. Nacquart, p. 127 et s. ; ses relations avec les indigènes, p. 117-163 ; ses démêlés avec la Compagnie de l'Orient, p. 274 et s. ; sa mort, p. 284.

Fonseca (Duarte et Diogo), capitaines de navires portugais, p. 14.
Forest (de La), commandant des navires de La Meilleraye, p. 155 et s.
Foucquembourg, commis de la Compagnie de l'Orient, lieutenant de Pronis, p. 43 et s.
Fouquet, le surintendant, membre de la Compagnie de l'Orient, p. 41; ses relations avec Flacourt et La Meilleraye, p. 265 et s.
Gillot (Hilaire), membre de la Compagnie de l'Orient, p. 41.
Gondrée (R. P.), missionnaire français à Madagascar, p. 110, 121.
Goubert (A.), marin dieppois, p. 36, 37.
Hagen (E. van der), amiral hollandais, p. 31.
Hammond, explorateur anglais, p. 33.
Houtman (C. de), navigateur hollandais, p. 29, 30.
Juifs, venus à Madagascar, p. 2.
Keeling (W.), marin anglais, p. 33.
Lancastre (James), marin anglais, p. 33.
Laroche, lieutenant de Flacourt, p. 122, 140.
Le Bourg, capitaine de navire français, associé de la Compagnie de l'Orient, p. 41, 56, 115-126, 271.
Leroy, commis de la Compagnie de l'Orient, lieutenant de Flacourt, p. 42, 118, 122, 126, 141.
Lormeil, capitaine de navire français, p. 47 et 48.
Loynes (de), secrétaire général de la Marine, oncle de Flacourt, associé de la Compagnie de l'Orient, p. 41, 100.
Machicore, chef indigène, p. 33, 145, 149.
Mandelslo, explorateur allemand, p. 33.
Mariano (R. P. Luiz), missionnaire portugais, p. 17, 23 et s.
Meilleraye (de La), envoie navires à Fort-Dauphin, p. 155, 160, 273; ses relations avec Flacourt, l'ancienne Compagnie, p. 265 et s.; la nouvelle, p. 273.
Midleton, marin anglais, p. 33.
Nacquart (R. P.), missionnaire français, ses démêlés avec Flacourt, p. 110, 126-138.
Panolahé, chef indigène, p. 33, 145, 290.
Parmentier (J. et R.), marins dieppois, p. 35.
Pronis, commis de la Compagnie de l'Orient, premier gouverneur de Fort-Dauphin, p. 42-56, 157, 290.
Pyrard de Laval, navigateur français, p. 36.
Ramach (Ramaka), chef indigène, roi de la province d'Anossi, ses rapports avec les Portugais et Cauche, Pronis, Flacourt, p. 21, 36.
Rezimont, capitaine de navire français, membre de la Compagnie de l'Orient, p. 39 et suiv.
Rigault, capitaine de navire, organisateur de la Compagnie de l'Orient, p. 39.
Rowles, marin anglais, p. 33.
Saintongeois (Jean Alphonse le), marin français, p. 35.
Siqueyra (Lopez de), marin portugais, p. 12 et s.
Soarez (Diogo), capitaine de navire portugais, p. 15.
Souza (Balthazar Lobo de), marin portugais, p. 15.
Tserong (Tserona), chef indigène de la province d'Anossi; ses rapports avec les Français, p. 37, 145, 291.
Vasseur (Le), membre de la Compagnie de l'Orient, p. 41.
Vincent de Paul (saint), ses relations avec Flacourt, p. 276 et suiv.
Waldegrave (Powle), colon anglais, p. 34.
Willes, marin anglais, p. 33.

ERRATA

Page 3, ligne 13, *au lieu de* : ix° siècle, *lire* : xv° siècle
— 33, ligne 14, *au lieu de* : Cette baie, *lire* : La baie Saint-Augustin
— 39, ligne 7, *au lieu de* : Girard de Roy, *lire* : Gérard de Roy
— 41, ligne 25, *au lieu de* : de Bausse, *lire* : de Beausse
— 52, ligne 9, *au lieu de* : ne songeait que, *lire* : ne songeait qu'à
— 141, ligne 15, *au lieu de* : avaient, *lire* : avait
— 143, ligne 15, *au lieu de* : sauraient, *lire* : saurait
— 195, ligne 11, *au lieu de* : il regarde, *lire* : il la regarde

Vu et lu en Sorbonne, le 18 décembre 1897
par le Doyen de la Faculté des Lettres de l'Université de Paris,

A. HIMLY.

Vu
et permis d'imprimer,
*Le Vice-Recteur
de l'Académie de Paris,*
GRÉARD.

CARTE DE LAZARO LUIZ (1560),

Prototype de la carte générale d'Étienne de Flacourt,
communiquée par M. Grandidier.

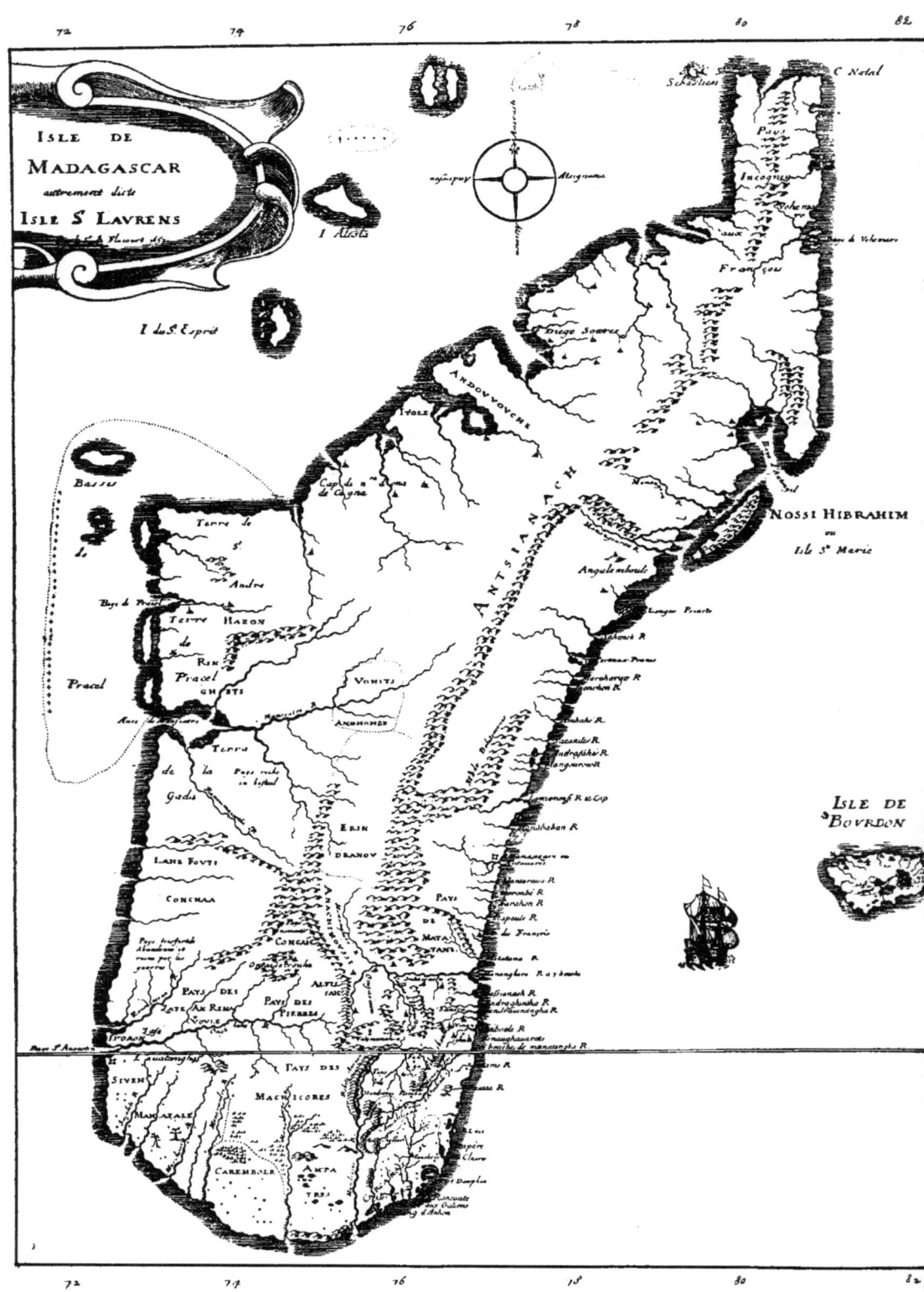

ERNEST LEROUX, Éditeur, rue Bonaparte, 28

GRANDES MISSIONS SCIENTIFIQUES
ET OUVRAGES GÉOGRAPHIQUES
PUBLIÉS SOUS LES AUSPICES
DU MINISTÈRE DE L'INSTRUCTION PUBLIQUE ET DES BEAUX-ARTS

L'ASIE CENTRALE
TIBET ET RÉGIONS LIMITROPHES
Par DUTREUIL DE RHINS

Texte, un volume in-4 de 636 pages et atlas in-folio, cartonné. . . . 60 fr.

Couronné par l'Académie des Inscriptions et Belles-Lettres, prix Garnier,
et par la Société de Géographie, prix Jomard.

L'ILE FORMOSE
HISTOIRE ET DESCRIPTION
Par C. IMBAULT-HUART, Consul de France
Avec une introduction bibliographique par H. CORDIER

In-4, illustré de nombreux dessins, de cartes, vues, plans, etc. . . . . 30 fr.

Couronné par la Société de Géographie, prix Jomard.

LA SCULPTURE SUR PIERRE EN CHINE
AU TEMPS DES DEUX DYNASTIES HAN
Par ÉDOUARD CHAVANNES
Professeur au Collège de France

Un volume in-4, accompagné de 66 planches gravées d'après les estampages. 30 fr.

LES SÉRICIGÈNES SAUVAGES DE LA CHINE
Par Albert A. FAUVEL

Un volume in-4, avec planches. . . . . 10 fr.

Mission A. PAVIE

EXPLORATION GÉNÉRALE DE L'INDO-CHINE

4 volumes in-4, accompagnés d'un grand nombre de cartes, planches, reproductions d'estampages et de textes, dessins dans le texte, etc.
(En cours de publication)

MISSION SCIENTIFIQUE DANS LA HAUTE-ASIE
(1890-1895)
Par J. DUTREUIL DE RHINS
Publié par M. GRENARD

2 volumes in-4, illustrés de cartes, dessins et planches. Chaque volume. . 30 fr.
ATLAS DES CARTES. *(Sous presse.)*

ANGERS, IMP. DE A. BURDIN, 4, RUE GARNIER